100系スペーシア

おもに日光・鬼怒川方面の特急列車として活躍する東武のフラッグシップ車両。2020年で生誕30周年を迎えた。
写真左上から順にオリジナルカラー、リニューアル車の「雅」基調、「粋」基調、「サニーコーラルオレンジ」基調、日光詣スペーシア。

200系、250系

特急〈りょうもう〉用車両。写真左上から200系、200系ソラカラちゃんラッピング列車、200系普悠瑪(ぷゆま)デザイン、250系。

300系、350系

急行〈りょうもう〉で活躍した1800系の一部が改造され、6両車は300系（写真左）、4両車は350系（写真右）に分かれた。
300系は2017年に引退したが、350系は不定期運用ながら現在も活躍が続く。

500系リバティ

特急〈リバティけごん〉〈リバティきぬ〉〈リバティ会津〉〈リバティりょうもう〉〈スカイツリーライナー〉〈アーバンパークライナー〉に充当され、縦横無尽に快走する。

6050系

長年にわたり、快速列車用の車両として、多くの人々に親しまれた。快速列車撤退後、日光線南栗橋以北の運用に変わっても、存在感は色あせない。

634型スカイツリートレイン

6050系改造のジョイフルトレイン。おもに団体専用列車や臨時特急〈スカイツリートレイン〉として運行される。

まさに国鉄リターンズ。昭和時代の鉄道史に刻んだ車両や転車台が東武鉄道に集う。写真上段はC11形蒸気機関車、写真中段はDE10形1000番代ディーゼル機関車、写真下段の左側はヨ8000形車掌車、右側は14系座席客車。

8000系

1963年の登場から60年近く。後継車両の台頭で運用範囲が狭まり、現在はワンマン運転区間を中心に力走が続く。近年は一部の編成がリバイバルカラーに塗装され、"もうひと花"を咲かせた感がある。

写真は前ページ左上から"東武顔"のツートンカラー、セイジクリーム、現行カラー、フェイスチェンジ車(修繕車)、〈フライング東上号〉リバイバルカラー、のちのブルーバード号、8000系がリアルタイムで身にまとったリバイバルカラー、昭和30年代の通勤形電車標準色、同年代の緑と黄色の試験塗装のリバイバルカラーである。

800系、850系

8000系改造の3両ワンマン車で、伊勢崎線館林—伊勢崎間で運用されている。以前は佐野線にも運用されていたが、2020年6月6日(土曜日)のダイヤ改正で撤退し、各駅停車は全列車2両編成に統一された。

800系、850系はいずれも2M1T(Mは電動車、Tは付随車)で、電動車の位置とパンタグラフの搭載車両が異なる。

9000系、9050系

9000系は営団地下鉄(現・東京メトロ)有楽町線との相互直通運転に向けた車両。東武初のステンレス車体、チョッパ制御である。また、前面デザインも左右非対称にして、運転台を広くとった。写真左上は試作車、写真右上は量産車である。

写真下の9050系はVVVFインバータ制御、ボルスタレス台車を採用した車両で、有楽町線新線(現・副都心線)の開業に備えた。

現在、試作車は地上線専用に転身、それ以外は東京メトロ副都心線の開業及び相互直通運転を機に、リニューアルされた。

10000系

10030系

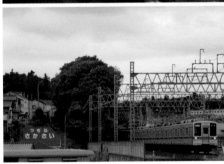

8000系の後継車といえる地上線用の通勤形電車。特に10030系は、東武通勤形電車の主力である。

現在、リニューアル(写真上中下段とも右側)が順次進められているほか、10030系の一部は野田線に転属され、カラーリングも変更された(写真下段)。

10080系

東武初のVVVFインバータ制御車両で、4両車1編成のみ在籍というレア車両でもある。2007年8月に制御装置の換装と台車の改造、2015年7月にリニューアル（写真右側）された。

30000系

営団地下鉄半蔵門線との相互直通運転に向けた車両で、数奇な運命に翻弄（ほんろう）された。

現在、30000系は150両中140両が東上線にコンバート（写真右側）された。新天地のほうが水に合うようだ。10両は引き続き、半蔵門線、東急電鉄田園都市線直通用（写真左側）として運用が続けられている。

東京メトロ日比谷線直通の第2世代車両、20000系（写真上段）、20050系（写真中段）、20070系（写真下段）。20000系と20070系はオール3ドア車に対し、20050系は1・2・7・8号車を5ドアにして、ラッシュの乗降時間短縮を図った。

第3世代車両、70000系と70090型の投入に伴い、第2世代車両は2020年3月27日（金曜日）をもって営業運転を終了。一部は4両ワンマン車の20400型に改造された。

20400型

20000系、20050系、20070系の一部が4両ワンマン車の20400型に改造され、日光線南栗橋以北と宇都宮線でセカンドステージの舞台に立つ。4両に組み直したため、10番代（写真左上）、20番代（写真右上）、30番代（写真左下）、40番代（写真右下）に分かれる。

50000系

東上線用の通勤形電車。試作車（写真左側）は非貫通で登場したが、量産車（写真右側）は左端に貫通扉が設置された。なお、50008編成は半蔵門線、田園都市線直通用にコンバートされた。

50070系

東京メトロ有楽町線、副都心線直通用の車両。デジタル方向幕は、東武初のフルカラー LED を採用した。

60000系

野田線のエース。前照灯（前部標識灯）、室内灯は東武初のLEDを採用した。前照灯のロービームを見ると、"涙目"っぽく映るのは気のせいか。
2014年4月1日（火曜日）に路線愛称「東武アーバンパークライン」が付与され、先頭車の前面と側面にロゴが貼付された（写真右側）。

50050系

半蔵門線、田園都市線直通の第2世代車両。2016年から2017年にかけて、クレヨンしんちゃんラッピング列車（写真1・2段目と3段目の左側）、東京スカイツリー天望歌舞伎の前面ラッピング（写真3段目の右側）、東京スカイツリータウン5周年記念ヘッドマーク（写真4段目）は、大きな話題を呼んだ。

50090系

首都圏の大手私鉄を中心に広まった簡易優等車両の先駆け。〈TJライナー〉、川越特急が花形運用である。特に50092編成は、〈フライング東上号〉リバイバルカラー（写真中段。のちにブルーバード号へ）、「池袋・川越アートトレイン」（写真下段）にフルラッピングされ、異彩を放つ。

70000系

70090型

日比谷線直通の第3世代車両。18メートル車8両編成から、20メートル車7両編成に変わったのが特徴だ。70000系は各駅停車専任に対し、70090型は座席指定制の有料列車〈THライナー〉の運用にも就く。

2020年3月27日（土曜日）より、日比谷線直通列車が第3世代車両に統一されたことで、日比谷線全駅と伊勢崎線の一部駅でホームドアの設置が進められている。

1800系

急行〈りょうもう〉用の車両(写真左上)として、1969年9月20日(土曜日)に華々しくデビューした。平成に入ると、200系の投入に伴い、一部の車両が300系、350系に改造され、日光線急行として再出発。21世紀に入ると、通勤形電車化改造(写真右上)されるサプライズもあった。

オリジナルを保ったのは、後年人気者になった1819編成(写真下)と、長期にわたり休車された1814編成のみである。

1819編成は2018年7月27日(金曜日)付で廃車され、1800系は49年にわたる波瀾万丈の歴史に幕を閉じた。

東武鉄道
大追跡

岸田法眼 著

αβ アルファベータ
Books ブックス

目　次

巻頭カラー口絵・東武鉄道の車両

プロローグ………5

第1章　2017〜2020年の新戦力（ニューフェイス）

500系Revatyオープン戦………10

70000系開幕戦………24

鬼怒川線東武ワールドスクウェア駅初日………36

鬼怒川線評判記 暴れん坊大樹「鬼怒川線の将軍参上」………43

20400型試乗………61

川越特急スペシャル………71

6050系「往年の6000系リバイバル車両」開幕戦………91

〈THライナー〉開幕戦………101

歩くスカイツリーライン
　　－すみだリバーウォークと東京ミズマチ－………114

スペシャルコラム
　　東京メトロ13000系、17000系、18000系と東急2020系………122

第2章　優等車両ルポ

特急〈スペーシアきぬがわ3号〉鬼怒川温泉行き………128

〈TJライナー1号〉森林公園行き………141

日光詣スペーシア開幕戦………154

臨時特急〈スカイツリートレイン4号〉浅草行き………178

臨時特急〈りょうもう71号〉葛生行き………190

東武宇都宮線フリー乗車DAY 臨時各駅停車 東武宇都宮行き……204

第3章　フォーエヴァーセレクション

東上線特急フォーエヴァー………214

臨時電車 (渋谷から臨時急行)〈フラワーエクスプレス号〉長津田行き…227

臨時特急〈ゆのさと275号〉鬼怒川温泉行き "スカイツリートレイン"……241

8000系東武顔フォーエヴァー………253

浅草発着の快速、区間快速フォーエヴァー　－快速編－………266

浅草発着の快速、区間快速フォーエヴァー　－区間快速編－………278

特急〈しもつけ283号〉東武宇都宮行き………289

臨時電車〈ありがとう50090型ブルーバード号〉森林公園行き……298

第4章 通勤形電車ルポ

臨時電車〈三社祭号〉浅草行き………312

臨時電車〈隅田川花火号〉浅草行き2007………319

臨時電車〈アニマルトレイン〉………326

はじめての報道公開も一生けんめい。………339

臨時電車〈アニ玉祭トレイン〉大宮行き………343

8000系昭和30年代の通勤形電車標準色リバイバルカラー開幕戦……352

8000系「緑亀」開幕戦………356

臨時電車 東武日光行き
　　－区間急行南栗橋行きが東武日光まで延長運転－………361

野田線の急行大宮行き………372

急行(渋谷から特急)〈Fライナー〉元町・中華街行き………382

臨時電車〈春の花めぐり号〉佐野行き2019………392

臨時電車 東武動物公園行き－セイジクリームの青春－………401

第5章 駅ルポ

伊勢崎線大袋駅………408

急行〈南会津〉リターンズ………412

各駅停車〈2011フラワーリレー号〉太田行き………418

伊勢崎線浅草駅2番線………426

東京スカイツリータウン初日………431

春日部市と『クレヨンしんちゃん』と東武鉄道………441

「〈TJライナー〉運行開始10周年記念ヘッドマーク」掲出列車出発式……451

春日部市発展のカギを握る、春日部駅の高架化………458

第6章 300系フォーエヴァー

臨時特急〈尾瀬夜行23：55〉会津高原尾瀬口行き　20周年記念スペシャル…468

特急〈きりふり283号〉南栗橋行き………476

臨時特急〈きりふり267号〉運河行き………482

ありがとう300型引退記念運転 臨時特急〈きりふり275号〉東武日光行き…494

第7章 1800系フォーエヴァー

1800系通勤形改造車に乗る………508

臨時電車〈隅田川花火号〉浅草行き2006………514

1800系臨時快速………520

急行〈りょうもう〉リターンズ………536

臨時電車〈春の花めぐり号〉佐野行き2018………556

《付録》 東武ファンフェスタ車両撮影会のあゆみ………568

エピローグ………586

参考資料………587

プロローグ

　1899年8月27日(日曜日)、東武鉄道最初の列車が、下り北千住、上り久喜を6時10分に発車してから、2021年で122年を迎えた。

　最初の開業区間は北千住—久喜間で、途中駅は西新井、草加、越ヶ谷(現・北越谷)、粕壁(現・春日部)、杉戸(現・東武動物公園)の5駅のみ。現在は22駅に増えたほか、北千住から南は浅草(開業時は浅草雷門)まで延びた。このため、浅草駅に7キロポスト、北千住駅に0キロポストが立つ。

　拙著は、東武鉄道創業120周年(2017年)、開業120周年(2019年)を記念した紀行で、私のRailway Blogや媒体の転載のほか、書き下ろしルポを収録した。おそらく、大手私鉄1社をまとめた紀行は、21世紀の国内では初めてだろう。

　拙著の制作に御協力いただいた東武鉄道、東京地下鉄、東急の各広報及び、春日部市(鉄道高架整備課、シティセールス広報課)、拙著への転載に御快諾いただいた『鉄道ファン』誌(交友社)、『＠DIME』誌(小学館)、『ハフポスト日本版』誌(ザ・ハフィントン・ポスト・ジャパン)の各編集部、一部ダブル取材や転載に御理解、御協力いただいた『bizSPA！　フレッシュ』誌(扶桑社)に厚く御礼申し上げます。

　それでは、まいりましょう。オマタセ、ベイベー。イッツ・ショータイム‼

　※本書は転売等の行為を固くお断りするとともに、禁止致します。

車両の表記について

　東武鉄道(以下、東武)では、2008年度下期頃から、車両の形式に「型」という字が見られるようになった。東武によると、「同一形式にマイナーチェンジが加えられた場合に型を使用している」という。

　例えば、50000系グループの場合、「50000型」、「50050型」、「50070型」、「50090型」の4種類存在する。また、70000系にマイナーチェンジ車が投入され、「70000型」、「70090型」と細分化された。

　しかしながら、媒体によって「型」ではなく、「系」もしくは「形」を用いられていることから、拙著では当初から系で登場した車両は「系」、当初

から型で登場した車両は「型」、形で登場した車両は「形」を原則として表記する。ただし、例外もあることを御了承願いたい。

乗車車両編成表について

　文中では私が乗車した列車の編成表を掲載する。基本的に車両番号は車内外でチェックしたほか、私が乗車した車両は帯で表示し、わかりやすくする。

　禁煙欄について、「○」は禁煙車、「×」は喫煙可能な車両、「△」は喫煙ルームありである。2007年3月18日(日曜日)以降、すべて禁煙車なので、×△はない。

　なお、30000系以降の新型車両、改造車は一部を除き、車内の車両番号は「クハ」「モハ」「サハ」を省略している。

運賃、料金について

　各鉄道事業者は消費税率の改定(8%→10%)に伴い、引き上げ相当分を転嫁するため、2019年10月1日(火曜日)に運賃、料金の改訂を実施した。本書に掲載する運賃、料金は基本的に取材当時(消費税率5・8・10%)の価格とさせていただく。

本文で度々記述する旧名称と現名称ついて

　ルポは2002年から2020年まで18年分を収録しているため、旧名称(当時の名称)と現名称が混在しており、主に3つあることをあらかじめお知らせする。

種類	旧名称	現名称	改称日
車両基地	南栗橋車両管理区	南栗橋車両管区	2009年10月
駅	業平橋	とうきょうスカイツリー	2012年3月17日(土曜日)
	松原団地	獨協大学前(草加松原)	2017年4月1日(土曜日)

　上記について、第1章「歩くスカイツリーライン―すみだリバーウォークと東京ミズマチ―」を除き、例として「業平橋(現・とうきょうスカイツリー)」という記述を省略する。

東武鉄道路線表		
路線名	営業区間	営業キロ
伊勢崎線	浅草―伊勢崎	114.5キロ
	※押上（スカイツリー前）―曳舟	1.3キロ
日光線	東武動物公園―東武日光	94.5キロ
鬼怒川線	下今市―新藤原	16.2キロ
東上本線	池袋―寄居	75.0キロ
越生線	坂戸―越生	10.9キロ
亀戸線	曳舟―亀戸	3.4キロ
大師線	西新井―大師前	1.0キロ
宇都宮線	新栃木―東武宇都宮	24.3キロ
小泉線	館林―西小泉	13.2キロ
	東小泉―太田	9.1キロ
野田線	大宮―船橋	62.7キロ
桐生線	太田―赤城	20.3キロ
佐野線	館林―葛生	22.1キロ

※特定都市鉄道整備積立金制度による、業平橋（現・とうきょうスカイツリー）―曳舟間の複々線として認可。また、押上駅は2012年3月17日（土曜日）から、「スカイツリー前」の副駅名を付与。

＜乗車車両編成表の例＞

寝台特急〈あけぼの〉青森行き編成表				
乗車区間	号車	車両番号	禁煙	備考
青　森	なし	EF 64 1053	－	上野―長岡間牽引
	なし	EF 81 131	－	長岡―青森間牽引
	なし	カ　ニ 24 23	－	電源車
	8	オハネフ 25 125	○	指定席ゴロンとシート
	7	ス ロ ネ 24 552	×	A寝台個室シングルDX
	6	オ ハ ネ 24 553	×	B寝台個室ソロ
	5	オ ハ ネ 24 551	×	B寝台個室ソロ
	4	オハネフ 24 7	○	2段式B寝台
	3	オ ハ ネ 25 215	○	2段式B寝台
	2	オ ハ ネ 24 51	○	2段式B寝台
上　野	1	オハネフ 24 19	○	指定席レディースゴロンとシート
	なし	DE 10 1765	－	青森―青森車両センター間牽引

〈のぞみ244号〉東京行き編成表				
乗車区間	号車	車両番号	禁煙	備考
東　京	16	784－31	○	指定席
	15	787－531	△	指定席
	14	786－231	○	指定席
	13	785－531	○	指定席
	12	785－631	○	指定席
	11	786－731	○	指定席
	10	777－31	△	グリーン車
	9	776－31	○	グリーン車
	8	775－31	○	グリーン車
	7	787－431	△	指定席
	6	786－31	○	指定席
	5	785－331	○	指定席
	4	785－31	○	指定席
	3	786－531	△	自由席
	2	787－31	○	自由席
新大阪	1	783－31	○	自由席

☆寝台特急〈あけぼの〉青森行きは、2014年1月8・9日（水・木曜日）乗車。

☆〈のぞみ244号〉東京行きは、2014年8月3日（日曜日）乗車。

ラインナップ

① 500系Revaty オープン戦
② 70000系開幕戦
③ 東武ワールドスクウェア駅初日
④ 鬼怒川線評判記 暴れん坊大樹
⑤ 20400型試乗
⑥ 川越特急スペシャル
⑦ 6050系「往年の6000系リバイバル車両」開幕戦
⑧〈THライナー〉開幕戦
⑨ 歩くスカイツリーライン
　ーすみだリバーウォークと東京ミズマチー
⑩ スペシャルコラム

500系 Revaty Tobu Limited Express オープン戦

東武日光駅のフォトセッションは2回行なわれた（写真はBコース。ロゴ提供：東武鉄道）。

　東武の新型特急形電車500系Revaty（リバティ）が2016年12月に登場した。車両愛称名の「Revaty」は、「Variety」（多用、様々な）と「Liberty」（自由）を組み合わせた造語である。観光と通勤の両方及び分割併合に対応し、3社6線、1都5県をまたぐフットワークの良さが特長だ。

　ルポでは2017年4月21日（金曜日）のダイヤ改正などで、"変わりゆく東武"も併せて御案内しよう。

銀座線01系フォーエヴァー

2017年3月10日(金曜日)8時00分頃、東京メトロ銀座線上野へ。『東武鉄道大追跡』と銘打ちながら、いきなり話がそれるのは、この日限りで01系が営業運転を終了するからだ。ここは拙著ということで、御容赦いただきたい。

500系リバティ試乗会の報道受付は、伊勢崎線浅草駅で行なう。時間は8時30分から9時00分まで。浅草までの所要時間を勘案すると、上野には8時45分頃まで滞在できる。そのあいだに01系の浅草行きが現れることを切に願う。

最後の01系で旅立ち。

待つこと約15分、ついに01系の浅草行きが到着した。これが"最後の乗車"だと思うと、さびしい気持ちでいっぱいだ。01系は銀座線のイメージを変えた車両であり、日本の鉄道車両の概念をも変えた車両でもある。昭和末期頃に初めて乗ったとき、ドアチャイムと乗降用ドア上の駅名表示器に強い衝撃を受けた。そのときから、01系に対する強い想い入れが芽生えていた。

乗車時間5分程度で終点浅草に到着。このまま折り返し乗車したくなるが、500系リバティ試乗会に参加させていただく以上、気丈に見送った。

浅草行き 編成表				
乗車区間	号車	車両番号	禁煙	備考
浅　草	6	01－630	○	なし
	5	01－530	○	なし
	4	01－430	○	なし
	3	01－330	○	なし
	2	01－230	○	なし
上　野	1	01－130	○	なし

　私にとって、01系の引退は"大切な人を失う"ことと同じである。幸い東京メトロ、熊本電気鉄道(4両を譲受)に色々と取材協力させていただいたことで、前著『波瀾万丈の車両』(アルファベータブックス)などでカタチに残すことができた。死んだら「遺す」となってしまいそうだが。

01系ロス

　銀行のATMで所持金調整をしたあと、8時50分頃に伊勢崎線浅草へ。1階受付付近では、テレビ局、新聞記者、鉄道メディアなどが、所狭しと集まり、談笑する光景も見られた。私は人見知りが激しいこと、今まで多くの人間に裏切られたこと、馴れ合いを嫌う性分なので、深入りしないようにしている。

　東武広報の案内で動くも、01系引退に動揺したのか、3番線のメディア用撮影スペースの輪に入り損ねるミスをしてしまう。やむなくいつも撮るところで待つ。

　このミスがかえって幸いした。当日夜にテレビ東京で500系リバティ試乗会ニュースが報じられたとき、鉄道メディアの面々を"狙い撃ち"したかの如く、断りもなしに撮影し、映像を流されたそうだ。私は原則として、テレビ、誌面などには、顔出ししない方針(人にお見せできる顔じゃないから)なので、仮に映っていたら「肖像権の侵害」と言い放ち、厳重に抗議しただろう。

　さて、東武広報によると、混雑によるダイヤの乱れで、500系リバティ試乗会列車の入線が遅れるという。それもそのはず、この遅れは2013年3月16日(土曜日)のダイヤ改正で、平日朝ラッシュ時の区間急行を10両編成か

ら、8両編成に減車したことが大きく影響している。

以前の区間急行10両編成列車は、途中駅で増解結作業が行なわれていた。しかし、車両故障などでダイヤ乱れが発生すると、北千住の解結作業が足を引っ張ってしまう。複々線の急行線では"渋滞"が発生し、緩行線を走る各駅停車に抜かれる始末だった。

平日朝ラッシュ時の区間急行の両数見直しにより、朝ラッシュ時は慢性的な遅延(2〜3分程度)が常態化しており、これから先もこのままなのだろうか。

KEN OKUYAMA DESIGN（代表：奥山清行氏）がデザイン監修をしたことで、従来の東武特急にはないスタイリッシュなイデタチ。

9時26分、500系リバティ試乗会列車が入線。出発式はなく、メディアも含めた浅草からの参加者があわただしく乗車する。

私は9時28分頃に指定された4号車に乗車すると、すでに多くの席が埋まっており、やむなく進行方向左側の最前列に坐る。01系ロスが大きく影響してしまったが、こちらものちに幸いする恰好となる。

ここで500系リバティ試乗会の詳細を御案内すると、「日光東照宮『陽明門』修復完成公開ツアー」(以下、ツアー)と銘打ち、東武はAコースとBコースの2つを用意した。

報道公開の対象となったAコースは、往復とも500系リバティに乗車。往路は特急スペーシア〈けごん7号〉東武日光行き(不定期運転)と同じダイヤ、

復路は東武日光14時03分発の臨時特急〈きりふり292号〉浅草行きを1時間繰り下げたダイヤで運行される(東武日光15時03分発、浅草17時05分着)。

　一方、Bコースは往路のみ500系リバティ乗車で、臨時特急〈きりふり275号〉東武日光行き(土休運転)と同じダイヤで運行される。

　メディアは往復乗車、片道乗車(浅草―春日部・東武日光間)のいずれかを選択することになっており、私は後者を選択。始発浅草から終点東武日光まで乗り、500系リバティの乗り心地などを存分に味わってみたい。

日光東照宮「陽明門」修復完成公開ツアー Aコース往路 編成表				
乗車区間	号車	車両番号	禁煙	備考
東武日光	1	504－3	○	参加者用
	2	504－2	○	参加者用
	3	504－1	○	メディア用
	4	505－3	○	メディア用
	5	505－2	○	参加者用
浅　　草	6	505－1	○	メディア用

メディアは選択乗車

　乗降用ドアが閉まる際、ドアチャイムがJR東日本首都圏電車と同一なことに違和感を持つ。21世紀に入ってから、JR東日本と同じドアチャイムを採用する私鉄などが多く、これは合わせる必要があるのか。聞いていてストレスを感じる。鉄道各社は"自社のブランド"を大切してほしい。念のため東武に問い合わせたところ、特筆すべき経緯はないという。

駅員は横断幕を広げて、旅人を見送る。

定刻通り9時30分に発車。駅員2人がフラッグを掲げて、ツアーの参加者を見送る。この光景は北千住、春日部、栃木でも見られた。

曲線半径100メートル、カント30ミリの急カーブを通過すると、隅田公園の桜は一部が満開に咲き誇り、500系リバティの"プレ門出"を祝っている。隅田川を渡ると、01系ロスによる心の乱れも収まった。子供の頃から見慣れた、好きな車窓のひとつを眺めるだけでも心が落ち着く。

側窓は小さくても、眺望性は向上

曳舟でイーハー東武（伊勢崎線押上〔スカイツリー前〕―曳舟間及び、同区間に直通する列車のこと。2002年秋に30000系10両試運転列車を見て思いつき、知人らにメールをしたら大ウケした）からの急行南栗橋行きを抜く。車両は東京急行電鉄（以下、東急。現・東急電鉄）8500系で、かつてはケーブルテレビの装飾が施された青帯車だ。

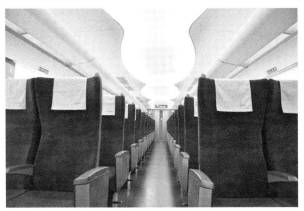

天井の造形は、鬼怒川や隅田川の流れをイメージし、LEDの間接照明が灯る。

私が乗車する4号車の中央では、ブリーフィング（打ち合わせ）が行なわれる。東武広報は教師、メディアは生徒のように映り、まるで修学旅行のよう。のんびり座席でくつろぐ余裕はなさそうだ。

9時43分に北千住を発車すると、北越谷まで私鉄最長18.9キロにわたる複々線が続く。

小菅を通過すると、車両部の川上康明設計課長による500系リバティの説明放送が始まり、新田通過後まで7分56秒も続く。自信作に対する想いが長い説明に表れている。

とりあえず、リクライニングシートに身をゆだねる。坐り心地はJR特急グリーン車級の100系スペーシアが上。しかしながら、ひじかけにコンセントが備えられており、携帯電話、ノートパソコン、デジタルカメラが容易に

リクライニングシートのシートピッチは、1番前の席を除き1,000ミリ。

中間車には、車椅子対応の1人掛け座席を設置。

充電できるのは心強く、使いやすさという点では500系リバティに軍配をあげる。

　2017年1月27日(金曜日)、南栗橋車両管区で行なわれた報道公開で、側窓の小ささが気になっていた。実際、坐ってみると、側窓の位置を下げることで車窓が眺めやすくなった。見慣れた車窓が新鮮に映る。

　カーテンは縦引きのフリーストップ式。まぶしさを低減するには、横引きより上なのだろう。

　乗り心地に関しては、500系リバティが上。新幹線の車両などで実績のあるフルアクティブサスペンション(車体動揺防止制御装置)を搭載したことで、台車寄りの席は揺れが低減した。私が坐る最前列は揺れを感じないほど快適だ。

　先頭車の台車に搭載する主電動機はPMSM(Permanent Magnet Synchronous Motor:永久磁石同期電動機)で、騒音も低減された。

　一方、100系スペーシアは、車内に防音対策を施したとはいえ、航空機っぽく聞こえる轟音に加え、台車寄りの席に坐ると多少揺れた。機器面に関しては時代の流れを感じる。

　500系リバティのトイレは中間車に男性用、洋式、多機能トイレを集約。報道公開後、男性用を除き、温水洗浄機能つきに改造された。また、洗面所

改造前の多機能トイレ。

500系リバティの運転台と頭上のモニター。

がないため、各トイレにハンドソープを設けている。

　ちなみに、このツアーでは5号車のトイレが使えず、2号車はほぼフル稼働の状態だった。

　運転台については、東武初の左手操作によるワンハンドルマスコンを採用。また、ホロBOX（500-1形式に台座、500-3形式に幌をそれぞれ装備）の設置に伴い、運転席からの視界が狭くなった。そのため、頭上に助手席側（進行方向右側）の状況を確認するモニターを設けた。

ほかの新型車両と駅名改称

　西新井を通過すると、スピードが上がり、東京メトロ日比谷線の千住検車区竹ノ塚分室では、新型車両13000系が留置されていた。ともに2016年度生まれの同級生だ。13000系については、後述のスペシャルコラムで御覧いただこう。

　通過する松原団地は、2017年4月1日（土曜日）に駅名が「獨協大学前（草加松原）」に改称される。

　この駅は「東洋一のマンモス団地」と言われた草加松原団地の最寄り駅として、1962年12月1日（土曜日）に開業。そして、1964年に獨協大学が開学した。

　その後、草加松原団地は建物の老朽化、住宅需要の多様化に対応するため、草加市と独立行政法人都市再生機構が2003年から建て替え事業に着手。団地の名称も「コンフォール松原」に変わり、駅前の風景が一変した。

　さらに、2014年3月18日（火曜日）には、旧日光街道の草加松原が「おく

松原団地記念公園。

おくのほそ道の風景地のひとつ、草加松原。

「のほそ道の風景地」の一群をなすものとして、国の名勝地に指定される。

これらがきっかけとなり、草加商工会議所を中心に、「松原団地駅名変更協議会」を設立。草加市との連名で、東武に駅名「獨協大学前(草加松原)」への改称を要望した。

東武は検討の末、要望を受け入れ、駅名を「獨協大学前」に改称。併せて副駅名「草加松原」を採用し、地域のイメージアップと観光地へのPRを図ることになった。

駅名改称に伴い、松原団地駅前郵便局は2017年3月1日(水曜日)より、「草加松原郵便局」に改称。松原団地駅前郵便局の旧名が草加松原郵便局なので、18年ぶりに復活したことになる。

70000系に遭遇

一ノ割を通過すると、野田線交差付近でスピードダウンし、10時03分、春日部3番線に到着。6両編成の特急は、一部列車を除き2・5号車の乗降用ドアのみ開くが、この列車では全車開く。一部の駅では、一部の車両しか客扱いをしないので、乗降用ドアの脇に「この扉は開きません」という案内板を設け、左右どちらも開閉しない場合は、オレンジのランプが灯る。

10時04分に発車すると、川上設計課長が春日部から乗車した乗客のために、再び500系リバティの説明放送を行なう。2回目の放送は7分06秒で、日光線幸手まで続いた。

500系Revaty オープン戦

デッキには防犯カメラなどを装備。

東武動物公園で一旦止まり、ここから日光線へ。住宅地を離れ、関東平野が広がってゆく。列車の運転本数も少なくなることから、スピードが上がってゆく。伊勢崎線浅草—東武動物公園間はMAX100km/hに抑えられているが、日光線はMAX120km/hで、500系リバティの本領発揮だ。

日光線では"首都圏の終端"と言える南栗橋を通過すると、南栗橋車両管区で70000系の姿が見える。2017年2月に登場したばかりで、東武の地を踏んでから、まだ半月もたっていない。くわしくは次の記事で御覧いただこう。

鎧武者が大活躍

金色の甲冑を身にまとった鎧武者。

日光甚五郎煎餅はメディアにも配布された。

栗橋を通過すると、利根川付近では菜の花が咲き、ここでも春の到来を告げる。

500系リバティは快調に走り、板倉東洋大前を通過すると、5号車で鎧武者が日光国立公園銘菓「日光甚五郎煎餅」を配布する。配布は5・1・2号車の順に行なわれ、4号車に乗車したメディアは5号車で取材する。

鎧武者は「陣中見舞い」として、乗客に日光甚五郎煎餅を渡す。乗客との記念撮影やメディアのリクエストに応じ、和やかな雰囲気で進む。

隣の6号車は、テレビ局が500系リバティの車内でロケ。1回リハーサルを行なったあと、本番に移り、アナウンサーらしき人物は詳細にリポートしていた。

10時39分、栃木に到着。栃木停車の特急はすべての車両で乗り降りできるが、今回の

ツアーでは2・5号車のみ乗降用ドアが開いた。

　新鹿沼を通過すると、外で遊ぶ幼稚園児が500系リバティに手を振る。見慣れない車両に対するインパクトが強かったようだ。子供たちにとっては、"これからのヒーロー"的な存在になるだろうか。

　モーターがうねりをあげ、"「勾配」という名の難所"を登る。一部の山は雪が積もっており、こちらの春は少し先になりそうだ。

500系リバティ分割併合列車一覧表(当時)

列車名	併結区間	単独運転区間
リバティけごん 1・11・17・29・28・32・40・48号	浅草―下今市	下今市―東武日光
リバティ会津 101・111・117・129・128・132・140・148号		下今市―会津田島
リバティりょうもう43号	浅草―東武動物公園	東武動物公園―館林
リバティけごん47号		東武動物公園―東武日光
アーバンパークライナー3号	浅草―春日部	春日部―野田市
		春日部―大宮
リバティけごん14号	下今市―浅草	東武日光―下今市
リバティきぬ114号		新藤原―下今市

　下小代を通過すると、川上設計課長がマイクを握り、下今市での編成分割についてアナウンスする。内容は下今市のみにとどまったので、500系リバティの分割併合列車については表を御参照いただきたい。

　その後、川上設計課長はSL〈大樹〉もPR。2017年の東武は、日比谷線用の新型車両導入、駅名改称も含め、"歴史的な1年"になったのである。

リベンジならず

　11時11分、下今市1番線で運転停車(客扱いを行なわない停車のこと)。浅草を9時10分に発車した快速東武日光・鬼怒川温泉方面会津田島行きに追いつき、追い越す。

　最後の勾配を登り切り、定刻11時17分より少々遅れて終点東武日光6番線に到着した。

Aコースのフォトセッション。

「いらっしゃいませ、日光へお越しいただきありがとうございます」

　ホームでは、日光市観光協会、日光市女将の会、日光仮面、鎧武者らによるお出迎えがあり、乗客に地元銘菓を配布し、大いににぎわった。このあと、乗客と一部のメディアはツアーバスに乗り、日光東照宮へ向かう。

　私はBコースの500系リバティ到着待ちを選択。実は南栗橋車両管区での報道公開時に撮り忘れた箇所があり、世にいう"リベンジ"の機会を待っていた。ところが、鉄道メディアは6号車で取材中、隣の5号車でテレビ局の車内ロケがあり、結局、男性用トイレが撮影できない不運に見舞われてしまった。

500系リバティ、小泉線、宇都宮線、桐生線へ

2017・2018年の〈東武ファンフェスタ号〉は、500系リバティが登板。

　2020年6月6日（土曜日）のダイヤ改正で、500系リバティは、伊勢崎線浅草―太田間、野田線大宮―柏間、日光線全線、鬼怒川線全線、野岩鉄道会津鬼怒川線全線、会津鉄道会津線会津高原尾瀬口―会津田島間で定期運行されているが、2018年には団体列車として"未踏の地"へ足を踏み入れた。

　まず、2018年5月26日（土曜日）に「500系リバティ運行開始1周年記念ツアー」として、船橋―東武日光間で往復運転され、野田線を全線走破した。

　次に12月2日（日曜日）、〈東武ファンフェスタ号〉が館林始発で運転。初めて小泉線で営業運転され、館林―成島間を往復したのち、南栗橋車両管区へ向かった。

　さらに2019年4月21日（日曜日）、「500系リバティデビュー2周年記念ツアー」として、浅草―東武宇都宮間で往復運転。初めて宇都宮線で営業運転された。

　2020年11月9日（月曜日）から、浅草―赤城間の特急〈りょうもう〉

2往復を〈リバティりょうもう〉に変更され、桐生線にも進出した。

500系主要諸元

営業運転区間	←浅草・柏　　　　　　　　　　大宮・東武動物公園方面→		
号　車	3・6	2・5	1・4
形　式	500 − 1形式	500 − 2形式	500 − 3形式
車種記号	Mc1	T	Mc2
座　席	リクライニングシート		
座席定員(注1)	56人	49人	56人
(立席定員)	(56人)	(87人)	(56人)
車体の種類	アルミ		
車体の長さ	20,000mm		
車体の幅	2,870mm		
車体の高さ	3,980mm（パンタグラフ折りたたみ高さ：4,080mm)		
自　重	40.5t	35.1t	40.4t
旅客情報案内装置	フルカラー LED		
行先表示器			
軌　間	1,067mm（狭軌)		
台車方式	ボルスタレス空気バネ台車（モノリンク軸箱支持方式)		
ボギー間中心距離	13,600mm		
固定軸距	2,100mm		
車両性能	設計最高速度：130km/h（運転最高速度：120km/h)加速度：2.23km/h/s減速度：常用3.7km/h/s以上、非常5.3km/h/s以上		
保安装置(注2)	TSP − ATS		
電気方式	直流1500ボルト　架空線式		
制御装置	VVVFインバータ制御		
営業運転開始日	2017年4月21日(金曜日)		

注1：2020年11月9日(月曜日)から営業運転を開始した2次車509〜511編成は、各車両に大型荷物置き場が設置されたため、座席定員が4人減少した(500−1・3形式は52人、500−2形式は45人)。立席定員と自重は現行通り。
注2：TSPは「東武型多情報変周式、関数制御式」。ATSは「Automatic Train Stop device(自動列車制御装置)」の略である。

70000系開幕戦

北越谷で執り行なわれた70000系出発式（提供：東武鉄道）。

日比谷線用第3世代車両の70000系が、2017年2月に登場。試運転などの末、7月7日（金曜日・七夕）にデビューした。機器面などは東京メトロ13000系と合わせつつ、東武の"矜持（きょうじ）"が詰まっており、どちらも甲乙つけがたい魅力的な車両に仕上がった。

刺激的なカラーリング

　70000系開幕戦は、伊勢崎線北越谷10時04分発の各駅停車中目黒行き。まさかプレスリリースで発表されるとは思ってもみなかったが、出来栄えに自信があることや、レールファンなどから問い合わせが多かったのだろう。

　デビューを記念して、上りホームで出発式が行なわれる。東武の姫宮なな、東京メトロの駅乃みちかという、"ゆるキャラ"が駆けつけ、花を添える。また、ホームの一部には立ち入り規制区域を設け、安全の確保に努める。

　出発式の様子を見ておきたいところだが、入線する姿を見たいので、春日部寄りで待つ。平日とはいえ、ホームで70000系を待つレールファンが私の予想以上に多い。お勤めの方は夏季休暇を申請できるので、貴重な夏休み1日分を70000系に充てたのだろうか。

新鋭同士が緩行線ホームに到着。

　9時53分、2番線に70000系の各駅停車中目黒行きが入線した。車体側面のデジタル方向幕は「普通中目黒」、「x号車」、「日比谷線直通」の順に表示される。東武に限ったことではないが、駅や車内の放送で「各駅停車」と案内しているのだから、駅の案内板や車両の種別の表示も「各駅停車」もしくは「各停」に統一したほうがわかりやすい。

　先頭車の前面は、今までの東武通勤形電車にはないパンチのきいた、躍動

車端部のカラーデザイン。13000系と同様にピクトグラムを上部に配した。

感あふれるカラーリングだ。20000系グループのロイヤルマルーンを2色に再精製し、昇華させたイノベーションレッドとピュアブラックで、日比谷線直通車両の刷新を表現した。

車端部には、沿線の活力を表現したエナジードットをアクセントとしている。アルミ車体の地肌をジャスミンホワイトに塗装したら、特急〈りょうもう〉の新型車両と見間違えそうだ。

9時58分、乗降用ドアが開く。各車両ほとんど席が埋まっており、空席を探したところ、6号車にかろうじて坐れた。車内の広告はデビュー記念なのか、ソライエ葛飾小菅のモデルルームオープンで占め、"住みやすい東武沿線"をアピールしている。

日比谷線直通列車の車内自動放送は3代目に

各駅停車中目黒行き　編成表				
乗車区間	号車	車両番号	禁煙	備考
中目黒	7	71701	○	なし
	6	72701	○	なし
	5	73701	○	弱冷房車
	4	74701	○	なし
	3	75701	○	なし
	2	76701	○	なし
北越谷	1	77701	○	女性専用車

女性専用車について
平日の北千住を7時30分から9時00分まで発車する列車（南栗橋―日比谷線内間）が対象。なお、9時00分になると、この取り扱いを一斉に終了する。

「東武鉄道を御利用いただきましてありがとうございます。この電車は、地下鉄日比谷線直通、各駅停車、中目黒行きです。次は、越谷、越谷です」

　各駅停車中目黒行きは定刻通り10時04分に発車。日比谷線直通列車の車内自動放送は、当初、ハスキーボイスの男性が務めていたが、2011年頃から30000系や50000系グループなどと同じ声優の水谷ケイコさんに交代。上田電鉄、えちごトキメキ鉄道日本海ひすいラインなども務めており、耳になじんだ声を聞いていると心地よく、安心感がある。

　そして、3代目として大関豪栄道(2020年初場所で引退)と同じ大阪府寝屋川市出身の久野知美フリーアナウンサーを起用。報道公開でのステージ司会とは異なり、乾いた声。聞いていると、丁寧(ていねい)に案内しているのはわかるが、「この電車は」の滑舌と標準語のアクセントに違和感を覚える。この部分だけ、なぜかやや早口でトーンが高いのだ。

　同じ大阪府出身の逸見政孝さんは、東京のテレビ局でアナウンサーになるため、大学進学と同時に上京。アクセント辞典がボロボロになるまで完璧にマスターし、関西弁を封印した。その甲斐あって、アナウンサーとしてフジテレビに入社することができた。のちにフリーになり、人気司会者としてテレビ界の頂点に上り詰めたのは御存知の通り。

70000系開幕戦

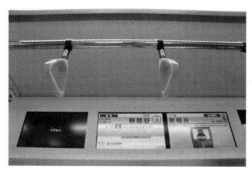

デビュー当初、LCD式旅客情報案内装置は、左側の広告画面が「TOBU」ロゴに固定表示されていた。

　僭越(せんえつ)ながら久野アナの車内自動放送を聞いていると、ステージ司会と同じ声色(こわいろ)で発すればいいのにと思う。

　「この電車は東京メトロ日比谷線直通、中目黒行きです。本日から新しい車両で運行される1番はじめの列車です。(70000系は)東武鉄道と東京メトロ日比谷線を直通いたします。今後とも皆様に御利用いただきますよう、乗務員一同、安全運行に努めてまいります。よろしくお願いいたします」

　越谷を発車すると、車掌は70000系の1番列車を案内する。おそらく偶然乗った乗客が多いだろうから、“トクした気分”になっているだろう。

　新越谷で車内は早くも“.com”(どっと混む)。若い女性たちの会話が響きわたる。PMSMの採用により、走行音の“音量”が小さいのだ。20000系グループは制御装置に関係なく6M2T(電動車6両、付随車2両のこと)に組成されたのに対し、

70000系は全車電動車。ただし、ボルスタつき片軸操舵台車は、すべてM軸とT軸に分けたため、「実力値3.5M3.5T」で、消費電力が低減した。

北千住でデジタル方向幕の左側が変わる

　獨協大学前(草加松原)で大学生たちが下車。女性2人が私の隣に坐ろうとするも、1人がなにかを落としてしまい、しかも大きく弾む。運が悪いことに列車とホームのあいだに落下してしまい、2人とも降りざるを得ない。

　谷塚から車内は落ち着き、走行音が小さくなったせいか、冷房の風音(ふうおん)が大きく聞こえる。おそらく風量を強めに設定したのだろう。冷房能力の向上により、さらに快適になった車両をアピールするには、風音はある意味重要なのかも。

　小菅を発車すると、北千住到着ギリギリまで車内放送が続き、3階ホーム7番線に到着。

　「東京メトロを御利用くださいまして、ありがとうございます。この電車は、日比谷線、中目黒行きです。東武スカイツリーライン(伊勢崎線浅草・押上―東武動物公園間の路線愛称)は、お乗り換えです」

　乗降用ドアが開いた直後、東京メトロ車内自動放送担当の森谷真弓さんの声が車内に響く。念を押すかの如く、伊勢崎線押上・浅草方面の乗り換えを案内する。

デジタル方向幕は、北千住を境に表示が異なる。

　デジタル方向幕の左側も「普通」(各駅停車)から「H-01」に変わる。東武は様々な種別の列車が運行しているので種別表示に対し、日比谷線は各駅停車のみなので、駅ナンバリングを表示しているのだ。

　10時35分に発車し、ここから日比谷線へ。自動放送のあと、車掌は「車内空調は冷房を使用中です」と案内。ほどなく自動放送でも空調の案内放送が流れ、「車内が涼しく感じるお客様は5号車の弱冷房車を御利用ください」と締める。どうやら車掌は70000系初列車ということもあり、試しに使っ

てみたようである。

旅客情報案内装置の中央では、「車内が涼しく感じるお客様は5号車の弱冷房車をご利用ください」(右側は英語)を表示。なぜか築地付近まで延々続き、目的地までの所要時間や駅の案内図が表示されなくなった。どうやら不具合が発生したらしい。

南千住を発車すると、地下へ。"限られた空間"のせいか、走行音が若干大きくなった。それでも冷房の風音が大きい。また、地下のせいか、地上区間に比べると冷房の"ひんやり度"が増し、少し寒い。

人形町を発車すると、曲線半径127メートルの急カーブをひたすら右へ進む。70000系は東武初のボルスタつき片軸操舵台車を採用したとあって、線路と車輪の摩擦音が響かず、軽快に走る。

明るさを強調した車内

70000系の車内。

70000系の車内は13000系に比べ、シンプルさと明るさを強調したのが特徴だ。

LED室内灯は13000系の間接照明に対し、70000系は直接照明。ホワイトの化粧板も相まって、地下区間や夜間だと明るさが際立つ。東京メトロが間接照明を導入したのは、乗客から「(LEDの直接)照明がまぶしい」という

指摘が寄せられていたからだ。ただ実際、私が70000系に乗った限りでは、直接照明によるまぶしさは感じられなかった。

側窓はUVカットガラスを採用。フリーストップ式のカーテンをつけることで、遮光効果を高めている。

優先席の吊り手のベルトは、以前オレンジが使われていたが、汚れが目立ちやすく、一般席部分ともどもブラックに統一。

フリースペース。

吊り手のベルトは汚れを目立たなくするため、ブラックを採用。優先席の吊り手はオレンジとブラックの組み合わせになり、プロ野球ファンなら巨人軍を連想するだろう。

各車両には、車椅子やベビーカーに対応したフリースペースがあり、パネルヒーター、クッションパネル、通話もできる非常通報装置を設置している。

各車両の乗降用ドア上に先述のLCD式旅客情報案内装置を設置。17インチワイドを3画面並べ、左側は広告、中央と右側は次駅案内などを4か国語で表示する。その下に出っ張りがあり、立客の手がつかめるようにしている。非常に恥ずかしい話だが、都営地下鉄(東京都交通局)5500形の報道公開まで、出っ張りの存在すら気づかなかった。

13000系は車内放送を聞き取りやすくするため、高音質ステレオ放送システムの採用が話題となったが、70000系の車内放送は従来と同じシステムである。

運転台は両手操作式のワンハンドルマスコン。東京メトロでは、全線にATO(Automatic Train Operation:自動列車運転装置)の導入を予定しており、ATO出発ボタンが設けられた。また、乗務員室には長時間停車による車内保温維

持のため、4つの乗降用ドアのうち3つを閉めるスイッチも設置されている。

第3世代車両、13000系と70000系が導入されるきっかけとなったのは、東京メトロが進めている全線全駅のホームドア設置計画による。東京メトロは東武に日比谷線

70000系の運転台。

70000系開幕戦

用新型車両の導入を打診し、2012年度から具体的な協議に入った。

日比谷線は18メートル車規格で建設されたため、開業時から18メートル車が使用されている。特に1988年に登場した第2世代車両(東京メトロ03系、東武20000系グループ)は3ドア車と5ドア車の2種類に分かれる。東京メトロが標準とする可動式ホーム柵の場合、5ドア車の2・4番ドアを終日締め切りにすれば、物理的に対応できる。

しかし、相互直通運転先の東武と東急(2013年3月15日〔金曜日〕まで東横線との相互直通運転を実施)の通勤形電車は、20メートル4ドア車を標準としている。

03系5ドア車と20000系。

同じ8両編成でも、18メートル車の場合は「20メートル車約7両分」なので、輸送力に差が生じるのだ。

　東京メトロが日比谷線のトンネルを調査したところ、同じ18メートル車の丸ノ内線に準じ、若干の余裕をもって建設していたことが判明。全線において20メートル車の運転が可能と判断した。これにより、第3世代車両は20メートル4ドア車に決まり、機器類や車内の設備を極力統一し、近畿車輌に一括発注することになった。

　そして、線路脇の標識、ケーブルの移設などを行ない、入線できる態勢を整えた。

東急の新型車両と勘違いされそう⁈

　70000系の各駅停車中目黒行きは神谷町を発車すると、非常用ブザーが「ピーピー」鳴り、一部の乗客がフリースペースに視線を送る。そこにはベビーカーを持ち込んだ家族連れが乗っている。車掌がスピーカー経由で応対すると、父親はベビーカーに乗った子供が誤ってSOSボタンを押したそうで詫びていた。

　六本木に到着。家族連れが降りたあと、駅員2人が車内に乗り込み、「非常通報ボタンを押された方いますかぁー」と呼びかけるものの、誰一人応答しない。安全の確認もとれ、少々遅れて発車した。

　広尾で母親と幼児が4組乗車。うち幼児1人が「ママ、(走行音が)静か」を連呼。会話を聞いていると「13000系」という言葉を発し、しかも大まか

東急東横線と東京メトロ副都心線の相互直通運転開始に伴い、日比谷線の旅客列車は、すべて中目黒で折り返す。

なことを知っており、鉄道に精通しているようだ。ひょっとすると『鉄お
も！』誌（※ネコ・パブリッシング）の愛読者かもしれない。

　地上へ上がり、東急東横線に合流すると、定刻より3分遅れの11時21
分、終点中目黒2番線に到着。ほどなく引上線へ向かい、各駅停車東武動物
公園行きとして折り返す。

　東急はステンレス車体にコーポレートカラーの赤帯を巻く車両が多いの
で、鉄道に興味のない人にとっては、70000系を見ただけでも"東急の新型
車両"と勘違いされてもおかしくないほど、インパクトが強烈だ。1度でい
いから東横線、横浜高速鉄道みなとみらい21線（通称、みなとみらい線）を走る
姿を見たいものだ。

※ネコ・パブリッシングは、2021年2月1日（月曜日）付で「カルチュア・エンタテインメント」に吸収
合併されました。

コラム column

2019年12月に登場した70090型

エクステリアとインテリアの
イメージパース（提供：東武鉄
道）。

2019年の東武ファンフェスタで、
マルチシートが公開された。

　東武では「中期経営計画2017 – 2020」において、沿線における事業の深耕による沿線価値の向上の一環として「日比谷線直通列車の速達性向上」を掲げている。

　その具体的な取り組みとして、2020年6月6日（土曜日）より、70090型を使用した座席指定列車〈THライナー〉がデビュー。下りは霞ケ関―久喜間、上りは久喜―恵比寿間を運転する。

　座席は簡易優等車両の先駆者、50090系と同じクロスシートとロングシートの両方を設定できるマルチシート。コンセント、カップホルダーなどを設置し、居住性を向上した。101ページの「〈THライナー〉開幕戦」も御覧いただければ幸いである。

				70000系主要諸元			
営業運転区間	←中目黒						南栗橋→
号　車	7	6	5	4	3	2	1
形　式	71700形式	72700形式	73700形式	74700形式	75700形式	76700形式	77700形式
車種記号	Mc1	M1	M2	M3	M2'	M1'	Mc2
座　席	ロングシート						
定　員	140人	151人					140人
（座席定員）	（45人）	（51人）					（45人）
車体の種類	アルミ						
車体の長さ	20,470mm	20,000mm					20,470mm
車体の幅	2,780mm（車側灯間幅：2,829mm）						
車体の高さ	3,972mm（パンタグラフ折りたたみ高さ：3,995mm）						
自　重	34.3t	33.2t	32.9t	35.1t	33.2t	33.1t	34.5t
旅客情報案内装置	17インチ3画面ワイドLCD						
行先表示器	フルカラーLED						
軌　間	1,067mm（狭軌）						
台車方式	ボルスタつき片軸操舵台車（モノリンク式）						
ボギー間中心距離	13,800mm						
固定軸距	2,100mm						
車両性能	設計最高速度：110km/h　加速度：3.3km/h/s　減速度：3.7km/h/s（常用）　4.5km/h/s（非常）						
保安装置	東武：TSP-ATS　東京メトロ：※CS-ATC						
電気方式	直流1500ボルト　架空線式						
制御装置	VVVFインバータ制御						
営業運転開始日	2017年7月7日（金曜日・七夕）						
備　考	女性専用車（平日朝ラッシュ時）は1号車、弱冷房車は5号車、フリースペースは各車両。						

※CSは「Cab Signal（車内信号機式）」、ATCは「Automatic Train Control（自動列車制御装置）」の略である。

70000系開幕戦

鬼怒川線
東武ワールドスクウェア駅
初日

楽しさあふれる新駅の駅舎。開業当初、列車は9時18分から18時18分までの時間帯に限り停車していた。

　2017年の東武は創立120周年を迎え、500系リバティや70000系のデビュー、SL復活など、例年以上に話題が多かった。2017年7月22日(土曜日)に、2005年8月24日(水曜日)の流山おおたかの森駅以来、12年ぶりに開業した東武ワールドスクウェア駅もそのひとつ。栃木県日光市鬼怒川温泉大原にある同名のテーマパークの最寄り駅である。

　以降、東武ワールドスクウェア駅を「新駅」、東武ワールドスクウェアを「テーマパーク」と表記する。

テーマパークの最寄り駅

　テーマパークは、1993年4月24日(土曜日)に開園。最寄り駅は鬼怒川線の小佐越駅から徒歩(約8分)、もしくは鬼怒川温泉駅から路線バス利用(約5分、大人運賃210円)で、利便性については"微妙"といえた。

テーマパークと新駅は目と鼻の先。

特急が停まれるよう、ホームの有効長は6両編成分を確保。

　東武は2016年11月25日(金曜日)、日光・鬼怒川地区の観光地としての回遊性を高め、利便性向上を図るべく、テーマパーク入口付近に新駅の建設を発表していた。

　新駅は1面1線。ホームは半径400メートルのカーブに設けられ、幅も狭い。見通しが悪いので、ホームには車掌用の監視モニターが随所に設けられ、肉眼では見にくい箇所をカバーしている。また、列車接近時にはテーマパークの楽曲が流れ、乗客に注意喚起を図っている。

　駅舎は鬼怒川温泉駅寄りに建てられ、多機能トイレ、スロープ、簡易交通系ICカード改札機を設置した。交通系ICカード(PASMOやSuicaなど)を持っていない人はオレンジ色の発行機から乗降車駅証明書を取り、車内もしくは下車駅で精算する。

　新駅の不便な点は、特急停車駅なのに券売機がないことで、特急券を購入できないほか、交通系ICカードのチャージもできない。

　東武社員にきいたところ、特急券は鬼怒川温泉駅か下今市駅で購入の由。

復路の特急券は事前に購入したほうがよさそうだ。また、往路の特急券は「乗車駅―新駅間」を買うことができないので、下りは「乗車駅―鬼怒川温泉間」、上りのスペーシアは「乗車駅―下今市間」、リバティは「乗車駅―新高徳間」を購入するとよい。

　なお、テーマパークのチケットブースでも、新駅に停車する特急の特急券、SL〈大樹〉の座席指定券、一部の普通乗車券を発売している。しかし、東武日光始発の特急券を購入できないのが難点だ。

　例えば、「新駅17時11分発の各駅停車下今市行きに乗り、終点で特急スペーシア〈けごん44号〉浅草行きに乗り換えたい」といった場合、当該列車の特急券は出かける前などに最寄りの駅券売機か窓口で購入、もしくは、東武携帯ネット会員向けの「特急券チケットレスサービス」利用のいずれかを選択したほうがいいだろう。

当面のあいだ一部区間で割引運賃を設定

開業時から2019年3月15日（金曜日）まで、割引運賃などで乗車できた区間

乗車区間	営業キロ	大人運賃			
		開業時の運賃		本来の運賃	
		きっぷ	IC	きっぷ	IC
佐野市―新駅	140.6キロ	¥1,360	¥1,358	¥1,550	¥1,543
六実―新駅	140.3キロ	¥1,360	¥1,358	¥1,550	¥1,543
南羽生―新駅	120.1キロ	¥1,200	¥1,193	¥1,360	¥1,358
姫宮―新駅	100.6キロ	¥1,060	¥1,059	¥1,200	¥1,193
江曽島―新駅	70.4キロ	¥810	¥802	¥890	¥885
静和―新駅	60.7キロ	¥720	¥720	¥810	¥802
新栃木―新駅	50.1キロ	¥650	¥648	¥720	¥720
家中―新駅	45.6キロ	¥590	¥586	¥650	¥648
下今市―新駅	10.6キロ	¥200	¥195	¥250	¥247
新駅―鬼怒川公園	3.9キロ	¥150	利用不可	¥150	¥144

① 表の運賃は消費税率8％時。
② 特定運賃は2019年3月15日（金曜日）をもってを廃止。翌日から新駅―鬼怒川公園間は、交通系ICカードが初乗り運賃で利用できるようになった。

　新駅は小佐越駅から0.7キロ、鬼怒川温泉駅から1.8キロのところにある。開業にあたり、運賃は「当面のあいだ」という注釈つきで乗車駅―小佐越間

と同額になった。詳細は表を御参照いただきたい。

やっかいなのは新駅―鬼怒川公園間だ。同区間は3.9キロに対し、小佐越―鬼怒川公園間は4.6キロである。交通系ICカードで新駅―鬼怒川公園間に乗車すると、本来144円のところ165円引かれてしまう。東武では同区間乗車の際、普通乗車券の購入をお願いしている。

なお、特定運賃は2019年3月15日(金曜日)をもって廃止された。

テーマパークのシンボルといえる東京スカイツリー

テーマパークのマスコットキャラクター、妖精のトム(飛夢)とマイム(舞夢)。

話題をテーマパークに変えよう。

ここは世界の有名建造物102点を25分の1の縮尺(ミニチュア)で再現し、"時空を超えた世界一周の旅"を楽しめる。コースは現代日本ゾーン、アメリカゾーン、エジプトゾーン、ヨーロッパゾーン、アジアゾーン、日本ゾーンの順にまわってゆく。

目玉と言えるのは、現代日本ゾーンにそびえたつ東京スカイツリータウンだろう。2010年4月24日(土曜日)から展示され、ミニチュアの東京スカイツリーは高さ約26メートルを誇る。無論、すべての展示物ではもっとも高い。

付近には東京駅があり、開園当初から開業当時の姿で展示されている。開園当時の東京駅は戦災復旧後の姿で営業していたが、のちにJR東日本は復原工事を実施した。

ミニチュアの東京駅を発着する列車は、200系2階建て車両連結の〈やまびこ13号〉盛岡行きと中央線201系で、

東京駅のミニチュアは、開園時から開業当時の姿を展示。"先見の明"は特筆に値する。

鬼怒川線東武ワールドスクウェア駅初日

テーマパークならではの鉄道写真（手前は100系スペーシア、奥は東北新幹線200系）。

500系リバティとSL〈大樹〉がすれ違う。

いずれも6両編成。車両性能も実車最高速度の25分の1程度にしたものと思われる。

　日本ゾーンでは、新駅開業に合わせ500系リバティとSL〈大樹〉が登場。100系スペーシアとともに、日本の原風景を快走する。その中にカールおじさんたちがカールをおいしそうに食べる姿も。残念ながら中部地域以東の販売終了が決まったが、将来の全国販売再開を待つ人は多いと思う。

　向かい側には、熊本城がそびえたつ。熊本地震で実物が大きな被害を受けただけに、このミニチュアを見ていると、よみがえった姿に映る。

　「世界の遺跡と建築文化を守ろう」

カールおじさんたちは、笑顔で来場者を迎える。

をテーマに開園してから20年以上が経過。娯楽のほか、学校の遠足や社会見学にうってつけの場として、これからも"世のため、人のため"に役立つ大きな存在であり続けるだろう。

　その後、2020年6月6日(土曜日)のダイヤ改正で、東武ワールドスクウェア駅は全列車が停車するようになった。

熊本城のミニチュア。

熊本城は復旧工事が進む。

鬼怒川線東武ワールドスクウェア駅初日

東上本線の新駅、みなみ寄居(ホンダ寄居前)駅

新駅周辺は森で、"秘境駅"の感がある(提供:東武鉄道)。

　東武ワールドスクウェア駅以来、3年ぶりの新駅が東上本線(以下、東上線)東武竹沢一男衾(おぶすま)間に決まり、2020年10月31日(土曜日)にみなみ寄居(ホンダ寄居前)駅が開業した。池袋から68.9キロ地点に建設され、埼玉県大里郡寄居町に所在する。

　この駅はホンダ(本田技研工業)と連携したもので、同社が埼玉製作所寄居完成車工場への集約を発表した2017年10月以降、東武と協議を重ね、新駅の建設に至った。副駅名の「ホンダ寄居前」は、国内外のホンダ関係者が多く利用することを見込んだものである。

　運賃は当面のあいだ、東上線下り列車からは男衾まで、東上線上り列車からは東武竹沢までが適用される。また、みなみ寄居の駅ナンバリングがTJ－35に充てられるため、男衾一寄居間の各駅は1つずれる。

鬼怒川線評判記

暴れん坊

「鬼怒川線の将軍参上」

東武のSL復活で、関東地方は"SL激戦区"と化した（ヘッドマーク提供：東武鉄道）。

東武開業時から1966年まで67年間に渡り、鉄路を支えたSLが51年ぶりに帰ってきた。JR北海道・東日本・西日本・四国・貨物、大井川鐵道、秩父鉄道、真岡鐵道の協力を得た壮大なプロジェクトは、21世紀の鬼怒川線に新しい風を吹かせている。

東武が万全の態勢を整え、満を持して復活させたSL列車に乗ってみよう。

♪ソソドォーッ、ラァー、ミィー、ファー、ソーッ♪（ミ、ラ、シは♭）

享保の改革に盛り込んでほしかった鉄道

「大樹様」

「よせ、じい。いくら日光東照宮にまつられる徳川将軍の別称、尊称が大樹とはいえ、俺はまだその域には達しておらんぞ」

享保年間の江戸城天守閣。御側御用取次役の加納五郎左衛門がにこやかな表情で、8代将軍の徳川吉宗を冷やかす。若い吉宗は困惑している様子だ。

江戸城（イメージ。写真はもちろん姫路城）。

「ところで大樹、いや、上様、日光東照宮への参詣が明日にせまりました」

南町奉行の大岡越前守忠相が話の軌道修正を図る。当月の月番が北町奉行所なので、忠相も日光へ同行することになったのだ。

「そうだな。じい、忠相、参拝が終わったら、鬼怒川に行って湯を浴びたあと、"グーッ"と一杯やろう。ここの湯はいいらしいぞ」

「承知しました。加納殿、楽しみですな」

「そうじゃの」

吉宗は晴れやかな表情で2人に提案すると、忠相は快諾。五郎左衛門もうなずく。要職に就く3人にとって、"束の間でもいいから休息がほしい"という考えは同じだった。

「ところで、大名行列や参勤交代は、いつも人が多過ぎる。人数と日程を減らして、効率化できないもんかな」

突然、吉宗が曇った表情で、2人に見直しを提案する。

「と、言いますと」

「例えば、荷車の車輪をひとつ増やし、そこに籠を載せ、馬で牽引させれば、日程の短縮ができる。早馬専用の道を整備することで、庶民の安全を確保する。そういった、乗り物を開発できないものかな」

忠相の問いに、吉宗が即答。どうやら今でいう馬車を考案しているようだ。

「しかし、馬は時々休ませないといけません。かといって、各藩、各宿場に馬の手配ができるかどうか。特に鹿沼から先は、坂道が続きます。休憩時

間によっては、かえって遅くなることもあるのでは」

「幕閣によると、鹿沼から先は、"がまん坂"や"男道"というそうだ。荷車と籠が一体となり、それを馬で牽けば、楽になろう。特に水戸光圀公にとっては、悠々自適な旅ができたかもしれん」

「そうですな。格さん、いや、水戸藩士の渥美格之進殿によりますと、水戸光圀公は世話の焼けるじいさんだったそうで」

忠相はあろうことか、渥美格之進の本音を天下の将軍吉宗に漏らしてしまった。

「越前殿」

「こっ、これは失礼を」

五郎左衛門がクギをさすと、忠相は失言に気づき、思わず赤面。21世紀の今なら、確実に更迭されている。

「まぁー、よい。綱吉公も同じことを言っておられた。忠相、気にするな」

「ところで越前殿、渥美格之進殿とは、どういう関係じゃ?」

「いや、ただ、顔が似ているだけでして」

「ハハハハハハハハ」

五郎左衛門の思わぬ問いに忠相はタジタジ。吉宗はただただ苦笑いを浮かべるしかなかった。

100年以上たった1872年10月14日(旧暦の9月12日)、日本初の鉄道が新橋(のちの汐留)—横浜(現・桜木町)間で開業。SL(Steam Locomotive:蒸気機関車)が客車を牽引する姿は、1899年8月27日(日曜日)開業の東武にも採り入れられた。しかし、1966年6月に東武SLの火が消えた。

あれから51年後の2017年8月10日(木曜日)、ついに東武のSL列車が鬼怒川線でよみがえった。しかも、私鉄の一路線で、電車、気動車、客車の各列車が行き交うのだから、画期的かつ奇跡的な出来事である。

鬼怒川線の将軍参上
(♪ソ、ドードーソー、ソファミレー、ドーミーレシソシドォーッ♪)

2017年8月25日(金曜日)11時32分、日光線6050系の各駅停車東武日光行きは下今市に到着。首都圏のうだる暑さとは対照的に、涼しい。そして、わずか6分後、"「雄叫び」という名の汽笛"が遠くから聞こえてきた。す

国鉄の車両が東武を走る。

ると絶妙なタイミングで列車接近のチャイムが鳴る。

「余の顔を見忘れたか」

と言いたげに、11時41分、SL〈大樹2号〉下今市行きの先頭に立つC11 207が姿を現す。それもそのはず、2000年9月30日(土曜日)にJR北海道で現役復帰したSLを東武が借り受けたのだ。東武によると、SLの復活運転にあたり、"東武鉄道で運転していた同形式の機関車としたい"という想いがあり、JR北海道に協力の相談をしたところ、快諾を得たという。

SL＋車掌車＋客車3両＋DL(Diesel Locomotive:ディーゼル機関車)の順に旅客ホーム4番線に到着すると、ステレオ音声のように聞こえるSLの汽笛、鼻腔を刺激する香ばしい煙の匂いが人々を昔日の世界へ誘う。特にホームの栃木寄りは人々が集まり、SLは"会いに行けるアイドル"と化す。

11時47分、SL〈大樹2号〉はSLとDLが同時に雄たけびをあげ、日光線上り本線上を回送し、一旦停止。下今市に引上線は設けられておらず、折り返し運転は本線上で行なわれている。

11時56分にDLの先導により、旅客ホーム4番線隣の側線に移動。ここでSL＋車掌車、客車＋DLに分かれる。

下今市機関区の転車台は、JR西日本長門市駅から移設された。

DLも転車台へ。

　前者は踏切付近まで前進したあと、12時01分、推進運転で下今市機関区の転車台へ入庫。付近は転車台広場として整備され、多くのギャラリーが集まる。SLはまるでターンテーブルに乗ったモデルの如く回ったあと、機関庫の3番線に入庫。ここで整備を行ない、次の運用に備える。SLの"相棒"といえる車掌車には、TSP-ATSが搭載された。

鬼怒川線評判記 暴れん坊大樹「鬼怒川線の将軍参上」

一方、後者は12時11分にDLが切り離され、機回しをしたのち、転車台へ。今度は本線へ進んだのち、進行方向を変えて、3号車の後ろに連結する。鬼怒川線は急勾配が多く、加えてSLはそれに弱い。最後部にDLを連結することで、SLを後押しする役割が与えられた。なお、SL、DLとも最高速度は85km/hだが、〈大樹〉運転時は45km/hに制限されている。

　なお、SLに不具合が発生した場合、検査時などは、DL〈大樹〉として運転される。

ナニコレ簡易リクライニングシート

　12時21分、転車台が再び回転し、機関庫3番線でストップ。12時27分、ついにSL＋車掌車が動き出す。転車台の力を借りて側線へ移動したあと、推進運転により、12時33分、1号車の前に連結し、SL〈大樹〉が再組成された。

　しばらく待機したあと、12時44分、DL、SLの順に雄叫びをあげ、再び上り本線へ。停止したあと、SLのヘッドライトが煌々と輝く。SL〈大樹3号〉鬼怒川温泉行きが発車する旅客ホーム2番線は、黒山の人だかり。この日、SL〈大樹3号〉鬼怒川温泉行きは満席だ。

♪ソーソードー、ソファミレー、ドーミーシードソー♪（トランペット）

踏切の警報音が鳴り、12時51分、SL、DLの順に雄たけびをあげると、ついに動き出し、旅客ホーム2番線に入線。乗降用ドアが開くと、駅員から乗車記念の扇子をいただく。

SL〈大樹3号〉鬼怒川温泉行き 編成表				
乗車区間	号車	車両番号	禁煙	備考
鬼怒川温泉	なし	Ｃ　11　207	—	全区間牽引
	なし	ヨ　　　8634	—	車掌車
	1	スハフ　14　1	○	指定席
	2	オ　ハ　14　1	○	指定席
	3	スハフ　15　5	○	指定席
下今市	なし	DE　10　1099	—	補　機

指定された1号車へ。

「ガラガラガラガラガラガラ」

床下から発電用のディーゼルエンジンが響く。3号車にも搭載されているが、こちらは予備という役割なのか、作動していない。

簡易リクライニングシートに坐り、早速背もたれを倒すと、ちょうどいい角度になる。ところが、離席すると元に戻ってしまい、固定できない。背もたれの「倒す」「戻す」を繰り返すと、後ろの乗客に迷惑をかけるので、リクライニングするのをやめた。

簡易リクライニングシートは、のちに背もたれが自動的に戻らないタイプが開発され、居住性が改善された。

国鉄・JRの客車列車ではおなじみだったチャイム、『ハイケンスのセレナーデ』が車内に心地よく響くと、車掌が車内の案内などを放送する。まさか東武でも聴けるとは思わなかった。また、方向幕の行先や英字、サボの

書体も国鉄と同じ。長嶋茂雄さんではないけど、昭和の古き良き汽車旅は、「永久に不滅です」。

客車の各車両にアテンダントが乗務

「ブォーッ」

定刻より1分遅れの13時01分、SLが雄叫びをあげて、ついに発車。客車列車の場合、車掌が乗降用ドアを閉めたあと、機関士に無線で連絡を取るので、時間を要するのだろう。ゆっくりと大地を踏みしめるかの如く、進む。

♪ミーレードー、ミレドミレド、ソーソーソー、ソファミレド♪

車掌の放送後、アテンダントの1人に交代し、ごあいさつ。各車両に1人乗っていることを伝える。いわば、乗客の世話人といったところ。

「みなさん、こんにちは。本日はSL〈大樹3号〉に御乗車いただきまして、誠にありがとうございます。1号車アテンダントを担当いたします、xと申します。どうぞ、よろしくお願いいたします」

1号車のアテンダントは拡声器を使わずにあいさつし、乗客が拍手を贈る。まるで貸切バスの乗客とバスガイドのよう。私は前寄りの席に坐っているのでよく聞こえるが、後方の乗客には聞こえにくいかもしれない。

アテンダントはSL座席指定券の確認、記念乗車証とアテンダント通信の配布を行なう。日光市役所の職員も乗り、記念品として水墨画のマグネットシートを配布。SL座席指定券750円(小児380円)も納得だ(参考までに鬼怒川線内の特急料金は大人510円、小児260円。いずれも消費税8%時)。

SLの運転と検修は他社で教習

♪ラファラファラファー、ドレミファソラシド。ソミッソミッソミー、ドレミファソラシド。ファラッラーッ、ドレミファソ、ミソッソォーッ、ソファミレド、レーレーシーラソー♪

大谷向を通過すると、進行方向左側の日光自動車学校で、「列車の運転は教えられません」の横断幕を掲げている(写真参照)。ギャグと受け取っておくが、そんな問い合わせをする人はいるのだろうか?

列車を運転するには、鉄道事業者に入社することが必須。まず駅員からスタートし、車掌経験ののち、晴れて運転士の登用試験を受けるのが一般的だ(鉄道運転士の免許は、甲種電気車、甲種内燃車、甲種蒸気車、新幹線電気車、乙種電気車の5種類)。合格後もその道のりは果てしなく遠く、長い。

東武がSLの復活を決めた際、現役のSLの機関士らが1人もいないため、電車の乗務員や検修員をJR北海道、秩父鉄道、大井川鐵道、真岡鐵道に派遣し、技能を習得した(運転士は甲種内燃車、甲種蒸気車の免許を取得)。

難所は「走っている」より、「歩いている」という感覚

♪ドレミファソ、ドレミファソ、ドレミファソー、ラソラソラファソー。ドレミファソ、ドレミファソ、ドレミファソー。レミファソラシドレミファソラ♪

SL〈大樹3号〉鬼怒川温泉行きは、杉林の中を雄たけびをあげながら走り、大桑で各駅停車東武日光行きと行き違う。電車の乗客やSL目当ての人が笑顔で撮影する。

　車掌はチャイムを鳴らし、鬼怒川温泉の歴史を紹介する。江戸時代の元禄5年(1692年)に発見されたそうで、現在は年間約200万人の観光客が訪れるという。SL〈大樹〉は日光・鬼怒川エリアの活性化のほか、鉄道産業文化遺産の保存と活用、東北復興支援の一助として企画された列車で、様々な想いを車両に託したといってよい。

　鬼怒川を渡ると、急曲線を左方向へ進む。おそらく10km/h前後の低速で、"歩いている"感覚だ。難所のせいか、隣の国道121号線会津西街道を走るクルマに抜かれる。中には助手席から奥さんらしき女性がスマートフォンで撮影。SLは鉄道に関心のなさそうな人でも特別な存在に映るようだ。

クライマックス

　新高徳で、運転停車中の日光詣スペーシアの特急スペーシア〈きぬ130号〉浅草行きと行き違う。最上位種別の特急を待たせるとは、恐れ入る。さすが鬼怒川線の将軍。

　通過後、少しスピードを上げたが、登り勾配のため、競歩なみの速度に落ちてしまう。沿線では手を振っている人がおり、SL〈大樹〉の姿を存分に見渡せそうだ。

♪ソーソードォー、ミレシドー、ソーファミレシソドォーッ♪

　小佐越を通過すると、記念撮影の女性カメラマン(「カメラガール」と呼ぶべきか)が各席にまわり、「はい、たーいじゅ」と言って、乗客を撮影。乗客が見て気に入ったら1,100円で購入する。

　13時27分、唯一の途中停車駅となる、東武ワールドスクウェアへ。下今市から10.6キロの道のりを26分か

けて走り、平均速度は24.5km/h。各駅停車より約6分遅い分、時間を忘れるほど非日常の世界が味わえる。

　13時31分に発車すると、ラストコースは1.8キロの道のりを5分かけて走行(電車、気動車は約3分)。平均速度21.6km/hというのんびりした汽車旅は、13時36分、ゴールの鬼怒川温泉3番線へ。列車を降りると、SLの熱気とスハフ14 1のディーゼルエンジン音が"協奏曲"と化し、乗客と列車のボルテージが最高潮に達する。

鬼怒川温泉駅の転車台は、JR西日本三次駅から移設された。

　「ウォーッ」

　SLが大きな雄たけびをあげ、子供たちがその迫力に圧倒されるような表情を浮かべたあと、SL＋車掌車が本線上へ。止まったあと、進行方向を2回変え、駅前に設置された転車台へ向かう。こちらもギャラリーが多く、SL＋車掌車の回転シーンを女性の実況(案内)つきで回ってゆく。そのあいだ、DLは進行方向を2回変え、1号車側に移動する。

　SL＋車掌車は休息ののち、3号車側に連結。SL〈大樹4号〉下今市行きとして、14時35分に発車した。

黒いアイス

　17時35分、鬼怒川温泉駅の転車台で、SL＋車掌車のショータイムが終わったあと、18時09分発のSL〈大樹6号〉下今市行きが残り22席という情報が入った。少々迷った末、SL座席指定券を購入する。18時36分発の特急スペーシア〈きぬ136号〉浅草行きを選択すると、乗り換えなしで首都圏方面へ移動ができるうえ、特急料金は夜割(特急〈きりふり〉〈しもつけ〉と同額)が適用されるのだから、迷う乗客が多かったのではないだろうか。

　SL＋車掌車が3番線に戻り、3号車寄りに連結されると、ホームではたちまち記念撮影タイム。人の顔が写らないよう列車自体を撮影することが"至

鬼怒川線評判記 暴れん坊大樹「鬼怒川線の将軍参上」

2020年6月6日（土曜日）のダイヤ改正まで、鬼怒川温泉の3番線は、SL〈大樹〉の"指定席"だった。

SL〈大樹6号〉下今市行き　編成表				
乗車区間	号車	車両番号	禁煙	備考
下今市	なし	C　11　207	―	全区間牽引
	なし	ヨ　　　8634	―	車掌車
	3	スハフ　15　　5	○	指定席
	2	オ　ハ　14　　1	○	指定席
	1	スハフ　14　　1	○	指定席
鬼怒川温泉	なし	DE　10　1099	―	補　機

難の業"と化す。

　各駅停車下今市行きが18時00分に発車すると、SL〈大樹6号〉下今市行きの客扱いを開始。今度は隣が空席なので、1人で自由気ままに過ごせそうだ。

　1番線に日光詣スペーシアの特急スペーシア〈きぬ136号〉浅草行きが入線すると、SLが雄たけびをあげる。そのあとDLのホイッスルが発車OKの合図となり、定刻より1分遅れの18時10分に発車。各車両に乗務する3人のアテンダントが浴衣姿で乗客をもてなす。

　18時14分、東武ワールドスクウェアへ。鬼怒川線上り最終列車となり、18時16分に発車。小佐越で6050系野岩鉄道車の各駅停車会津田島行きと

行き違う。下り列車で東武ワールドスクウェアに停車する最後の列車となり、以降はすべての列車が通過する。

黒いアイスは、2019年7月6日（土曜日）から期間限定でメロン味も加わった。

車内販売のワゴンがまわり、SLの石炭にちなんだ黒いアイス（300円）を購入。イチゴ、バニラ、ゴマの3つあり、迷いなく王道のバニラを選択する。フタを開けると、確かに黒い。まるでイカスミ味のアイスと勘違いしそうになるが、ちゃんとバニラの味がする。

この日最後の大暴れ

新高徳を通過すると、車掌が"東武のSL"について説明する。

鬼怒川線のSLは鬼怒川線下今市―矢板線矢板間で運転され、矢板線（新高徳―矢板間）最後の日となった、1959年6月30日（火曜日）をもって運転を終了した。"ぽっぽ汽車"として親しまれ、晩年は客車1両と貨車を連結した混合列車として運転されていたという。

そして、東武のSLも1966年6月をもって終了。「東武鉄道で燃え続けた釜の火は、すべて落ちることとなりました」と説明。最後はSL〈大樹〉への御愛顧で締めた。

8月下旬に入ると日の入りが早くなり、SL〈大樹6号〉下今市行きは黄昏時（たそがれどき）を走る。日光市の山々が浮かび上がり、幻想的に映る。田舎の原風景を走る汽車はよく似合う。映画のロケに使えそうなシーンだと思う。

2号車担当のアテンダントが乗客全員に記念乗車証などを渡すと、大谷向が近づいている。ほどなく『ハイケンスのセレナーデ』が鳴り、女性スタッフが終点到着や下今市機関区の転車台広場が

夜汽車の世界へ誘う車窓の風景。

鬼怒川線評判記 暴れん坊大樹 「鬼怒川線の将軍参上」

19時までオープンしていることなどを告げる。

「本日は誠にありがとうございました」

2号車担当のアテンダントが拡声器なしであいさつすると、乗客が拍手。18時43分、終点下今市4番線に到着した。オレンジに輝く電球色の照明は、昭和の古き良き時代を再現。まるで別世界にやってきたような気分だ。

向かいの3番線に6050系の各駅停車南栗橋行きが到着すると、SL〈大樹6号〉は一旦本線へ回送したのち、DLの牽引によって下今市機関区に入庫した。

朝から晩まで働いたSL〈大樹〉。老体に鞭を打ちながら新天地を走る姿は、水を得た魚の如く、鬼怒川線の風景に溶け込んでいった。2017年は平成29年だが、彼らにとっては昭和92年として時計が進んでいるのであろう。昭和100年（2025年、令和7年）に向けて、SL〈大樹〉は今日も走り続けてゆく。

♪ソーソードー、ミレーシドー、ソーファミレッシッソドー、ミファソッソッドォーッ♪

古豪の暴れん坊が1日の勤めを終える。

ドリームカー

コラム
column

ドリームカーの車内。

　2019年4月13日（土曜日）から、一部の日に限り、2号車にドリームカー（オハ14 505）の連結を開始した。〈大樹〉のほか、元号をまたぐ臨時夜行列車〈ありがとう平成・こんにちは令和号〉（南栗橋―鬼怒川温泉間運転）にも使用された。

　東武によると、SL〈大樹〉の運営にあたっては、常日頃より地元地域と連携して乗客に楽しんでいただける様々な施策を検討しているという。その一環として、車両の増備についても検討する中で、第1弾として2019年にドリームカーをSL〈大樹〉の客車編成として導入することにしたという。

　この車両はJR北海道がオハ14形500番代5両をグレードアップ改造したもので、1988年夏に営業運転を開始。当初は札幌―釧路間の急行〈まりも〉に連結され、のちに青森―札幌間の急行〈はまなす〉、青森―函館間の快速〈海峡〉にコンバートされた。

　座席はキハ183系のグリーン車で使われていたものを転用し、シートピッチを1,160ミリに拡大。リクライニングの角度を最大145度まで倒せるので、一時、座席背面のポケットに注意書きを添えていた。また、下今市寄りにラウンジがあり、グループなどによる談話、飲食が気兼ねなく楽しめる。

　トイレは閉鎖。洗面台はふさがれ、鏡だけが残った。身だしなみを整える分には使えそうだ。

　ちなみに、北海道の冬季でも安定した制動力を得るため、制輪子は鋳鉄を使用しており、最高速度は95km/hに制限されている（ほかの客車は合成樹脂を添加したレンジ制輪子を使用し、最高速度は110km/h）。

大手私鉄初のSL復元

「C11形123号機」としてよみがえる。

　東武は2018年11月8日（木曜日）、大手私鉄では初めてSLの復元に挑戦することを発表した。車両はC11形で、1947年に滋賀県の江若鉄道で営業運転を開始し、客車を牽引した。

　その後、舞台を北海道に移し、1957年から雄別炭礦鉄道、1970年から釧路開発埠頭にて貨物列車を牽引した。1975年に廃車されると、日本鉄道保存協会が管理する江別市の建物内に静態保存された。

　保存状態が良好であることから、東武博物館が譲り受けることになった。東武鉄道の手により、南栗橋SL検修庫で復元作業を行ない、2021年冬（参考までに、気象庁では12月から翌年2月までをさす）の完成を目標にしている。

コラム
column

補強とSL〈大樹「ふたら」〉

戦力補強により、〈大樹〉の旅がますます楽しくなりそうだ。

　東武は年間通してSL列車の運行を可能にするため、新たなSLの"獲得"に乗り出している。先述の復元機に加え、2019年3月に真岡鐵道が動態保存していたC11 325の入札に応札。譲渡契約に関する手続きがまとまり、2020年7月30日（木曜日）に移籍（譲受）した。移籍後は東武線内で運行するための安全装置、列車無線の取りつけ工事などを行ない、12月26日（土曜日）に営業運転を開始した。

　また、〈大樹〉用車両を1編成から2編成に増やすため、客車はすでにJR北海道から移籍のスハフ14 501を整備した。ディーゼル機関車はJR東日本のDE10 1109を購入し、JR北海道の快諾を得て、寝台特急〈北斗星〉や急行〈はまなす〉などを牽引したDD51形と同じカラーリングとした。

　当初、6月6日（土曜日）のダイヤ改正で、SL・DL〈大樹〉を4往復体制とした際にお目見えする予定だった。しかし、新型コロナウイルスの関係で、〈大樹〉は4月11日（土曜日）から運休を余儀なくされた。7月4日（土曜日）から運転を再開するも、DL〈大樹〉2往復を当面運休したため、メディアへのお披露目はC11 325とともに行なわれた。

鬼怒川線評判記 暴れん坊大樹「鬼怒川線の将軍参上」

なお、DL〈大樹〉は10月31日(土曜日)から運転を開始した。

　さらに、10月3日(土曜日)から東武日光発着のSL〈大樹「ふたら」〉の運転を開始(当面は月1回程度の予定で運転)。日光線下今市－東武日光間は鬼怒川線以上に勾配がきついため、同区間の所要時間は下り23分、上り18分である。

〈大樹〉用車両一覧表				
保　有	車　種	形　式	車両番号	備　考
東武博物館	蒸気機関車	C11形	C11 207	JR北海道から借り受け
			C11 123	北海道江別市より移籍
			C11 325	真岡鐵道から移籍
東武鉄道	ディーゼル機関車	DE10形	DE10 1099	JR東日本から移籍
			DE10 1109	
東武博物館	車掌車	ヨ8000形	ヨ8634	JR貨物から移籍
			ヨ8709	JR西日本から移籍
	客　車	12系	**オ　ロ12 5**	JR四国から移籍
			オ　ロ12 10	
		14系	スハフ14 1	
			スハフ14 5	
			オハフ15 1	
			オ　ハ14 1	
			スハフ14 501	JR北海道から移籍
			スハフ14 508	
			オ　ハ14 504	
東武鉄道			オ　ハ14 505	

太字は車籍がなく、構内試運転時の伴車、部品取り車として使われている。

20400型試乗

2018年の東武ファンフェスタ車両撮影会で、「To BREX」のラッピングトレインが展示された。

　　日比谷線直通列車の運用を70000系に譲った20000系グループの一部は、4両ワンマン対応車の20400型に改造。2018年9月3日(月曜日)、日光線新栃木5時55分発の各駅停車南栗橋行きで、新しい歴史の1ページを刻み込んだ。始発栃木から再生20400型に乗って、東武宇都宮を目指すとしよう。

同じ4両編成でも

　20400型の活躍舞台となる日光線南栗橋以北及び、宇都宮線の各駅停車は4両編成で運転されている（日光線新栃木以北は、6050系2両編成列車もある）。地上線用の通勤形電車は20メートル4ドア車なので80メートルに対し、20400型は18メートル3ドア車、72メートルである。20メートル車に比べ、8メートル短くなり、乗降用ドアの数も片側4か所減ったので、ラッシュ時の混雑などが気になる。

　2018年7月19日（木曜日）、南栗橋車両管区春日部支所で行なわれた報道公開で車両課にお伺いしたところ、リサーチをしたうえで判断したという。日中の日光線南栗橋ー新栃木間の各駅停車は空席が見られるのだから、輸送力に関する影響がない。ラッシュ時の同区間に乗ったことはないが、おそらく、それなりのゆとりがあるのだろう。

シャッフル

南栗橋駅のポスターでは「20400系」と案内。「型」は社内でも浸透していないように思える。

20400型の乗車位置。

　営業運転開始から2か月後の11月7日（水曜日）10時40分、日光線栃木へ。コンコースでは、東武宇都宮行きの時刻表が掲示され、20400型運転列車は発車時刻を赤丸で表示されている。この日、宇都宮線各駅停車の約6割が20400型の運転で、"宇都宮線の顔"に定着した感がある。

　20400型のデビューに伴い、当該区間のホームに3ドア車の乗車位置を新設。車両のイラストつきなので、わかりやすい。ただ、日光線南栗橋ー新栃木間の各駅停車は、2・3・4ドア車の運転で煩雑化しており、ホームの行先案内板（電光掲示板）にも「2ドア」、「3ドア」、「4ドア」の表示が欲しい。南栗橋駅のように、待合室

にポスターを貼るのも一考だろう。

　隣の1番線に20400型の当駅止まりが到着した。車両番号の百の位の「4」は4両車、十の位の「2」は番代区分を表す。10番代はオール20070系、20番代は先頭車20000系＋中間車20070系、30番代はオール20050系、40番代は先頭車20000系＋中間車20050系をそれぞれ組み合わせている。なお、0番代はない。

　中間車はすべてVVVFインバータ制御の20050系、20070系を種車にしており、AFEチョッパ制御の20000系中間車は全廃される。

東武初の半自動ドアボタン

　3番線に特急スペーシア〈きぬ115号〉鬼怒川温泉行きが到着した直後、向かいの2番線に20400型の各駅停車東武宇都宮行きワンマン列車が入線した。

　「乗り降りの際には、ボタンを押してください。閉める際には、後ろのお客様に、御注意ください」

　車内と車外の自動放送が交互に流れる。20400型は東武初の半自動ドアボタン（東武では「個別ドアスイッチ」と称す）を採用し、一部の乗降用ドアを締め切る車両に比べ、空調効果を高めた。なお、ボタンの緑は「開」、赤は「閉」を示す。

　ところが乗客は半自動ドアボタンを押して乗車するが、後ろに別の乗客がいないにもかかわらず、誰一人として閉めない。

　「開けたら閉める」

　というのは子供の頃からしつけられたはずなのに、大の大人が無視というのはいかがなものか。

　なお、デビュー当初は係員が添乗し、乗客の手助けを行なっていたが、さすがに月日が経つと運用数も増えた。「乗客も周知した」と判断したのか、係員の添乗もなくなった。

　ドアチャイム（20000系は未装備）は更新され、東京メトロ01系などで使われたものを2打音から1打音に変えた。実は東武バスのドアチャイムもこの音色なので、違和感はない。

20400型の車内。

乗降用ドアの周囲には、半自動ドアボタン、ドアランプ、LCD式旅客情報案内装置(千鳥配置)を配した。

優先席は床を茶色にして、明確に。

　車内は70000系に準拠し、明るく、シンプルなデザインに。ロングシートのシートモケットを70000系に合わせたほか、袖仕切りを大型化。旅客情報案内装置(20000系は未設置)も3色LEDから1画面式のLCDに更新された。

　2・3号車にはフリースペース(車椅子&ベビーカー用)を設置。クッションパネルを設けることで、立客にも対応している。

2・3号車のフリースペース。

左手操作のL型ワンハンドルマスコン

20400型で目新しいのは、左手操作のL型ワンハンドルマスコンだ。東武では、30000系、50000系グループ、60000系、70000系は両手操作のT型を採用したのに対し、500系リバティと20400型はL型である。ワンハンドルマスコンが2種類もあるのは、いささか煩雑なような気がする。

20400型の運転台。

報道公開の際、L型について車両課にお伺いしたところ、乗務員からの要望があったという。T型の場合、発進から停止まで、ずーっと握らなければならず、駅間距離が長いと運転士の負担になるからだ。ワンハンドルマスコンの握る部分にはデットマン装置があり、片手を離しただけでも非常ブレーキが作動する恐れがある。

L型は左手だけで操作するので、右手は別の操作ができ、乗務員の負担が軽減されるようだ。

参考までに、平均駅間距離を調べてみると、日比谷線直通列車の北千住—南栗橋間は1.78キロに対し、日光線南栗橋—新栃木間は3.75キロ、宇都宮線新栃木—東武宇都宮間は2.21キロなのだ。距離が長い分だけ、握る時間も長くなる。

日比谷線直通列車よりも速い

栃木駅の下りホームは、日光線列車と主に宇都宮線直通の始発列車が同一ホームで乗り換えられる。

各駅停車東武宇都宮行きワンマン列車　編成表				
乗車区間	号車	車両番号	禁煙	備考
東武宇都宮	1	24421	○	旧クハ21811
	2	23421	○	旧モハ26871、弱冷房車
	3	22421	○	旧モハ27871
栃　　木	4	21421	○	旧クハ28811

　各駅停車東武宇都宮行きワンマン列車は、10030系リニューアル車の各駅停車新栃木行きからの乗り換え客を乗せ、定刻通り11時14分に発車。車外では発車を知らせるメロディーが鳴り、ホーム上の安全確保を図る。

　11時17分、新栃木3番線に到着。ここで運転士を交代し、1分後に発車すると、単線の宇都宮線へ。車内の自動放送では、乗降用ドアは緑のボタンを押してから降りるよう案内する。

　野州平川で20400型10番代の各駅停車栃木行きワンマン列車と行き違う。次の野州大塚は先頭1号車の乗降用ドアが1度も開かず、まるで運転停車をしているような感覚だ。

　前面展望してみると、野州大塚ー壬生間は91km/h、壬生ー国谷間は93km/hで快走。意外と言っては失礼だが、宇都宮線は95 km/hまで飛ばしているようだ。“異動前”の日比谷線直通列車運転時よりも速い。

営業運転開始1か月後にラッピングトレインが登場

　11時38分、おもちゃのまちで2分停車し、各駅停車栃木行きワンマン列車の到着を待つ。すると、20400型10番代「To BREX」のラッピングトレインが到着した。

　20400型のカラーリングは、SL〈大樹〉のイメージカラーである濃紺色と黄色を組み合わせており、マルーン1色に比べると、力強さを感じさせるデザインだ。

　これが栃木ブレックス(現・宇都宮ブレックス。プロバスケッ

20400型の第1号編成がラッピングトレインに起用された。

トボールのBリーグ)のチームカラーと同系色であることから、東武と栃木ブレックスがタッグを組み、10月9日(火曜日)から2019年5月末まで「ToBREX」を実施。具体的な施策のひとつとして、ラッピングトレインが運行された。

その概要を御紹介すると、先頭車の前面に栃木ブレックスのロゴマークをヘッドマークに見立てたほか、車体側面の戸袋に全13選手、車体下部に東武グループと栃木ブレックスの各ロゴをそれぞれ貼付した。

宇都宮線8000系フォーエヴァー

各駅停車東武宇都宮行きワンマン列車は、11時40分におもちゃのまちを発車し、西川田へ。1号車は全開ながら、誰も乗降用ドアを閉めようとしない。この日は暖かくもなく、寒くもないが、お互いが気持ちよく利用できる環境づくりに努めてほしい。

宇都宮線最後の8000系となった81105編成。

南宇都宮で8000系の各駅停車栃木行きワンマン列車と行き違う。宇都宮線の日中は4編成でまわしており、この日、8000系は1編成運用されている。

東武は2003年3月19日(水曜日)より、輸送コストを下げるため、大師線と小泉線西小泉・東小泉—太田間を皮切りにワンマン運転が導入された。宇

都宮線も2007年10月31日(水曜日)より、各駅停車のワンマン運転化を実施。車両を8000系4両ワンマン対応車に統一させるため、森林公園検修区所属車を修繕及び改造の上、7編成投入された。

　ところが8000系の活躍は長く続かず、わずか十余年で20400型の置き換えが決定。私の想像以上に急ピッチで進み、2019年5月12日(日曜日)をもって勇退した。

日光線南栗橋以北の将来を担う20400型

　各駅停車東武宇都宮行きワンマン列車は11時58分、終点東武宇都宮2番線に到着。構内は栃木ブレックスの横断幕やノボリが掲げられ、にぎやか。ただ、日中は30分間隔なので、人通りが少なく、特に到着後、すぐ乗って来る人はいない。

　20400型は2019年9月より、日光線南栗橋―新栃木間の各駅停車運用(車掌乗務)が本格化した。将来、日光線南栗橋以北の各駅停車を南栗橋―新栃木・東武宇都宮間、新栃木―下今市方面間に分割することも考えられる。いずれ、6050系、10030系の去就も注目されよう。

　それが一部当たり、2020年6月6日(土曜日)のダイヤ改正で、南栗橋―新栃木・東武宇都宮間のワンマン運転がメインの運用となり、10030系が撤退。また、11月9日(月曜日)から日光線新栃木以北の運用にも就いた。

終点東武宇都宮は日中の折り返し時間が約25分のせいか、到着後は閑散としている。

コラム
column

5ドア車を3ドア車に改造

元5ドア車のエクステリア
とインテリア。

　20050系は日比谷線の混雑緩和のため、東京メトロ03系に倣い1・2・7・8号車を5ドア車にした車両である。今回の20400型化改造で、3ドア車化されることになった。

　エクステリアで目立つのは、2か所の乗降用ドアを閉鎖した跡だ。鋼製車体は痕跡を残さない改造が可能に対し、ステンレス車体は非常に困難である。跡地に開閉可能な大型の側窓が設置された。

　戸袋窓に関しては、一部を鋼体で埋め、半自動ドアボタンが取りつけられている。

　一方、インテリアは跡地にロングシートと荷棚を設置。側窓の大きさが一定していないので、不思議な空間である。なお、座席定員はオリジナルの3ドア車に比べ、若干減っている。

20400型主要諸元

営業運転区間		←南栗橋			東武日光・東武宇都宮→
号　車		4	3	2	1
形　式		21400系式	22400系式	23400系式	24400系式
車種記号		Tc1	M1	M2	Tc2
座　席		ロングシート			
種　車	10番代	クハ21870形	モハ22870形	モハ23870形	クハ28870形
	20番代	クハ21800形	モハ26870形	モハ27870形	クハ28800形
	30番代	クハ21850形	モハ24850形	モハ23850形	クハ28850形
	40番代	クハ21800形	モハ26850形	モハ27850形	クハ28800形
定　員 （座席定員）	10番代	120人 （46人）	131人 （49人）	130人 （49人）	120人 （46人）
	20番代	120人 （46人）	131人 （49人）	130人 （49人）	120人 （46人）
	30番代	119人 （44人）	131人 （49人）	131人 （49人）	119人 （44人）
	40番代	120人 （46人）	131人 （49人）	129人 （48人）	120人 （46人）
車体の種類		ステンレス			
車体の長さ		18,000mm			
車体の幅		2,855mm			
車体の高さ		3,995mm （パンタグラフ折りたたみ高さは4,080mm）			
自　重	10番代	29.2t	35.5t	33.8t	29.4t
	20番代	29.3t	35.6t	33.6t	29.4t
	30番代	30.9t	36.6t	34.7t	31.0t
	40番代	29.3t	36.8t	35.6t	29.4t
旅客情報案内装置		1画面LCD			
行先表示器		フルカラーLED			
軌　間		1,067mm（狭軌）			
台車方式		ボルスタレスS型ミンデン台車 （SU型軸箱指示方式）			
ボギー間中心距離		12,000mm			
固定軸距		2,200mm			
車両性能		最高速度：110km/h　加速度：2.23km/h/s 減速度：常用3.7km/h/s、非常4.5km/h/s			
保安装置		TSP-ATS			
電気方式		直流1500ボルト　架空線式			
制御装置		VVVFインバータ制御			
営業運転開始日		2018年9月3日（月曜日）			
備　考		弱冷房車は2号車、フリースペースは2・3号車。			

5ドア車を3ドア車に改造。

川越特急 スペシャル

東上線ダイヤ改正1か月前、下板橋留置線で「東武東上線ラッピング車両『池袋・川越アートトレイン』お披露目会」を開催（ロゴ提供：東武鉄道）。

デジタル方向幕の川越特急も初披露。東上線の特急系列車が11年ぶりに復活する。

　東武は2019年3月16日（土曜日）に東上線、越生線でダイヤ改正を実施。目玉は池袋―川越間最速26分、特急料金不要の川越特急。小江戸川越のPR施策として、50090系50092編成のフルラッピングをブルーバード号から、「池袋・川越アートトレイン」に"衣替え"するほどの気合いの入れようである。

東武東上線ラッピング車両「池袋・川越アートトレイン」お披露目会

　2019年2月12日(火曜日)10時頃、東上線下板橋へ。ここは板橋区ではなく、豊島区に所在する。付近に下板橋留置線があり、朝ラッシュの運用を終えた50090系と10030系が休む。お天気は雲ひとつないＰ－ＫＡＮという、絶好の屋外取材日和だ。

　この日は下板橋留置線で「東武東上線ラッピング車両『池袋・川越アートトレイン』お披露目会」が行なわれる。電留6番線には、お目当ての50090系50092編成「池袋・川越アートトレイン」を展示。先代ラッピングトレインのブルーバード号に比べると、明るく軽快な印象を持つ。職員に尋ねたところ、早朝5時に森林公園検修区を出庫したという。

10030系"サンキュー編成"と並ぶ。

　電留4番線には、10030系リニューアル車が留置され、10両簡易固定編成の5〜10号車は11639編成(1〜4号車は11443編成)。下2ケタの39は、「サンキュー」の語呂合わせとなり、偶然だと思うがシャレた演出だ。

　10時30分、式典が始まり、出席者のごあいさつから始まる。

○東武鉄道常務執行役員　都筑豊鉄道事業本部長

「川越駅でございますが、世界的な観光地、小江戸川越の最寄り駅でござ

います。近年では訪日外国人の御利用が大変多く、年々その御利用が伸びている駅でございます。

　そして、このような池袋を擁します豊島区様、そして、小江戸川越を擁します川越市様、そして、東武鉄道の三者のあいだで、"なにか観光に対する全形（ぜんけい）の取り組みはできないか"と考えた結果が、本日のアートトレインでございます。

(中略)

池袋・川越アートトレイン　編成表

運転区間	号車	車両番号	禁煙	デザイン
小川町	1	50092	○	中福の神楽
	2	59092	○	あい鯛みくじ
	3	58092	○	喜多院
	4	57092	○	川越まつり
	5	56092	○	花火と風鈴
	6	55092	○	川越氷川神社
	7	54092	○	菓子屋横丁
	8	53092	○	時の鐘と川越城本丸御殿
	9	52092	○	大正浪漫夢通りの鯉のぼり
池　袋	10	51092	○	新河岸川と桜並木

　私も今日初めて、このアートトレインを見させていただきました。川越の風景とか、それから四季とか、そういった魅力を日本画におとしていただいておりますが、グラフィカル、コミカル、リズミカル、そんな印象を受けた次第でございます。

(中略)

　どうか、この川越特急、そしてアートトレインに御乗車いただいて、世界的な観光地、小江戸川越にお越しいただければと思います」

○豊島区文化商工部　齋藤明部長

　「東武鉄道様の御協力をいただきまして、古家野（こやの）先生、こちら池袋モンパルナス(回遊美術館)の公募展で受賞された先生に、東武鉄道様から御指名いただきまして、小江戸川越の魅力を紹介していただくという話を聞きまして大変ありがたく思っております。

（中略）

　本日は本当にこの川越特急、池袋・川越アートトレイン誕生、ハッピーバースデーということでしょうかね、本当におめでとうございます」

○川越市産業観光部　田中三喜雄部長

　「わたくしも50年以上、東上線を利用させていただいておりますけども、ここまで大胆なアートトレインということで、(こんな)電車を見たことがございません。

小江戸の町なみに溶け込んだ川越元町郵便局。

　川越は今、昨年(2018年)で申しますと、734万2000人の観光客が見えています。そのうちの約28万人が外国人でございます。

（中略）

　川越市に来る方の約54％が電車で御利用されております。1番利用されているのは東武さんで45％、次はJR(東日本)さんで33％、その次は西武さんで22％です」

○池袋モンパルナス回遊美術館実行委員長　小林俊史氏

　「電車が"動くキャンパス"になってですね、このようなカタチで綺麗に完成しましたことを誠に嬉しく思っております。

（中略）

　この池袋のアートの力と、それから東武東上線の沿線の皆様方と、そして、川越の皆様方がですね、この"動くキャンパス"に乗ってつながることによって、"また新たなおもてなしができるのかな"というふうに感じております」

○画家　古家野雄紀氏

　「電車のラッピングに初めて使用されたこと、本当に嬉しく思っております。

8号車「時の鐘と川越城本丸御殿」

テーマについて説明させていただきますと、"生命"を車両すべてのラッピングのデザインから表しています。川をいくつかの車両に使用しているんですけど、螺旋の渦の模様が作品にもあると思うんですけど、"そこに生命感というものを表せたら"という思いで、今回表現しました。

(中略)

大人の方から子供の方まで、"親しみをもって乗っていただけるような電車になれば"と思っております」

ちなみに、川越特急のロゴも古家野氏が監修したという。

車体側面を背景としたフォトセッション。

出席者のあいさつが終了すると、7号車の車体側面を背景とした記念撮影、メディア向けといえる車両撮影会が実施された。

ブルーバード号に想いを馳せる人も

　報道公開終了後、昼食及び、池袋本町三郵便局で通算1481局目の旅行貯金＆通算106局目の風景印を済ませ、下板橋駅付近の東第8号踏切道で「池袋・川越アートトレイン」の出庫を待つ。“なにかおかしいな”と思っていたら、わずか約30分で曇天に激変していた。

　おばあさんが双眼鏡を持参し、留置線に視線を送っている。声をかけてみると、駅員に出庫時刻を教えてもらったそうだ。この方は伝説の特急〈フライング東上〉〈ブルーバード〉をリアルタイムで見たそうで、リバイバルカラーとしてよみがえったことを大変喜んでいた。50090系、8000系、どちらも乗ったという。

「池袋・川越アートトレイン」初日は営業運転に就かず、池袋折り返しで森林公園検修区に戻る。

　残念ながら、都内でその姿を見ることはなくなったが、装い新たな「池袋・川越アートトレイン」に期待している様子。12時39分に出庫すると、右手を高らかに振って、初陣の姿を目に焼きつけていた。

川越特急開幕戦

1か月後の3月16日(土曜日)8時30分頃、東上線池袋へ。いつもなら活況のコンコースが閑散としている。

それもそのはず、7時45分頃、下赤塚駅で人身事故が発生し、池袋―和光市間で運転見合わせなのだ。幸い他社線ながら、"東上線のバイパス"といえる、東京メトロ有楽町線及び副都心線は平常通りの運転なので、大きな混乱はない。

東上線池袋―和光市間は9時08分頃に運転再開。ダイヤは乱れているが、川越特急の出発式と運行は予定通り実施される。

この日、西武鉄道(以下、西武)では001系Laview が開幕。1番列車となる特急〈ちちぶ5号〉西武秩父行きの出発式に女優の土屋太鳳さん、建築家の妹島和世さんらが出席し、定刻通り7時30分に発車した。

一方、川越特急出発式には、案の定、久野アナが務める(出発式の司会は、東武広報がメディアに配布した資料で初めて公表)。池袋駅の朝は、より華やかな雰囲気となったようだ。

9時30分、コンコースで川越特急出発式が始まる。

「東武鉄道さんでは、〈TJライナー〉、リバティ、そして、70000系、20400型と続き、この川越特急も車内アナウンスを担当させていただいております。最後まで心を尽くして進行いたしますので、どうぞよろしくお願いを申し上げます」

川越特急の車内自動放送アナウンスも私の予想通り。2016年から他社も含め実績を積んでいるのだから、容易に想像がつく。2025年頃、東武車内自動放送の3割程度は、彼女が車内アナウンスするのではないだろうか。

その後、主催者あいさつと祝辞が行なわれる。

○都筑鉄道事業本部長(主催者あいさつ)

「川越特急でございますが、池袋駅から、年間700万人を超す観光地でございます、小江戸川越の最寄り駅でございます、東武川越駅まで、最短26分で運行ができる特急列車でございます。特急ではございますが、特急料金はいただかない。そういうような仕組みの特急列車でございます。

(中略)

今回のダイヤ改正以降、どうぞ、東武の川越特急を御利用いただいて、川越に足を運んでいただければと思います」

○豊島区　呉祐一郎副区長(祝辞)

「川越特急につきましては、大きな特徴であります、車体にアートをラッピングした『池袋・川越アートトレイン』が導入されますこと、そして、池袋―川越間を最速26分で結ぶということによりまして、東武東上線御利用の話題性、そして利便性を大きく高めるものと確信をしております。

　併せて、なにより豊島区が進めております、"文化の街づくり"と一体となる取り組みとしまして、東武鉄道様と豊島区がまさに手を密にするものだと思っておりまして、大変心強く、また、大きく期待しているところでございます」

〈TJライナー〉の宣伝広告をバックに出発式を開催。

　主催者あいさつ、祝辞が終わると、川越特急の一部列車(1日1往復)に乗務する川越コンシェルジュが登壇。車内で川越観光や乗り換えの案内をする。また、英語の対応もできるという。

　小林健池袋駅管区長、としまななまる(豊島区のゆるキャラ)も加わり、テープカットとフォトセッションを終えたあと、登壇者やメディアらは1番線に移動する。

定刻より11分遅れで発車

　川越特急小川町行きの1番列車は本来、9時55分、1番線に入線するが、人身事故の影響で10時04分となった。車両は「池袋・川越アートトレイン」で、開幕戦にふさわしい。また、車両に表示される行先の切り替えはホーム上で行なわれるが、この日は東武広報の尽力により、入線時から「川越特急小川町」を表示。レールファンにとっても喜ばしい。

注目度の高さをうかがえる川越特急。

東武広報によると、川越特急は川越への速達性のある電車が運行していることを、JR線のホームにいる方や山手線に乗車されている方などに、広く知っていただくため、1番線から発車するという。隣はJR東日本山手線上野・東京方面ホームなので、PRするには絶好の場なのだ。

そして、「川越特急には、川越のシンボリックなデザインを施したラッピング車両、『池袋・川越アートトレイン』も使用しますので、多くの方に御覧いただければと思っております」の由。

山手線8番線の隣は東上線1番線。

いつ発車するのかわからないため、ホーム上のフォトセッションは中止。しかしながら、川越特急の登場を心から待ちわびた人たちで、車内はにぎわっていることだろう。

まもなく発車。

　10時11分、定刻より11分遅れで発車。あとは実際に乗車する日を調整するのみである。

隣のホームでは研修

"地の利"を活かし、隣の山手線ホームに向けて川越特急を売り込む。

　ダイヤ改正から2か月後、元号が平成から令和に変わった5月17日(金曜日)9時30分頃、東上線池袋へ。川越特急の下りは平日、土休とも2本のみ。"できれば、「池袋・川越アートトレイン」に乗ってみたい"という思いで乗り込んだ。

　あらためて1番線を歩いてみると、ホームドア(可動式ホーム柵)に川越特急の下りダイヤのステッカーを貼付。また、ホームの柱に川越特急を宣伝するポスターが貼付されており、隣の山手線7・8番線に向けている。文字の下はホームドアで隠れているが、東武は「周知できる」と確信しているのだろう。

　10時00分発の川越特急小川町行きは

50090系の通常色でパス。川越コンシェルジュが乗務するので、仕事ぶりを拝見したいところだが、最後の1本に賭ける。

発車すると、隣の山手線8番線では、新人研修なのか、先輩駅員が空のペットボトルなどを落とす。それを新人と思われる駅員がつかみ棒で拾う。8番線は始発および終着用のため、進入する列車は少ないほか、ホームドアを設けていないので、訓練するには絶好の場。また、ホームドアを整備しても隙間があり、今後も誤ってホームからモノを落とすこともあり得る。

研修を見る限り、"初級編"といったところ。おそらく、ホームドア越しからモノを拾う研修も含まれているのでは。

川越特急スペシャル

いよいよ川越特急に乗る

10時54分、最後の1本が50090系通常色で入線した。「池袋・川越アートトレイン」は、川越特急のイメージリーダーカーなのだから、1日1往復の運行はほしいところ。おそらく、車両を効率的に運用しなければならず、確実に充てられないものと推察する。

50090系は回転式クロスシートとロングシートの両方を設定できるマルチシートを採用。川越特急は〈TJライナー〉、快速急行、一部の各駅停車と同様、前者に設定されている。運賃のみで回転式クロスシートを味わえるの

東上線の令和初乗車が川越特急。

だから、乗りドクだ。ところが、先頭1号車の乗客は、私を含めたった7人。

優雅な発車メロディーが響き、定刻通り11時00分に発車。菅野祐悟氏が作曲した川越特急のチャイムが流れ、まるで有料特急に乗った気分にさせてくれる。

停車駅の英語自動放送が終わると、久野アナによる川越観光の案内。「川越までの所要時間は、およそ、30分です」という文言が目新しい。報道番組で「約」を使うと

「百」に聞こえやすいため、「およそ」を使うからだ。読者にとってはトリビアにもならないのだから、「なぁーんだ」と思うかもしれないが、私が鉄道の現場で「およそ」を聞いたのは、記憶にある限り初めてなのだ。

50090系のマルチシート。

車端部のロングシートは、内側にひじかけがつく（左は一般席、右は優先席）。

50090系の運転台。

川越特急小川町行き　編成表				
乗車区間	号車	車両番号	禁煙	備考
小川町	1	50091	○	回転式クロスシート、女性専用車
	2	59091	○	回転式クロスシート
	3	58091	○	回転式クロスシート
	4	57091	○	回転式クロスシート
	5	56091	○	回転式クロスシート
	6	55091	○	回転式クロスシート
	7	54091	○	回転式クロスシート
	8	53091	○	回転式クロスシート
	9	52091	○	回転式クロスシート、弱冷房車
池　袋	10	51091	○	回転式クロスシート

50090系の女性専用車について
平日朝ラッシュ時、池袋に7時20分から9時30分まで到着する上り急行、準急（小川町—池袋間）の1号車に設定されている。

川越特急スペシャル

朝霞台に停車

　中板橋で「池袋・川越アートトレイン」の各駅停車池袋行きとすれ違うと、川越特急小川町行きは上板橋付近までノロノロ運転。そこから先はスピードが上がり、10030系の各駅停車川越市行きを追い抜く。

朝霞通過後、各駅停車川越市行きに接近。

　成増を通過すると、朝霞まで80km/hの定速運転。そして、和光市を通過すると志木まで複々線。5.3キロと短いながら、それなりの効果があり、朝霞を通過すると緩行線を走る東急5050系4000番代の各駅停車川越市行きに追いつきそうだ。

　「通過駅御利用のお客様は、このあと続いてまい

りFます準急森林公園行きを、御利用ください」

　まもなく朝霞台に到着するが、車掌は向かいの各駅停車川越市行きの乗り換えを案内しない。実際、各駅停車川越市行きが先着し、川越特急小川町行きが続くと、下り緩行線用の発車メロディーが鳴り、乗り換え時間は約20秒。身障者などにとってはあわただしい。

　朝霞台はJR東日本武蔵野線〔北朝霞駅〕の乗換駅で、〈TJライナー〉と快速急行は通過する。東武は武蔵野線沿線に川越特急を周知させることで、"「川越は東武が近い」ことをアピールしている"と見る。

　参考までに、2019年11月30日（土曜日）のJR東日本首都圏エリアのダイヤ改正で、埼京線の快速は武蔵浦和以遠各駅停車に変更。日中の武蔵浦和―川越間(23.5キロ)の所要時間は31分から36分に延びた。

　一方、同区間(21.1キロ)、武蔵野線各駅停車府中本町行きと川越特急小川町行きの乗り継ぎで、約23分(乗り換え時間約5分)。大人運賃は埼京線経由だと420円(IC418円)に対し、武蔵野線＆東上線経由はJR東日本170円(IC168円)＋東武260円(IC251円)＝430円(IC419円)と拮抗。特に交通系ICカード利用だと、その差はたった1円だ。

川越へ

東上線、快速以上の列車種別停車駅

	池袋	成増	和光市	朝霞台	志木	ふじみ野	川越	川越市	若葉	坂戸	東松山	各駅に停車	小川町
TJライナー	○					○	○	△		○	○		○
特急	○		○				○			○	○		○
川越特急	○		○				○	○		○	○		○
快速急行	○		○		○		○	○		○	○		○
快速	○	○	○	○	○	○	○	○		○	○		○

△：上り列車は通過。

特急は2008年6月14日（土曜日）のダイヤ改正で廃止。

　川越特急小川町行きは朝霞台で1分停車し、11時15分に発車。快速急行が停車する志木で各駅停車川越市行きを追い抜いたのは言うまでもない。

　〈TJライナー〉が停車する、ふじみ野で、10030系リニューアル車の各駅

停車川越市行きを抜くと、上福岡付近でスピードが落ちてゆく。そして、川越が近づこうとしている。

「どうぞ、小江戸川越観光をお楽しみください。またの御利用をお待ちしております」

という自動放送が流れ、さらに英訳も続いた。有料列車以外で、このような案内は大変珍しいと思う。

JR東日本川越線に合流し、11時26分、川越に到着。今回のダイヤ改正で、川越駅、川越市駅の発車メロディーが菅野氏作曲に変わった。

さて、川越特急池袋—川越間30.5キロの表定速度(停車時間も含めた平均速度)は70.4km/hで、特急としては"まずまずの速さ"といえよう。参考までに、ほぼ同じ距離の小田急電鉄小田原線新宿—町田間(30.8キロ)の特急ロマンスカー最速所要時間は30分、平均速度61.5 km/hで意外と飛ばしていない。

川越特急の下り列車は快速を置き換え

川越を発車すると、西武新宿線をまたぎ、川越市に到着。30000系の急行小川町行きに接続する。

川越特急の下り列車は快速を置き換えており、快速停車駅の成増、和光市、志木、ふじみ野、若葉を通過する。

私が乗車した池袋11時00分発の平日列車に限定させていただくと、成増、和光市の利便性を確保すべく、東武は池袋11時02分発の準急森林公園行きを設定した。

東上線準急は和光市以遠各駅に停まるので、志木、ふじみ野の到着がやや遅くなってしまうが、朝霞台で運よく各駅停車川越市行きに乗り換えられたら、志木到着はダイヤ改正前より早く、ふじみ野はほぼ同じ時刻に到着する。

そして、川越市で急行小川町行きに接続することで、若葉へは3分、快速が通過する霞ヶ関、鶴ヶ島、北坂戸、高坂へは12分も短縮した。

また、朝霞台で接続をとった各駅停車川越市行きのダイヤ改正前は、急行〈Fライナー〉森林公園行き。ダイヤ改正後、東上線内を各駅停車に格下げ、運転区間も短縮されたが、朝霞台で川越特急小川町行き、川越市で急行小川

町行きに乗り継ぐことで、霞ヶ関―森林公園間はダイヤ改正前とほぼ同じ時刻に到着する。

詳細については表を御覧いただきたい（ほかの列車は省略）。

池袋11時00分発、ダイヤ改正前の快速とダイヤ改正後の川越特急を比較

平日ダイヤ 駅名	列車 発着	ダイヤ改正前 準急森林公園行き	準急川越市行き	急行〈Fライナー〉森林公園行き	快速小川町行き	各駅停車越生行き ワンマン列車	各駅停車寄居行き ワンマン列車	急行小川町行き	ダイヤ改正後 急行小川町行き	各駅停車川越市行き	川越特急小川町行き	各駅停車越生行き ワンマン列車	準急森林公園行き	各駅停車寄居行き ワンマン列車	急行小川町行き
元町・中華街	発	‥	‥	1004	‥	‥		‥	‥	1004	‥	‥			‥
東上線池袋	発	1047	1055	‖	1100	‥		1110	1053	‖	1100	‥	1102		1110
成増	着	1056	1104	‖	1110	‥		1119	1102	‖	↓	‥	1112		1119
成増	発	1057	1105	‖	1111	‥		1120	1103	‖	↓	‥	1112		1120
和光市	発	1101	1109	1109	1114	‥		1122	1106	1109	↓	‥	1115		1123
朝霞台	発	1106	1114	1113	1118	‥		1127	1110	1114	1115	‥	1121		1127
志木	着	1108	1116	1115	1120	‥		1128	1112	1116	↓	‥	1123		1229
志木	発	1109	1116	1115	1121	‥		1129	1113	1117	↓	‥	1123		1229
ふじみ野	着	1118	1125	1121	1126	‥		1134	1118	1126	↓	‥	1132		1135
ふじみ野	発	1122	1128	1121	1127	‥		1135	1119	1126	↓	‥	1136		1135
川越	着	1130	1136	1127	1133	‥		1141	1124	1134	1127	‥	1144		1141
川越	発	1132	1138	1128	1134	‥		1142	1126	1135	1128	‥	1145		1142
川越市	発	1137	‥	1129	1135	‥		1143	1131	‥	1129	‥	1147		1143
若葉	発	1145	‥	1138	1142	‥		1151	1139	‥	↓	‥	1155		1152
坂戸	着	1147	‥	1140	1144	‥		1153	1141	‥	1137	‥	1157		1154
坂戸	発	1148	‥	1140	1144	1157	‥	1154	1142	‥	1138	1141	1158	‥	1154
越生	着	‖	‥	‖	‖	1215	‥	‖	‖	‥	‖	1200	‖	‥	‖
東松山	発	1158	‥	1150	1152	‥		1204	1152	‥	1146	‥	1208		1204
森林公園	着	1201	‥	1153	1155	‥		1207	1155	‥	1148	‥	1210		1207
森林公園	発	‥	‥	‥	1156	‥		1207	1155	‥	1149	‥	‥		1209
つきのわ	発	‥	‥	‥	1159	‥		1210	1158	‥	1152	‥	‥		1212
武蔵嵐山	発	‥	‥	‥	1201	‥		1212	1200	‥	1154	‥	‥		1214
小川町	着	‥	‥	‥	1208	‥		1219	1207	‥	1201	‥	‥		1221
小川町	発	‥	‥	‥	‥		1212	‥	‥	‥	‥		‥	1203	‥
寄居	着	‥	‥	‥	‥		1227	‥	‥	‥	‥		‥	1219	‥

主要駅のみ記載。

川越市以遠でも速達効果を発揮

　11時37分、坂戸に到着。隣の越生線は8000系ツートンカラーの各駅停車越生行きワンマン列車が待っている。川越特急の新設により、池袋―越生間は1時間15分から60分に短縮された。

　東松山から先は、〈TJライナー〉や快速急行と同様、各駅に停車。嵐山信号所から単線となり、12時01分、終点小川町2番線に到着した。隣の1番線は8000系ブルーバード号の各駅停車寄居行きワンマン列車が待っている（308ページ参照）。池袋―寄居間も1時間27分から1時間19分に短縮された。

折り返し"スーパー各停"の50090系。

　さて、川越特急は各駅停車森林公園行きとして折り返す。マルチシートは回転式クロスシートのままで、ペダルを踏むと座席の向きを変えることができる。短区間ながら"超乗りドク列車"といえよう。

　また、終点森林公園で始発の急行池袋行きに乗り換えられる。簡単に言えば、小川町発11・12時台の上り列車が2本増発され、池袋方面への利便性が向上したのである。

上り列車はすべて森林公園始発

　「川越特急スペシャル」を銘打つ以上、復路の上り池袋行きにも乗ってみたい。下りは2本60分間隔に対し、上りの平日は3本60分間隔、土休は4

本30分間隔である。運転区間も下りは池袋—小川町間に対し、上りは森林公園—池袋間である。

いくつものポイントを渡り、川越特急池袋行きが入線。

　川越特急池袋行きは森林公園検修区から出庫し、16時20分、森林公園4番線に入線。その後、3番線に30000系の急行池袋行きが到着し、乗客の多くは川越特急池袋行きに乗り換える。

川越特急池袋行き 編成表				
乗車区間	号車	車両番号	禁煙	備考
池　袋	10	51096	○	回転式クロスシート
	9	52096	○	回転式クロスシート、弱冷房車
	8	53096	○	回転式クロスシート
	7	54096	○	回転式クロスシート
	6	55096	○	回転式クロスシート
	5	56096	○	回転式クロスシート
	4	57096	○	回転式クロスシート
	3	58096	○	回転式クロスシート
	2	59096	○	回転式クロスシート
森林公園	1	50096	○	回転式クロスシート、女性専用車

　先頭10号車は、熟年の4人グループが回転式クロスシートを向かい合わせにして乗車するのはいいが、荷棚に載り切らないほど荷物が多いことを理由に、左右2つも確保して荷物置き場にするのはいかがなものか。この先、乗客が増えることが目に見えるのだから。

　坂戸で越生線からの乗り換え客だろうか、多く乗り、席が埋まり、立客も発生。ダイヤ改正前に森林公園15時59分発、50090系の快速急行池袋行きに乗ったら、坂戸で立客が発生しており、"案の定"といったところだ。

川越特急に座席指定の設定を

　入間川を渡ったあと、16時49分、川越市4番線へ。向かいの3番線には始発50000系の準急池袋行きが入線しており、川越特急池袋行きの到着に合わせ乗降用ドアが開く。

　16時51分、川越に到着すると、立客が解消されず、車内は満員御礼。これでは川越観光後、坐って帰宅の途につくことや宿に戻るのは困難であろう。もっとも、座席数が多い2ドア10両編成のクロスシート車だったら、乗客全員が坐れたと思う。

　川越特急の下り10号車、上り1号車を座席指定に設定し、観光客が確実に坐れるような体制をとってみてはいかだろうか。下りは川越市で座席指定を解除し自由席に、上りは森林公園—川越市間を客扱いしないのも一考である。

〈TJライナー〉の増発列車として折り返す

　ふじみ野で30000系の各駅停車池袋行きを抜くと、ホームで手を振る人がいた。沿線の人々にとって、〈TJライナー〉と川越特急は"自慢できる列車"といえよう。

　鶴瀬を通過するとスピードが落ちたが、その後、"士気"が上がり、志木を通過。50090系の準急池袋行きを抜く。まるで川越特急の誇らしい姿を人々に見せびらかす感じだが、これから複々線に入る駅で通過待ちをするぐらいなら、準急池袋行きを緩行線経由にし、朝霞台で双方が接続をとればいいのに。利便性が向上するだけにもったいない。

17時03分に朝霞台を発車。成増で10030系の各駅停車池袋行きを抜くと、列車の運転本数が多いゆえ、特急らしいスピードが出せない。上板橋を過ぎるとノロノロ運転となっても、中板橋で10030系の各駅停車池袋行きを抜く。下り線は夕ラッシュが始まり、車内は混み合っている。

　定刻通り17時19分、終点池袋4・5番線に到着。5番線は夕方以降、〈TJライナー〉の乗車口になるため、4番線の乗降用ドアが開く。その後、車内の整備・点検を行ない、17時30分発の〈TJライナー1号〉小川町行きとして折り返す。

　今回のダイヤ改正で〈TJライナー〉の下りは平日1本、土休2本を増発。平日の増発列車が池袋17時30分発となり、"アフターファイブ"の着席ニーズに応えた。

『東武時刻表』などを見る限り、東上線の最上位列車は〈TJライナー〉と断言してよい。

6050系
「往年の6000系リバイバル車両」
開幕戦

晩秋の東武日光と"昭和の日光線カラー"は、絵になる光景だ。

　東武は日光線全線開業90周年記念の一環として、6050系6162編成を「往年の6000系リバイバル車両」として装いを新たにし、2019年11月30日（土曜日）の団体専用列車〈東武日光線90周年記念号〉（東武日光―東武動物公園間運転）にて、営業運転を開始した。

悲願の都心直通が実現した相模鉄道の"新しい夜明け"。

　この日、まだ夜が明けぬ早朝の相模鉄道本線海老名駅で「相鉄・JR直通線開業記念出発式」取材後、羽沢横浜国大、新宿、神田、浅草を経て、特急スペーシア〈けごん13号〉東武日光行きへ。車内で仮眠をとったあと、東武日光4番線で執り行なわれる「6000系リバイバル車両就役記念出発式」の取材に臨む。

　海老名から東武日光に駆けつけた"開幕戦取材ダブルヘッダー"のメディアは、私を含め3人。うち2人はクルマで移動し、圏央道(首都圏中央連絡自動車道)経由により、2時間で着いたという。都心に頼る首都圏の大手鉄道にとって、圏央道はかなり手ごわい存在だ。

　「6000系リバイバル車両就役記念出発式」は4番線で執り行なう。隣の5番線は13時30分発、6050系通常塗装車の各駅停車新栃木行きが止まっており、「往年の6000系リバイバル車両」の開幕に花を添えるカタチとなった。

復活

　12時13分、4番線に「往年の6000系リバイバル車両」が入線。この日は特別に2両停止位置を若干越えたところで止まる。

　出発式までのあいだ、4番
線では音楽教室の先生(女性)
がエレクトーンを演奏し、日
光幼稚園の園児たちが『パプ
リカ』を熱唱。和やかな雰囲
気に包まれる。

　東武広報によると、「往年
の6000系リバイバル車両」
の登場は日光線開業90周年
のほか、「二社一寺(日光東照
宮、二荒山神社、輪王寺)が世界
遺産に登録されて20周年と
いうタイミングでもありま
すし、来年(2020年)に向けて
は、東京オリンピックとパラ

リバイバルカラーによって、6050系はもうひと花を咲か
せた。

リンピックを控えて、ますます日光エリアに多くのお客様がいらっしゃるタ
イミングだと考えております」とのこと(東京オリンピックとパラリンピックは、
新型コロナウイルスの影響で2021年夏に延期)。

　それを踏まえ、"日光や日光線の魅力をお客様に伝えよう"ということで、
「往年の6000系リバイバル車両」を企画。6050系6162編成に白羽の矢を
立て、内外装とも可能な限り6000系を再現することになった。

6000系(提供:東武鉄道)。

100系スペーシアの先代日光線特急車にあたる1720系デラックスロマンスカー。

昭和の時代、車体側面には車両番号と社名を掲示していた。

6000系が身にまとったロイヤルベージュとロイヤルマルーンの組み合わせは、1720系デラックスロマンスカーや5700系などにも採り入れられていたが、1991年に姿を消した。今回の「往年の6000系リバイバル車両」によって28年ぶりに復活。すなわち、昭和、平成、令和へと続いたのである。

前面は灯具まわりのブラックがロイヤルベージュに塗装されており、かえって引き締まった表情に映る。さらに車体側面の車両番号も往時を再現しており、昭和の雰囲気を醸し出す。

シートモケットも優先席を除き、往年の金茶色を再現。6000系のボックスシートは背もたれの上部に布地が張られていない構造だったが、さすがにそこまで再現せず、6050系の上質な坐り心地に風格と重厚さが加わったように映る。

「往年の6000系リバイバル車両」の車内と金茶色のボックスシート。

運転席の椅子も金茶色に。

再現

　乗降用ドアが開くと、貫通扉も開き、作業員がヘッドマークを貼付する。ところが先頭車側は作業に手間取り、しわがつく状態となった。出庫前に貼ればいいような気がするものの、回送列車などで手の内を明かしたくないのだろう。今やSNSで情報が簡単に筒抜けになる時代になったのだから。

左は2019年11月30日（土曜日）、右は12月1日（日曜日）運転の団体専用列車に掲出されたヘッドマーク。

先頭車では、メディア向けに
ホーム上の弁当販売を再現する
シーンが用意された。かつて下
今市駅で年配の男性が立ち売り
用の番重に弁当やお茶を載せ、
首から提げて、「弁当、弁当」
と威勢のいい声をあげて販売し
ていた。6050系のように、側
窓が開く車両だと車内で購入で
きた。当時、快速はここで分割

昔ながらの弁当販売を再現（受け取り役は東武広報）。

併合を行なうので、停車時間が確保されていたのだ。

　昔ながらの光景は2015年頃に終わり、SL〈大樹〉のデビューや下今市駅
の改築工事に合わせ、ホーム上に売店が用意された。弁当の陳列数は必要最
小限に抑えているようで、ピーク時は完売になってしまうこともある。昭和
の時代に作り上げた伝統は、カタチを変えて受け継がれている。

卒寿

　12時30分、ピリッとくる寒さの中、「6000系リバイバル車両就役記念出
発式」が執り行なわれる。まずは阿久津孝行東武日光駅管区長のごあいさ
つ。

　「東武日光駅の阿久津でございます。本日はお忙しい中、また、お寒い中、
6000系リバイバルカラー車両、就役出発式にお越しいただきまして、誠に
ありがとうございます。

　日光線は、国際的観光地であり
ます、日光、また、鬼怒川の輸送
を目的といたしまして、1929年
に開通いたしました。

　今回、このような90周年を迎
えるにあたりまして、昔走ってお
りました、かつて走っておりまし
た、6000系のカラーリングに塗

ホームの中庭に日光線開業90周年記念を祝い、花
壇24個で「90」の文字を作った。

装いたしました、リバイバルカラー車両を運転することにより、昔をなつかしんでいただく、また、日光線とともに歩んでこられました地元住民の皆様に感謝を込めまして、このような式典を開催させていただきました。

式典自体、短い時間ではありますが、今回の出発式典が皆様にとって、有意義なものになりますよう、祈念いたしまして、ごあいさつさせていただきます。本日はありがとうございます」

続いて平均年齢90歳超の日光市老人クラブ連合会を代表し、森山良一会長よりごあいさつ。

「本日は6000系リバイバルカラー車両就役記念出発式に御招待いただきまして、ありがとうございます。

わたくしども、日光市老人クラブ連合会の方々に御案内をいただきました。(年齢を)平均しますと、90歳の元気な老人クラブの会員でございます。

日頃、東武鉄道さんには、なにかとお世話になっております。そして、東武鉄道(日光線開業)90周年ということでですね、この日光市にとりましては、いろいろお世話になって、地域発展に尽力されたもので、高く評価されております。

これからも東武鉄道様、ますます地域発展のために、交通の便をよくして、地域発展に御尽力され、ますます発展することを、この機会に申し上げたいと思います。

本日は90周年おめでとうございます」

人生の大先輩に愛を込めて。

6050系「往年の6000系リバイバル車両」開幕戦

あいさつのあと、日光市老人クラブ連合会に参加のお礼として、阿久津管区長が森山会長に卒寿記念のプリザーブドフラワーを贈呈。さらに日光市老人クラブ連合会の参加者4人は、下今市まで団体専用列車〈東武日光線90周年記念号〉に乗車する。2つの卒寿のコラボレーションという、東武のイキなはからいである。

　さらに6番線に特急〈きりふり281号〉が到着し、「往年の6000系リバイバル車両」の開幕にもうひと花を添えた。この先、見る機会が少なそうなスリーショットといえよう。

式典の最中、特急〈きりふり281号〉が到着し、スリーショットのサプライズ。

出発
たびだち

　団体専用列車〈東武日光線90周年記念号〉の発車が近づくと、音楽教室の先生がエレクトーンを再び弾き、『銀河鉄道999』を演奏。園児たちは手拍子を鳴らしたあと、途中から「ファーイト、ファーイト」の叫びに切り換え、「往年の6000系リバイバル車両」に元気を与えているようだ。

「出発進行」
しゅっぱつ

　阿久津管区長が乗務員や園児などに合図を送る。そして、もう1度「出発

発車が迫る。

進行」を叫ぶと、車掌が笛を吹き、乗降用ドアが閉まる。音楽教室の先生は別の曲を演奏し、園児は両手を振りながら見送る。団体専用列車〈東武日光線90周年記念号〉の運転士は警笛を鳴らさず、列車は静かに動き出した。迫力のある演奏は6050系の動く音をかき消すほどだ。

「ホームよし」

日光線全線走破の旅路が始まった。

阿久津管区長が安全確認を行ない、「6000系リバイバル車両就役記念出発式」が終了。団体専用列車〈東武日光線90周年記念号〉は下今市で撮影会のあと、日光線の起点、東武動物公園へ向かう。

翌12月1日(日曜日)、「『東武日光線全通90周年記念』6050型で行く東武ファンフェスタ2019臨時電車ツアー」として、「往年の6000系リバイバル車両」と通常

翌日も団体専用列車として運転されたのち、一般列車として営業運転に就く（特別な許可を得て、線路内で撮影）。

塗装車を混結した4両編成で南栗橋車両管区—鬼怒川温泉間を運転。その後、SL〈大樹6号〉下今市行きに乗車。参加者はさぞ超大満足の1日だったことだろう。

「往年の6000系リバイバル車両」は好評を博す一方、6162編成は冬季に使用する霜取り用のパンタグラフを装備していない。このため、野岩鉄道、会津鉄道への直通運転はオールシーズンに対応できない課題があった。

そこで東武は、霜取り用のパンタグラフを装備した完全新製車の6179編成を「往年の6000系リバイバル車両」2編成目として追加することになった。

2020年2月11日（火曜日・建国記念の日）の「6050型リバイバルカラー 野岩線・会津線初乗り入れ直通臨時電車ツアー」で新たなスタートを切ったあと、一般旅客列車の運用に就く。日によって「往年の6000系リバイバル車両」同士による4両編成列車も運転されている。

「毎日、座れる、直通勤。」というキャッチフレーズで、"顧客"の獲得を狙う(ロゴ提供：東武鉄道)。

「通勤も、旅も、あなたをもっと快適に！」

2020年6月6日(土曜日)、このキャッチコピーを引っ提げ、東武本線でダイヤ改正が実施された。目玉はTobuとHibiya、TokyoとHomeをダイレクトに結ぶ座席指定列車〈THライナー〉の新設だ。午前は久喜発恵比寿行き2本、午後は霞ケ関発久喜行き5本を設定し、簡易優等車両の70090型で運転される。

新しい列車の乗車は、意外な展開で早々に実現した。

波乱

70090型は2019年12月に登場し、2020年5月末まで6編成が投入された。当初、同年2月27日(木曜日)に南栗橋車両管区春日部支所で「THライナー用新型車両 70090型 車両撮影会」(報道公開)が開催される予定だった。

しかし、パンデミックとなってしまった新型コロナウイルスの影響で、前日に延期の一報が入った。その後、東京都を中心に感染者が急増し、4月8日(水曜日)に緊急事態宣言が発出されるなどの大混乱に見舞われ、中止を余儀なくされた。

車両自体は3月20日(金曜日・春分の日)に各駅停車でデビュー。ロングシートに設定された状態で乗ってみると、途中駅で急行に乗り換えるのをためらう、もしくは途中駅で思わず急行から乗り換えたくなるほど居心地がよい。

「回転式クロスシートの状態で坐れたら、より楽しく過ごせそう」

という期待を大きく膨らませ、6月6日(土曜日)のダイヤ改正を心待ちにした。すると、東武広報から「THライナー乗車体験会」の案内状が届く。版元の春日俊一社長兼エディターと相談のうえ、急きょ拙著に収録することが決まった。

高揚

同日8時03分、伊勢崎線10000系リニューアル車の区間急行館林行きが久喜1番線に到着。それも隣のJR東日本東北本線E233系3000番代の普通電車宇都宮行きとほぼ同着のおまけつきだ。

列車を降りると、隣の3・4番線は黒山の人だかり。本来は素直に喜びたいところだが、政府より新型コロナウイルス感染防止策として「3密」(密閉、密集、密接)が打ち出されているだけに、ヒヤヒヤだ。

館林寄りの引上線には、お目当ての70090型が出を待つ。ほどなく、デジタル方向幕が回送から〈THライナー〉に変わった。ところが行先は「恵比寿」ではなく、「中目黒」を表示。乗務員があわてて乗務員室を出て、確認するひと幕があった。

特急〈りょうもう8号〉浅草行き発車後、〈THライナー2号〉恵比寿行きが3番線に入線。乗降用ドアは各車両1か所、それもフリースペース側のみ

開く。ほかは座席指定が解除される霞ケ関まで締め切りだ。

　定刻通り8時13分に発車したのを見届け、下車。その後、東口で報道関係者の受付が始まる。全員が検温をパスし、〈THライナー4号〉恵比寿行きに乗る態勢が整った。

　なお、東武など多くの鉄道は、おもに都市方面に向かう列車を「上り」、それ以外に向かう列車を「下り」としているが、都市を走行する東京メトロは「A線」「B線」としているため、「恵比寿行き」（東武線上り、日比谷線A線を走行）、「久喜行き」（日比谷線B線、東武線下りを走行）と記させていただく。

貸切

〈THライナー4号〉恵比寿行き 編成表

乗車区間	号車	車両番号	禁煙	備考
霞ケ関	7	71791	○	霞ケ関まで座席指定
	6	72791	○	霞ケ関まで座席指定
	5	73791	○	霞ケ関まで座席指定、弱冷房車
	4	74791	○	霞ケ関まで座席指定
	3	75791	○	霞ケ関まで座席指定
	2	76791	○	霞ケ関までメディア用
久喜	1	77791	○	霞ケ関までメディア用

本書に登場する2つのKasumigaseki Station.
東上線の霞ヶ関駅は埼玉県川越市、東京メトロの霞ケ関駅は東京都千代田区に所在する。

　9時11分、南栗橋車両管区春日部支所を出庫した70090型が3番線に入線し、折り返し〈THライナー4号〉恵比寿行きとなる。館林寄りの引上線に50050系が留置されているからで、入線後、急行（押上から準急）中央林間行きとして動き出す。

　ホームの館林寄りでは、ささやかなフォトセッションが行なわれる。モデルは松本由二駅長で、左手を水平に伸ばし、出発合図を送るというもの。撮影が終わったメディアは1・2号車のいずれかへ

座席指定料金は、区間によって大人680円と580円（小児は350円と300円）。事前購入せずに乗った場合、車内料金200円が加算される。

〈THライナー〉開幕戦

入る。

〈THライナー〉は通常299席分発売しているが、4号はこの日に限り、1・2号車を東武が貸し切るカタチでメディア用に充てた。新型コロナウイルスで世界中が大混乱に陥らなければ、オープン戦を開催してから、開幕を迎えていただろう。このため、座席指定券は3〜7号車のみ発売となった。当日満席で買えなかった方々には、御理解いただきたい。

マルチシートの回転式クロスシート設定時とロングシート設定時（提供：東武鉄道）。

2号車は東武動物公園まで見通し撮影（車内全景）の場と化す。隣の1号車にいる人物が写ってしまうのは致し方ない。それでもワンカットを押さえておきたいのが、カメラマンの使命である。

ただ、この撮影は左、中央、右にカメラマンが並び、戦国時代の鉄砲隊の如く、1度に撮影するほか、後ろにもカメラマンがスタンバイしているため、ソーシャルディスタンスが取りにくい。参加者全員マスク着用とはいえ、撮影に立ち会った東武広報は、さぞヒヤヒヤだったのではないだろうか。

大胆

特急〈りょうもう14号〉浅草行き発車後、〈THライナー4号〉恵比寿行きも定刻通り9時23分に発車。久喜、東武動物公園からだと、特急〈りょうもう〉を補完する役割があるようだ。

「次は上野、上野です。なお、東武動物公園に停まりますが、乗車専用駅のため、お降りになれませんので、御注意ください」

始発久喜の次は「上野」という車内自動放送アナウンスが大胆に聞こえ

る。朝の恵比寿行きは東武線内、夕方以降の久喜行きは日比谷線内を乗車専用駅としているためだ。

「まもなく、東武動物公園、東武動物公園です。乗車専用駅のため、お降りになることができません」

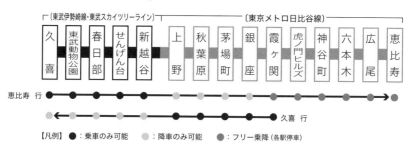

〈THライナー〉の停車駅（東京メトロ提供データを基に作成）。

東武動物公園が近づくと、到着を告げる自動放送が流れた。事前に案内したとはいえ、次は上野なのか、東武動物公園なのか戸惑いそうだ。

東武動物公園、春日部に停まると、メディア用の1・2号車も乗降用ドアが開く。これでは"「プレスエリア」という名の貸切"とは知らずに乗る乗客が現れることを懸念する。霞ケ関まで完全に締め切ったほうがいいのでは。

それが的中したのは、せんげん台に停車したときだ。東武広報らと質問や談笑していると、高齢の男性が堂々と乗り込んできた。すかさず東武広報が追いかけるものの、男性は大胆にも空いている席に坐ってしまった。

後刻、車掌にきいたところ、2号車がテレビ局のムービー撮影のため、しばらく動けず、竹ノ塚通過後に座席指定料金580円＋車内料金200円(大人・小児同額)を支払い、3号車以降へ移動したという。

北越谷から複々線に入り、日比谷線直通列車では初めて外側の急行線を走行する。越谷で先行の急行もしくは準急をバッサリ追い越すシーンはなく、新越谷に到着。ホームの様子を眺めると、男性客が1号車に乗り込もうとしたが、私が「すみません、3号車へお願いします」と丁重に断りを入れ、移動していただいた。ホームの越谷寄りで〈THライナー4号〉恵比寿行きの到着シーン撮影後、近くの1号車に乗り込もうとしたようだ。

〈THライナー〉開幕戦

　新越谷を発車し、指定された席に坐る。マルチシート(各車両4〜12番席)の回転式クロスシート設定時は5・8・11番席が眺望しやすく、幸い私は1号車の11番A席(A・D席は窓側、B・C席は通路側)に当たった。まさに"イイ席"だ。

　マルチシートは50090系に比べ、大幅なグレードアップを図った。

　最大のセールスポイントは先述したとおり、坐り心地が非常によいこと。ハイバックシートに加え、座面は寝具などで実績のあるブレスエアーを採用することで、ホールド性や通気性の向上を図ったという。また、座席中央に可動式のひじかけを装備し、プライベート空間を確保している。着座幅は450ミリ。

　背面はカップホルダーや荷物フックを設置。座席下の脚台にはコンセントが前後に装備され、フリースペースも含め、〈THライナー〉運行時のみ利用できる。

　荷棚は50090系と同様、シートモケットと同じ色をアクセントとして用いている。これは回転式クロスシート設定時、自身の頭を荷棚にぶつけないよう、注意喚起を図る役割を持つ。

　車端部のロングシートはすべて優先席(1〜3・13〜15番席。ただし、1・7号車は欠番あり)。こちらもハイバックシートを採用し、着座幅は460ミリ。マルチシートに比べ、若干ゆったりした坐り心地を味わえる。また、コンセントも装備されている。

70000系に引き続き、各車両にフリースペースを設置。向かい側は優先席で、車端部に配した。

　各車両に車椅子やベビーカーに対応したフリースペースがあり、クッションパネル(東武では「ヒップレスト」と称する)やパネルヒーターも設けている。また、コンセントも装備されている。これは車椅子でそのまま乗車される方が使えるように配慮したという。

　東武では1号車の13〜15

番D席、2・4・6号車の1～3番D席、3・5・7号車の1～3番A席を「ベビーカーや車椅子ご利用の方に便利な座席」と案内しており、チケットレスサービスなどで選択購入できる。

　惜しむらくはトイレがないこと。車内での水分補給には十分注意したい。

注目

　竹ノ塚を通過すると、1号車の乗務員室寄りに一部のメディアが集まり、密と化す。それもそのはず、"イッツ・ショータイム"に備えているのだ。

急行線から緩行線へ（事前に撮影）。

西新井をゆっくり通過。約330メートル進むと、10時00分、急行線から内側の緩行線に針路を変える（久喜行きは緩行線から急行線に渡る）。集結したメディアは"歴史的瞬間"を撮りまくる。〈THライナー〉の運転開始に伴い、梅島―西新井間に渡り線を新設したのだ。北千住―小菅間はレイアウトの関係で渡り線の建設が困難なため、梅島―西新井間に白羽の矢が立った模様だ。

　緩行線は先行の各駅停車中目黒行きに接近しないよう、ゆっくり走る。小菅を通過すると、運転士はブレーキをかけ、歩くような感じで荒川を渡る。

　針路を右の高架に変え、複々線を終えると、再び"イッツ・ショータイム"。10時06分、北千住3階ホーム6番線に到着した。ここでは乗務員を東武から東京メトロに交代するための運転停車で、乗降用ドアが開かない。『東武時刻表』2020年6月6日号をめくると通過マークが表示されている。

　東武の定期旅客列車で北千住が通過となるのは、1997年3月24日（月曜日）以来23年ぶり。乗客ともども再び"歴史的瞬間"を味わう。

　久喜―北千住間40.6キロを〈THライナー4号〉恵比寿行きは43分で走破し、表定速度56.7km/h。参考までに、先発の特急〈りょうもう14号〉浅草行きは37分、65.8km/h。後発の急行（押上から準急）中央林間行きは40分、60.9km/hである。急行より遅いのは徐行区間があるからで、東武線内のス

ピードアップが今後の課題となるだろう。

　乗務員交代を終え、10時07分に発車。ここから日比谷線へ。東京メトロ広報に確認したところ、〈THライナー〉もATO運転するという。

　日比谷線は第3世代車両の置き換え完了に伴い、2020年3月28日(土曜日)からATO運転が実施された。千代田線では特急ロマンスカーのみ手動運転としており、〈THライナー〉のATO運転は意外な気がした。

比較

　〈THライナー4号〉恵比寿行きは勢いよく進むが、各駅停車中目黒行きに接近しているのか徐行。南千住をゆっくり通過すると、10時12分、地下へ。地上区間も含め、回転式クロスシートから眺める車窓が新鮮だ。

　10時16分、定刻より1分早く上野に到着。久喜からの所要時間は54分(通常は55分)。参考までに特急〈りょうもう14号〉浅草行きと日比谷線の乗り継ぎだと45分、急行(押上から準急)中央林間行きと日比谷線の乗り継ぎだと57分である。

　一方、JR東日本の場合、〈THライナー4号〉恵比寿行きが久喜を発車した2分後の9時25分に快速(大宮から普通電車)新宿経由逗子行きが発車し、大宮で普通電車上野経由小田原行きに乗り換えると、上野には10時08分に到着する。所要時間は43分で、〈THライナー〉及び急行と日比谷線の乗り継ぎだと大差がつく。上野で山手線、もしくは京浜東北線に乗り換えても、秋葉原、銀座に近い有楽町へ早く着くことは言うまでもない(詳細は各表を参照)。

　久喜—上野間の距離はともに45キロ台ながら、大人運賃は東武＆東京メトロ770円(IC765円)、JR東日本860円(IC858円)で、前者のほうが若干安い。

　加えて、JR東日本の普通列車用グリーン券の平日料金は780円、ホリデー料金は580円(大人・小児同額。車内で購入すると200円増し)。特に土休は運賃とグリーン料金を合算すると1,440円で、〈THライナー〉利用の1,450円より10円安い。その代わり、普通列車グリーン車は自由席なので“必ず坐れる”という保証がない。

　東武広報によると、〈THライナー〉を久喜発着としたのは「通勤需要が見込めるから」だという。特急〈りょうもう〉とともに“必ず坐れる列車”を強化することで、「選ばれる東武、住みやすい東武沿線」を目指しているよ

うに思う。

　また、東武動物公園は日光線、春日部は野田線、新越谷は武蔵野線〔南越谷駅〕からの乗り換え客が期待できる。特に、せんげん台の久喜行きはすべて各駅停車に接続し、すぐに乗り換えられる。恵比寿行きも土休運転の2号を除き、1番線に準急もしくは、各駅停車が停まっている。

　〈TJライナー〉が大成功を収めたのは、乗客の着席ニーズもさることながら、速達性、快適性、乗り換えしやすいダイヤという、理想的な利便性を確立できたことも大きい。〈THライナー〉は走り始めたばかりなのだから、今後の"伸びしろ"に期待しよう。

【土休ダイヤ】特急〈りょうもう〉と日比谷線の乗り継ぎ、〈THライナー〉、急行系と日比谷線の乗り継ぎを比較

列車と行先	特急〈りょうもう8号〉浅草行き	各駅停車中目黒行き	〈THライナー2号〉恵比寿行き	区間急行浅草行き	各駅停車中目黒行き	特急〈りょうもう14号〉浅草行き	各駅停車中目黒行き	〈THライナー4号〉恵比寿行き	急行(押上から準急)中央林間行き	各駅停車中目黒行き
久喜　　発	808	··	813	816	竹ノ塚始発	918	··	923	928	北越谷始発
東武動物公園　発	816	741	821	824		925	··	931	935	
春日部　発	↓	754	828	830		↓	··	938	941	
せんげん台　発	↓	808	834	837		↓	··	944	946	
新越谷　発	↓	819	841	845		↓	··	951	954	949
北千住　着	845	846	↓	901	904	951	··	↓	1008	1015
北千住　発	847	849	↓	902	904	953	954	↓	1009	1016
上野　着	‖	858	907	‖	914	‖	1003	1017	‖	1025
秋葉原　着	‖	902	911	‖	919	‖	1007	1021	‖	1028
茅場町　着	‖	908	917	‖	925	‖	1013	1027	‖	1035
銀座　着	‖	916	926	‖	932	‖	1021	1036	‖	1043
霞ケ関　着	‖	920	930	‖	936	‖	1025	1040	‖	1047
虎ノ門ヒルズ　着	‖	922	932	‖	938	‖	1027	1042	‖	1049
神谷町　着	‖	923	934	‖	940	‖	1029	1044	‖	1051
六本木　着	‖	926	937	‖	943	‖	1032	1047	‖	1054
広尾　着	‖	930	940	‖	946	‖	1035	1050	‖	1057
恵比寿　着	‖	935	943	‖	949	‖	1038	1053	‖	1100

　特急〈りょうもう〉及び〈THライナー〉の停車駅のみ記載。

〈THライナー〉開幕戦

列車	◎普通電車 上野経由 熱海行き	山手線 外回り	新宿経由 逗子行き	普通電車 上野経由 逗子行き	普通電車 上野経由 品川行き	山手線 外回り	普通電車 上野行き	京浜東北線 各駅停車 磯子行き	▽快速 新宿経由 逗子行き	普通電車 上野経由 小田原行き	山手線 外回り
久 喜 発	810	‖	815	‖		‖	916	··	925	‖	‖
大 宮 着	832	‖	837	839		‖	937	··	941	941	‖
大 宮 発	834	‖	838	840		‖	938	929	943	942	‖
上 野 着	901	906	‖	907		910	1005	1010	‖	1008	1011
上 野 発	904	906	‖	908		910	··	1010	‖	1012	1011
秋葉原 着	↓	910	‖	↓		913	··	1014	‖	↓	1015
東 京 着	908	914	‖	912		917	··	1018	‖	1017	1019
東 京 発	909	914	‖	913		917	··	1018	‖	1018	1019
有楽町 着	↓	916	‖	↓		919	··	1020	‖	↓	1021
恵比寿 着	‖	‖	921	‖		‖	··	‖	1022	‖	‖

表題：【土休ダイヤ】JR東日本　久喜から都心方面への道のり

〈THライナー〉と関連する駅を中心に記載。
◎東京から快速〈アクティー〉
▽大宮から普通電車

名残

　〈THライナー4号〉恵比寿行きは秋葉原を発車すると、ランニングのほうが速そうなほどのスピードで人形町を通過。急曲線を慎重に進むと、茅場町1番線に到着。隣の2番線に70090型の各駅停車東武動物公園行きが停車しており、車両番号を見ると〈THライナー2号〉恵比寿行きに充当された71794編成である。恵比寿―中目黒間を回送したのち、中目黒10時02分発の先述列車として折り返す。

　10時35分、"ザギン"こと、銀座に滑り込む。ところが停止位置より手前に止まり、修正するアクシデントが発生した。ATOも冷や汗をかくほど緊張していたようである。

　今回のダイヤ改正で、銀座駅と有楽町線銀座一丁目駅が乗換駅となったほか、改札外乗り換えの制限時間も30分から60分に拡大された。これなら食

事やちょっとした買い物ができ、時間にゆとりが持てそうだ。

　銀座を10時37分に発車すると、東京メトロ広報の案内でメディア全員降りる支度を始める。このまま終点まで乗りたいが、霞ケ関から先は乗車券のみで乗車できること、レールファンなどが押し寄せ3密になることを恐れたのであろう。

　10時40分、定刻通り霞ケ関に到着。ここから先はすべての乗降用ドアが開閉し、各駅に停まる。後ろ髪を引かれる思いで降りたのは、私だけではないと思う。無料で乗せていただけるだけでもありがたいのだから、続きは後日の楽しみにしておきたい。

　なお、〈THライナー4号〉恵比寿行きは10時53分に終点到着後、中目黒まで回送し、11時12分発の各駅停車南栗橋行きとして折り返す。ちなみに、久喜─恵比寿間59.9キロの所要時間は90分、表定速度は39.9km/h。

　さて、朝の列車は中目黒の手前、恵比寿行き。夕方以降の列車は中目黒や恵比寿始発ではなく、霞ケ関始発に疑問を感じる方もいるのではないだろうか。東武や東京メトロの各広報からきいた話をまとめてみよう。

　まず、中目黒行きではなく、「恵比寿行き」にしたのは車内の整備の関係上による。マルチシートの転換作業時間を確保する必要が生じたため、恵比寿─中目黒間を回送運転にしたものと考えられる。その課題が解決すれば「中目黒行き」となり、さらなる利便性の向上が期待されよう。

　次に座席指定区間を久喜─霞ケ関間としたのは、「東武線からの利用客が多いのは、霞ケ関ぐらいまで」だからだという。また、夕方の列車にフリー乗車区間を設定せず、霞ケ関始発としたのも乗客の混乱を防ぐためだ。

　取材を終え、解散。地上へあがると、工事の槌音(つちおと)が響く。平日はピリピリした官庁街も土休は交通量が少なく、静まり返っていた。このあとは開業したばかりの日比谷線虎ノ門ヒルズ駅まで歩くとしよう。

霞ケ関の休日。

70090型主要諸元

号　車		7	6	5	4	3	2	1
営業運転区間		←中目黒					久喜、南栗橋→	
形　式		71790形式	72790形式	73790形式	74790形式	75790形式	76790形式	77790形式
車種記号		Mc1	M1	M2	M3	M2′	M1′	Mc2
座　席		車端部はロングシート、それ以外はマルチシート						
定員 (座席定員)	ロングシート設定時	126人 (39人)	136人 (45人)					126人 (39人)
	クロスシート設定時	122人 (39人)	132人 (45人)					122人 (39人)
車体の種類		アルミ						
車体の長さ		20,470mm	20,000mm					20,470mm
車体の幅		2,780mm（車側灯間幅：2,829mm）						
車体の高さ		3,972mm（パンタグラフ折りたたみ高さ：3,995mm）						
自　重		35.2t	34.3t	34.0t	36.2t	34.3t	34.2t	35.4t
旅客情報案内装置		17インチ3画面ワイドLCD						
行先表示器		フルカラーLED						
軌　間		1,067mm（狭軌）						
台車方式		ボルスタつき片軸操舵台車（モノリンク式）						
ボギー間中心距離		13,800mm						
固定軸距		2,100mm						
車両性能		設計最高速度：110km/h　加速度：3.3km/h/s 減速度：3.7km/h/s（常用）、4.5km/h/s（非常）						
保安装置		東武：TSP-ATS　東京メトロ：CS-ATC						
電気方式		直流1500ボルト　架空線式						
制御装置		VVVFインバータ制御						
営業運転開始日		2020年3月20日（金曜日・春分の日）						
備　考		女性専用車（平日朝ラッシュ時の各駅停車）は1号車、弱冷房車は5号車、フリースペースは各車両。						

虎ノ門ヒルズ駅

虎ノ門ヒルズに到着する〈THライナー2号〉恵比寿行き（提供：東京メトロ）。

　日比谷線霞ケ関―神谷町間に開業した新駅で、東京メトロでは180番目の駅となる。日比谷線の駅では初めてホームドアが稼働された。

　同社の新駅開業は2008年6月14日（土曜日）開業の副都心線池袋―渋谷間以来12年ぶり、既存路線では営団地下鉄時代の2000年1月22日（土曜日）に開業した東西線妙典駅以来20年ぶりである。

　地下1階はホームと仮設の改札口を設けた。このため、1番線（中目黒方面）と2番線（北千住方面）のあいだは通り抜けができない。また、銀座線虎ノ門駅とは改札外乗り換え（1番線側は地下通路、2番線側は地上を経由）となる。

　地下2階は"本来の改札口"の工事が続けられており、2023年に完成し、再開発ビルと接続する予定である。

　なお、新型コロナウイルスの影響などを鑑み、開業前と開業当日の報道公開は、記者会に所属するメディアのみを対象に執り行なわれ、ほかのメディアには写真提供で対応した。

〈THライナー〉開幕戦

歩くスカイツリーライン

ーすみだリバーウォークと東京ミズマチー

既設の鉄道橋に歩道橋を添架（てんか）するという発想は、国内でも非常に珍しく斬新なアイデアだ。

　東京都、墨田区、東武が連携した「北十間川・隅田公園観光回遊路整備事業」は、浅草と東京スカイツリータウンのあいだを線路沿いの最短距離で結ぶ"歩くスカイツリーライン"として、2020年6月18日（木曜日）に初日を迎えた。

　その概要は、伊勢崎線の隅田川橋梁沿いに添架された歩道橋「すみだリバーウォーク」、北十間川沿いの高架下に建設された商業施設「東京ミズマチ」である。

三位一体で取り組む

東武によると、「北十間川・隅田公園観光回遊路整備事業」は、2013年度頃から始まったという。東京都の北十間川耐震護岸工事、墨田区の隅田公園などの改修工事、東武の高架下耐震補強工事を同じ時期に実施することとなったのがきっかけだ。

そこで、「公園、道路、高架下空間、水辺の一体的な空間を整備しよう」という案が浮上し、東京都、墨田区、東武とで考え始めた。

2014年度には、東京都、墨田区、東武、学識経験者で構成される検討会を発足し、北十間川の水辺活用やにぎわい空間の創出などの検討を開始した。今回の北十間川整備(東京ミズマチ)については2014年度頃、歩道橋整備(すみだリバーウォーク)については2018年度下期より検討を開始したという。

2012年5月22日(火曜日)に東京スカイツリータウンが開業して8年。「北十間川・隅田公園観光回遊路整備事業」は、伊勢崎線浅草—とうきょうスカイツリー間、沿線回遊開発の集大成といえよう。

隅田川橋梁に、すみだリバーウォークを添架

浅草雷門(現・浅草)—業平橋(現・とうきょうスカイツリー)間が開業したのは、昭和初期の1931年5月25日(月曜日)。以来、89年の長きにわたり、東武の列車が全長155.25メートルの隅田川橋梁を往来した。下り列車は45秒、上り列車は18秒で通過する。

これまで東武の列車でしか味わえなかった景色が、すみだリバーウォーク(全長約160メートル、取付部も含めると323メートル)の建設により、存分に楽しめる。私が幼少の頃、"「急行〈りょうもう〉」という名のロマンスカー"から眺めた情緒あふれる隅田川。何十年の時を経て、心ゆくまで味わえるのは感慨深い。

"裏口"の感がある東武の浅草駅北口から約1分50秒のところに、すみだリバーウォークの出入口があり、階段とスロープが設けられた。また、当該エリアの高架橋、橋梁の多くは、スカイツリーホワイト(藍白をベースにした色)に塗装され、"新しい街"との調和を図っている。

一旦、隅田川橋梁をくぐったあと、吾妻橋側に抜ける。線路の一段下に添

架されたので、「ダンダン、ダンダン」という、歩くような列車の走行音と振動、ポイント切り替えの「ウィーン」という音を間近で楽しめる。鉄道に特段関心のない方は、列車やポイントを"いきもの"という見方で感じていただけたらと思う。

また、サプライズ好きの東武らしく、隅田川の水面や行き交う船を真上から望められるようガラス板を1か所設置したほか、隅田川橋梁の線路下、すみだリバーウォーク内の各1か所にソラカラちゃんのイラストを添えた。

さらに、開通前の2020年4月1日（水曜日）、「恋人の聖地」に認定された。2か所にその看板も設置されてお

すみだリバーウォークのアクセントといえるガラス板。

り、プロポーズにふさわしいロマンティックなスポットといえよう。開業後に再訪したら、永遠の愛を誓ったかの如く、8個の南京錠が柵の金網にかけられていた。

隅田川橋梁は日没後から終電にかけてライトアップされ、夜間はその灯りの中を歩く。ロマンティックなムードを引き立てえる"名脇役"にもなりそうだ。

隅田川と北十間川の合流地点となる源森川水門で隅田川を渡り終えると、小梅橋梁をくぐり、枕橋へ抜ける。

すみだリバーウォークのねらい

すみだリバーウォーク建設の発端となったのは、2014年2月、東京都事務局が「隅田川等における新たな水辺整備のあり方」を公表したことによる。

浅草エリアについては、「浅草・東京スカイツリー間

東武の列車（写真は200系）、隅田川、東京スカイツリーの3点セットは、まさに"江戸の名景"のひとつといえよう。

を結ぶにぎわいの水辺」というコンセプトのもと、浅草寺と東京スカイツリーのあいだをつなぐ動線の形成、回遊性の向上、隅田川を挟んだ墨田区と台東区の両方に基盤を持つ東武の事業として、それを結ぶすみだリバーウォークを設置することになった。

東武によると、浅草と東京スカイツリーエリアを1つのエリアとして結び、回遊性を高めることがねらいだという。

惜しいのは台東区と墨田区の区境を示すものがないこと。スマートフォンのマップ機能は精度がいまひとつで、断定できないのだ。それがあると、"すみだリバーウォークの区境から眺める隅田川"が絶好の撮影スポットにもなる。

なお、開通後の開門時間は7時00分から22時00分まで。基本的に年中無休ながら、季節、イベントの開催、天候などにより、変更されることもあるという。

先行開業の東京ミズマチ ウエストゾーン

隅田公園は"江戸アーバンパーク"に進化。

東京ミズマチは枕橋―源森橋間のウエストゾーン、源森橋―小梅橋間のイーストゾーンに分かれる。

まず、先行開業のウエストゾーン。かつて隅田公園駅が所在していたところで、その向かい側に隅田公園を構える。

7店舗中、6店舗は飲食店で、一部は水辺にテラス席を設けている。東京ミズマチは両ゾーンとも親水テラスが整備され、北十間川を眺めながら、ウォーキング、ジョギングなどができそう。観光、生活の両面で親しまれるのではないだろうか。

また、ウエストゾーン入口の枕橋、後述のイーストゾーン入口の源

117

森橋では、北十間川、東京ス
カイツリー、東武の列車とい
う"墨田区3点セット"を撮
影できる。特急形電車を被
写体にしたい場合は、事前
に『東武時刻表』を購入す
るといいだろう。また、浅草
―とうきょうスカイツリー間
は、時刻表にも掲載されない
"「特急形電車の回送」とい
う名のサプライズ"もある。

隅田公園駅は、ホームから隅田川や浅草駅が望めた(写真提供:東武鉄道)。

前日の内覧会は大盛況

　当初、すみだリバーウォークは2020年4月13日(月曜日)に開通、東京ミ
ズマチのウエストゾーンは4月17日(金曜日)に開業する予定だった。しか
し、新型コロナウイルスの感染拡大に加え、政府が緊急事態宣言を発令した
影響で、2か月の延期を余儀なくされた。

　6月17日(水曜日)に実施されたメディア向けの内覧は、東武広報の予測
を大幅に上回る80人超が参加。すみだリバーウォークを渡り初めしたほか、
東京ミズマチのウエストゾーンの各店舗で試食などを楽しんだ。「〈THライ
ナー〉開幕戦」とは異なり、人数制限がなかったこと、参加メディアの9割
は新聞や情報誌系で、時節柄のどから出るほど欲しい"明るい話題"を国民
にお伝えしたかったのだろう。

　東武広報によると、9月時点、すみだリバーウォークの平均利用者数は、
平日3,000人、土休9,000人、累計約31万人だという。

イーストゾーンは2020年7月21日(火曜日)より順次開業

　三ツ目通りを越えると、東京ミズマチのイーストゾーンに入る。店舗の向
かい側は住宅地で、庶民的な雰囲気が色濃い。また、大相撲の鳴戸部屋(師
匠は元大関琴欧洲の鳴戸親方)があり、新型コロナウイルスが終息すれば、朝稽

古の一般見学再開も考えられる。すなわち、観光スポットのひとつに加わる可能性を秘めている。

イーストゾーンも7店舗が用意され、2020年7月21日(火曜日) に順次開業し、沿線にお住まいの方々が利用しやすい環境を整えている。ホステル、コンビニエンスストア、産業交流委拠点、コインランド

イーストゾーンの向かい側に建つ鳴戸部屋。

リー、テラス席つきのハンバーガーショップ、スポーツ複合施設などを構える。

小梅橋付近には2人用ベンチを2脚配し、東京スカイツリーや東武の列車を望める。ここから、とうきょうスカイツリー駅及び東京スカイツリータウンへは、徒歩2分あまり。

9月23日(水曜日)に報道公開が実施され、注目は翌日にオープンする、スポーツ複合施設のLATTEST SPORTS。ボルダリング、サンドプール(砂場。砂はオーストラリアのブリスベンから輸入)、サイクルショップ、カフェをひとつにまとめたもので、イーストゾーン最大規模の店舗だ。

特にボルダリングは、東京オリンピック2020年大会(2021年夏に延期)の新競技「スポーツクライミング」3種目の1つに含まれており、近年注目を集めている。LATTEST SPORTSでは、子供用と大人用が用意され、チャレンジすることもできる。

ボルダリングの壁を初めてナマで見ると、アスリートの手と足を支えるホールドがアートに映る。芸術とスポーツが融合した感じで、画期的な競技だと思う。岡本太郎の名言「芸術は爆発だぁー!!」が頭に浮かぶ。

東武の高架下でボルダリングに臨む。

試しに女性アスリート2人が大人用のボルダリングに臨み、7メートル先の頂上を目指す。新型コロナウイルス感染防止策の一環で、2人ともマスク着用ながら、見事登頂。メディアらが万雷の拍手で健闘をたたえた。

　あとで1人にきいたら「ホールドが大きくて持ちやすいところがたくさんあるので、比較的登りやすいです」の由。また、高さは感じるものの、傾斜がないので「怖さ」は感じないそうだ。

　ボルダリングはケガが目立ちやすい競技のようで、2人の足の生傷が私の目に焼きつく。女性アスリートの1人は「短パンとかをはくと"エエーッ"という顔をされる」と言った。華やかに見える競技のウラで、想像以上に壮絶な練習に臨んでいるのだ。すべては表彰台のてっぺんに立つために。

東京ミズマチのねらいと今後の展望

　東京ミズマチ建設の発端となったのは、「新たな水辺整備のあり方検討会（事務局：東京都）」が策定した「隅田川等における新たな水辺整備のあり方」に基づくものである。

　浅草及び東京スカイツリーの2大観光拠点、隅田川および北十間川が生み出す水辺空間といった特性を活かしながら活性化を図るべく、墨田区と東武が連携して整備事業を推進することとなり、その一環として東武では高架下を開発することとなった。

　東京オリンピックとパラリンピックの開催が2021年夏に延期されたとはいえ、今回取り上げた事業によって、"東京の魅力的な空間創出への期待"が一層高まる。

　今後の展望について、東武にお伺いしたところ、下記のコメントを寄せた。

　「歩道橋設置および北十間川・隅田公園観光回遊路整備事業により、浅草周辺と東京スカイツリータウン周辺を一体のエリアとして捉えてもらうことで回遊性が高まり、両エリア全体の活性化に寄与するものと考えています」

　全世界に一刻も早く、"日常生活"が戻ることを祈念する。

　なお、官民が連携したこの事業は、国土交通省が主催する令和2年度（2020年度）「かわまち大賞」において大賞を受賞した。

東京ミズマチ店舗一覧

場所		店名	業態	開業日
ウエストゾーン	W01	LAND_A	カジュアルダイニング	2020年6月18日（木曜日）
	W02	KONCENT	デザインプロダクト	2020年6月18日（木曜日）
	W03	Jack's Wife Freda	オールデーダイニング	2021年の予定
	W04	いちや	和菓子、甘味処	2020年6月18日（木曜日）
	W05	DEUS EX MACHINA ASAKUSA	カフェ、アパレル	2020年6月18日（木曜日）
	W06	NIHONBASHI BREWERY	クラフトビール	2021年の予定
	W07	むうや	ベーカリーカフェ	2020年6月25日（木曜日）
イーストゾーン	E01	WISE OWL HOSTELS RIVER TOKYO	ホステル	2021年1月9日（土曜日）
	E02	ファミリーマート	コンビニエンスストア	2020年7月21日（火曜日）
	E03	すみずみ	墨田区産業支援施設	2020年7月31日（金曜日）
	E04	WASH & FOLD	洗濯代行、クリーニング、コインランドリー	2020年8月21日（金曜日）
	E06	shake tree DINER TOKYO	グルメバーガー	2020年10月31日（土曜日）
	E07	LATTEST SPORTS	スポーツ複合施設	2020年9月24日（木曜日）

歩くスカイツリーライン―すみだリバーウォークと東京ミズマチ―

東京メトロ13000系、17000系、18000系と東急2020系

東京メトロ13000系

　2016年6月に登場した日比谷線用の新型車両。10月24日(月曜日)の夜間試運転で、東武線に初入線した。

　その後、年末の特別運行を経て、2017年3月25日(土曜日)に営業運転を開始。同日より東武線直通運用に就いている。

　当初、東武線内の車内自動放送は、03系に引き続き水谷さんが務めてい

たが、現在は70000系と同じ久野アナに変わっている。

2018年1月29日(月曜日)から日比谷線内でBGM放送試行運用を開始したが、乗客の意見、お客様モニターによるアンケートなどを勘案した結果、3月28日(水曜日)で終了した。

なお、03系は2020年2月26日(水曜日)をもって、東武線直通運転を終了。2月28日(金曜日)、中目黒18時41分発の北千住行きが"最終列車"となり、19時27分、終点に到着。32年の活躍に幕を閉じた。

東京メトロ17000系

スペシャルコラム 東京メトロ13000系、17000系、18000系と東急2020系

2020年1月に登場した有楽町線用と副都心線用の新型車両で、2021年2月のデビューを予定している。各種性能試験に時間を割いたため、試運転は2020年9月下旬から開始した。

車体の帯は10000系に引き続き、有楽町線ラインカラーのゴールド、副都心線ラインカラーのブラウンを配した。また、アクセントカラーの白帯は省略された。

車内はモノトーンを基調に、ロングシートの背もたれをゴールド、吊り手をブラウン(いずれも優先席部分を除く)、乗降用ドアや車両間の貫通ドアをグレーとした。先述の13000系や丸ノ内線2000系に比べると、シンプルなが

ら、スタイリッシュさを追求したデザインである。

　また、フリースペース近傍の乗降用ドアは、ドアレールの切り欠きを行な
い、車椅子やベビーカーの乗降性向上を図っている。

　17000系は、10両車6編成、8両車(2021年5月搬入開始予定)15編成をそれ
ぞれ導入し、2022年度中に7000系を置き換える予定である。

東京メトロ18000系

　2020年9月に登場した半蔵門線用の新型車両で、2021年度上期のデ
ビューを予定している。基本的なスペックは17000系と同じながら、前面
の灯具デザインを変えることで、スタイリッシュさをより強調した。伊勢崎
線、日光線で"共演"する日比谷線用の13000系に歩調を合わせたように映
る。

　車体の帯はラインカラーのパープルで、濃淡を組み合わせた。8000系や
08系に比べ、スタイリッシュとビビッド感が強調されている。

　イメージパース(提供:東京メトロ)を見る限り、車内も17000系に準じつつ、
ロングシート、吊り手、床はラインカラーのパープルを強調。さらに吊り手
のベルトは優先席部分も含め、グレーに統一された。特に優先席のオレンジ

ベルトは汚れが目立ちやすいので、東武のブラックベルトと同様に、車内環境の改善を図った格好だ。

18000系は19編成190両を導入し、順次8000系を置き換える。

東急2020系

2017年11月に登場した田園都市線用の新型車両。2018年3月28日(水曜日)に朝限定で、田園都市線中央林間―半蔵門線押上間にて営業運転を開始し、4月28日(土曜日)から運転時間帯が拡大された。

東武線に初入線したのは、1月10日(水曜日)の深夜回送で、誘導障害試験を兼ねた。4月25日(水曜日)から乗務員教育が行なわれたのち、10月1日(月曜日)から2121F、2122Fにて、東武線直通列車の営業運転を開始した。

デジタル方向幕の表示は直通先に関係なく、「列車種別＋駅ナンバリング＋行先」が表示される。

第2章 優等車両ルポ

ラインナップ

① 特急〈スペーシアきぬがわ3号〉
　鬼怒川温泉行き
②〈TJライナー1号〉森林公園行き
③ 日光詣スペーシア開幕戦
④ 臨時特急〈スカイツリートレイン4号〉
　浅草行き
⑤ 臨時特急〈りょうもう71号〉葛生行き
⑥ 東武宇都宮線フリー乗車DAY
　臨時各駅停車東武宇都宮行き
※634型の写真のみ東武鉄道提供。

特急
〈スペーシアきぬがわ3号〉

≫ 鬼怒川温泉行き

大宮に到着した特急〈スペーシアきぬがわ2号〉新宿行き。

　かつて日光の覇権を争っていた東武と国鉄。乗客の多くは前者を選び、
しばらく独走が続いていたが、21世紀に入ると東武とJR東日本が手を組
み、日光・鬼怒川方面への短絡ルートを形成した。

奇跡の特急相互直通運転

「PREMIUM JAPAN〔日光・鬼怒川〕」

2006年3月18日(土曜日)、日本の鉄道史に革命を起こす列車が誕生した。

その名は特急〈日光〉〈きぬがわ〉〈スペーシアきぬがわ〉。かつて、日光輸送で激しいバトルを繰り広げた国鉄、すなわち、現在のJR東日本と東武がタッグを組んだのである。

JR東日本の広大なネットワークと、東武の地の利のよさという、それぞれの大きなメリットを活かし、新宿—東武日光・鬼怒川温泉間で1日合計4往復の運転を開始した。特急のみによる相互直通運転は、小田急電鉄とJR東海以来15年ぶりとなり、大変興味深い。

今回のルポは迷いもなく、特急〈スペーシアきぬがわ3号〉鬼怒川温泉行きに決めていた。

レールファンなら想像つくだろうが、東武は1990年3月に100系スペーシアを世に送り出し、現在も変わらぬ魅力を保っているのに対し、JR東日本は485系300・1000番代の改造車を用意した。しかも、予備車として189系『彩野』を塗装変更させていたのだが、いくら"おめかし"しても東武との居住性の差が目に見えている。

東武直通用485系の車体塗装は、スペーシアのオリジナルカラーに準じた。

189系『彩野』。改造当初はウルトラマンっぽい塗装だった。

　通勤形、近郊形、一般形の車両は新車を積極的に投入して、国鉄車をほぼ一掃したというのに、肝心の特急は改造車(JR西日本の初期もそういう感じだった)。プレス発表から運転開始まで2年しかなかったせいか、新型車両を構想する時間がなかったのかもしれない。

首都圏のJR線は大混乱

　2006年6月16日(金曜日)、梅雨どきの土砂降りのなか、首都圏のJR線は大混乱だった。

　まず、高崎線で人身事故が発生、中央本線では新宿の信号トラブルで40分間の運転見合せ。これにより、東北本線や埼京線もトバッチリを受けた。さらに山手線外回りも高田馬場で電車とお客が接触する情報が入るも、大きなことには至らず、数分で運転再開した。

　JR東日本は一部の駅で、遅延証明を銀行窓口の番号札みたいな方式を採用し、発行しているが、新宿のようなビックステーションは、駅員を総動員して、自動改札付近でお客を待っていた。運転見合わせや遅れは日常茶飯事の

ような印象を受ける。自社の不注意による事故が発生しないだけでもマシだ。

高崎線の人身事故は、特急〈スペーシアきぬがわ2号〉新宿行きにも影響し、駅員が40分遅れであることを駅構内の放送で乗客に告げる。発車するホームは埼京線、湘南新宿ラインと同じ3・4番線で、特急〈成田エクスプレス〉もここに入る。殺伐としていて、始発の特急が滑り込むホームではない。できることなら、新宿発の特急を5・6番線に統一したほうがいい。

しかし、日中は30分おきに発車する、中央本線の特急〈あずさ〉〈スーパーあずさ〉〈かいじ〉に割り込むのは難しいようだ。

新宿3番線は、特急〈スペーシアきぬがわ3号〉鬼怒川温泉行きを待つ人々が多い。発車時刻になってもお目当ての電車が現れない。10時47分に目測したところ、1・2号車のりばは28人、3号車のりばは23人、4号車のりばは16人、5号車のりばは6人、6号車のりばは11人ほどである。泊まりの熟年観光客が主体で、ビジネス客はほとんどおらず、レールファンも少ない。

本来、特急〈スペーシアきぬがわ3号〉鬼怒川温泉行きのあとに発車する、特急〈成田エクスプレス17号〉成田空港行きが3番線に到着してきた。

「この電車はスペーシアではありません」

駅員は念入りに放送する。

10時55分、ペンを走らせているとき、ハイキングの身軽な格好をしたおばちゃんが私のもとへ歩み寄ってきた。

「あのう、ここ埼京線ですよね?」

「そうですよ」

「川越へ行きたいんですけど。なんせ初めてだもんで」

埼京線は1・2番線からでも発車する。しかし、たまたま近くに時刻表を見つけ、念入りに確認。3番線の向かい側、4番線から快速川越行きが11時04分に発車するので、回答を間違えなくてよかった。

「ありがとうございました」

と言われたときは、ものすごく恐縮したが、実は川越へ向かうには池袋で東上線に乗り換えたほうが早く着く。しかし、川越までの乗車券を買っているだろうと思い、口に出せなかった。

10時57分、4番線に貨物列車が到着。一旦停止したあと、すぐに発車し、2番線には特急〈おはようとちぎ4号〉が48分遅れで到着した。

ついに姿を現したスペーシア

　特急〈スペーシアきぬがわ2号〉新宿行きは、大宮を40分遅れで発車。赤羽を50分遅れで通過し、11時09分、池袋に到着したという。

　11時16分、特急〈スペーシアきぬがわ2号〉は新宿に姿を現したが、3番線に特急〈成田エクスプレス10号〉の回送が止まっているため、長い停止信号で先へ進めない状況だ。4番線の特別快速高崎行きは、高崎線人身事故の影響で、しばらく動けない。このため、乗客は2番線の埼京線各駅停車大宮行きに乗り換え、さらに赤羽で上野発の高崎線直通列車に乗り継がなければならないハメになってしまう。駅員は「申し訳ございません」、「深くお詫び申し上げます」を繰り返す。

　11時17分、定刻より58分遅れで特急〈スペーシアきぬがわ2号〉が3番線に到着。折り返し、特急〈スペーシアきぬがわ3号〉鬼怒川温泉行きとなる。イラダチはなく、JR東日本で走る姿を初めてナマで見たときは感激した。まさか、こういうことが現実になるとは想像すらしていなかったからだ。

　ヒコーキの着陸音を連想させるような轟音を聴くと、時代の流れを感じさせる。VVVFインバータ制御がまだ普及していない頃は、発車と到着の音が

新宿は山手線、中央本線など、様々な路線が交わる。

ヤケにうるさいのだ。

　100系スペーシアはそういう時代に登場した。白くて大柄なボディー、先頭車の形状は、新幹線とカン違いしそうだ。実際、〈のぞみ〉が300系全盛の時代には幼児の男の子が本気でお母さんに言っていたほどだ。

　発車時刻がまだ確定していない状況で、降車があわただしく進み、車内の整備、清掃に入る。新宿到着時はガラガラで、ボディーは雨に濡れて、なおかつ、汚れていた。ボディーのほうは東武の車両基地に任せるとして、車内の整備・清掃は意外と短時間で終わり、お客は待ちわびた特急〈スペーシアきぬがわ3号〉鬼怒川温泉行きに乗り込む。

座席番号と自動放送

特急〈スペーシアきぬがわ3号〉鬼怒川温泉行き 編成表

乗車区間	号車	車両番号	禁煙	備考
鬼怒川温泉	1	モハ108-6	○	座席指定
	2	モハ108-5	○	座席指定
	3	モハ108-4	○	座席指定、販売カウンター
	4	モハ108-3	○	座席指定
	5	モハ108-2	×	座席指定
新　宿	6	モハ108-1	×	グリーン個室

　私は2号車座席指定モハ108-5へ。座席番号は「233」と「9D」窓側の2つあり、前者は東武鉄道方式、後者はJRグループ方式である。手にしている座席指定の番号はもちろん、後者を採用しているので、誰も戸惑わない。ちなみに東武は「座席指定」、JRグループは「指定席」と案内しているが、

JR線直通のスペーシアは、JR式の座席番号ステッカーを貼付。

ここでは前者方式を使うことにする(特急〈日光〉〈きぬがわ〉だったら、後者を使っていた)。

　車内では自動放送による案内を行なっている。てっきり、JR東日本では新幹線、特急を担当する堺正幸氏、東武ではハスキーボイスの男性(現在は女性)が分担するものと思っていたが、後者が一括担当している。

個室席は家族連れやグループに支持されている。

グリーン車のマーク。大きさは号車ステッカーに
合わせている。

今や売店つきの車両は、ひときわ珍しくなった。

6号車は、東武では「コンパートメント(個室席)」、JR東日本では「4人用グリーン個室」という案内だが、車両番号はモハ108-1のまま。JR東日本なら「クモロ100-1形」としていただろう。ほかは普通車指定席で、座席はグリーン車そのものといえる。

3号車の一部は販売カウンターを設けており、JR九州に存在していたエル特急〈つばめ〉のビュッフェに相当するが、特急〈スペーシアきぬがわ〉ではワゴンサービスによる車内販売に一本化しているため、営業しないようだ。

私はこの相互直通運転が決まったとき、スペーシアの販売カウンターとコンパートメントは、JR東日本に定員を合わせるため、座席車に改造されると思っていたが、さいわい、そんなことはなく、スペーシアのウリを生かせてよかった。ちなみにJR東日本が案内する4人用グリーン個室は、車体上部にささやかなグリーン車のロゴを貼りつけた。デッキドアのガラスにも貼りつけており、こちらのほうが目立つ。

東上線を眺めるスペーシア

　特急〈スペーシアきぬがわ3号〉鬼怒川温泉行きは、定刻より1時間遅れの11時35分に発車。新宿から乗ったとき、客室とデッキのドアは開きっぱなしに固定されていたが、発車が近づくと、知らぬあいだに閉まっていた。

　車内改札は4人用グリーン個室と指定された座席以外に坐っているお客のみとなる。JR東日本は一部の特急で、指定された座席以外と自由席に実施しており、手間を省いている。

　池袋は進行方向左側の奥に東上線のホームがあり、特急〈スペーシアきぬがわ〉は"他人の土俵で相撲をとっている"。東上線は伊勢崎線や日光線といった"本線"とはつながっておらず、車両の配置転換や検査の際は、レールがつながっている秩父鉄道経由で行なわれる。

大宮で普通電車に道を譲る

　池袋で乗客が増えたが、座席を埋まるには至らない。発車すると、そこから乗ってきたグループ客は正午まで待てないようで、"「昼食」という名の宴"となり、にぎやかになる。

　東北本線に合流すると、E231系近郊形タイプの普通電車上野行きと寝台特急〈北斗星4号〉上野行きが停止信号で止まっていた。高崎線人身事故のトバッチリを受けているのだ。

　寝台特急〈北斗星4号〉上野行きを眺めると、客車はボディーの傷みが見受けられ、悲しい。結局、新型車両の置き換えが行なわれず、2015年8月23日(日曜日)の上野着をもって、27年の歴史に幕を閉じた。

　さて、車掌は車内を巡回し、座席のチェック。車内販売は新宿発車前から営業しており、売れゆきは上々。特急〈スペーシアきぬがわ〉は座席のひじかけと側窓の下にテーブルを設けており、大いに役立っているものの、後者は折りたたみ式のため、収納の仕方がわからないお客が多かったようだ。

　大宮まで湘南新宿ライン、東北本線、京浜東北線の路線別3複線で、伊勢崎線の複々線より、速く走っている。いつのまにか強い雨もやんだ。

　12時04分、大宮に到着。ここで席は完全に埋まり、車内は観光一色。2号車のビジネスマンは1人しかいない。別の車両では、ノートパソコンを打

東武の定期特急車両(500系リバティを除く)は、窓側に折り畳み式のテーブルを設置。

つ姿が見られた。無線LANでインターネットをしているらしい(私は、昔も今も電子機器にうとい)。

　私が行楽一色の列車に乗るのは、今まで記憶にない。客層は熟年が主流で、4人用グリーン個室が取れなかったのかどうかはわからないが、向かい合わせにして過ごしている。目的地の鬼怒川温泉で"命の洗濯"をするようだ。

　大宮でE231系近郊形タイプの普通電車宇都宮行き、211系3000番代の回送、211系1000・3000番代の普通電車籠原行きを先に通す。おかげで、発車時刻は12時14分となり、定刻より1時間12分遅れとなってしまう。

大宮―栗橋間で東武3路線と並走

　大宮を発車すると、野田線としばらく並走。以前は野田線を利用し、春日部で特急スペーシア〈けごん〉〈きぬ〉に乗り換えていたが、これからは遠回りをしなくてもいいようになった(その代わり料金は少しかかる)。

　"他人の土俵で相撲をとる"姿は妙な感じを受ける。東武の車両がJR線を走り、東上線、野田線、伊勢崎線、日光線の車両と顔を合わせるのだから。しかも東上線以外は一部併走区間も存在するので、野田線北大宮で8000系と100系のツーショットを狙うレールファンも少なくないと思う。

　ほどなくして、特急〈きぬがわ4号〉新宿行きとすれ違う。任務を受け持つ485系300・1000番代を初めて見ると、鋼体は国鉄の面影が残る。こちらは大きなダイヤの乱れがなく、少々遅れる見通しだ。ちなみに折り返しの特急〈きぬがわ5号〉鬼怒川温泉行きは定刻通りの運転だった。

　東北新幹線に合流すると、小雨。進行方向右側ではチャリンコに乗った若い男が特急〈スペーシアきぬがわ3号〉鬼怒川温泉行きに手を振る。そして、普通電車宇都宮行きに接近したのか減速し、進行方向右側から伊勢崎線に合流。12時30分、久喜を通過した。

ここまで、お目にかかった東武車両は2つ。1つ目は、8000系の各駅停車久喜止まりが浅草寄りの引上線に入り、太田行きとして折り返す。2つ目は館林寄りの引上線で30000系の急行(押上から各駅停車)長津田行きが出番を待っている。

ノラリクラリの運転が続き、伊勢崎線をくぐる。もしかしたら、"新宿—赤城間の特急〈りょうもう〉が登場したらいいな"と思いをはせるうち、ついに東武日光線をくぐった。

「これより、東武線に入るため、一旦停車します」

車掌の放送が入ると、12時37分、栗橋に止まるが、ドアは開かない運転停車で、ここで乗務員が変わる。東武日光線は定時運行となっており、隣のホームに区間快速浅草行きが到着した。

JR東日本との相互直通運転で東武にも変化

特急〈スペーシアきぬがわ3号〉鬼怒川温泉行きは、栗橋を12時39分に発車。同じ直流電化でも、会社境界を示すかの如く、デッドセクションへ。一旦、一部の照明と空調が切れる。それを抜けると、ここから"自分の庭"を走る。通い慣れている道とあってか、軽快に走ってゆく。

東武はJR東日本との相互直通運転を機に歩調を合わせたのか、2006年3月18日(土曜日)のダイヤ改正で、列車がホームに進入する際の案内放送を「白線の内側にお下がりください」から、「黄色い線(点字ブロック)の内側にお下がりください」に改め、6月1日(木曜日)から終日前照灯点灯の運行に変わった(停車時間の長い駅は消灯していることがある)。現在では、関東のほとんどの鉄道で、終日前照灯点灯となり、事故防止などに努めている。

また、いつ頃なのかは不明だが「死傷事故」を「人身事故」に改めた。「死傷」を聞くと、心臓に悪い。「人身」のほうが若干不安を和らげるので、アクシデント発生時のアナウンス変更は、適切だと思う。

首都圏から田舎へ

利根川を渡ると、可能な限り飛ばす!! すれ違う車両もJR東日本から東武に変わる。車窓ものどかな田園風景が広がってゆく。

新大平下を通過すると、「まもなく栃木に停まります」という、自動放送が車内に流れる。高架を登り、JR東日本両毛線に合流すると、12時59分、栃木に到着。同時に東武最後の釣り掛け駆動、5050系の各駅停車栃木止まりも到着した。この列車は宇都宮線からの直通列車で、栃木まで足を延ばすことで、両毛線及び東武特急乗り換え客の便宜を図っている。

　新栃木を通過すると、宇都宮線と分かれ、南栗橋車両管理区新栃木出張所を通過。ここを境に列車の運行本数が減る。この先、無人駅が多くなり、複線ながらローカル線の雰囲気が漂う。

　「非常ブレーキがかかりました。御注意ください」

　突然、非常ブレーキがかかり、13時07分に急停車した。高崎線人身事故のトバッチリを受けて、1時間15分も遅れているというのに、なんてことだ。

　急停車の理由はこの先の踏切で、クルマが入ってしまったためで、ムリヤリ横断しようとしていたらしい。さいわい、事故には至らず、1分後に運転再開。

　13時17分、定刻より1時間16分遅れて新鹿沼に到着。停車時間はわずか30秒で、すぐに発車。カーブと勾配が多く、スピードもあがらない。車窓は田舎から森林へ変わってゆく。

　曇り空で路面も乾き、水田が見えると下今市へ。ここから鬼怒川線に入るため、東武日光へはここで乗り換えとなる。

　さいわい、6050系2両編成の特急連絡東武日光行きが待っている。乗り換え客はリクライニングシートから、セミクロスシート（ボックスシート＆ロングシート）に格が下がったので、戸惑う乗客が多かったものの、全員坐れた。

　しかし、この列車は、特急スペーシア〈きぬ117号〉鬼怒川温泉行きからの乗り換え客を待っているため、発車は定刻通り13時40分である。

　一方、上りホームでは東武日光からの特急連絡が到着し、特急スペーシア〈きぬ120号〉浅草行きを待つ。鬼怒川線は単線のため、特急〈スペーシアきぬがわ3号〉

日光線の特急連絡は、下今市—東武日光間ノンストップ運転だった。

鬼怒川温泉行きはまだ発車できない。

13時34分、定刻通りに特急スペーシア〈きぬ120号〉浅草行きが到着。13時37分、定刻より1時間18分遅れで、特急〈スペーシアきぬがわ3号〉鬼怒川温泉行きが発車した。

列車は旅先への橋渡し役

鬼怒川線に入ると、すぐに大きく右へ曲がる。沿線の大谷川は雨による増水の影響なのか、うねっている。ちなみに鬼怒川線は一部の駅を除き、ホームの有効長は4両分しかない。

小佐越で区間快速浅草行きと行き違い、いよいよ終点鬼怒川温泉に到着する自動放送がかかった。

「どうぞ、楽しい旅をお続けください」

という、自動放送のアナウンスが印象に残る。電車はあくまでも、旅先への橋渡し役に徹していることを実感したのである。

13時53分、定刻より1時間15分遅れて、終点鬼怒川温泉1番線に到着した。向かいのホームには区間快速会津田島行きが発車を待っており、乗り換え客は少ない。

乗客の大半は笑顔で下車。天気は曇っても、心と体は晴れ晴れとしていた。

終点鬼怒川温泉は、折り返し用の行き止まりホームへ。

JR東日本の車両交代

253系1000番代。先代の車両に比べ、大幅なグレードアップを図り、スペーシアとの差を縮めた。

　JR東日本は2011年6月4日(土曜日)から、特急〈日光〉〈きぬがわ〉用の車両を253系1000番代にバトンタッチさせた。

　当初は4月16日(土曜日)の予定だったが、3月11日(金曜日)に東北地方太平洋沖地震(東日本大震災)が発生。東京電力福島第一原子力発電所の事故も重なり、節電を余儀なくされ、特急〈日光〉〈きぬがわ〉〈スペーシアきぬがわ〉は、3月14日(月曜日)から4月28日(木曜日)まで運休という事態に陥った。

〈**TJ ライナー 1号**〉

》》**森林公園行き**

東上線全線開通90周年記念の50090系フルラッピング車両（ロゴ提供：東武鉄道〔451ページも同様〕）。

　東上線と越生線は、東武本線（左記2線を除く各線）とは線路がつながっていないほか、通勤形電車しか在籍していない"別世界"の路線である。

　東武は、東上線乗客の着席ニーズに応え、有料列車と一般列車の両方に対応した50090系を投入。日本初、簡易優等車両の乗り心地を味わってみた。

東武初の定員制列車

　2008年6月28日(土曜日)、東上線池袋へ。連日、暑い日、寒い日、涼しい日など、気温が一定していない。

　「並ばずに座れるから、直前までショッピングを楽しめたね。やるでしょTJ」

　「13分早く子供たちの笑顔を見られるなんて。TJですから」

　「ひとときのくつろぎ」

　6月14日(土曜日)の東上・越生線ダイヤ改正で、これらのキャッチフレーズをひっさげて、〈TJライナー〉が登場した。

　後述する『東武東上線時刻表』の種別欄に「ライナー」、列車愛称に〈TJライナー〉と記載されている。あとで東武に確認したところ、〈TJライナー〉は列車種別だという。拙著では、列車種別と列車愛称を兼ねたものとして御紹介したい。

　このダイヤ改正では、2001年の臨時快速急行〈尾瀬夜行23：55〉以来、7年ぶりに快速急行が復活。東上線では初登場となり、料金不要の列車として、従来の特急を置き換えた。

　〈TJライナー〉は東上線の"目玉商品"で、「坐って帰りたい」という利用客の要望が多く、ついに実現。ちなみに東上線の有料列車は、特急〈フライング東上号〉以来となる。

　今まで、隣のJR東日本のホームで、特急〈スペーシアきぬがわ〉が"他人の土俵で相撲をとっている姿"を見て、東上線の利用客は、歯がゆい思いをしていたのかもしれない。100系スペーシアのような"高級車"とはいかないが、レールファンや沿線利用客には、大きな関心を集めていることだろう。

　「グゥー!!」

　エド・はるみも絶賛する(?!)、〈TJライナー〉の着席整理券300円(大人・小児同額)の券売機は、池袋の中央口2と南口に設置。改札外では早朝から発売を開始する。急に予定を変更する方に備え、改札内にも設けられており、こちらは発車の30分前から発売。改札外は発車2分前、改札内は発車1分前まで発売しているが、満席になり次第、発売を終了する。

　さて、着席整理券の中央口券売機は1～5号車、南口券売機は6～10号

下り列車の着席整理券は、早朝から発売。

車を優先的に発売。号車と座席はどこでもかまわない。

但し、どちらかが満席になった場合、例えば南口を、1〜5号車乗車分の発売に切り替えるなど、柔軟な対応をとっているが、乗車列車の変更はできない。

そんな仕組みも知らない私は、南口で着席整理券を購入すると、「6〜10号車」に指定された。旅モノだと先頭車志向が強い"職業病"のせいか、"あっちゃー"と思ったが、あとでホームの行き止まり側は10号車で、50090系のフェイスが撮りやすく、1号車は到着時のみしか撮れないため、トクしたことを知る(当時のコンパクトタイプのデジタルカメラでは、撮影に不都合なため)。

着席整理券は乗車当日のみの発売で、運休やふじみ野到着が90分以上遅れた場合、手数料なしで払い戻し。また、キャンセルの場合は100円の手数料がかかり、200円が返金される。

〈TJライナー1号〉森林公園行き

副都心線開業で危機感を抱く池袋

ダイヤ改正当日は副都心線が開業。池袋の東武百貨店と西武百貨店が、新宿近辺のデパートなどに客が移ってしまうことを恐れ、タッグを組んで共同の案内所を設置した。

実際に東武百貨店へ入ったものの、減っているという感じはまったくない。普段、デパートに行くことがないので、そんなふうに見えるのかもしれないが。

東上線のりばも利用客の案内役として、6月8日(日曜日)からステーショ

ン・アテンダントを配置。中央口1にウォークインカウンターを設け、ブルーゾーンとしてわかりやすくした。すでに北口はグリーンゾーンにリニューアルされている。

池袋駅中央口1改札。

また、4月14日(月曜日)からは中央1改札の近くにJR東日本の連絡改札口が設けられた。定期券利用客をターゲットにしたのだろう。乗り換え時間の短縮に努めている。

南口のトイレは女性用トイレの使い勝手を大幅に向上させ、フィッティングボード、パウダーボードを設置。男女とも車椅子利用客に対応している。また、10月には南口はレッドゾーンとなった。近年の鉄道はステーションカラーを採用しているところがあり、駅の改札口をカラーで識別するのは、これまでに例のない取り組みではないだろうか。

これらがサービスの向上、副都心線開幕による利用客のシフト転換を最小限に食い止める策で、〈TJライナー〉もその1つだろう。

人気は上々

夕方以降、5番線は降車専用から乗車専用に変わる。

16時過ぎ、自動改札を通る。5番線の降車ホームは、なんと閉鎖。初電から16時までは従来通り、降車専用になっているが、それ以降は〈TJライナー〉の乗車口になる。

ホームは3面3線で、1番線は準急、2番線は急行と快速急行、3番線は降車専用。つまり、2番線は乗車口、3番線は降車口に分かれている。

4番線は各駅停車の乗車口で、

4・5番線は両側の乗降用ドアを開閉できる。

簡易優等車両第1号の50090系。

〈TJライナー〉の運行が近づくと、5番線が使えないため、降車も兼ねている。

16時30分近くになり、5番線の南口側では〈TJライナー1号〉森林公園行きを利用する人の列ができ、警備員が口頭で案内。25人ほど並んでいるので、人気は上々。ホームの行先案内を見ると、2番線の急行は小川町行きが出発後、17時09分発の森林公園行きまでない。"空白の19分"のうちの1本には〈TJライナー1号〉森林公園行きが入る。どうやら、〈TJライナー〉は急行を置き換えたようだ。

16時44分、5番線の南口側では、係員が着席整理券のチェックを始める。南口はなんと、78人が集結していた!!土曜日なのにこんなに注目を集めるとは思ってもみなかった。当初は入線してから乗ろうかと思っていたが、あわてて5番線の南口側へ行き、着席整理券を見せて、中へ入った。

16時50分、4・5番線に〈TJライナー1号〉森林公園行きが入線。デジタル方向幕は「快速急行池袋」で、しかも、座席は車端部を除き、回転式クロスシートにセットされていた。

一旦、4番線の乗降用ドアが閉まると、レールファンお目当てのシーンと

いえる、マルチシートの転換作業が行なわれ、自動で動く。

　ようやく5番線側の乗降用ドアがすべて開く。着席整理券300円を払っているので、すべての乗降用ドアを開けるのは、保温上の観点から好ましくないと思う。しかし、折り返し時間が短いこと、ダイヤに余裕がないこともあり、"有料列車ならではの特別感"を出すわけにもいかなかったようだ。

下り列車では異例の偶数号

　〈TJライナー〉は池袋―森林公園・小川町間、下りのみ設定され、平日は6本、土休は4本をほぼ1時間おきに運転。上りは快速急行で折り返していることが多く、土休の一部は、50090系以外のロングシート車でも運転されている。

　片道のみの運転であるため、下りでは異例の偶数号が存在(列車番号は奇数のまま)。下りに偶数号が存在するのは記憶にある限り、2002年2月2日(土曜日)にJR東日本が企画した臨時特急〈懐かしの特急あずさ2号〉松本行きがある。このときはダイヤの都合で、狩人の大ヒット曲、『あずさ2号』と同じ8時ちょうどに出発することができなかった。

　仮に、『TJライナー2号』という歌があれば、狩人はこう歌っていただろう。

臨時特急〈懐かしの特急あずさ2号〉松本行き。

「♪18時ちょうどのぉー、〈TJライナー2号〉でぇー、私は私は池袋っからっ、ラクしまぁーすぅー♪」

なお、平日の池袋発は19時00分である。

50000系グループの集大成、50090系

〈TJライナー1号〉森林公園行き 編成表

乗車区間	号車	車両番号	禁煙	備考
森林公園	1	50091	○	池袋のみ着席整理券乗車
	2	59091	○	池袋のみ着席整理券乗車
	3	58091	○	池袋のみ着席整理券乗車
	4	57091	○	池袋のみ着席整理券乗車
	5	56091	○	池袋のみ着席整理券乗車
	6	55091	○	池袋のみ着席整理券乗車
	7	54091	○	池袋のみ着席整理券乗車
	8	53091	○	池袋のみ着席整理券乗車
	9	52091	○	池袋のみ着席整理券乗車、弱冷房車
池　袋	10	51091	○	池袋のみ着席整理券乗車

50070系以前の車両は、4文字以上だと表示がキューツで見にくい難点があり、ようやく改善された。

17時00分、〈TJライナー1号〉森林公園行きが発車!! チャイムが鳴って、特別感を演出したあと、女性の声による自動放送が始まる。

〈TJライナー〉用の50090系は、2008年2月に登場。2004年11月に50000系登場後、派生シリーズとして、2005年11月にイーハー東武用の50050系、2007年4月に副都心線対応車の50070系が投入されている。いずれも10両車で、2・3・4・6・8両車は存在しない。

50090系は50070系と同様、デジタル方向幕はフルカラーLEDを採用。特に前面は列車種別と行先の表示を別々から一体化。より見やすくなった。

また、貫通扉や運行番号表示器を設けてはいるが、有楽町線、副都心線に直通運転する予定はなさそう。

　車体側面は50000系グループのシンボルカラーであるシャイニーオレンジの下に、ロイヤルブルーの帯、小川町寄りには号車ステッカーを追加。池袋寄りには「TOJO LINE」のロゴがある。

　側窓は、JR東日本209系を彷彿させる長方形サイズだったが、中央にピラーが入り、30000系タイプに変更された。

　最大のウリは、ロングシートと回転式クロスシートのどちらも設定できるデュアルシートを採用したこと。東武では、「マルチシート」と称している。

マルチシートの座席背面には、乗車御礼と注意書きを掲示。

　デュアルシートは、近畿日本鉄道2610系改造の「L／Cカー」が1996年1月に登場したのが最初で、2002年10月にはJR東日本仙石線205系3100番代の一部を「2WAYシート」として採り入れた。また、デュアルシートによる有料列車は、〈TJライナー〉が初めて。車両運用の効率化や、森林公園検修区に汚物処理施設がないことから、"簡易優等車両"という発想に至ったのだろう。

　注目のマルチシートは、ブルーのシートモケットを採用。〈TJライナー〉と快速急行は回転式クロスシート、それ以外はロングシートとして運行。小一時間過ごす分には充分な坐り心地だ。回転式クロスシート設定時のシートピッチは1,000ミリ（進行方向前側の袖仕切り部分は760ミリ）を確保しており、同じ300円（短距離特急料金。小児150円）の300系、350系より広い。

　また、回転式クロシートの背面は注意のステッカーがあり、荷棚に頭をぶつけないこと、冬季の暖房使用時などは、ヤケドやケガをしないことを呼びかけている。

　回転式クロスシート時は、乗降用ドア間に3列設けられている。坐る場所がやっかいで、前方はあまり車窓が楽しめず、中央は側窓のピラーに遮られているため、後方のほうがよさそう。ちなみに私は、中央席を先客に坐られてしまったため、後方の席に坐った。側窓のカタチを30000系と同一にし

座席番号は当初から数字とアルファベットを組み合わせていた。

車内の旅客情報案内装置は、車端部にも設置された。

たのが惜しまれる。

車端部はロングシートに固定されており、ひじかけがついている。これは座席の向きを固定しても、"有料列車としてのささやかなサービスを提供している"という表れでもある。〈TJライナー1号〉森林公園行きでは、車端部の席に坐る乗客もいた。これは知らない人との相席を嫌うからであろう。せっかく着席整理券300円を払ったのに、車端部の固定ロングシートを選ぶとはもったいない。座席指定ではなく、定員制列車であることを表す光景といえる。

荷棚には座席番号があり、座席指定制になった場合に備えているのかもしれない。

デジタル方向幕はフルカラーLEDなのに、車内の情報案内装置は、なぜか50070系と同様、緑、オレンジ、赤の3色LEDで、〈TJライナー〉が文字だけの表示になっているのは残念。車内もフルカラーLEDにして、〈TJライナー〉のロゴを表示してもらいたいところ。

なお、50090系は、一部の乗降用ドア上のほか、車端部にも設置しており、見やすさを向上している。

50090系は2008年3月23日(日曜日)に「TJライナー愛称決定記念イベント」のアクセス輸送電車として、池袋―森林公園間の片道運転でデビュー（好評により、当初1本の運行を2本に増やした）。4月20日(日曜日)には臨時急行〈七峰号(しちみね)〉として、池袋　小川町間の片道を運転した(いずれもマルチシートは、回転式クロスシートで使用)。さらに6月7日(土曜日)には池袋―森林公園間で臨時電車〈PRE TJライナー〉を運転し、万全磐石の態勢で"公式戦"を迎えたのである。

車内は満員に近い状態で、人気も上々。中吊り広告もないので、スッキリしている。広告は極力少なくしているので、有料列車にふさわしい。この列車を噺家<ruby>噺<rt>はなし</rt></ruby><ruby>家<rt>か</rt></ruby>のなぞかけに例えると、こうなるだろう。

　「〈TJライナー〉とかけて、DJと解く」

　「その心は？」

　「ノリにのってます」

短い複々線

　〈TJライナー〉は、大手私鉄の有料列車では初めてと思われる「優先席付近では携帯電話の電源をお切りください。それ以外の場所ではマナーモードにして通話は御遠慮ください」の放送を流している。50090系にはデッキがない。

　50000系試作車の各駅停車池袋行きとすれ違ったあと、突如、「急停車します。おつかまりください」という自動放送がかかる。なにごとかと思ったら、中板橋で50000系量産車の各駅停車志木行きを抜いただけで、止まることはなかった。

　和光市を通過すると、志木まで複々線で、9000系量産車の各駅停車川越市行きと壮絶なデットヒートを繰り広げる。意外と各駅停車川越市行きは健闘し、朝霞でようやく抜いた。ちなみに朝霞駅前には本田美奈子.さんのモニュメントがある(東京生まれの朝霞市育ちだという)。

　本田さんは白血病にかかり、38歳の若さで天に召されてから3年(2008年当時)の月日が流れた。私にはアイドル時代の本田さんは不思議と記憶がなく、30代の頃が印象に残っている。

　彼女は“年齢のワリには若々しい”ということで、個人的にうらやましかった。この先、どういう若さを魅せ続けるのだろうと思った矢先、このような出来事が起こるとは想像すらしていなかった。

　また、朝霞の6つ前の、ときわ台駅前には、不慮の事故で殉職した宮本邦彦警部(制服警官。殉職後、2階級特進で警部に昇格)の慰霊碑もある。

　志木で短い複々線が終わる。東上線の引上線の多くは、なぜか意図的に登り坂を作ったことに気づいた。

〈TJライナー〉の大増発を!!

17時20分、ふじみ野2番線に到着。ここから先は、乗車券のみで乗れる。

私が乗車している7号車は若干降りただけ。向かいの1番線では、8000系の準急川越市行きに接続。東上線の準急は池袋—成増間はノンストップだが、それ以降は各駅に停まる。ちなみに、東上線では"大関"にあたる快速急行は、ふじみ野を通過する。

ふじみ野を発車すると、爆笑問題太田光の出身地、上福岡を通過。『太田光の私が総理大臣になったら… 秘書田中。』（日本テレビ系列の番組）で太田総理が上福岡から副都心線でダイレクトに渋谷へ行けるようになったのに、宣伝が足りないことにブツブツと文句を言っていたことを思い出す。副都心線にダイレクトで乗り入れることはできても、森林公園・川越市・志木—渋谷間は全区間各駅停車はあるが全区間急行はなく、ふじみ野—和光市間は急行池袋行きに乗ったほうが早いのかもしれない。

17時25分、川越に到着。川越線乗換駅のせいか、多く乗り込み、相席に。しかし、急行とカン違いする乗客もいた。

次の川越市で9000系試作車の急行小川町行きに接続。側面の方向幕が9100形を除き、池袋寄りにあり、まるで国鉄103系を参考にしたような配置だ（量産車は中央に配置）。また、「Y」シールが貼られており、有楽町線に乗り入れ可能をアピールしている。

しかし、小竹向原にホームドアが設置されたため、その後は地下鉄の直通運用から撤退し、東上線内の運行に落ち着いた。

急行小川町行きは満員で、川

池袋—森林公園間の表定速度は67.2km/h。

越から先は各駅に停まるのに対し、〈TJライナー1号〉森林公園行きは坂戸、東松山に停まる。

乗車率は急行小川町行きより少なく、17時28分に発車。急行小川町行きの乗客の中には、どの駅からでも300円を投資しないと乗れないと思い込む人もいるのだろうか。

川越市から先、通過駅の多くの行先案内板は「ライナー　通過」と表示。快走を続け、坂戸では越生線に接続。今回のダイヤ改正で、越生線は8000系4両車によるワンマン運転に変更された。

東松山で空席が多くなり、17時47分、終点森林公園1番線に到着。ほどなくして、森林公園検修区に引き上げ、2番線に川越市で抜かれた急行小川町行きが到着した。

〈TJライナー1号〉は折り返し、快速急行池袋行きとなり、終点到着後、〈TJライナー3号〉小川町行きの任務に就く。

さて、〈TJライナー〉は夕方から夜にかけての下り限定運行にしているが、今後50090系を増備すれば、日中でも毎時1本体制で運行できるのではないだろうか。

できれば、快速急行を〈TJライナー〉に統合し、上り列車の運行も視野に入れて欲しいところ。西武新宿線では、特急〈小江戸〉を運行しているだけに、対抗してもいいのではないかと思う。また、有楽町線や副都心線に乗り入れることができれば、花火シーズンや元日の臨時電車としても運行できるだろう。

乗車終了後、朝霞台の売店で『東武東上線時刻表』を手に取ると、平日用と休日用の別売と思い、2冊買おうとした。すると、販売員の女性の指摘で、オモテ表紙とウラ表紙が上下で異なるカラクリに気づく。なかなか面白い"書籍"である。

「じぇじぇじぇ」と言いたくなる『東武東上線時刻表』。

東武の"国民投票"

〈TJライナー〉の列車愛称は、東武ホームページによる"国民投票"によって選ばれたもので、投票総数9,187票のうち、4,313票を獲得。候補に挙がっていた〈おかえりライナー〉は3,148票、〈アシストライナー〉は1,726票だった。

ほか、東武系列で国民投票によって選ばれたものが2つある。

○ 東武日光駅

日光線が1929年10月1日(火曜日)に全通する際、終着駅の近くに鉄道省(のちの国鉄、JR東日本)日光駅があり、駅名の選考が難航していたようである。

このため、駅名については、「東武日光」、「新日光」、「上日光」、「日光町」、「本日光」を提示。乗客が1つを選択し、駅員に渡すカタチをとった。結果、「東武日光」に決定した。

○ 東京スカイツリー

東武と新東京タワー株式会社は、共同で新しいタワーの名称を6つ提示した。投票総数11万419票の内訳は下記の通り。

第1位：東京スカイツリー(32,699票)

第2位：東京EDOタワー(31,185票)

第3位：ライジングタワー(15,539票)

第4位：みらいタワー(13,915票)

第5位：ゆめみやぐら(9,942票)

第6位：ライジングイーストタワー(6,426票)

「東京スカイツリー」決定後、社名も新東京タワー株式会社から「東武タワースカイツリー株式会社」に改称した。

〈TJライナー1号〉森林公園行き

日光詣スペーシア開幕戦

出発前のフォトセッション。

日光詣エンブレム。

　メディアやレールファンの注目を集めた、100系103編成の特別塗装「日光詣スペーシア」は、東武トップツアーズ催行の団体専用列車「日光詣スペーシア デビュー記念乗車ツアー」でデビュー。浅草から春爛漫の東武日光へ向かった。

2日連続の東武取材

2015年4月18日(土曜日)、朝の浅草は青空が広がっていた。前日午後のあやしい空模様から一転し、絶好の行楽日和だ。伊勢崎線浅草駅の正面改札を眺めると、行楽地に出かける乗客が多い。

8時19分、2番線に区間準急南栗橋行きが入線すると、ほどなくして、隣の3番線から日光詣スペーシアの回送列車が発車した。すでに日本テレビの報道陣が浅草に乗り込んでおり、車止め付近の柵で脚立を置いていた。

日光への旅は、下町情緒あふれる浅草から始まる。

100系スペーシアは、南栗橋車両管区春日部支所の所属。日光詣スペーシアは7時10分頃に出庫し、一旦浅草へ顔を出したのち、とうきょうスカイツリーの留置線へ入った。日光詣スペーシアの"開幕"に向けて、万全を期している。

この日、浅草には20人以上のメディアが集まり、新聞、雑誌、テレビ局など様々。私もメディアの1人として取材させていただく。前日に同区同所で行なわれた報道公開でお会いした方も数人いて、"顔なじみ"の雰囲気となる。人見知りが激しい性分なので、2日連続でお目にかかれるのは心強い。

8時50分を過ぎると、特急ホームの3・4番線付近が騒然としてきた。レールファンや、日光詣スペーシアの乗客など人が増えたのだ。特急ホームの中間改札付近で式典が行なわれるため、関係者以外は立ち入り範囲も制限されている。駅がデパートの建物内にあるので、大手私鉄のターミナルとしては、狭いことも関係しているようだ。幸い大きな混乱は起こっていない。

日光詣スペーシアが、この日２度目の浅草入り。

　９時07分、３番線に再び日光詣スペーシアが姿を現した。事前の説明で、入線シーンのみフラッシュ撮影を控える通達が出されている。幸いレールファンなどもフラッシュをたかず、荘厳（そうごん）な金色（きんいろ）のボディーを目に焼きつけながら、シャッターボタンを押す。

　乗降用ドアが開くと、日光詣スペーシアに心ときめく乗客が乗り込む。今回の取材は「乗客の乗車シーンを撮影できる」と案内されており、ムービー班とスチール班に分かれて、撮影を行なう。しかし、式典が気になる乗客が多いのか、少なくともスチール班は“いい画（え）”が撮れない。

　式典会場では、壇上の前列に牧野修専務取締役鉄道事業本部長、後列に日光東照宮千人武者行列をイメージした、３人の鎧武者(内側)と２人の旗持ち(外側)が並び、出発式が行なわれる。

　「ただいま、御紹介いただきました、東武鉄道の牧野といいます。日光詣スペーシア出発式に際しまして、ひとこと、ごあいさつ申し上げます。

　本日は、『日光詣スペーシア デビュー記念乗車ツアー』に、多数のお客様に御参加いただきまして、誠にありがとうございます。また、多くのマスコミ(メディア)やファンにもお越しいただき、深く感謝しております。

さて、この列車は、東武グループ中期経営計画における、日光・鬼怒川地区等沿線観光地の活力創出策の一環として、日光東照宮四百年式年大祭を記念し、日光東照宮、輪王寺、二荒山神社と連携して、浅草、とうきょうスカイツ

金屏風（きんびょうぶ）と日光詣スペーシアを背景に、牧野修専務取締役鉄道事業本部長のごあいさつ。

リーから、日光へとお越しいただき、交流人口の増加とともに、沿線活性化を目的に、運行するものでございます。

御覧のように、外観のカラーは、二社一寺に使用されております、荘厳な金色、そして、窓枠のところには重厚な黒、そして、艶（つや）やかな朱色で、ラインカラーをひいたものでございます。

また、1号車と6号車の側面には、『日光詣』の文字と、日光東照宮の眠り猫、そして、"見ざる、言わざる、聞かざる"の三猿をデザインした、日光詣エンブレムを掲出したほか、車内の座席にも、金色のヘッドカバー(シートカバー)をつけさせていただきました。

この日光詣スペーシアですが、今後、浅草から日光、鬼怒川へ通常の(ダイヤで)運行をする予定でございます。引き続き、話題性を高めながら、関連

春の日光。

した様々な記念イベントを行なってまいりたいと考えております。

日光、鬼怒川温泉は、これから、よい季節になります。ぜひ、日光詣スペーシアに御乗車いただき、日光、鬼怒川にお越しいただきたいと思います。

男性と女性を交互に配して、テープカット。

以上、簡単ではございますが、あいさつに代えさせていただきます。

本日は誠にありがとうございます」

牧野専務取締役鉄道事業本部長のあいさつが終わると、テープカットが行なわれる。壇上の前列では、左から、藤田直樹浅草駅長、根本方子日光市女将の会会長、牧野専務取締役鉄道事業本部長、増田秀美日光市女将の会副会長、椎木誠とうきょうスカイツリー駅長が並ぶ。後列の鎧武者と旗持ちは、その時代のSP(セキュリティーポリス)に映る。

テープカットを終えると、壇上前列の5人と後列の鎧武者2人が日光詣スペーシアの6号車先頭車付近に移動し、フォトセッションが行なわれる。車体の荘厳な金色は、金屏風の代わりにもなる(?!)。

車内から眺めた出発式の様子。

フォトセッション終了後、メディアは「出発式の取材続行」と「車内の取材」の2つに分かれる。私は後者なので、東武広報に案内され、6号車コンパートメントに乗り込む。ここはメディアの荷物置き場、鎧武者と旗持ちの控室となる。ちなみに、100系スペーシアや1800系のトレインツアーは、6号車がスタッフルームにあてられている。

発車直前、「日光詣スペーシア デビュー記念乗車ツアー」は、乗客226人(募集人員250名)と発表された。デッキからドアチャイムの音が通路に漏れ、定刻通り9時30分に発車した。

発車後からあわただしい"控室"

「1号車の武者から行きましょう」

浅草を発車してすぐ、6号車があわただしい。東武広報の1人が指揮をとる。

「前ですかね？」

「そうですね。1(号車)から5(号車)まで、武者が通りますので、どこで撮っていただいても大丈夫です」

日光詣スペーシア デビュー記念乗車ツアー 編成表				
運転区間	号車	車両番号	禁煙	備考
東武日光	1	モハ103－6	○	一般席
	2	モハ103－5	○	一般席
	3	モハ103－4	○	一般席、販売カウンター
	4	モハ103－3	○	一般席
	5	モハ103－2	○	一般席
浅　　草	6	モハ103－1	○	コンパートメント(業務用)

メディアの1人、x氏が尋ねると、東武広報が即答。鎧武者と旗持ちは、弁当を乗客に手渡しする役目が与えられている。

隅田川を渡り終えると、沿線ではレールファンが日光詣スペーシアを撮る。ここから先も沿線で撮影隊が多く見られることだろう。しかし、私が沿線で撮影者をまともに見たのは、浅草―とうきょうスカイツリー間のみで、メディアは車内に集中していた。

曳舟を通過すると、チャイムが鳴り、車内放送が始まる。いつもは自動放送がメインだが、この日は団体列車なので、車掌の肉声放送のみだ。

「本日は、『日光詣スペーシア デビュー記念乗車ツアー』に御参加、おいでいただきまして、誠にありがとうございます。これより、東武日光に向かいます。終点東武日光には、11時16分、終点東武日光には、11時16分の到着予定でございます。

御乗車のスペーシアは、外観から窓枠帯、ラインカラーは、世界遺産となる、日光、二社、一寺を、代表する建造物に使用されている、荘厳な金色、重厚な黒色、艶やかな朱色を、イメージしました。

また、1号車、6号車のいわゆる側面には、日光詣の文字と、日光東照宮の眠り猫、三猿などをイメージした、日光詣エンブレムを掲出しているほか、車内のヘッドカバーを、基調色の金色に変更いたしました。

これから、鎧武者が、各号車ごとに、記念品をお渡しいたします。終点東武日光まで、"疑似満喫の列車の旅"を、どうぞ、ごゆっくり、お楽しみください」

　鐘ケ淵を通過すると、鎧武者たちの移動が始まる。東武広報の指示により、スチール班は5号車を取材することになった(ムービー班は4号車)。

「その兜、イメージがあるんですか？」

「それは打ちふるまい」

中心人物は、中央に立っているのがセオリー。

　メディアの1人が、5号車担当の鎧武者に尋ねると、低い声で即答。完全に役になりきっている。兜だけではなく、甲冑も金色をベースとしている。

「金の、このスペーシアに合わせて」

　x氏の補足で、メディアの1人がうなずくと、5号車担当の鎧武者が続けた。

「それは金。全身金色です。(一部)赤混じっています」

　この鎧武者、浅草の式典では中央に立っており、5人の中では大将に値する。なおかつ、もっとも背が高い。スチール班は、"5人組の中心人物"を撮影できるのだから、ありがたき幸せ。5号車の乗客も、なおさらトクした気分になったと思う。

北千住通過時から、"「陣中食」という名の日光詣スペーシア記念弁当"を配布

　北千住通過時、鎧武者たちの"お・も・て・な・し"が始まる。

「失礼いたします。皆様、いかがお過ごしでございましょうか。乗り心地は、いかがですか。ただいまより、皆様お待ちかねの、"陣中食"をお配りいたします。

　今回、日光詣スペーシア記念弁当(以下、記念弁当)。ここでしか食せない、

弁当になっております。お
楽しみにお待ちください。

　それでは、前から配りま
すので、写真、写真の準備
などは、よろしゅうござい
ますか」

「ハハハハハハハハ」

「いくらでも撮っていた
だいても構いませんので」

　北千住通過時、5号車担

ショータイムを兼ねた弁当配付が始まる。

当の鎧武者が改めて客室に入り、マイクを使わず記念弁当の配布案内をす
る。意外と目立ちたがり屋(?)なのか、撮影OKの言葉で乗客が大爆笑。鎧
武者は記念弁当の配布だけではなく、記念撮影のモデルも兼ねている。実
際、鎧武者とのツーショットを希望する乗客もいた。

　記念弁当の配布は、"「影武者」という名の女性スタッフ"が鎧武者に渡

したあと、「お待たせいた
しました。記念弁当でござ
います」と言い、乗客に
"献上"する。時刻は9時
40分を過ぎ、朝食にして
はやや遅く、昼食にしては
早過ぎるという、"微妙な
時間帯"で、起床後、なに
も食べていない乗客にとっ
ては待望の食事となる。

記念弁当の中身。

　乗客の一部から声につい
ての質問があり、「このような声でなければ、戦場に響き渡りません」と笑
顔で返す。さすが大将。

　記念弁当の中身。どこから先に手をつけばいいのか迷いそう。

　記念弁当は、がんも、里芋、ニンジン、コンニャクの煮物、イカフライ、
焼きそば、春雨サラダ、いなりずし(錦糸卵と日光名物の湯葉を添える)、鶏チリ
ソース、サフラン色だしのピラフ、鮭の塩焼き(切り干し大根と酢取生姜を添え

る)、ミニオムレツの彩り豊かな12品を並べた。

50050系の大凧あげ祭りヘッドマーク列車とすれ違う

大凧あげ祭りヘッドマークは、「東武、春の風物詩」として定着した(2018年撮影)。

西新井通過後、日光詣スペーシアのスピードが上がる。『日光詣スペーシア デビュー記念乗車ツアー』のダイヤは、特急スペーシア〈けごん7号〉東武日光行きと、ほぼ同じ。北千住を通過したので、先行列車に接近し過ぎないよう、ダイヤを作成した。浅草─東武日光間の所要時間は、この列車が1分短い。

西新井─竹ノ塚間で、50050系の準急(押上から各駅停車)中央林間行きとすれ違い、各先頭車の前面に大凧あげ祭りヘッドマークを掲出している(野田線でも8000系に掲出)。

ヘッドマークは2013年から掲出し、東武沿線だけではなく、東京メトロ半蔵門線、東急田園都市線の沿線在住者にもお知らせし、列車で来場していただくことを目的としている。東武でも主要駅にミニ大凧を飾り、春日部市政に協力している。

大凧あげ祭りは、毎年5月3・5日に、埼玉県春日部市の江戸川河川敷で開催されるイベントで、2005年まで北葛飾郡庄和町が主催していたが、同年10月1日(土曜日)に春日部市と合併したことにより、2006年以降は春日部市のイベントとして、現在に至る。

2015年の春日部市は、「新・春日部市施行10周年記念」と銘打ち、東武のヘッドマークだけに頼らず、東京スカイツリータウン、東急の中目黒駅、たまプラーザ駅の特設ブースで宣伝し、来場を呼び掛けた。その甲斐あって、5月3日(日曜日・憲法記念日)は約55,000人、5月5日(火曜日・こどもの日)は

約65,000人が天高く舞う大凧を見届けた。

春日部で運転停車

記念弁当の配布は、越谷通過後に終わった。東武は北千住―春日部間を"配布区間"としていたので、予定通りである。北越谷を通過すると、スチール班は一旦コンパートメントに戻り、次の"出番"を待つ。

通路でフォトグラファーのy氏が声をかけてきた。

「北千住、通過したのは、ビックリですよ」

彼は北千住通過に少々興奮していた様子。現在、北千住を通過する列車は、JR東日本の特急〈ひたち〉〈ときわ〉、JR貨物の貨物列車などで、ほかの鉄道では必ず停まる。

「ハハハハハハ。そうですね。ダイヤはね、〈けごん7号〉と変わらないんですよ」

「そうですか」

「ただ、〈けごん7号〉を(この日)運転していないだけですから」

「北千住通過って、なかなかできない経験ですよね」

「そうですね。私も20年近くぶりに味わいました。昔はこれが普通だったんですけどね」(著者注:正確には1990年以来25年ぶりで、なぜか計算を間違えていた)

東武の優等列車運転開始当初は、北千住を通過していたが、のちに日比谷線乗り換えの便宜を図るため、上り列車のみ停車。下り列車は長らく通過していたが、駅改良工事の際、1番線の一部を優等列車専用ホームに転用され、1997年3月25日(火曜日)のダイヤ改正で全列車停車となった。

しばらく"東武談義"に花を咲かせていると、春日部が近づいてきた。ブレーキをかける音がうなり、10時03分、春日部3番線に到着。定刻より1分遅れている。ここでは、乗降用ドアが開かず、客扱いを行なわない運転停車だ。

向かいの4番線は、20000系の各駅停車東武動物公園行きが待避中で、この列車と急行久喜行きの到着を待つ。

春日部では、乗客の数としてカウントされないメディアの下車が可能である。新聞、テレビ、ラジオは、"速報性"が求められるので、"鎧武者たちの配布シーンだけでも撮っていただきたい"というのが、東武の意図だと

思う。もちろん、私や車中で名刺交換したx氏、y氏は、終点東武日光まで、車内取材を続ける。

コンパートメントで、ちょっとだけくつろぐ

高級感あふれるコンパートメント。

春日部を定刻より1分遅れの10時04分に発車。東武広報の御厚意により、次の車内撮影までしばらく休憩。座席、コンパートメント、どちらでも過ごしてよいとのことで、我々は迷いもなく後者を選ぶ。3人とも、100系スペーシアの乗車は、いつも座席車なのだ。列車はまもなく東武動物公園を通過し、ここから日光線へ入る。

コンパートメントは、東武博物館の実物大模型で"疑似乗車"を味わえるが、やはり"動く列車"のほうがいい。私は前日の報道公開で見学及び撮影をしたので、おとなしく坐ったのに対し、2人は"探検"に走る。

私鉄特急初のコンパートメントは、贅を極めている。

座席というより、ソファーに坐ると、居心地がよく、このまま終点まで過ごしたい気分にさせてくれる。1人あたりの着座幅も一般席より広く、1度味を覚えると、"コンパートメント1室をひとりじめしたい"思いが芽生えてきそうだ。カーテンは客室と同じレースのカーテンもついているので、多少日差しがきついときでも車窓を楽しめる。

通路側の壁面に操作パネルを設け、照度や空調の調節、ウォールライトの入切ができる。登場時は3号車のビュッフェに直接連絡できるインターホンを設け、その場で注文できたが、ワゴンサービスの方針転換に伴い、現在は使用停止となった。

2人が意外そうな顔をしたのは、コンパートメントにカギがないこと。盗難の恐れがあり、不安な面がある。しかし、浅草方先頭車に設けたので、一般席の乗客が通れないようにしている。幸か不幸か、100系スペーシアは、

個室席の定員（1室あたり）

パターン	大人	子供	合計
その1	4人	0人	4人
その2	3人	0人	3人
その3	2人	0人	2人
その4	1人	0人	1人
その5	3人	1人	4人
その6	2人	1人	3人
その7	1人	1人	2人
その8	0人	1人	1人
その9	2人	2人	4人
その10	1人	2人	3人
その11	0人	2人	2人
その12	2人	3人	5人
その13	1人	3人	4人
その14	0人	3人	3人
その15	1人	4人	5人
その16	0人	4人	4人
その17	0人	5人	5人
その18	0人	6人	6人

臨時特急〈尾瀬夜行23：55〉〈スノーパル23：55〉（夜行列車）に充当されないので、セキュリティー上の問題はないようだ。

"カギなし個室"は、JR西日本700系7000番代の4人用個室（普通車指定席扱い）にも存在している。こちらは仕切りが簡素なので、話し声が筒抜けになるという欠点があり、100系スペーシアに比べると、"心の余裕"がないかも。

もっと意外なのは、100系スペーシアのコンパートメントは、1室あたりの定員を4人としているが、大人と子供の乗車人数によって、最大6人まで利用できる。ただし、JR線直通特急は、「4人用グリーン個室」という扱いなので、4人までの利用となる。

日光詣スペーシア開幕戦

メディアがノドから手が出るほど欲しい限定商品

杉戸高野台で区間準急南栗橋行きを追い抜くと、女性スタッフが5号車でノベルティーを配布している。手にしていたのは「日光詣スペーシア記念乗車券」で、この日より主要駅で発売されており、ツアー参加者は旅行代金として、すでに支払っているので、もれなく

「日光詣スペーシア記念乗車券」は、主要駅で発売された。

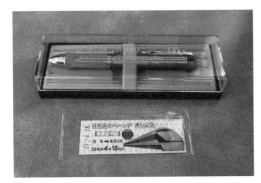

「日光詣スペーシア特製フリクションペン」と「日光詣
スペーシア記念乗車証」。

「日光詣スペーシアえびせんべい」は、柔らかいので小
さな子供でも食べやすい。

「タッチアンドゴー日光詣スペーシア」は、蒸気メッキ
により光沢を出している。

もらえる。

　以前、記念乗車券は、とーぶカード、SFとーぶカード（パスネット）という磁気式プリペイドカードで発売されていたが、PASMO（交通系ICカード）の普及により、硬券に変更された。記念PASMOだと製作費が高くついてしまうため、昔ながらの硬券にすることで、コストを削減している。

　ノベルティーは、ほかに「日光詣スペーシア記念乗車証」（硬券）、「日光詣スペーシア特製フリクションペン」があり、こちらは非売品だ。この2点はメディアにも配布されている。

　女性スタッフが「日光詣スペーシア記念乗車券」の配布中、再びチャイムが鳴った。

　「東武車内販売より、御案内申し上げます。

　ただいま、3号車販売カウンターにおいて、日光詣スペーシアのデビューを記念し、当列車より『日光詣スペーシアえびせんべい』、ICカード乗車券専用パスケース『タッチアンドゴー　日光詣スペーシア』700円の販売を開始しました。

　おせんべいには、日光詣スペーシアのイラストが入っております。おみやげ品として、おススメ

です。タッチアンドゴーにつきましては、400個の数量限定となっております。ぜひ、この機会にお求めください」

記念弁当などの配布が一段落したあと、販売の係員から放送が入る。前日の報道公開に参加したメディアは、この放送を待っていた。「タッチアンドゴー　日光詣スペーシア」は、日光東照宮四百年式年に合わせ400個限定販売としたため、景品としていただけなかったのだ。仮に御厚意でいただくと、300個前後の販売となったかもしれない。

後刻、車内販売員の女性と付き添いの男性スタッフが5号車に入ると、多くのメディアが「タッチアンドゴー　日光詣スペーシア」を購入。売れゆきが上々のようで、おつり用の小銭が少なくなるハプニングに見舞われてしまう。私は千円札からSuicaに変更し、無事に購入した。

1800系1819編成、再度の転属

南栗橋を通過すると、進行方向右側には、南栗橋車両管区が見えた。毎年12月頃になると、東武ファンフェスタが行なわれる。

車庫では1800系が休んでいた。ローズレッドと白帯のボディーは、現在も強烈だ。通勤形電車の多くはステンレスか、アルミなので、なおさら輝いている。

現存する1819編成は1987年製で、当初は館林検修区(現・同区館林出張所)に配属され、急行(現・特急)〈りょうもう〉で活躍した。同列車運用離脱後、2003年3月19日(水曜日)より春日部検修区(現・同区春日部支所)、2013年11月19日(火曜日)より同区にそれぞれ転属された。同区所属車は、イーハー東武用の30000系と50050系に次いで3形式目となり、優等車両では無論初めて。

1819編成転属の影響なのか、2004年度から臨時快速の下り列車の始発駅を東武動物公園から春日部に変更された。

トイレのトリビア

東武金崎を通過すると、幼児の男の子が5号車のデッキに入ってきた。視線はその先の個室に向けている。東武広報が気づき、特別に案内したあと、

男の子はトイレのある部分に気づく。

「なぜ、ここに、英語で書いているのがあるの？」

男の子はトイレの「VACANT」表示に気づき、広報に尋ねた。

「実はね、こっちは日本語なんだ」

真後ろのトイレは「あき」と表示してある。この時点で、私は日本語と英語を使い分ける理由に気づいた。

「外国人のお客様のために英語にしているんだ」

東武広報の説明に、男の子は興味を持ったようで、トイレのカギをガチャガチャ操作した。カギをかけると、赤いランプに変わるのだから、楽しそうだ。

100系スペーシアのトイレは、先代の1720系と同様に、和式と洋式が設けられている。和式は"日本のトイレ"として、使用の有無を「あき」「使用中」と表示するのに対し、洋式は"外国人になじみのあるトイレ"なので「VACANT(あき)」「OCCUPIED(使用中)」としている。世界遺産認定前から、日光は"世界的な観光地"ということもあり、英会話に長けているスチュワーデスを乗務させていた。

取材時、東武の車両トイレで日英表示に分けているのは、100系スペーシアのみ。ほかは日本語に統一している。

100系スペーシアの洋式トイレと和式トイレ。

日光詣スペーシアのウラばなし

100系スペーシアは1990年3月に登場し、先代の1720系デラックスロマンスカーを上回る豪華な内装、機器面でも日本の有料特急車両では初のVVVFインバータ制御採用、私鉄車両初の最高速度130km/hで、居住性と速

さの両立を図った。1991年までに9編成54両を投入し、1720系デラックスロマンスカーが引退した。のちに営業運転上の最高速度が120km/hに引き上げられたが、現在も130km/h運転は行なわれていない。

　2011年12月から1年かけて全9編成のリニューアルを行ない、車体の塗装も東京スカイツリーのライティングに合わせた粋基調と雅基調、日光・鬼怒川方面観光列車の象徴色、サニーコーラルオレンジの3つに分けた。しかし、注目度が低かったという。

　今回、日光東照宮四百年式年大祭や2016年の日光山開山1250年を記念して、100系スペーシアのサニーコーラルオレンジ基調103編成を日光詣スペーシアに塗り替えた。オリジナル車もリニューアル車もジャスミンホワイトをベースにしていたので、荘厳な金色が車両の迫力を増した。

　「金色は、人の心をつかむんですね」

　東武広報が荘厳な金色を力説する。前日の報道公開では、場所や天気によって金色の映え具合が異なり、ブロンズなどにも見えた。カメラによっても写り方が異なる。

日光詣スペーシアのシートカバー。エンブレムがアクセントだ。

　例えば、デジタルカメラによっては同じ場所、ほぼ同じ時間に撮っても写りが異なる場合があるし、RAW撮影して現像する場合、金色っぽく見せる色調に変えられるなど、楽しみ方も様々。"新しい金色"を見たプロのカメラマンから、「夜の姿を見てみたい」という声が多かったという。

　シートカバーの金色は、車体の色よりも明るく映る。実は金色に魅せるため、黄色と黒色を入れて、色に重みをもたせた。

　日光東照宮四百年式年大祭を記念したイベントは、日光詣スペーシアだけではない。2015年4月1日(水曜日)から9月30日(水曜日)まで「徳川家康公奉斎四百年記念　御朱印ラリー」が行なわれている。

　オリジナル御朱印帳(1冊1,000円)は、浅草、北千住、東武日光、鬼怒川温泉の各売店、特急スペーシア〈けごん〉〈きぬ〉の一部列車(北千住―下今市間

で発売)で発売、もしくは東武トップツアーズの一部旅行商品を購入した方にプレゼントされる。浅草神社、上野東照宮、日光東照宮でオリジナルの御朱印を300円で購入すると、「特別祈祷お守り」(限定3,000個)をもらえる。

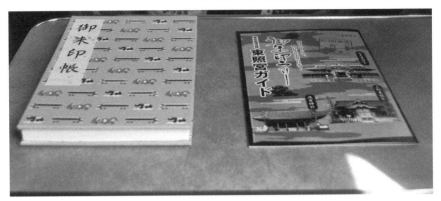

徳川家康公奉斎四百年記念　御朱印ラリー。

　このほか、特急スペーシア〈けごん〉〈きぬ〉の車内販売利用(一部列車は車内販売なし)で、オリジナル御朱印帳に特製スタンプを押印してもらうと、東京ソラマチのイーストヤード5階にある、東武グループツーリストプラザで、「日光女子旅ロールシール」がもらえる。

終点でもセレモニー

　登り坂を一旦終えると、日光詣スペーシアは下今市1番線で運転停車した。向かいの2番線は、快速東武日光・鬼怒川温泉方面会津田島行きが停車中。ここで分割作業を行ない、東武日光行きと鬼怒川温泉方面会津田島行きに分かれる。快速の乗客は観光客が多く、特に外国人の姿が目につく。近年の日本ブームで、訪日外国人が急増したのだ。

　定刻通り11時09分に下今市を発車すると、チャイムが鳴った。

　「御案内いたします。あと、5分ほどで、終点東武日光に到着いたします。どなた様も、お忘れ物、落とし物、なさいませんよう、お支度ください。あと、5分ほどで、終点、東武日光に、到着いたします。お忘れ物なさいませんよう、お支度をしてお待ちください」

　車掌の肉声による案内で、もうひと山登りきると、終点東武日光だ。走

1号車では、東武日光駅員らが横断幕で乗客を迎える。

行音がひときわうねりをあげる。東武広報とメディアは1号車デッキへ移動し、次の撮影に備える。一部は駅構内の三脚使用に関する確認を行なうなど、あわただしい。

　もうひと山を登り終えると、ホームには、たくさんのレールファンやメディアが日光詣スペーシアを待っていた。注目の高さがうかがえる。

大勢の乗客が降り、これから日光散策を楽しむ。

　11時16分、海抜543メートルの終点東武日光6番線に到着。列車を降りると、春風が心地よく吹いており、意外と寒くない。

4月中旬の日光は、桜の花が満開!!

「いらっしゃいませ、ようこそ、日光へ」

日光市女将の会の女性が明るく突き抜けたような声で、乗客の来訪を歓迎する。ここでは同会の方と東武日光駅職員が乗客に記念品を配布する。ゆるキャラの日光仮面も駆けつけており、乗客からのリクエストに応え、記念撮影に応じる。2番線と4番線のあいだにある中庭では、日光市立東中学校ブラスバンド部による演奏が行なわれ、"特別列車で東武日光へやってきた"という気分をさらに盛り上げる。

6番線外側の公道では、桜の花が満開。ちょうどいい時期に日光詣スペーシアがデビューしたことになり、日光を知り尽くした東武ならではのイキな演出だ。

東武日光駅でのフォトセッション。

当初の時刻より若干遅れて、同会の根本会長、増田副会長、鎧武者3人、旗持ち2人、加藤哲也東武日光駅長など、総勢18人が集まったフォトセッ

ションが始まる。旗持ちの2人は太刀持ちと露払いのような役目を担っているように映る。鎧武者3人は、加藤駅長を守るかの如く、後ろにまわっていた。

細かいこだわり

　フォトセッション終了後、ホームの取材が終わり、改札へ。思わぬ光景を目にする。

　「あっ、改札が変わった!!」

　私が思わず声を発すると、x氏、y氏も目がテン。日光詣スペーシアのデビューに合わせ、自動改札と通路の扉を荘厳な金色にお色直ししたのだ。今回の意気込みは相当なもので、JR東日本日光線のクラシックルビーブラウンに対抗している感じだ。

　なお、金色の自動改札と通路の扉は塗り替えではなく、シールを貼ったものである。

　駅舎内の出入口付近には、「第1回日光いろは坂女子駅伝大会」(2014年11月30日〔日曜日〕開催)に出場した、14大学のタスキを額縁に入れて展示していた。日光詣スペーシアのデビューに合わせ、2015年4月17日(金曜日)から展示している。東武は「日光いろは坂女子駅伝大会」と「日光ハイウェイマラソン」に特別協賛しており、"日光の新名物"として、末永く愛される存在になることを切に願う。

紅葉シーズン終了後、日光いろは坂女子駅伝大会を開催。

日光詣スペーシア開幕戦

日光詣スペーシアは、折り返し回送列車として12時20分に発車。途中の新鹿沼で19分停まり、特急スペーシア〈きぬ113・122号〉と並んだ。たまたま駅で撮影していた人々は、"「サプライズ」という名の隠れファンサービス"という恩恵を受けた。

駅では、めったに見られない100系スペーシア同一方向の並び。

コラム column もうひとつの日光詣スペーシア

日光詣スペーシア第2弾、106編成"金の個室"。

　JR東日本直通対応車の106編成はリニューアル後、103編成と同じサニーコーラルオレンジ基調となったが、日光詣スペーシアに塗装変更され、2015年7月18日（土曜日）より営業運転を開始。個室の壁紙を金に張り替え、"金の個室"をウリにしている。特急〈スペーシアきぬがわ〉に優先使用されており、自社線単独の運用が少なくなった。

　これによりサニーコーラルオレンジ基調は、104編成のみとなった。

100系スペーシア、リニューアル後の塗装データ		
編成番号	塗装の種類	備考
101編成	粋基調	なし
102編成	雅基調	なし
103編成	サニーコーラルオレンジ基調→日光詣スペーシア	なし
104編成	サニーコーラルオレンジ基調	なし
105編成	雅基調	なし
106編成	サニーコーラルオレンジ基調→日光詣スペーシア	JR東日本直通対応車
107編成	雅基調	JR東日本直通対応車
108編成	粋基調	JR東日本直通対応車
109編成	粋基調	なし

日光詣スペーシア開幕戦

臨時特急〈スペーシア那須野号〉

茨城県の東北本線古河を通過する、臨時特急〈スペーシア那須野号〉那須塩原行き。

　2017年6月24日(土曜日)、JR東日本が4月1日(日曜日)より実施した、「本物の出会い 栃木」春の観光キャンペーンのクロージング特別列車として、臨時特急〈スペーシア那須野号〉が大宮—那須塩原間で1往復運転された。「全区間東北本線を走破する列車」ながら、充当車両は"他社線"の100系スペーシアという、画期的なアイデアがレールファンの心をつかんだ。きっぷは発売と同時に完売したという。車両は日光詣スペーシア106編成が充当された。

　この列車の運転により、東武車両の旅客列車では初めて茨城県を走行し、関東1都6県すべてに足跡を残す快挙を成し遂げた。まさに「前人未到」。

　東武は関東1都6県中、自社路線を有していないのは神奈川県と茨城県で、前者は2003年3月19日(水曜日)から半蔵門線及び田園都市線との相互直通運転開始に伴い、東武車両の旅客列車が初めて神奈川県に足を踏み入れた。

　あえて「旅客列車」と強調しているのは、車両を関東や関西の製造工場に発注しているからだ。例を挙げると、500系リバティは川崎重工業（兵庫県）、70000系、70090型は近畿車輌（大阪府）で新製されており、甲種輸送にてJR線を経由するので、静岡県や神奈川県などを走行する。

　なお、臨時特急〈スペーシア那須野号〉は、2019年6月30日（日曜日）にも運転され、107編成が充当された。

臨時特急
〈スカイツリートレイン4号〉

≫ 浅草行き

車両形式（634型）を強調したヘッドマークは珍しい。

　2017年4月21日（金曜日）のダイヤ改正を前に、臨時特急〈スカイツリートレイン〉は、4月16日（日曜日）をもって一旦不定期運行を打ち切ることになった。
　"この機会を逃したら、2度と乗れないかも"
　車内は、そう思うであろうレールファンらで、にぎわった。

春の嵐

JR東日本日光線日光で"休憩中"のE001形〈TRAIN SUITE 四季島〉。

　2017年3月25日(土曜日)正午近く、野田線大宮へ。このホームと隣のJR東日本ホームにレールファンが集まり、何事かと思っていたら、超豪華寝台車両E001形〈TRAIN SUITE 四季島〉が通過。私は気づくのが遅く撮りそこねてしまう。見る限り、ボディーカラーの金は控えめな色調という印象を受ける。濃厚な"荘厳の金"に見慣れたからだろうか。

　その車両が在籍する東武では、"春の嵐"が吹き荒れている。

　4月21日(金曜日)のダイヤ改正は、国鉄で言うところの"白紙改正"で、500系リバティがデビューする半面、浅草発着快速列車の全廃、300系2度目の定期運用離脱(このルポの翌々日に引退発表)、臨時特急〈スカイツリートレイン〉が不定期運行の終了が明らかとなった。

　臨時特急〈スカイツリートレイン〉は、6050系完全新製車を東武初のジョイフルトレインに改造した634型(東京スカイツリーの高さ634メートルにちなみ、「ムサシ型」と称する)を使用。車両愛称と列車愛称を兼ねた車両で、2012年10月27日(土曜日)に団体専用列車としてデビュー。11月29日(木曜日)から臨時特急の運行が始まった。当初は浅草—鬼怒川温泉間のみの運転だったが、

12月以降、平日は団体専用列車、土休は臨時特急として運用されている。

　しかし、臨時特急運転時の上り列車は、途中駅で特急〈りょうもう18号〉浅草行きや特急スペーシア〈きぬ118号〉浅草行きに道を譲るほか、下り列車は、特急スペーシア〈きぬ121号〉鬼怒川温泉行きを浅草発車10分後に追いかけても、終点には30分以上の差をつけられており、私が見たところ、多客期でない限り、需要は低かった。

自社線内初の新幹線接続特急

634型のデジタル方向幕は、フルカラーLEDを採用。

　12時15分、2番線に臨時特急〈スカイツリートレイン4号〉浅草行きが入線。乗車口は1・3号車に限定され、駅員が乗客の特急券を確認する。普段は約20人しか乗っていないが、不定期運転終了の知らせを受けてか、レールファンが多く、満席に近いほどにぎわう。

　この列車に乗るのを選択したのは、野田線初の特急であること、自社線内初の新幹線接続特急であること、全区間の特急料金が510円という安さが大きい(注：特急〈スペーシアきぬがわ〉などはJR東日本ホームから発車)。

臨時特急〈スカイツリートレイン4号〉浅草行き 編成表				
乗車区間	号車	車両番号	禁煙	備考
浅　　草	4	モハ634－11	○	座席指定
	3	クハ634－12	○	座席指定
	2	モハ634－21	○	座席指定
大　　宮	1	クハ634－22	○	座席指定
634型スカイツリートレインの座席について				
1・3号車：シングル、ツイン				
2・4号車：シングル、ペアスイート				

北陸新幹線の延伸開業を前に、金沢駅で営業活動。

北陸新幹線長野—金沢間延伸開業前の2014年12月13日(土曜日)、JR西日本金沢駅へ東武社員やソラカラちゃんが出張し、東京スカイツリータウンや臨時特急〈スカイツリートレイン〉などを宣伝していた。大宮で乗り換えれば、東京スカイツリータウンへは、ダイレクトで行けることをウリにしていたのだ。

大宮−とうきょうスカイツリー間の距離と大人運賃(当時)					
経　由	鉄道事業者	乗車区間	営業キロ	大人運賃	
				きっぷ	IC
上野・浅草	JR東日本	大宮—上野	26.7キロ	¥470	¥464
	東京メトロ	上野—浅草	2.2キロ	¥170	¥165
	東武鉄道	浅草—とうきょうスカイツリー	1.1キロ	¥150	¥144
		合　計	30キロ	¥790	¥773
野田線	東武鉄道	大宮—とうきょうスカイツリー	49.4キロ	¥650	¥648

しかし、大宮—とうきょうスカイツリー間の距離は野田線経由が長く、所要時間にも表れている。運賃は野田線経由が有利でも、東北・上越新幹線などの各駅から東京スカイツリータウンへは、上野・浅草で乗り換えたほうが早い。東武は一時、太田始発の2号の運転をとりやめ、大宮始発の52号を設定していたが、"新幹線効果"はなかったようだ。

大宮—春日部間は急行が早い

指定された3号車へ。6050系を特急形電車に改造したせいか、デッキがない。車内保温維持のため、半自動ドアボタンがあると便利だが、デッキなし1ドア車でも問題はなさそうだ。

1人掛けリクライニングシート「シングル」に坐る。座席は1・3号車の車椅子スペースを除き、JR東日本183系や189系のデラックス車指定席と同じ一段高くしており、眺望しやすいよう配慮されている。まさにセミハイデッカーといったところ。展望窓を設けたことで、晴天の車内は明るい。ほかの席については、のちほど御案内することにしよう。

新旧の座席番号が並ぶ。

　頭上の座席番号は「数字のみ」と「数字＋アルファベット」の2種類がある。500系リバティに合わせ、2017年3月21日(火曜日)から表記が後者に変更された。特急券の座席番号も新表記で、新鮮な気分だ。

　東急2代目5000系と同じ音のドアチャイムが鳴動し、定刻通り12時20分に発車。

　「お待たせをいたしました。浅草行きの直通特急、〈スカイツリートレイン4号〉でございます。次は春日部、12時39分に停まります」

　車掌の車内放送では「直通特急」を強調。快調に飛ばすものの、12時30分、岩槻3番線でまさかの運転停車。

　「運転間隔の調整のため、少々停車をいたします。ここは人形のまち、岩槻です。ホーム側のドアは開きませんので、御了承ください」

　観光や行楽に特化した車両にふさわしく、車掌は「人形のまち」を添える。

　この列車が営業運転を開始した当初、野田線の地上設備の関係で“各駅運転停車”をしていたが、2016年3月26日(土曜日)のダイヤ改正で急行が新設され、走りながら駅を通過することが可能になった。しかし、大宮―春日部間の所要時間は19分のまま。同区間の急行は最速14分で、特急より早い。

　参考までに、2017年4月21日(金曜日)のダイヤ改正で、特急〈アーバンパークライナー〉が新設され、同区間の下り2号はノンストップ14分に対し、上り1・3号は急行より停車駅が多く19分かかる。

春日部で6分停車

野田線から伊勢崎線へ。

　臨時特急〈スカイツリートレイン4号〉浅草行きは、12時32分に発車。引き続き快走し、野田線から伊勢崎線に移る。

　ちょうど3号車サービスカウンターの係員が乗車記念ボードを持って、車内をまわっており、せっかくなので記念撮影サービスを体験してみよう。そのあいだ、12時39分、春日部4番線に到着し、大宮と同様に1・3号車の乗降用ドアが開く。ここで乗務員が交代する。

　春日部で6分停車し、伊勢崎線ホームは東急8500系の急行久喜行き（定刻より3分遅れ）、特急スペーシア〈きぬ118号〉浅草行きの順に発車。特に伊勢崎線上り特急が並ぶ光景は珍しい。JRのブルートレイン（寝台特急）の後年は、足の速い昼行特急に道を譲る場面があった。まさか私鉄でも"足の遅い特急が足の速い特急"に道を譲る光景を目の当たりにするとは、想像すらしていなかった。

　東京メトロ08系の急行南栗橋行きが3番線に到着すると、臨時特急〈スカイツリートレイン4号〉浅草行きがようやく発車し、下り線から上り線に移る。

伊勢崎線下り線から上り線へ。

ジョイフルトレインにふさわしいインテリア

シングル以外の車内を御紹介しよう。

ツインとシングル(提供：東武鉄道。写真は３号車)。

　２人掛けリクライニングシートは２種類あり、１・３号車は回転可能な「ツイン」で、ほかの特急車両と同様に向かい合わせ利用もできる。

シングルとペアスイート(提供:東武鉄道。写真は2号車)。

634型のリクライニングシート。

　2・4号車は窓側にリクライニングシートを向けた「ペアスイート」で、流れる車窓を満喫できる席である。すべての座席には、ひじかけにインアーム式のテーブルを備えている。

　シートモケットは車体のカラーデザインに合わせ、1・2号車は赤、3・4号車は青を用いている。

　展望窓の設置により、座席上の荷棚が撤去されたため、各車両に荷物置場を設置した。

　この日はP－KANで、展望窓からの日差しがきつい。UVカットガラスが

1・3号車の乗降用ドア周辺には、トイレ、洗面所、サービスカウンターを配置。

近年、インバウンドの影響で荷物置場を設置する車両が増加した。

ロビーふうのサロン。

使われているとはいえ、まぶしい。

　意外なのは、側窓が6050系時代と変わらず開閉できること。4号車のペアスイートでは、車内が暑いと感じたのか側窓を開ける乗客がいた。

　1・3号車のトイレは車椅子対応の洋式で、おむつ交換台やチェンジングボードも用意されている。向かい側には洗面台が設けられた。サービスカウンターもあり、この日は3号車で営業。弁当、のみもの、おみやげ品を販売している。

　2・4号車にはサロンがあり、気分転換の場として、もってこいだろう。

せんげん台通過後、4号車の展望席へ。2両運転時に備えてか、各車両に設置されているが、4両運転の場合、2・3号車に坐っても隣の車両しか眺められない。

いざ坐ってみると、運転士がフロントガラスにカバンを置き、視界を若干遮るのはいただけない。せっかくのサービスなのだから、床に置くなどの配慮が欲しい。

また、小学生男児が始発から1人分占拠し、前面展望動画を撮影していたのもいけない。のちに車掌が注意していたが、聞く耳を持っていないようだ。そんなにやりたければ、貸切ればよい。

セミハイデッカーの展望席は2人掛け。

ノロノロ運転で東京スカイツリーを満喫

高架を登り、北越谷から先は東京スカイツリーが望める。634型の車窓の真骨頂といえそうだ。また、電波塔として稼働を開始してからは、ワンセグの映り具合も向上し、見やすくなった。

草加を通過すると、5番線に500系リバティの試運転が停車。新しい時代に向けて順調に進んでいることを実感する。竹ノ塚―西新井間のカーブではレールファンが多く、撮影に没頭。新戦力(ニューフェイス)と不定期運転を終える列車を目に焼きつけたことだろう。

西新井を通過すると、先行の急行(押上から各駅停車)中央林間行きに接近しているのか、ノロノロ運転。一時息を吹き返したが、小菅を通過すると、再びノロノロ運転。私のような貧乏人にとっては、1分で

五反野通過後に撮影。

も長く特急の旅と東京スカイツリーの眺望を楽しめるのだから、ありがたくなる。

634型の車内から眺める東京スカイツリーは、座席が一段高いとあって、従来の特急車両に比べると、眺めやすい。

表定速度が低くても、臨時特急のミニトリップを満喫

定刻より2分遅れの13時13分、北千住4番線に滑り込むと、思わぬ展開に。車掌によると、停止位置を修正するという。どうやら運転士が別の両数の停止位置と勘違いしたらしい。

定刻より2分遅れのまま、13時15分に発車。牛田を通過すると、臨時特急〈ゆのさと277号〉鬼怒川温泉行きとすれ違う。まさか、この日をもって臨時特急〈ゆのさと〉がラストランになるとは、誰一人として知る由もない。東武プレスリリースでも「〈ゆのさと〉廃止」の一報はなく、人知れず姿を消した。

東京スカイツリーはひときわ大きく見え、迫力を増す。ノロノロ運転の影響もあり、遅れは増してゆく。

上下の窓から東京スカイツリーと隅田川を眺める（提供：東武鉄道）。

13時27分、とうきょうスカイツリーへ。停車時間30秒ほどで発車し、隅田川を渡って左へ大きく曲がると、13時31分、定刻より6分遅れで終点浅草3番線に到着。大宮から71分、表定速度41.7km/hのミニトリップを存分に満喫した。

折り返し、回送となり13時39分に発車。とうきょうスカイツリーの留置線に引き上げたあと、浅草14時10分発の臨時特急〈スカイツリートレイン1号〉鬼怒川温泉行きの発車に向けて、車内の整備点検などを行なう。

約40分後、次の旅路へ。

　なお、634型は臨時特急〈スカイツリートレイン〉としての運行終了後、団体専用列車に専念していたが、2018年5月5日(土曜日・こどもの日)より復活。浅草—東武日光間を中心に、栃木—東武宇都宮間、浅草—佐野間に設定され、新たな活路を見出している。

臨時特急
〈りょうもう71号〉

≫ 葛生行き

特急〈りょうもう〉は、佐野線唯一の定期優等列車でもある。

特急〈りょうもう〉は、浅草―赤城間を中心に、一部は館林、太田までの区間運転、佐野線直通や伊勢崎線全線走破列車も存在する。さらに2017年4月21日(金曜日)のダイヤ改正で、特急〈リバティりょうもう〉も加わった。

例年、ゴールデンウイークの臨時列車には、浅草―太田間に2往復設定されていたが、2018年から1往復を佐野線直通列車に変更され、あしかがフラワーパークへのアクセス輸送を担う。

今後も"ゴールデンウイークの風物詩"になるであろう、臨時特急〈りょうもう71号〉葛生行きに乗ってみた。

にぎやかな浅草

　2018年5月4日(金曜日・みどりの日)8時50分過ぎ、伊勢崎線浅草へ。ゴールデンウィークも後半に入り、浅草駅は旅行客などで大いににぎわう。

　1階の「本日の特急列車　ご案内」で残席状況を確認すると、浅草午前発の日光・鬼怒川線特急は、すべて満席を示す「×」に対し、特急〈りょうもう〉は、空席を示す「○」。日光・鬼怒川線系統は、"「日光、鬼怒川」という名の絶対的な観光地"に、SL〈大樹〉も加わり、華やかさが増した。

　一方、伊勢崎線系統は、ビジネス客に支えられており、特急〈りょうもう〉は東武特急の中で、運転本数がもっとも多い。個室や車内販売がなく、華やかさはないが、かといって地味でもない。その中間に位置する列車と言えよう。

臨時特急〈りょうもう71号〉葛生行き

200系前期車はシールドビーム、後期車と250系は高輝度放電灯が特徴。

　9時00分、定刻より2分遅れで赤城始発の特急〈りょうもう8号〉が3番線に到着。折り返し、9時11分発の臨時特急〈りょうもう71号〉葛生行きになる。車内の整備、点検が行なわれ、9時05分に完了という早業だ。

　この遅れにより、4番線の特急〈リバティけごん11号・リバティ会津111号〉東武日光・会津田島行きが、定刻より1分遅れの9時01分に、臨時特

急〈きりふり239号〉東武日光行きも定刻より2分遅れの9時10分にそれぞれ発車した。

急行時代は充分だったが、特急では物足りない車内設備

この日、臨時特急〈りょうもう71号〉葛生行きは、200系202編成が充当。200系のうち、201・202編成は1990年11月に登場し、あと2年で"大ベテラン"の域に達しようとしている。

リクライニングシートのシートモケットは、オリジナルのローズ系で、色あせているほか、傷んでいる箇所もあるのがいただけない。おまけにリクライニングを元に戻そうと、ボタンを押しても作動せず、自分で背もたれを動かさなければならない。特急料金を払っているのだから、気持ちよく過ごしたいものである。

2020年4月時点、オリジナルのリクライニングシートは、すべてシートモケットが張り替えられた。

3号車15A・D席は車椅子に対応するため、1人掛け。

その後、202編成はシートモケットが張り替えられた。"あと数年走り続ける"という証であろう。

リクライニングシートは3号車の車椅子スペースのみ1人掛けで、ほかは2人掛け。いずれも座席背面下に簡易フットレストが装備されている。また、座席の向かい合わせ利用を想定し、窓側に折りたたみ式のテーブルが設置されている。しかし、通路側の席は飲食しにくいのが難点である。

なお、203〜206編成の座席は、当初1700系、1720系で使用されたものを手

東武初の背面テーブルつきリクライニングシート。

上り列車の場合、3号車14B・C席に背面テーブルがない。

直しして転用されていたが、2014年から背面テーブルつきリクライニングシートに更新。一部の席を除き、使い勝手が向上し、特急形電車らしくなった。簡易フットレストは廃止されたが、居住性に影響はなさそうだ。

自販機の隣はテレホンカード式の公衆電話が設置されていた。

トイレは1・6号車が和式、3号車が車椅子対応の洋式で、いずれも向かい側にジュース類の自動販売機がある。当初は急行形電車として登場したせいか、洗面所はない（先代〈りょうもう〉の1800系も洗面所なし）。

急行時代はこれで充分だっ

自販機の隣はテレホンカード式の公衆電話が設置されていた。

3号車のトイレは車椅子に対応するほか、ベビーシートも設けられている。

たが、特急格上げ後は物足りない。500系リバティも洗面所はないが、トイレ内の簡易洗面台にハンドソープを備えている。特急として運行する以上、石鹸が必要で、用を足したあとは綺麗な手で過ごしたい。

和式トイレ。

自動放送、旅客情報案内装置が作動せず

臨時特急〈りょうもう71号〉葛生行き 編成表				
乗車区間	号車	車両番号	禁煙	備考
葛　　生	1	モハ202－6	○	座席指定
	2	モハ202－5	○	座席指定
	3	モハ202－4	○	座席指定
	4	モハ202－3	○	座席指定
	5	モハ202－2	○	座席指定
浅　　草	6	モハ202－1	○	座席指定

　定刻より3分遅れの9時14分に発車。私が乗車した2号車はガラガラだが、北千住以降の乗車率アップが目に見えている。

　隅田川を渡ったあと、車掌が「まもなく、とうきょうスカイツリーに停まります」と放送する。200系、250系は自動放送装置が搭載されているが、臨時列車のため、使えないらしい。定期列車では、列車の号数や到着時刻などを案内しているのだから、やむを得ない。

　もうひとつ、客室とデッキの仕切りドア上に装備されている、3色LED式の旅客情報案内装置も無表示。こちらも臨時列車という理由なのか、使えないようである。

　とうきょうスカイツリーを定刻より3分遅れの9時17分に発車。曳舟でイーハー東武からの東急2代目5000系の急行久喜行きを抜く。

　東向島を通過すると、車掌は列車名、停車駅などの案内をするが、なぜか遅れについては言及しなかった。自動放送、旅客情報案内装置とも作動しな

いので、急行時代から〈りょうもう〉に乗っている者としては、"昭和の雰囲気"を感じさせる。

　しかし、乗客の中に外国人観光客もおり、英語放送がないことに戸惑いを覚えたのではないだろうか。

臨時列車ゆえの鈍足特急

　9時26分、北千住に到着。いつも通りの大量乗車で、車内は活気にあふれている。

　2分後に発車すると、北越谷まで複々線の外側（急行線）を走行し、スピードも上がる。私は2号車4D窓側で、台車の上に坐っているせいか、よく揺れる。500系リバティに乗り慣れると、ほかの車両の揺れに敏感になってしまう。

　草加で70000系の各駅停車東武動物公園行きを抜くと、スピードダウン。新越谷を通過すると、いつ止まってもおかしくない状況だ。

　越谷付近で息を吹き返し、10000系リニューアル車の区間準急館林行きを抜くと、内側（緩行線）を走行中の20050系の各駅停車北越谷行きを追い抜く。

　複線に戻っても勢いよく走っていたが、せんげん台付近でスピードダウン。

　「せんげん台、止まるのかな？」

　乗客4人組のうちの1人がつぶやく。ホームの行先案内板では「通過」と表示しているが、あわや止まりそうになるほどで歩いているような感覚である。臨時列車ゆえ、先行列車の追い抜きに手間取るようだ。

　ノロノロ運転が続き、春日部付近でまた息を吹き返すと、10000系リニューアル車の区間準急東武動物公園行きを抜く。

　9時57分、東武動物公園に到着。ここと次の久喜では、2・5号車の乗降用ドアが開く。

　日中の定期列車は浅草―東武動物公園間を35分（表定速度70.3km/h）で結ぶが、この列車は43分（表定速度57.2km/h）を要した。

乗車口の限定を見直すべき

　定刻より3分遅れで東武動物公園を発車し、5分で東北本線乗換駅の久喜へ。2006年3月18日(土曜日)のダイヤ改正から一部の列車が停車し、2017年4月21日(金曜日)のダイヤ改正で全列車に拡大された。

　同日のダイヤ改正前、何度か上り列車に乗ったら、久喜で降車する乗客が多く、ほとんどは東北本線大宮方面に乗り換えたものと思われる。湘南新宿ライン、上野東京ラインの開業が東武に大きな影響を及ぼしたのだろうか。のちに、あることに気づく。

　〈りょうもう〉の特急格上げ後は特急料金の値下げ、停車駅の増加により、「格調」という点に関しては急行時代のほうが上だ。当時は一部の列車を除き、下りの浅草―館林間はノンストップ運転なのだから。急行時代のほうが誇らしげに映る。

　さて、発車時刻は10時02分なのに、いつまでたっても発車しない。気になるので2号車のデッキへ向かうと、案の定、乗車直前に特急料金を払う乗客が多く、駅員が手間取っているのだ。

　現在、春日部、東武動物公園、久喜、大宮は一部の列車を除き、乗車口が限定されている。駅員が手間取ると発車時刻が遅れ、後続の列車にも影響する。車内でも特急券(席の保証はない)が購入できるのだから、非効率といえる乗車口の限定をやめて、時刻通りの発車に努めるべきだろう。多客期は車掌の数を増やせば、充分対応できるのだから。

定刻より9分遅れで館林に到着

　定刻より9分遅れの10時11分に久喜を発車すると、東北新幹線〈やまびこ45号〉盛岡行きに抜かれる。16両編成のうち、1～10号車は"東北新幹線の顔"といえるE5系、11～16号車は秋田新幹線初代車両のE3系で、〈こまち〉撤退後のオリジナル車は"東北新幹線専任"として活躍を続けている。

　「(遅れた理由の)説明あった?」

　「んーん」

　私が坐る後ろの席で、御主人がトイレで席を外していたのだろう、御夫人に尋ねる。定刻より9分も遅れたのだから、本来ならば車掌が発車後に放送

すべきである。

　運転士は遅れを取り戻そうとしているのか、関東平野を精一杯飛ばす。定期の佐野線直通列車が停車する加須、羽生を通過し、利根川を渡ると、茂林寺前へ。東武トレジャーガーデンの最寄り駅で、2011年からゴールデンウィークは特急〈りょうもう〉の一部列車に限り、臨時停車する(注:2019年は通過)。21世紀に入ると、伊勢崎線の茂林寺前と足利市は"花の名所の最寄り駅"として、観光輸送の役割も担うようになったのだ。

　「館林、9分ほど遅れての到着です。お客様には御迷惑をおかけして申し訳ありません」

　茂林寺前を10時29分に発車すると、車掌が初めて遅れについて言及した。接続時間が短いのは、10時33分発の伊勢崎線の各駅停車太田行きワンマン列車のみ。小泉線、佐野線各駅停車は時間に余裕があるので、久喜発車時には触れなかったのだろうか。

　群馬県の東武駅では最大のターミナル、館林には10時31分に到着。乗務員を交代し、定刻より8分遅れの10時32分にあわただしく発車。ここから先は伊勢崎線、小泉線、佐野線とも単線なので、一部の列車に遅れが出そうだ。

臨時特急〈りょうもう71号〉葛生行き

劇的

　ローカル線の佐野線に入ると、のんびり進む。車掌は「洋式のトイレは3号車、和式のトイレは1号車と6号車」、「佐野市駅はJR両毛線の乗換駅ではございません」など、キメ細かく案内する。

　渡瀬（わたらせ）を通過すると、進行方向右側に資材管理センター北館林解体所が見える。東京メトロ03系第11編成と自社の8000系8160編成が最期を迎え、少しずつ解体作業が進められていた。東武と線路がつながっていない他社の廃車車両もトラックで運ばれることがあり、レールファンにとって、この地はある意味"名所"と化したようだ。

　渡良瀬川（わたらせがわ）を渡り、田島で850系の各駅停車館林行きワンマン列車と行き違う。本来ならば10時38分に発車しており、かなり待たされるハメになってしまった。

　佐野厄除け大師最寄り駅の佐野市を発車すると、弧を描くように曲がり、

両毛線をまたいで合流すると、10時48分、佐野1番線に到着。ホーム有効長は1番線6両分、2番線4両分という変則的な構造だ。

佐野で車内はガラガラに。

両毛線では19年ぶりの新駅誕生となった、あしかがフラワーパーク駅。

乗客の9割が降り、そのほとんどが両毛線に乗り換える。本来ならば10時39分に到着し、10時46分発の普通電車高崎行きに接続していたが、9分遅れのため、11時08分発の臨時普通電車桐生行きに変更された恰好である。

JR東日本は、2018年4月1日(日曜日)に両毛線あしかがフラワーパーク駅が開業。東武の春季恒例といえる「春の花めぐりきっぷ」では、2018年からフリー乗車区間に佐野線館林―佐野間を加えることで、あしかがフラワーパークへのルートが2通りに増えた(注:両毛線佐野―あしかがフラワーパーク間と、足利市駅南口発着シャトルバスの有料運行時の運賃は別払い)。

これにより、佐野線は、あしかがフラワーパークアクセスの重責を担うことになり、館林―佐野間の臨時各駅停車を下り3本、上り5本が設定された(注:2019年は5往復設定)。

臨時特急〈りょうもう71号〉葛生行きは、佐野を10時49分に発車すると、思わぬ展開に。

「列車はただいま、時刻通りに発車しております」

車掌が車内放送で、定刻通りの発車を明言。本来なら、佐野で10分停車ということになる。

高速道路への脅威

　堀米を通過すると、のどかな田舎道をのんびり走る。進行方向右側は唐沢山で、標高249メートルの小さな山だ。

　それをトンネルで突っ切るのが北関東自動車道。岩舟ジャンクションで東北自動車道に直結しており、東武やJR東日本(特に両毛線と水戸線)にとっては手ごわい存在だ。

　これに加え、東北自動車道も佐野サービスエリア内にスマートインターチェンジ(ETC車載器を搭載した、全長12メートル以下の車種に限り利用可)が建設され、利便性が向上。高速バスの充実もあり、都内─佐野市内間は"鉄道が絶対的な存在"ではなくなったように思える。

唐沢山と北関東自動車道。

　先述の特急〈りょうもう〉全列車の久喜停車も、「高速道路や高速バスへの対抗策」という見方もできる。

東武特急唯一、1番線しかない終着駅

　臨時特急〈りょうもう71号〉葛生行きは、10時57分、田沼に到着。ここで5分停車。上り列車と行き違うかと思いきや、時間調整のようだ。

　11時05分、多田で運転停車し、8000系の各駅停車館林行きワンマン列車と行き違い。佐野線各駅停車の800系、850系は3両編成に対し、8000系は2両編成で運転されている。

　11時09分に発車すると、集落を離れ、坂道をゆっくり進む。葛生は「石灰の町」で、かつては葛生の先まで貨物列車が運転され、石灰などを運んでいた。

　車掌が終点葛生到着を告げると、客室とデッキの仕切りドアが開き、乗客が労せず降りられるよう、ささやかな心づかいをみせる。

　11時13分、浅草から96.7キロの道のりを1時間59分かけて、終点葛生

田沼で小休止。

1番線に到着。表定速度は
48.8km/h也。

　定期列車の下り47号の1
時間38分（表定速度59.2km/h）、
上り12号の1時間37分（表定
速度59.8km/h）に比べると、約
20分増しながら、日中の佐
野線を走行し、晴天時は車窓
が存分に満喫できるのは、特
筆に値する。

石灰の町、葛生。

　葛生駅のホームは1番線のみで、隣は留置線が2本、保守車両用と思われ
る側線が1本並び、終着駅の風情が漂う。かつては貨物列車用の線路も広
がっていたが、跡地はソーラーパネルが並び、葛生太陽光発電所として電気
を生み出している。

　臨時特急〈りょうもう71号〉は、10分停車したのち、南栗橋車両管区館
林支所へ回送。休息をとったのち、佐野へ向かい、「臨時特急〈りょうもう
74号〉浅草行き」として、復路の営業運転に就く。

かつて、この地は安蘇郡葛生町だったが、2005年2月28日（月曜日）、安蘇郡田沼町とともに、佐野市に編入された。

コラム column 200系208編成普悠瑪(ぷゆま)デザイン車

　東武と台湾鉄路管理局(以下、台鉄)は、2015年12月18日(金曜日)に友好鉄道協定を締結し、前者の特急スペーシアと後者の自強号(ツーチャンハオ)(日本でいう特急)〈普悠瑪〉(各1編成)に、共通デザインの友好鉄道協定締結記念エンブレムを掲出したほか、記念乗車券の発売、相互乗車券交流サービスの実施を行なった。

　そして、2016年6月に登場した普悠瑪デザイン車は、日本と台湾における観光交流人口の増加を図るための新しい連携施策で、台鉄の車両デザインを施すことで、台湾から館林・足利市方面への誘客を目的としている。

　先頭車の側面には、台鉄を示す「TRA」に倣い、「Ryomo」の文字がポップな書体で描かれており、従来の「Ryomo」エンブレムに比べると、軽快さが感じられる。

　車端部の側面には、先述の"ポップな「Ryomo」"のほか、台鉄〈普悠瑪〉増備車のみ掲出された猿マークも添えられている。また、4号車の側面には、友好鉄道協定締結記念エンブレムが掲出された。

しなの鉄道115系台鉄自強号色。

　普悠瑪デザイン車は、2016年6月17日(金曜日)に特急〈りょうもう13号〉太田行きより営業運転を開始。当初は2017年2月末までの予定だったが、好評につき延長。2018年11月19日(月曜日)の特急〈りょうもう53号〉館林行きまで続いた。

　その後、全般検査のタイミングで通常塗装に戻った。

　ちなみに普悠瑪の由来は、台東圏に多く住む普悠瑪族による。

　話が変わり、しなの鉄道も同年3月26日(月曜日)に台鉄と友好協定を締結。交流事業の一環として、115系1編成を台鉄自強号車両、EMU100型をイメージした塗装に変更され、11月15日(木曜日)より営業運転を開始した。

臨時特急〈りょうもう71号〉葛生行き

東武宇都宮線フリー乗車DAY

≫ 臨時各駅停車 東武宇都宮行き

634型スカイツリートレインの宇都宮線臨時各駅停車は3往復運転され、"超おトクなタダ乗り列車"として大人気を博した。

　東武では、栃木県庁で開催された「栃木県県民の日記念イベント」に合わせ、2018年6月16日(土曜日)に「東武宇都宮線フリー乗車DAY」を実施。当日は栃木県、宇都宮市、下都賀郡壬生町、栃木市の後援もあり、大いににぎわった。

目玉は634型スカイツリートレインの臨時各駅停車

　宇都宮線は新栃木―東武宇都宮間24.3キロの路線で、全線単線ながら、片道1時間あたり2～3本設定されている。各駅停車は日光線栃木発着の列車が多い。

　この日、日光線栃木及び宇都宮線の各駅では、「東武宇都宮線フリー乗車券」を配布。栃木―東武宇都宮間は初電から終電まで、1日乗り降り自由なのだ。もちろん、別に特急券を購入すれば、特急にも乗車できる。

東武宇都宮線フリー乗車券。

　さて、「東武宇都宮線フリー乗車券」をいただき、栃木へ。栃木―東武宇都宮間は無料で乗車できることや、10時03分発の臨時各駅停車東武宇都宮行きは、634型スカイツリートレインの運行も相まって、下りホームは大いににぎわう。これでは発車30分以上前に並ばない限り、坐れそうもない。

お目当ての634型スカイツリートレインが入線。

東武宇都宮線フリー乗車DAY 臨時各駅停車 東武宇都宮行き

臨時各駅停車東武宇都宮行き 編成表				
乗 車 区 間	号車	車両番号	禁煙	備考
東武宇都宮	1	クハ634－22	○	なし
	2	モハ634－21	○	なし
	3	クハ634－12	○	なし
栃　　　木	4	モハ634－11	○	なし

　10時00分、臨時各駅停車東武宇都宮行きが3番線に入線。4両編成で、しかも乗降用ドアは各車両1か所のみ。座席定員は4両合計118人なので、乗客の多くは坐れない。坐れた乗客は、"無料でリクライニングシートを楽しめる"という、贅沢なひとときを過ごす。

　10時03分に発車すると、3号車のサービスカウンターでは、早速商品の陳列などを始め、開店を急ぐ。臨時各駅停車でも、臨時特急〈スカイツリートレイン〉運転時と同様に、売店営業を行なうのだ。

東雲さくら橋と国谷駅

東雲公園の対岸同士を結ぶ、東雲さくら橋。

国谷駅舎。

　新栃木を発車すると、ここから宇都宮線へ入り、田園を快走する。栃木市の野州平川、野州大塚を過ぎると、下都賀郡壬生町へ。

　壬生を発車すると、黒川を渡る。進行方向左側には、東雲公園の東側と西側をつなぐ東雲さくら橋が見える。吊り橋のようで、宇都宮線のみどころ車窓といえよう。そして、売店営業を開始。お茶や記念グッズなどの売れゆきが上々だ。

　国谷は、上下線のホームが離れている。かつて、ここでタブレットを交換しており、その面

国谷駅構内。

国谷駅裏口?!

影を残している。この構造は安塚も同様だ。

　面白いことに国谷は下りホーム側に駅舎、上りホーム側にも簡単に入れる出入口があり、まるで裏口の趣がある。ただ、券売機、簡易PASMO改札機は、構内踏切を渡った駅舎内にあるため、上りホーム側の出入口を利用し、上り列車に乗車する場合、遠回りをしいられる。時間に余裕をもたないと、次の列車を待たなければならない。ちなみに、南宇都宮も同様の構造である。

レールファンが集結した、おもちゃのまち駅

　列車は、おもちゃのまちに到着。ホームの幅員が広く、なおかつ列車の行き違いもあることから、レールファンでにぎわっている。

まるで将来の6両編成化を想定したようなつくり。

　ここは壬生町が開発した玩具メーカー専用の工業団地最寄り駅で、メーカーや関連企業などが入居している。

　東口には、5号機関車が静態保存されている。この機関車は1921年、日本車輌で産声をあげ、宇都宮石材軌道でデビュー。1931年、東武

東武宇都宮線フリー乗車DAY　臨時各駅停車　東武宇都宮行き

207

鉄道に合併されると、58
号機関車として活躍した。

1939年6月15日（木曜
日）、鹿島参宮鉄道（現・関東
鉄道）へ移籍。当初、鉾田
線 （のちに関東鉄道、鹿島鉄道
へ変わり、2007年4月1日〔日曜
日〕付で廃止）で活躍してい
た が、1951年7月16日
（月曜日）、竜ケ崎線へコン
バート。1971年10月6日
（水曜日）に廃車され、半世
紀の現役生活に幕を閉じた。

5号機関車（SL）。

廃車後、トミー工業栃木事業所が引き取り、静態保存。そして、1979年
から日本車輌が復元修理を行ない、往時の雰囲気を取り戻した。1982年12
月から、静態保存先がこの地に移転され、現在に至る。

この日はバンダイミュージアム—道の駅みぶ間に無料巡回バス（現地では
シャトルバスと案内）が運転され、おもちゃのまち駅では、乗客の積み残しが
発生。1時間おきの運転なので、停留所で案内する人は浮かぬ顔。当人の予
想以上に盛況したからだろうか。

宇都宮線とJR東日本日光線

栃木県子ども総合科学館。

列車は宇都宮市へ入り、車窓
は市街地の雰囲気となる。

進行方向左側にロケットが見
えた。まるでJR九州鹿児島本
線の車窓から眺めた、スペース
ワールドを思い出す。

調べてみたところ、栃木県子
ども総合科学館で、ロケットは
実物大H2ロケットの模型（高さ

50メートル)なのだ。最寄り駅は西川田で、西口から徒歩20分と少々歩く。このロケットは宇都宮線のみどころ車窓といえよう。

江曽島を発車すると、JR東日本日光線をまたぐが、双方に駅がなく不便だ。宇都宮線からJR東日本日光線に乗り換えるには、東武宇都宮駅で下車し、

江曽島駅の地図を見ると、鶴田駅は近そうに見えるが。

宇都宮駅へ向かうか、江曽島、南宇都宮のいずれかで下車し、徒歩で鶴田駅へ向かうしかない。

東武宇都宮はデパートの中

終点東武宇都宮へ。634型スカイツリートレインの臨時各駅停車は全列車盛況した模様。

列車は少々遅れ、終点東武宇都宮に到着。ホームは東武宇都宮百貨店の2階にあり、改札を出るとデパートの入口だ。まるで浅草駅を参考にしたつ

東武宇都宮線フリー乗車DAY 臨時各駅停車 東武宇都宮行き

くりに思える。この日、フリー乗車券用に一部の自動改札を開放していたほか、栃木、新栃木を除き、券売機は発売中止の措置をとっていた。

　下車すると、周辺は庶民的な町並みで、素朴な雰囲気が感じられた。

　都内から宇都宮まで、東武利用だと遠回りの感はあるが、その道中を"旅"の感覚で楽しむのはいかがだろうか。

「東武宇都宮線フリー乗車DAY」に花を添えた20400型試運転

宇都宮線の新顔、20400型。

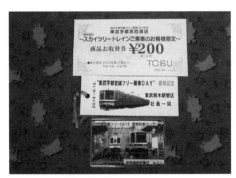

特急料金510円で、「お・も・て・な・し」という名のノベルティー。

この日のサプライズは、20000系グループを4両編成に短縮のうえ、リニューアルされた20400型だ。宇都宮線で1往復試運転が行なわれ、「東武宇都宮線フリー乗車DAY」に花を添えた。

なお、この企画は2019年6月15日(土曜日)にも実施され、634型ス

カイツリートレインは栃木―東武宇都宮間の臨時特急〈スカイツリートレイン〉として3往復運転。私は下り列車に乗車後、東武宇都宮百貨店の商品お取替え券(提示すると200円割引)、乗車記念のしおりとカードが配布された。

東武宇都宮線フリー乗車DAY 臨時各駅停車東武宇都宮行き

第3章 フォーエヴァーセレクション

ラインナップ

① 東上線特急フォーエヴァー

② 臨時電車（渋谷から臨時急行）
　〈フラワーエクスプレス号〉長津田行き

③ 臨時特急〈ゆのさと275号〉鬼怒川温泉
　行き"スカイツリートレイン"

④ 8000系東武顔フォーエヴァー

⑤ 浅草発着の快速、区間快速フォーエヴァー
　－快速編－

⑥ 浅草発着の快速、区間快速フォーエヴァー
　－区間快速編－

⑦ 特急〈しもつけ283号〉東武宇都宮行き

⑧ 臨時電車〈ありがとう50090型ブルーバー
　ド号〉森林公園行き

東上線特急フォーエヴァー

同じ東武なのに、"異次元の世界"に来たかのよう。

　東上線の今は種別色などを東武本線に合わせ、わかりやすくなったが、以前は独自色の強い孤島のような路線だった。その象徴と言えたのは、乗車券だけで乗車できる特急だろう。

料金不要の特急、急行

東上線は不思議な路線である。

伊勢崎線や日光線系統は「東武本線」という総称があり、特急スペーシア〈けごん〉〈きぬ〉、特急〈りょうもう〉〈きりふり〉といった優等列車が活躍する。また、JR東日本との相互乗り入れという革命的な出来事により、特急〈日光〉〈きぬがわ〉〈スペーシアきぬがわ〉が誕生した。

さらに1800系1819編成が急行〈りょうもう〉離脱後、臨時快速などの運用に入るなど、華やかな路線は、よりいっそうの輝きを増している。

一方、東上線と越生線は東武本線とはつながっておらず、車両も通勤形電車ばかり。その上、昭和の時代から特急や急行が料金不要で運転されているほか、種別幕も東武本線と異なっていることが多いため、孤島のようで独自色が強い印象がある。

ちなみに森林公園検修区に所属する一部の車両は、南栗橋車両管理区で定期検査を行なっている。秩父鉄道秩父本線とは、レールがつながっているためだ(車両の配置転換も秩父本線を使う)。この背景には、東上線の前身が東上鉄道だったということもあるのだろうか。

2006年3月18日(土曜日)のダイヤ改正で、東武本線の急行は、車両と料金を据え置きで特急に格上げ。イーハー東武の運行見直しで、通勤準急は急行に変更され、東上線や相互直通運転先の東急に歩調を合わせた恰好だ。

列車種別再編に伴い、急行は区間快速や快速より地位が低下し、時間帯によっては越谷で通過待ちにあうなど、いささか腑に落ちない。

地味な印象の強い東上線だったが、2008年6月14日(土曜日)のダイヤ改正で、副都心線が開業。それと同時に、池袋乗車時のみ乗車整理券300円(当時)が必要な〈TJライナー〉が誕生する。これに伴い、乗車券のみで乗れる東上線の特急は廃止されることになった。

ダイヤ改正後、東上線の最上位列車は〈TJライナー〉になる。個人的なことながら、今までスッキリしなかった東上線の列車種別がようやく、納得のいくものになったので喜ばしい。また、快速急行も新設される。

快速急行といえば、東武本線の6050系で使われていた座席指定制の列車種別だ。1991年7月21日(土曜日)に1800系を改造した300系、350系の急行に衣替えしてからは、臨時快速急行〈尾瀬夜行23：50〉〈スノーパル23：

50〉で運転されていたが、2001年冬から300系の臨時急行に格上げされ、姿を消した（のちに列車愛称も〈尾瀬夜行23:55〉〈スノーパル23:55〉に変更され、2006年夏からは臨時特急へ）。

7年ぶりに復活する快速急行は、乗車券だけで乗れる。

特急の"終電"に乗車

八高線の高麗川—倉賀野間は非電化。

高架化などの影響で、JR線に改札内乗り換えできる駅が減った。

2008年4月27日（日曜日）、東上線小川町へ。ここはJR東日本八高線の乗換駅。相互直通運転を除き、ダイレクトで他社線に乗り換えられることが少なくなった今では珍しい駅だ。そのせいか、Suica、PASMOで八高線に乗り換える場合、跨線橋内に設置された簡易Suica改札機にタッチしなければならない。このため、ICカードチャージ機も設置された。

これは寄居で東上線、越生で越生線に乗り換えられるからで、それを怠ると、下車時に割安もしくは、割高な運賃が引き落とされるためである。ICカードの不便な点といえるだろう。

15時39分、4番線に8000系の急行が到着。向かいの3番線では、8000系の各駅停車寄居行きワンマン列車に接続。急行は10両編成、ワンマン運転の各駅停車は4両編成なので、停止位置を把握しないと、乗り遅れてしまう恐れがある。

ほどなくして各駅停車寄居行きワンマン列車が発車し、4番線に戻ると、

東武のワンマン列車は各駅停車を示す。

特急池袋行きとして折り返す。発車時刻は16時04分で、上り特急池袋行きの"終電"となる。

東上線の特急は土休のみ運転で、下り3本、上り2本。このため、東上線の特急が姿を消すのは、2008年6月8日（日曜日）である。

東上線の特急は"全車自由席"で運転。

廃車が本格化した8000系

これから乗車する8000系は、1963年に登場。20年間増備され、私鉄最多の712両が新製された。1986年から修繕工事が行なわれており、全車に施工するものと思われた。

しかし、東上線に所属する8000系8両車が3両ワンマン車の800系、850系に改造されたため、余剰となったサハ8900形10両が廃車されたほか、

850系と800系。

2007年から編成単位の廃車も発生し、全車が装いを新たにすることはなかった。

　さて、特急池袋行きは8000系10両編成で、先頭から6両車＋2両車＋2両車の組み合わせ。前から7・8両目は高輝度放電灯(色が白くて綺麗)及びデジタル方向幕という、修繕後期の車両だ。

　方向幕は特急の列車種別色が緑色の白文字で、東武本線では区間準急に使われている。

東上線特急と東武本線区間準急の方向幕。

東上線特急と東武本線準急のデジタル方向幕。

　一方、デジタル方向幕は、緑に黒の抜き文字で表示されており、東武本線では準急に使われている。3色LEDのため、表示に苦心しているようだ。

　8000系は20メートル4ドア車でありながら、車端部のロングシートは4人掛けになっているのが特徴だ。1両あたりの座席数は、ほかの東武通勤形電車よりも多い。

　気になるのは優先席の向かい側にある車椅子スペース。これは東武に限ったことではないが、吊り手の色を優先席ではオレンジにして、携帯電話の電源を切るよう、お願いしているのに対し、向かい側の車椅子スペースは通常の白である。

　携帯電話は心臓ペースメーカー

8000系修繕車の車内。

などの医療機器に影響を与えるというが、車椅子スペースが優先席扱いになっていないことに疑問を持つ。これだと医療機器に影響が出るのではないだろうか。吊り手をオレンジにしても、携帯電話の操作をしている人が多いのだから、電波をシャットアウトする車両を開発して、徹底的に通話を禁止させたほうがいい。

　また、車椅子スペースが設置されているのに、どの鉄道も駅員は未設置車両へ案内する光景が多い。ちなみに8000系の後期修繕車に車椅子スペースを設置している。

　前から2両目のモハ8214は、寄居寄りのナンバープレートがはがされて

おり、フェルトペンで書かれてある。なぜ、ないのだろう。盗難でないことを願う。そして、車体もサビなのか、金属疲労が隠せない状態である。

手書きの車番。

単線から複線へ

特急池袋行き 編成表				
乗車区間	号車	車両番号	禁煙	備考
池　袋	なし	クハ8114	○	修繕車
	なし	モハ8214	○	修繕車、弱冷房車
	なし	モハ8314	○	修繕車
	なし	サハ8714	○	修繕車
	なし	モハ8814	○	修繕車
	なし	クハ8414	○	修繕車
	なし	モハ8569	○	修繕車
	なし	クハ8669	○	修繕車
	なし	モハ8544	○	修繕車
小川町	なし	クハ8644	○	修繕車

　2番線に8000系の急行が到着。ホームのほとんどは8000系で埋まり、特急池袋行きは定刻通り16時04分に発車。八高線をくぐり、意外にも単線をゆく。のどかな田舎道だ。

　先頭車乗務員室は運転士以外にも3人立っており、異様な光景に映る。乗客の立場から見ると、窮屈そうな雰囲気だ。

　小川町—武蔵嵐山間の途中に嵐山信号場があり、ここから複線。この信号場は2005年3月17日(木曜日)に誕生した。

　複線に入ると、一戸建ての姿が多くなり、10030系の急行小川町行きとすれ違うと、武蔵嵐山に到着する。ここからの乗客は少ない。

　客層はハイキング客が多く、50代以上は歩き型、若者はマウンテンバイク型に分かれている。そのため、車内のドア寄りにカバーをかけたマウンテ

ンバイクが、ほとんどの車両に留置されている状態だ。

　森林公園検修区では、ルーキー50090系全4編成が勢ぞろい。綺麗に並んでいる。この車両は森林公園検修区のイベント及び、臨時急行〈七峰号〉で、いずれも池袋—森林公園間、片道のみ運転の"オープン戦"で足慣らしをしており、2008年6月14日(土曜日)の"開幕戦"が待ち遠しいところだろう。

　また、9050系も副都心線直通対応工事が行なわれていた。さらに検査をする建屋の中では、東京メトロ副都心線用7000系8両車の姿も見られた。

東京メトロ7000系8両車の試運転

　特急池袋行きは東松山まで各駅に停車し、ここから先は特急運転。急行は川越市—小川町間各駅に停まるのに対し、特急は停車駅を極力しぼっている。

　坂戸は越生線からの乗り換え客が多く、満席となり、立客も発生。車窓も首都圏を実感させる。

　鶴ヶ島で東京メトロ7000系副都心線用の試運転とすれ違う。改造前は10両編成だったのに、2両減車の8両編成化されたことに首をひねる。これは東横線への相互直通運転(2013年3月16日〔土曜日〕から実施)に備えてのことだが、ラッシュ時に足を引っ張るのではないだろうか。2008年6月14日(土曜日)のダイヤ改正では、東上線池袋発着列車がすべて10両編成に統一されるのだから、逆行しているのだ。

川越市で急行池袋行きに接続。

引上線で出を待つ東京メトロ7000系10両車の各駅停車新線池袋行き（「新線池袋」は現在の副都心線池袋駅）を抜くと、川越市に到着。10030系の急行池袋行きに接続をとる。そして、乗務員3人はここで降りる。

　発車すると、西武新宿線をまたぎ、川越に到着。川越線の乗換駅である。池袋—川越間は競合区間となるが、東上線のほうが圧倒的に近い、早い、安い。

　川越を16時40分に発車し、和光市までノンストップで走る。

東上線特急の歴史

　東上線の特急は1949年4月3日（日曜日）、特急〈フライング東上号〉が池袋—秩父鉄道長瀞間で営業運転を開始したのが始まりで、詳細は「臨時電車〈ありがとう50090型ブルーバード号〉森林公園行き」で述べさせていただく。

　1967年12月16日（土曜日）でピリオドを打ったあと、平日は東上線内の特急〈さだみね〉（池袋—小川町間）、土休には秩父鉄道直通の特急〈みつみね〉（池袋—三峰口間）、〈ながとろ〉（池袋—上長瀞間）が設定されていたが、一時中断。1989年に再開すると、小川町—寄居間はノンストップ運転とした。

　しかし、長く続かず、1992年3月31日（火曜日）で秩父鉄道直通列車の営業運転が終了。特急の列車愛称も廃止された。

　1998年3月26日（木曜日）から、今まで停車駅だった志木を通過駅にしたほか、小川町—寄居間のノンストップ運転はなくなり、再び各駅に停まる。

　2005年3月17日（木曜日）のダイヤ改正で、東上線小川町—寄居間のワンマン運転化に伴い、特急は土休のみ運転となり、運転区間も池袋—小川町間に統一。また、和光市が停車駅に加わり、有楽町線に乗り換えられるようになった。

　そして、先述した通り、2008年6月8日（日曜日）、東上線の特急は59年の歴史に幕を閉じる（参考までに、私は東上線の「特急」と「川越特急」は別モノと見ている）。

9000系は試作車を除きリニューアル

　特急池袋行きは、〈TJライナー〉停車駅のふじみ野を通過し、8000系の

準急池袋行きを抜く。東上線の準急は成増まで各駅に停車したあと、終点池袋までノンストップ。このため、池袋発着の各駅停車は、成増もしくは志木で折り返すことが多い。有楽町線からの直通電車の大半も各駅停車として、川越市まで運転する(一部の列車は、森林公園まで運転)。

3本の引上線が姿を現すと、志木で8000系の各駅停車池袋行きを抜く。ここから和光市まで複々線となり、急行線、緩行線ともにホームを構えている。これにより、1998年3月26日(木曜日)から、急行を武蔵野線乗換駅〔北朝霞駅〕の朝霞台に停めることができるようになった。

和光市では、9000系リニューアル車の各駅停車新木場行きと同時到着。この列車は、ここから有楽町線に入る。乗り換え客は私が想像した以上に少ない。

9000系量産車、9050系は副都心線開業に備えリニューアルされ、車内や乗務員室は50070系に合わせた。東上線の東京メトロ直通車両は、東上線内のみの運用もあり、フレキシブルに対応できる。

9000系試作車はリニューアルの対象から外れ、現在もオリジナルの姿を堅持。

一方、試作車は車両設計が量産車と異なるため、副都心線に乗り入れることができず、のちに有楽町線の直通運用からも離脱。2020年現在は東上線内の運行に専念している。

サプライズ

　停車時間30秒ほどで和光市を発車。通過の成増で10030系の各駅停車池袋行きを抜くものの、スピードは控えめ。スカッとする快走ではなく、停止信号に引っ掛からないことを心掛けているかのようだ。

　ときわ台を通過すると、スピードが落ち、中板橋で8000系の各駅停車池袋行きを抜くと、カーブが多くなってゆく。

　下板橋を通過すると、JR東日本埼京線に合流。隣の快速新木場行き(東京臨海高速鉄道70-000形)を抜くと、山手線を走行中の100系スペーシアの回送とすれ違うサプライズもあり、お互いの"看板特急"が顔を合わせた。

　17時05分、終点池袋3番線に到着。表定速度は63.5km/hで、無料特急としては、まずまずだろう。

　ホームの先には、なんと自由の女神のミニチュアが右手の聖火を高々にあげて、「気合いだ、気合いだ、気合いだぁー!!」と言いたげな様子で、展示されている。

　これは東武トラベル(現・東武トップツアーズ)が販売する「東上線、日光・鬼怒川リレーきっぷ」の宣伝で、東上線の運賃が2割引の特典がある。

　久しぶりに東上線を利用してみると、池袋はホント、人が多いよね。東京駅より人の数が多いので、圧倒されてしまった。私はまだまだ田舎者である。

気のせいか、自由の女神は機嫌が悪そうな表情を浮かべていた。

コラム column 東上線車両の特急運用が復活

2009年以降は"イベント用"として、誇らしげに掲出されていた。

　東上線の特急廃止後、森林公園検修区で開催された「東上線森林公園ファミリーイベント」で、サプライズ表示されていた。東上線特急の運転実績がない車両にもセットされており、いつでも復活できる態勢を整えているのだろうか。

特急〈Fライナー〉は、9000系量産車、9050系、50070系の"花形列車"と言えよう。

2013年3月16日（土曜日）のダイヤ改正で、東横線、みなとみらい21線との相互直通運転を開始。9000系量産車、9050系、50070系の渋谷—元町・中華街間は、特急を中心に運行され、他社線ながら5年ぶりに特急運用が復活した。列車種別色は緑ではなく、オレンジを使用する。

　2016年3月26日（土曜日）のダイヤ改正から、"日中の速達性の高い列車"に〈Fライナー〉の列車愛称を掲げている。ちなみに、東横特急の渋谷—元町・中華街間は、最速36分、表定速度47.1 km/hである。

臨時電車(渋谷から臨時急行)
〈フラワーエクスプレス号〉

≫ 長津田行き

2009年版のヘッドマーク。

　臨時電車〈フラワーエクスプレス号〉は、1都4県を縦断する列車で、あしかがフラワーパークなどで花が咲き誇るゴールデンウィークに設定されていた。30000系が"もっとも輝いた列車"といえよう。

イーハー東武運用の離脱が進む30000系

　2005年4月29日(金曜日・みどりの日　注:「昭和の日」は2007年から)から5月1日(日曜日)にかけて、東武、東京メトロ、東急の3社合同企画となる臨時電車(復路の渋谷—中央林間間は臨時急行)〈フラワーエクスプレス号〉が走り出した。当初は往路が長津田—太田間、復路は太田—中央林間間であったが、2006年以降は毎年どちらも長津田—太田間に落ち着き、ゴールデンウィークの風物詩の1つとなっている。

　しかし、使用する30000系は10両固定編成が新製されなかったことが災いしたようで、2006年3月18日(土曜日)以降、50050系を投入。30000系は50050系の投入開始前後に4両車の31411〜31413編成、6両車の31611〜31613編成がデビュー時の地上線運用にコンバートされた。

　その後も50050系の増備により、31401〜31403・31407・31408編成、31601〜31603・31607・31608編成が離脱。2008年夏には、31403・31603編成が奇跡的にイーハー東武運用に復帰した。

　50050系の増備が再開されると、今度は31404・31405・31410編成、31604・31605・31610編成が離脱。取材日時点、残るイーハー東武用の30000系は31403・31406・31409・31415編成、31603・31606・31609・31615編成となった。

単線の太田—館林間

　2009年5月2日(土曜日)、ゴールデンウィークが本格的に到来し、快晴。新型インフルエンザで世界中が恐怖に見舞われているが、"イイ天気でその不安を吹き飛ばしてほしい"と願いつつ太田へ。伊勢崎線、小泉線、桐生線が集うジャンクションだ。

　ホーム3面中、2面の有効長はおそらく9両分を確保しているが、伊勢崎寄りは伊勢崎方面、浅草寄りは館林

左手前の9番線は各駅停車伊勢崎行きワンマン列車、右奥の4番線は特急〈りょうもう19号〉赤城行き。

方面に分かれている。同一ホームの乗り換えは可能ではあるものの、少々歩く。日中の閑散とした時間帯は、各駅停車伊勢崎行きワンマン列車を浅草寄りから発着し、乗り換えをより便利にしたほうが喜ばれるだろう。

行先の北千住は、東武を含め5線が集う交通の要衝。

　館林寄りの遠方には引上線が2本あり、200系が独占している。このうち、209編成が動き出し、2番線に入線。臨時特急〈りょうもう70号〉北千住行きとなる。かつては定期列車で「北千住行き」が存在していたので、久しぶりに臨時列車として復活した格好だ。東武ロマンスカーの聖地は浅草だが、ホームが手狭では北千住終点で妥協せざるを得ない。

30000系の花形列車だった臨時電車〈フラワーエクスプレス号〉。

　数分後には臨時電車(渋谷から臨時急行)〈フラワーエクスプレス号〉長津田行きが1番線に入線。ホームにいる人の数は少ないけれど、役者はそろった。いずれの電車もガラガラで、臨時特急〈りょうもう70号〉北千住行きは15時00分、臨時電車(渋谷から臨時急行)〈フラワーエクスプレス号〉長津田行きは15時04分にそれぞれ発車する。

　臨時電車(渋谷から臨時急行)〈フラワーエクスプレス号〉長津田行きは、単線を100km/h近くの速度で軽やかに走るものの、15時10分、野洲山辺で運

転停車。2009年のゴールデンウィークは臨時電車を2本立て続けに設定したため、単線区間のダイヤはきついところ。10030系2両プラス30000系4両の各駅停車太田行きと行き違い、15時13分に発車すると3分で足利市1番線に到着。あしかがフラワーパークの最寄り駅ということもあって、行楽帰りの観光客らが大量乗車。後ろ3両は立客が発生し、ロングシートはほぼ埋まっている。

　800系の回送が現れ、1番線外側の側線に入り、定刻より3分遅れの15時18分に発車。福居で特急〈りょうもう21号〉赤城行きと行き違う。臨時電車(渋谷から臨時急行)〈フラワーエクスプレス号〉長津田行きは通過し、特急〈りょうもう21号〉赤城行きを堂々と待たせる。遅れていなければ、逆なのだろうが……。

伊勢崎線で8000系6両以上による定期運転は、2009年12月に終了。

　県で8000系の各駅停車太田行きと行き違うため、運転停車。太田─館林間の所要時間は27分で、日中の各駅停車とほぼ同じ。臨時電車ゆえ、単線区間で2駅の運転停車は致し方ない。

速達性が発揮されず

　15時31分、改良工事真っ只中の館林2番線に到着。ここで後ろ4両を増結する。

　隣の5番線では、30000系の各駅停車久喜行きが先に発車。終点で急行中

央林間行きに乗り換えれば、長津田まで先に着いちゃうのである（全区間急行列車のため）。これでは臨時電車（渋谷から臨時急行）〈フラワーエクスプレス号〉長津田行きを設定する意味がないように思える。

増結用の30000系4両車が姿を現す。

館林から10両で運転。

10分近くたち、ようやく2番線に増結車が現われる。レールファンと思われる男は、駅員に36603の貫通扉が開いていないことにイチャモンをつける。その男は「近鉄は開けている」と主張。JRグループの旅客列車は貫通扉を開けて待っているところが多いけど、東武駅員は「増結作業が完了してから、開ける」という。これは社の方針である。貫通扉でブツブツ言われても対応するはずがない。おそらく、走行中に貫通扉を開けるのは危険という判断をしているのだろう。

ちなみに太田では、別の男が車両の行先表示に「長津田」が出てこないことに疑問を持ち、運転士にイチャモンをつけていた。

臨時電車（渋谷から臨時急行）〈フラワーエクスプレス号〉長津田行きは後ろ4両が増結されたものの、「ガチャン」というキレ味鋭い連結完了音が出ず、緑と赤の旗を振る指示役の駅員が不安そうな表情を浮かべたように見えたが、無事に完了。速達性はあってないようなダイヤのせいか、思ったほどのにぎわいはない。先頭車は空席があり、ほかの車両は立客が発生しているところもあるけれど、"満席"という10両編成の収容力がモノをいっている。

15時45分に館林を発車し、ここから複線。105km/hで心地よく走るものの、先を行く各駅停車久喜行きに追い越すことができないため、南羽生を過ぎると、ノロノロ運転になりそうな状況だった。

乗車区間	号車	車両番号	禁煙	備考
長津田	なし	31603	○	女性専用車B
	なし	32603	○	なし
	なし	33603	○	弱冷房車
	なし	34603	○	なし
	なし	35603	○	なし
太　田	なし	36603	○	なし
	なし	31403	○	館林で増結
	なし	32403	○	館林で増結
	なし	33403	○	館林で増結、弱冷房車
	なし	34403	○	館林で増結、女性専用車A

臨時電車（渋谷から臨時急行）〈フラワーエクスプレス号〉長津田行き 編成表

女性専用車について
① 女性専用車Aは平日初電から9時20分まで、久喜・南栗橋―渋谷間。
② 女性専用車Bは平日初電から9時30分まで、中央林間―押上間。

　鷲宮を通過すると、またもノロノロ運転となり、東北本線をまたぎ、合流
すると、16時10分、久喜3番線に到着。ここで特急〈りょうもう28号〉浅
草行きの通過待ちをするため、4分停車する。

　この時間は館林とともに貴重なもので、トイレや自販機でジュース類の購
入に充てるにはもってこい。全区間3時間04分で、30000系にトイレが設

定期の特急〈りょうもう28号〉浅草行きが通過。

置されていないため、4分以上の停車時間は復路だと館林と久喜のみである。私はこの停車時間を利用して、100円ミニペットボトルのミネラルウォーターを購入すると、特急〈りょうもう28号〉浅草行きが勢いよく通過していった。

日光線方面の列車は、基本的に4番線から発車する。

16時14分に発車し、7分後、東武動物公園3番線に到着。車掌は日光線の乗り換え放送で、区間快速東武日光・会津田島行きを案内していたが、隣の4番線に東急2代目5000系の急行南栗橋行きが到着。たぶん、日光線に乗り換えようとする利用客はあわてていると思う。急げば乗り換えられそうだが、南栗橋より先には行かないので、あわてる必要もないのだ。

さて、到着すると女性駅員はこう案内した。

「臨時電車、急行長津田行きでーす」

しかし、北千住までは春日部しか停まらず、これは快速、区間快速と同じである。なので、急行ではない。

「急行長津田行き、まもなく発車いたしまーす」

女性駅員は最後まで、急行にこだわっていたが、臨時電車〈フラワーエクスプレス号〉の押上―太田間の停車駅は、特急、快速、急行をブレンドしたようなもので、「快速急行」に当てはまるのではないかと思う。

通過線をふさがれる珍百景

16時22分に東武動物公園を発車。北春日部は各駅停車の追い抜きはなく、16時26分、春日部1番線に到着。野田線乗換駅ということもあってか、降りる乗客が多かったように思える。ここで2分停車するが、トイレは厳しそう。

先行の区間準急浅草行きは、新越谷まで各駅に停まる。

16時28分に発車。ここから北千住までノンストップ。ところが、武里付近で10030系の区間準急浅草行きに追いつきそうだ。このままだと追突事故となってしまうので、当然のことながら、減速して"車間距離"をとらざるを得ない。

東急8500系『伊豆のなつ』カラーの急行南栗橋行きとすれ違ったあと、区間準急浅草行きが消えた。臨時電車(渋谷から臨時急行)〈フラワーエクスプレス号〉長津田行きは狼と化し、せんげん台でバッサリ!!区間準急浅草行きは到着したばかりで、急行中央林間行きとカン違いする乗り換え客が少なくなかったのか、運転士はいつもの電子笛ではなく、一般的な空気笛を使って、注意をうながす。せんげん台の駅構内放送は、すべて駅員の肉声で、自動音声放送は導入されていない(当時)。首都圏の有人駅では珍しいが、"一種の風情"ということだろう。

北越谷から複々線に入り、通過駅では撮影隊が見受けられる。彼らにとって、この日の獲物は臨時電車(渋谷から臨時急行)〈フラワーエクスプレス号〉長津田行き、1800系の臨時快速北千住行きなのだろう。

草加が近づいたあたりから、少々スピードにかげりが見え、16時50分、北千住1番線に到着。予想通り、降車客が多く、ここでも2分停車。向かいの2番線では10030系の各駅停車浅草行きに接続をとる。かつて、2・3番線は日比谷線のホームだったが、今はその時代を知らない人たちが増えている。

16時52分に発車。複線に戻ると、鐘ケ淵で衝撃の光景が待っていた。

通過線に止まって後続列車の通過待ちをするとは。

　それは通過線に200系が止まっているのである。太田を15時00分に発車した臨時特急〈りょうもう70号〉北千住行きの回送だ。なぜ、北千住の引上線に針路を向けなかったのかが不思議な気がするものの、月並みな言葉だが、「運用上の都合」なのだろう。

　通常、鐘ケ淵のホームに滑り込むのは各駅停車、区間急行、区間準急だけで、ほかの列車種別は通過線をゆくのだが、このような状況なので、臨時電車(渋谷から臨時急行)〈フラワーエクスプレス号〉長津田行きは異例のホームを通過。運転士は電子笛を鳴らし、停まらないことをアピールする。

　16時58分、曳舟3番線に到着。本来は1分停車して、16時59分に発車するのだが、先行の急行中央林間行きは押上停車が長引いているため、「抑止」の業務放送が流れる。さいわい、大きなアクシデントになることはなく、1分遅れの17時00分に発車。その間際、200系の回送が通過していった。

若返った乗客

　イーハー東武を通り、地下へもぐって17時02分、押上1番線に到着。3分停車したのち、17時05分に発車。ここから半蔵門線に入る。

　臨時電車(渋谷から臨時急行)〈フラワーエクスプレス号〉長津田行きは半蔵門線内、渋谷までの各駅に停まる。定期列車では「急行長津田行き」と案内しているが、デジタル方向幕や車掌の案内は「臨時」のままである。押上か

押上1・4番線はイーハー東武、2・3番線は折り返し列車が発着する。

ら自動放送を作動させても問題はない。

「この電車は臨時列車、〈フラワーエクスプレス号〉、急行の長津田行きです」

東京メトロの車掌はまわりくどい案内をしているように思うが、事実を言っているだけに過ぎない。

半蔵門線に入ってから、徐々にロングシートが埋まりつつある。伊勢崎線から引き続き乗っている数は把握できないが、大手町は降車客が多かった。ゴールデンウィークのせいか、都心の駅はガラガラなところが多い。

永田町で先頭車のロングシートは埋まるほど乗客が増えていた。行楽帰りよりもショッピング帰りのほうが主体になってゆく。

17時36分、渋谷に到着。ここから田園都市線に入ってゆく。

「この電車は臨時急行〈フラワーエクスプレス号〉長津田行きです」

田園都市線の乗客にとっては、"日常の列車"に乗っている感覚だろう。

東急車掌が案内し、一部の乗降用ドア上にある旅客情報案内装置と自動放送がついに作動。デジタル方向幕も「臨時」から、「急行長津田」に変わったはずだ。

17時38分、いよいよ発車。館林では50代以上が多かった車内も田園都市線に入れば、すっかり若返ってい

る。ティーンズ、20代が多い(今は「ヤング」と言わないみたいだね)。

三軒茶屋は昔、『タモリのSuperボキャブラ天国』(通称、「ボキャ天」)で、「なんじゃこりゃー」を「さんげんじゃやー」とボキャぶった視聴者投稿ネタを思い出す。

桜新町で東急8500系の各駅停車中央林間行きを抜き、用賀を過ぎると、17時47分に地上へ。46分ぶりの地上で、これから夏に向けて、日照時間が長くなったのを感じる。

17時49分、「ニコタマ」こと二子玉川を発車し、大井町線の複々線沿いを走る。大井町線二子玉川—溝の口間は2009年7月11日(土曜日)の延伸が決定している(戸籍上は大井町—二子玉川間のまま)。

東急の複々線は田園調布—日吉間に続き2つ目で、特徴的なのは路線別に分けていることだ。つまり、田園調布—日吉間は東横線、目黒線の複線並列による複々線で、今回の二子玉川—溝の口間もそれに倣ったことになる。

溝の口を発車し、梶が谷を通過後、トンネルを抜けると、先行の各駅停車中央林間行きが遅れているため、鷺沼まで徐行運転となる。車掌は「お詫び申し上げます」と謝っていたが、通常ダイヤに割り込んでいるのだから、致し方ない。

ロングシートのロングラン列車は2010年で人知れず幕

17時56分、定刻より1分遅れで鷺沼に到着し、東急8500系の各駅停車中央林間行きに接続する。運転士は到着時と発車時に電子笛を鳴らしており、まるで大阪市営地下鉄(現・Osaka Metro)っぽいが、普段、鳴らす機会が少ないのに"なぜ?"と思ったら、ホームのハシッコに人がいるためである。臨時急行〈フラワーエクスプレス号〉長津田行きなので、シール貼りのヘッドマークを撮りたいのだ。しかし、運転士にとっては安全運行の妨げになる。

田園都市線は丘陵トンネルが多いため、「都市」という言葉は不釣合いだと思うのだが、宅地の開発により、沿線は「川崎都民」や「横浜都民」と化している。住宅が密集しているわけではないし、高級感があることもないのだけど、"街にゆとり"を持たせているのだろう。

しかし、通勤輸送はゆとりどころではない状況で、大井町線の急行新設と

溝の口延伸や2代目5000系の6ドア車3両化(6ドア車は2017年5月14日〔日曜日〕をもって全廃)など、"あの手、この手"を使って、混雑の緩和に努めている。

　青葉台を発車し、最後の丘陵トンネルを抜けて、田奈を通過すると、自動放送が作動する。進行方向左側からJR東日本横浜線に合流し、18時08分、終点長津田4番線に到着した。

太田から136キロ、所要時間3時間04分、表定速度44.3km/hの長旅が終わる。

　向かいの3番線には、東急8500系の各駅停車中央林間行きが待っており、接続時間はわずか30秒ほど。臨時急行〈フラワーエクスプレス号〉は全員の降車が確認されると、乗降用ドアが閉まり、あわただしく長津田検車区へ引き上げていった。到着してから、わずか1分後のことである。

　もし、2010年以降も運行されるのであれば、ダイヤの見直しにより、速達性を高めることや、「急行長津田」の表示を押上で変えるなど、よりよいダイヤになることを願う。そして、田園都市線沿線から館林野鳥の森ガーデン(現・東武トレジャーガーデン。茂林寺前下車)、つつじが岡公園(館林下車)、あしかがフラワーパークへ行かれる方はどのくらい、いるのだろう？　いつかは早朝の往路に乗ってみたい。

　残念ながら、臨時電車〈フラワーエクスプレス号〉は、2010年5月3日(月曜日・憲法記念日)をもって、人知れず5年の歴史に幕を閉じた。2011年から定期列車に列車愛称を付与した〈フラワーリレー号〉が運転されたが、2012年で終了。以降、東武は特急〈りょうもう〉の充実に力を注いだ。

コラム column 30000系、東上線へ

30000系の詳細は、『波瀾万丈の車両』(アルファベータブックス)を御覧あれ。

臨時電車(渋谷から臨時急行)(フラワーエクスプレス号)長津田行き

30000系は車両機器の改修を効率よく行なうため、2011年1月26日(水曜日)から2020年2月まで、31409・31609編成を除き東上線仕様に改造された。

東上線では増解結や分割併合の運用がないので、クハ31600・34400形の電気連結器を撤去。クハ36600・31400形は運転台やスカート(排障器)なども撤去され、中間車化。サハ36600・31400形に改番され、10両車化された。Osaka Metro10系、京王電鉄8000系などの中間車化改造車とは異なり、運転台部分の構体を撤去し、中間車用の新しい構体の接合はしていない。

この手法は東上線用10030系の6両車＋4両車にも踏襲された。

このほか、デジタル方向幕と種別幕、旅客情報案内装置、主幹制御器の更新、運転台表示器(速度計など)のLCD化も行なわれた。なお、他社線直通に対応した機器は搭載されていない。

現在では東上線の主力車両に躍進し、水を得た魚の如く、池袋一小川町間を駆けめぐっている。

東京メトロでは全駅のホームドアの設置と並行して、全線のATO化を進めており、イーハー東武用最後の30000系、31409・31609編成の去就が注目される。

臨時特急〈ゆのさと275号〉鬼怒川温泉行き "スカイツリートレイン"

"スカイツリートレイン"初日のヘッドマーク。

　東武では、2010年4月24日（土曜日）に東武ワールドスクウェアの新展示物「東京スカイツリー」（25分の1スケール）を記念して、同日から臨時特急〈ゆのさと275号〉鬼怒川温泉行きを"スカイツリートレイン"と銘打って運転した。この名称が用いられた初めての列車である。

スペシャルヘッドマーク掲出も車両は装飾されず

　2010年4月24日(土曜日)10時10分頃、伊勢崎線浅草へ。ホームは櫛形の3面4線で、1番線は8両編成の電車が入線可能だ(8両編成時、北千住寄り2両は乗降用ドアの開閉を行なわない)。

　4・5番線は同じ線路に列車が入り、片方を降車専用にしても不思議ではないが、4番線は特急のりば、5番線は快速、区間快速、区間急行新栃木行き(1日2本のみ)のりばに充てているので、「6050系のりば」と言っても差し障りない。

　4・5番線の車止め付近には、10人以上のレールファンが集結している。これは4月24日(土曜日)から8月1日(日曜日)まで、土休に臨時特急〈ゆのさと275・294号〉を浅草—鬼怒川温泉間で運行し、下りの275号を"スカイツリートレイン"と銘打って運行するからだ。スタート記念として、4月24日(土曜日)限定でスペシャルヘッドマークを掲出するため、注目を集めていた。

　10時20分、4・5番線に臨時特急〈ゆのさと275号〉鬼怒川温泉行き"スカイツリートレイン"が入線。ヘッドマークが「回送」なのはいいとして、外観は通常仕様だ。プレスリリースでは装飾しているはずなのだが、どうしたことか？　レールファンはプレスリリースを頭に入れているはずだから、「？」と思っていることだろう。

　車止め付近にはイエローハットにスーツ姿の東武社員が立ち、ハシゴを使い、線路へ下りる。ちなみに3・4番線の車止めにはハシゴを備えている。

　ヘッドマークがクルクル回り出し、東武社員はヘッドマークガラスをふき、スペシャルヘッドマークを丁寧に貼りつける。若干のシワはあるものの、心を込めている。

　先述した通り、スペシャルヘッドマークはこの日だけとあって、レールファンは静かな闘志を胸に秘めていて、撮影に熱が入る。4両編成の350系とあって、撮影エリアは5か所に分散(6両編成だと、北千住寄り先端がキツイ)。発車時間まで、あとわずかながら、思い通りのアングルで撮影することができただろう。

　今回は特急券を購入し、臨時特急〈ゆのさと275号〉鬼怒川温泉行き"スカイツリートレイン"に乗り込むが、スケジュールの都合で終点まで乗るこ

350系351編成はスペシャルヘッドマークを掲出するも、装飾なし。

とができず、春日部までの乗車とする。

　鬼怒川線の小佐越と鬼怒川温泉は、東武ワールドスクウェア最寄り駅(当時)で、この日から東京スカイツリーのミニチュア(約26メートル、総事業費2億円)が現代日本ゾーンで展示されている。展示公開初日は開園記念日も重なり、入園無料という太っ腹だ。もちろん、工事中ではなく(当時ホンモノの東京スカイツリーは、まだ完成していない)、完成したものを展示しており、DERAMS COME TRUEの『未来予想図II』を口ずさみたくなる人もいるのではないだろうか。

　車内に入ると、通常の運用とまったく変わらず、疑問符がつく。プレスリリースと違う理由はよくわからないが、8月1日(日曜日)まで運行される予定なので、あせることはないだろう。

　10時30分に発車し、伊勢崎線の代表的な車窓といえる隅田川を渡ると、車掌の放送が始まる。

　「お客様にお知らせいたします。本日、この電車、車両不具合によりまして、途中の新栃木におきまして電車の交換をさせていただきます。大変御迷惑をおかけしますが、新栃木で電車のお乗換えをお願いいたします」

　隅田川を渡り終えると、新栃木で車両を交換するという。どおりで車内外

臨時特急〈ゆのさと275号〉鬼怒川温泉行き"スカイツリートレイン"

臨時特急〈ゆのさと275号〉鬼怒川温泉行き "スカイツリートレイン" 編成表				
乗車区間	号車	車両番号	禁煙	備考
春日部	1	クハ351－4	○	座席指定
	2	モハ351－3	○	座席指定
	3	モハ351－2	○	座席指定
浅　草	4	クハ351－1	○	座席指定
この電車は新栃木で車両交換をした。				

に装飾が施されていなかったわけだ。どの部分が不具合なのか不明だが、もしかすると乗車車両は特急〈しもつけ282号〉浅草行きで使われていたのかもしれない。

特急〈しもつけ282号〉は9時48分に終点浅草に到着したあと、いったん業平橋の留置線へ移動する。ホームに余裕がないため、いったん引き下がらなければならないからだ。もし、特急〈しもつけ282号〉浅草行きに東京スカイツリーの装飾をしていたら、"フライング"になってしまう。

業平橋を通過すると、進行方向右側には工事中の東京スカイツリーが見える。列車を降りないと、うまく撮れないほど成長を続け、すでに東京タワーを抜いている。

当初、東京スカイツリーは高さ610メートルにする方針でいたが、自立式

電波塔世界一を目指し協議を重ねた結果、634メートルに決定した。この高さはもちろん世界一。ちなみに、世界一高い建物は、ドバイにあるブルジュ・ドバイというビルで、819メートルである。

巨大な東京スカイツリーを横目に、業平橋を通過。

東京スカイツリーが建てられる前はホームだった

　東京スカイツリーが建てられる前は、伊勢崎線起終点用の地平ホーム(2面3線)が存在していて、このホームは1990年9月25日(火曜日)に営業を開始。平日朝ラッシュ時の上り準急(現在の区間急行。現在の準急は後述)曳舟行きを業平橋まで延長していた。

　また、地平ホームに都営地下鉄都営浅草線及び京成電鉄(以下、京成)押上線〔押上駅〕の連絡地下道を新設し、利便性の向上と浅草の混雑緩和を図った(浅草は都営浅草線乗換駅でもあるため)。

　業平橋地平ホームは2003年3月18日(火曜日)で役目を終え、翌日に伊勢崎線押上―曳舟間のイーハー東武が開業。それと同時に半蔵門線、田園都市線の相互直通運転が始まった。これに伴い、都営浅草線と押上線の乗換駅は押上に変わったが、当初は日中20分間隔だったため、かえって不便になってしまった。

　このダイヤ改正は旧準急(現・区間急行)の10両運転に影響し、業平橋地平ホームが使えなくなり、行先は「浅草」または「北千住」に変更した。しかし、高架の業平橋と浅草は10両分のホームがないため、北千住で後ろ4両を切り離すことになった。

　これにより、後続の列車を遅らせないよう、分割併合が容易な電気連結器が装備されている10000系、10030系、10080系が優先的に使われるようになる。ただし、アクシデントで遅れた場合、北千住の切り離しが足を引っ張る存在となってしまう。それが発生すると、西新井―北千住間の複々線の外側はノロノロ運転になるため、内側を走る各駅停車に抜かれてしまうケースがある。

　2006年3月18日(土曜日)にイーハー東武の本数を倍増させ、終日ほぼ10分間隔の運転となり、列車種別も再編。急行は「特急」、通勤準急は「急行」、旧準急は「区間急行」、区間準急は「準急」にそれぞれ改めた。また、区間準急という種別は浅草・北千住発着で存続し、浅草―北千住間は終日各駅停車に統一させた(それまで停車駅は2種類あった)。

臨時特急〈ゆのさと275号〉鬼怒川温泉行き"スカイツリートレイン"

車内で東武ワールドスクウェアのリーフレットを配布

　進行方向左側からJR東日本常磐線、つくばエクスプレス線(首都圏新都市鉄道常磐新線)、日比谷線に合流し、常磐線のE653系オレンジ＆イエローの特急〈フレッシュひたち17号〉高萩行きが通過。上野—勝田間は"2色運行"をしており、その色を漫才師にたとえると、オール阪神・巨人といったところだろうか。

　臨時特急〈ゆのさと275号〉鬼怒川温泉行き"スカイツリートレイン"は、10時40分、北千住特急専用ホームに到着。ちなみに両者とも始発駅を10時30分に発車している。

　北千住でそれなりに乗り込み、10時42分に発車。小菅を通過すると左へゆるやかに曲がり、常磐線、東京メトロ千代田線、つくばエクスプレス線をまたぐのが爽快だ。

　「お客様に御案内いたします。

　本日の"スカイツリートレイン"でございますが、車両の都合によりまして、通常の車両にて運転となっております。本日、途中の新栃木駅におきまして、列車の取替えをさせていただきます。スカイツリーの展示を施した車両に取り替えさせていただきます。

　お客様には大変御迷惑をおかけいたしますが、途中の新栃木におきまして、いったん降りていただきまして、"スカイツリートレイン"号の車両にお乗換えいただきますよう、お願いいたします。大変御迷惑をおかけいたします」

　車掌は浅草発車時と異なる放送を流す。東京スカイツリーの装飾をほどこした350系は新栃木で待っている。乗車している351編成に不具合があるとするならば、業平橋の留置線で、装飾が時間内に完了できないことが判明したからだろうか(この場合は「不都合」という言葉が当てはまる)。ちなみに、300系は南栗橋車両管区春日部支所、350系は同区新栃木出張所の所属である。

　西新井で警笛が最後部の4号車に聞こえるほど鳴り響き、越谷では東急8500系の急行久喜行きを抜いたあと、東武社員2人が4号車に現れる。マイクなしの肉声で装飾を施していないことを詫び、東武ワールドスクウェアのリーフレットを配る。乗客はお詫びをまったく気にしていない様子だ。

　せんげん台で30000系の区間準急久喜行きを抜き、11時02分、春日部3

春日部3・4番線の東武動物公園寄り先端。

番線に到着。乗降用ドアは2号車の前寄り、3号車の後ろ寄りしか開かない。2003年3月18日（火曜日）まで、急行（現・特急）〈ゆのさと〉〈きりふり〉〈しもつけ〉は、すべての乗降用ドアを開閉したが、翌日から特急スペーシア〈けごん〉〈きぬ〉に倣い、一部の乗降用ドアに限定されたのだ（特急〈きりふり283号〉南栗橋行きと、春日部が終点の特急スペーシア〈けごん39号〉を除く）。

　春日部3・4番線は両数に関係なく、停止位置が決まっており、先頭1号車は柵の先端付近に停まった。3番線の1号車寄りは待合室がある関係で、ホーム幅が狭く、撮りづらい。かつて、3・4番線は待合室より先も入れたが、いつのまにか通行禁止になっていた。撮影スペースとしては好都合なのだが……。

春日部を発車し、鬼怒川温泉へ向かう。

臨時特急〈ゆのさと275号〉鬼怒川温泉行き"スカイツリートレイン"

1番線でも撮影するレールファンがいたが、ちょうど30000系の区間準急浅草行きが姿を見せると、警笛を鳴らして事故防止を図る。また、3番線でも柵の近くで撮影するレールファンがいたので、こちらも大きな雄叫びをあげ、11時04分に発車した。春日部3・4番線で停車中の列車を撮影するには、北千住寄りがよさそうだ。

装飾車両は特急〈しもつけ〉でも運用

　17時50分過ぎ、再び浅草へ。スカイツリートレインの装飾車両は特急〈しもつけ〉にも運用されているので、それに賭ける。拙著に掲載する以上、きちんとした姿で締めくくりたい。

　ホームは窮屈なレイアウトで、列車とホームのあいだが空き過ぎている箇所がある。これではせっかく車両の車端部に装着した外幌も役に立たず、人が転落しないことを願うのみである。また、進むごとに幅が狭くなっており、ホームの端で動く電車を撮るのは勇気がいる。

　いつからそうなったのかはわからないが、3〜5番線の一部に安全柵を設置し、転落事故防止の態勢をとっている。新幹線の安全柵に比べると、気難しさを排除したデザインである。

この日2度目の350系。

18時20分、3番線に特急〈しもつけ281号〉東武宇都宮行きが入線。"スカイツリートレイン"と銘打たないものの、装飾を施している。

前頭部と車体側面のロゴマーク。

デッキは"走るギャラリー"に。

装飾車両は350系353編成で、1・4号車の前頭部と車体側面にロゴマークを掲出。すべてのデッキに東京スカイツリーの概要と成長記録、東武ワールドスクウェアに展示されている25分の1サイズを紹介するパネルが掲げられている。

特急〈しもつけ〉も東京スカイツリーの宣伝に大きく貢献。

臨時特急〈ゆのさと275号〉鬼怒川温泉行き"スカイツリートレイン"

特急〈しもつけ〉と臨時特急〈ゆのさと294号〉が"スカイツリートレイン"と銘打たないのは、前者は新栃木—東武宇都宮間、宇都宮線を走ること、後者は東武ワールドスクウェアからの帰りということが考えられる。

　東京スカイツリーは、東京の新名所になることが間違いないだけに力と熱が入る。気になるのは業平橋に特急、快速、区間快速が停まるかどうかだ。すべての電車が停まらないことには利便性が劣ってしまう。今後、東武はどう判断するかが注目される（これらについては、ほかのページを参照）。

2年後を描いた新スペシャルヘッドマーク。

新スペシャルヘッドマークは、350系全3編成に掲出。

なお、"スカイツリートレイン"は好評につき、2010年8月29日(日曜日)まで延長され、7月17日(土曜日)から新スペシャルヘッドマークが掲出された。

国鉄準急から東武優等列車として復活後、26年の歴史に幕

〈ゆのさと〉という列車愛称は、国鉄時代の1960年3月10日(木曜日)に登場。当時は上野―水上間の準急だったが、1965年9月30日(木曜日)で廃止された。

急行時代のヘッドマークは、特急格上げ後も残る。

それから26年たった1991年7月21日(土曜日)、東武は6050系の快速急行を300系、350系の急行に衣替えをした。その際に誕生したのが浅草―東武日光間の急行〈きりふり〉、浅草―東武宇都宮間の急行〈しもつけ〉、浅草―会津田島間の急行〈南会津〉、浅草―鬼怒川温泉間の急行〈ゆのさと〉である。国鉄の準急だった〈ゆのさと〉は、東武の急行としてよみがえったのだ。

急行〈南会津〉〈しもつけ〉は350系の定期列車、ほかは300系の不定期列車だったが、のちに急行〈ゆのさと〉は定期列車化される。しかし、客足

臨時特急〈ゆのさと〉275号・鬼怒川温泉行き"スカイツリートレイン"

特急格上げ後は、不定期列車として11年間運転された。

が伸びず、いったん不定期列車に戻る。

　2005年3月1日(火曜日)、急行〈南会津〉の廃止に伴い、浅草―新藤原間のダイヤを引き継ぐカタチで定期列車が復活するものの、2006年3月18日(土曜日)、再び不定期列車に戻る。また、先述の列車種別再編で特急に格上げされるが、年間数日の運転に縮小された。

　300系、350系は特急〈しもつけ〉と消滅した急行〈南会津〉を除き、車両運用が安定していなかったが、2006年3月18日(土曜日)に100系スペーシアがJR東日本との相互直通運転を開始したことで、ようやく安定したように思える。特急〈スペーシアきぬがわ〉(特急〈スペーシア日光〉で運転することもある)の運行開始により、特急スペーシア〈けごん〉〈きぬ〉を補完する役割が与えられた格好だ。

　その後、500系リバティのデビューに伴い、2017年3月25日(土曜日)運転の臨時特急〈ゆのさと277号〉鬼怒川温泉行きを最後に、東武優等列車として26年の歴史に幕を閉じた。

8000系
東武顔フォーエヴァー

東武顔は一時代を築いた。

　私鉄の車両には、同じ顔立ちながら車型が異なる車両があり、沿線住民やレールファンから長く親しまれた。東武もそのひとつ。8000系を含め、長らく続いた"東武顔"の定期運行が2011年6月30日(木曜日)をもって終了した。

48年間続いた東武顔の定期運行

　2010年12月5日(日曜日)、南栗橋車両管区で行なわれた東武ファンフェスタでは、東上線で活躍する8000系最後の東武顔、8111編成が撮影会場に展示され、レールファンの賞賛を浴びた。

　その1年前となる2009年11月8日(日曜日)開催時、"東武の御意見番"ともいえる花上嘉成東武博物館館長(現・東武博物館元名誉館長)は、トークショーで8000系東武顔の保存を訴えている。

8000系は臨時快速として野岩鉄道へ直通し、福島県まで足を伸ばした。

　かつては「私鉄の103系」と呼ばれ、1963年11月1日(金曜日)にデビューしてから、20年間で712両新製し、日本の鉄道の歴史に輝かしい名を残した。また、昭和40〜60年代の東武は、1720系、1800系、8000系が"3本柱"だったといえるだろう。

　1986年度から修繕工事が始まると、8編成が原型の東武顔のまま営業運転に就く。そして、1987年度から6050系に似た顔立ちに変わり、新型車両と見間違うほどに生まれ変わった。最終的に東武顔の8000系は11編成残り、2008年3月31日(月曜日)に修繕工事を終えた。

　8000系は2004年9月28日(火曜日)から廃車が始まり、2010年6月22日

(火曜日)以降は8111編成が唯一の東武顔として孤軍奮闘していた。

　しかし、寄る年波に勝てなかったのか、東武は2011年6月27日(月曜日)、突如6月29日(水曜日)限りで、定期運行の終了を発表。6月28・29日(火・水曜日)はヘッドマークを掲出して、有終の美を飾るという。あまりにも唐突な一報である。

　東武ホームページでは、東武顔の最終定期運用を発表するイキなはからいのほか、東上線ホームの行先案内板では、大々的にスクロール表示して、大いに盛り上げる。

　ただ、ひとつ心配することがあり、この2日間、どのくらいのレールファンが集まるのか見当がつかない。特に池袋は多数集結するのが目に見えている。人が多過ぎる街ゆえ、混乱が起きなければよいのだが……。

功を奏した予告ダイヤ

タラッシュ時の池袋は、やや異様な雰囲気に包まれていた。

　6月29日(水曜日)18時頃、池袋に乗り込んだ。すでに夕方のラッシュが始まっており、人の数はハンパではない。どの列車も混み合っており、東上線のすさまじさを物語る。朝ラッシュ時の上りダイヤは通勤急行を運転しているが、急行運転は志木―池袋間のみ。急行も運転しているが、所要時間に大差はなく、スピードが上がらない。

　池袋は3面3線で、基本的に1番線は準急のりば、以降は左右どちらの乗降用ドアが開閉できる構造で、2番線は急行のりば、3番線は急行おりば、4番線は各駅停車のりば、5番線は各駅停車おりば、〈TJライナー〉のりばである(5番線は16時を境に役目が変わり、4番線は各駅停車の降車も兼ねる)。

　4・5番線の車止め周辺では、かなりの人でにぎわっている。"〈TJライナー2号〉小川町行きを待っているのかな？"と思いきや、8000系東武顔

の各駅停車成増行きが入線した。私は19時15分発の急行森林公園行きに乗ることを決めていたので、18時11分発の各駅停車成増行きはまったく眼中にない。池袋に乗り込んだ時刻が少々早まったため、思わぬ"サプライズ"となった。

惜別のヘッドマーク。

この日、東武のプレスリリース通り、逆台形のヘッドマークを用意し、クハ8111に掲出。森林公園寄りのクハ8411は、8000系フェイスチェンジ車と相棒を組んでいるため、"簡易中間車"と化しているためだ。2008年6月14日(土曜日)のダイヤ改正で、東上線池袋―小川町間の東武車両は"原則10両"となり、わかりやすくなったものの、東京メトロ7000系副都心線対応車が将来東横線に乗り入れるため、8両に減車された。

8000系東武顔の池袋折り返し時間はわずか4分のため、レールファンはビジバシ撮影している。しかし、私の想像以上に混み合っておらず、感情をできるだけ表に出さないよう、心の中で興奮しながら東武顔の勇姿を目に焼きつけている。あえて運行時刻を公表することにより、多くの人々が撮影できるようにした"分散化作戦"が功を奏しているのだろう。発車時刻が近づくと、撮影を切り上げて8000系東武顔に乗るレールファンが多かった。

18時11分に発車すると、9割以上のレールファンは退散。2・3番線に移動するレールファンは意外と少ない。この時間帯、中高生もいるため、家路へ急ぐのだろう。さすがに親御さんは、夜遅くまでの"プライベート部活動"を許可していないようだ。

前日はサボ型ヘッドマークを掲出しており、和光市で撮影した。池袋での混乱を恐れ、あえて"安全策"をとったのだ。8000系東武顔の急行池袋行きの到着1時間前に着いた際、私以外で"獲物"を待っていたのは、女性1人だけ。最終的には10人ほどが撮影していたが、池袋に乗り込んでもよかった気がした。

サボ型ヘッドマークを掲出した8111編成。

東上線の弱冷房車は1両のみ

18時40分を過ぎると、車止めの周辺でレールファンの数が増える。夏なので暑いが、意外と心地いい風が吹いてくる。レールファンの熱気による温度上昇を防いでいるような感じだ。

19時05分、2・3番線に"8000系東武顔劇場第9幕"となる急行森林公園行きが入線した。発車時刻は19時15分で、10分の余裕がある。

多数のレールファンが集結する中、勤めや学業を終え、帰宅する人たちは何気なく乗っている。8000系東武顔に"たまたま当たっただけ"という感覚なのだろう。2番線の車止め付近には女性職員が警備にあたっているが、殺気立った様子はなく、和やかな表情を浮かべている。ホームに警備員はいるものの、増員した様子もなく、普段どおりのようだ。

急行森林公園行きが入線。

レールファンのあいだでは、8000系の原型車を「東武顔」と呼んでいるが、東武側は前頭部の灯具が円形ということなのか、「丸目」と称している。気がついたら、東武で丸目の営業用車両は8111編成のみ。9000系以降の新型車両などの灯具は角型に変えている。9000系、9050系、10000

丸目の灯具。

系の縦列灯具を見ていると、8000系東武顔を踏襲している。

とりあえずクハ8411へ

　車内は帰宅客で満員となり、とりあえずクハ8411に乗り込む。19時15分に発車すると、進行方向右側は湘南新宿ラインの普通電車宇都宮行きも発車していた。こちらも帰宅ラッシュだが、思ったほど混み合っている様子はなさそう。首都圏のラッシュは、ほかの地方とはケタが違う。ラッシュ時のホームは、駅員などが“押し屋”と化しており、そうしないと乗降用ドアが閉まらない場合がある。

　急行森林公園行きは埼京線と並走。進行方向右側に池袋運転区があり、留置中のE231系500番代のデジタル方向幕は、「山手線」を表示。以前の103系や205系では当たり前の表示だったので、なつかしさを感じる。

　北池袋を通過すると、埼京線と分かれる。車内は冷房が通常の温度で稼動しているものの、猛暑と混雑のせいか、人の熱気が若干上回っているようだ。もし、冷房がなかったら、蒸し風呂のような感じなのだろうか。

　夕ラッシュの影響か、スピードが出ない。ひたすら住宅地や昭和の風情を感じる商店街の踏切を黙々と走る。東武練馬を通過すると、いつ停止信号で止まってもおかしくないほどのノロノロ運転。池袋―森林公園間の所要時間は日中57分だが、乗車中の電車は3分増す。

　19時27分、成増に到着。一部の各駅停車はここで折り返すことを象徴するかの如く、一定の下車客があった。近辺には有楽町線の地下鉄成増駅があり、ここも乗降が多い。

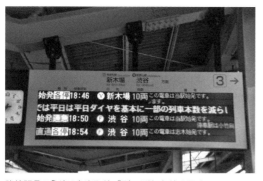

路線記号の「Y」は有楽町線、「F」は副都心線を示す。

成増を発車すると、有楽町線に合流。路線別複々線となり、並走する。和光市が近くなると、有楽町線は大きくまたいで内側へ入り、東上線は外側を通る。

19時30分、和光市1番線に到着。向かいの2番線には有楽町線新木場からの各駅停車川越市行きも到着。若干の乗り換え客があった。私が想像していたほど少ない。

行先案内板はフルカラーLEDに更新されたほか、3番線は有楽町線、副都心線のラインカラーと路線記号を表示することで、わかりやすくしている。近い将来は「元町・中華街行き」がお目見えするものと考えられ、どんな列車種別を表示するのかが注目される。特に車両はデジタル方向幕なので、「東横線内特急」、「東横線内急行」などが表示されるのだろう。

停車中、私はモハ8311に移動。久々に8000系の"叫び"を聞いてみたい。

夜間の回送は室内灯をつけたまま走行

和光市を発車すると、志木まで東上線の複々線を走る。内側は緩行線、外側は急行線として使われており、途中の朝霞、朝霞台は急行線、緩行線ともホームがある。成増以遠、各駅に停まる準急は急行線を走るためだ。

複々線で各駅停車を追い抜くことなく、志木で複線に戻る。

車内は東武顔の定期運行終了には関心がないのか、あるいは動揺を隠しているのか、日常と変わらない姿である。ロングシートに坐る乗客の半分は夢の中だ。本当の夢の中は翌日の2時から5時までのあいだかもしれない。きっと8000系東武顔がいつまでも元気に走る姿が映るのだろう。

みずほ台を通過すると、スピードが落ちる。レールファン的な視点だと、"8000系を楽しむ時間が増える"という感じだろうか。

鶴瀬を通過すると息を吹き返し、19時46分、定刻より4分遅れで、ふじ

み野に到着。ここで準急森林公園行きに接続し、下車ならびに乗り換え客が多い。

急行森林公園行き 編成表				
乗車区間	号車	車両番号	禁煙	備考
森林公園	なし	クハ8442	○	修繕車、女性専用車
	なし	モハ8342	○	修繕車
	なし	モハ8242	○	修繕車
	なし	クハ8142	○	修繕車
	なし	クハ8411	○	修繕車、池袋―和光市間乗車
	なし	モハ8811	○	修繕車
	なし	サハ8711	○	修繕車
	なし	モハ8311	○	修繕車、和光市―森林公園間乗車
	なし	モハ8211	○	修繕車、弱冷房車
池　袋	なし	クハ8111	○	修繕車
女性専用車について				
平日、池袋7時20分着から9時30分着までの急行、通勤急行、準急で実施。				

　ふじみ野を発車すると、急行運転では1番素晴らしい走りを魅せる。遅れていることもあり、回復運転に努めているのかもしれない。"これぞ8000系の真骨頂"と自信たっぷりな快走である。車窓が期待できない時間帯だが、最後の東武顔を心ゆくまで堪能しよう。

　19時50分、定刻より2分遅れて川越に到着。隣のホームには50090系の回送が通過。マルチシートは下り方クロスシートにセットされており、池袋20時30分発の〈TJライナー6号〉小川町行きに備えている。

　ただ、室内灯をつけたまま走行する姿勢が解せない。2011年は東北地方太平洋沖地震の影響で、計画停電打ち切り後も政府らが節電を要請したのだから、回送の室内灯消灯も検討してほしかった。

　その後、『鉄道ファン』2012年3月号(交友社)で東武記事の掲載が決定。編集部経由で「夜間の回送に室内灯をつける理由」を問い合わせたところ、「安全上、電車の走行を確認しやすくするのが目的」だということであった。

最後の東武顔は節電に役立っていた

　川越から先は各駅に停まる。東京メトロからの直通電車の大半は、次の川越市で折り返すため、ここから先は電車の本数が少なくなる。

　川越市の次は霞ヶ関。東京メトロにも同じ読みの駅があるが、漢字は「霞ケ関」（「ケ」の大きさが違う）である。地理(社会)のテストで、この問題が出た場合は引っかかりやすい。

　鶴ヶ島でようやく坐る。全区間立ちんぼを覚悟していたが、ロングシートに坐ると、ジワーッと眠気が脳に伝わってくる。坐り心地は前日乗った50070系よりいい。8000系は座席に厚みがあるほか、着席区分が明確なバケットタイプではないことも要因だろう。首都圏で、このようなロングシートは"なつかしの座席"と言えそうだ。

　越生線乗換駅の坂戸で空席が発生するも、食いつくようにして坐りたがる人は少ない。立客はまだ解消しておらず、「立つことに耐えている」というより、その人の日常なのだろう。

　20時12分、定刻より3分遅れて高坂に到着。空席が目立つようになり、次の東松山でも下車客が多かった。東上線における首都圏エリアの終わりを告げているかのようだ。

　車内を見上げると、あることに気づく。

車内にも"丸目"の非常灯が設置されている。

　1つ目は昔ながらの円形非常灯が残っていること。2つ目は節電の世の中だというのに、客室の蛍光灯は1本も撤去(減灯)されていないことだ。これは1990年度の修繕車から、室内灯の数を先頭車は16灯から22灯、中間車は16灯から24灯にそれぞれ増設したためで、併せて一部の室内灯は非常灯を兼ねている

（円形非常灯は撤去）。最後の東武顔は室内灯が増設されていないため、節電対策の手間を減らしていたのだ。

　3つ目は荷棚に東武ワールドスクウェアの宣伝ステッカーを貼付していること。東上線の沿線から東武ワールドスクウェアへ向かうには、池袋でJR

東日本のホームから発車する特急
〈きぬがわ〉〈スペーシアきぬが
わ〉鬼怒川温泉行きに乗り、終点
で下車。ここからバスに乗り換え
る。ちなみに特急〈日光〉利用の
場合、途中の下今市で鬼怒川線に
乗り換え、小佐越で下車すると徒
歩で着く(当時)。

東武のテーマパークをさりげなく案内。

　最後の東武顔となった8111編
成は、東上線一筋。また、東上線の業務に就いた人々にとっても、東武顔に
対する思い入れが強いように思う。その表れといえるのが、2004年10月に
東上線開業90周年の目玉として、東武顔の8108編成(6両車)を登場当時の
ツートンカラーに戻したのだ。併せて急行灯も復元して、2005年6月まで
颯爽と駆け抜けた。

　20時18分、定刻より3分遅れて終点森林公園1番線に到着。この日は森
林公園6時15分発の急行池袋行きを皮切りに、夜遅くまで"業務"をこなし
ており、最後に森林公園に戻るのは23時47分着予定の急行である。

　ほどなくして、2番線に〈TJライナー4号〉小川町行きが到着。あわただ
しく発車したあと、8000系は一旦、森林公園検修区に入庫。ひと休みした
あと、20時43分発の急行池袋行きとして折り返す。

　階段を上がると、改札付近には左から東武顔の記念写真用の"顔出し台"、
お手製のラストランポスター、50090系記念写真用の"顔出し台"が仲良く
並ぶ。近くには、巨大なてるてる坊主がミニチュアの東京スカイツリーをや
や上から目線で眺めている。
梅雨が明ければ、関東地方は
夏本番を迎える。

　さて、レールファンのアン
コールに応えたのかどうかは
定かではないが、8000系最
後の東武顔8111編成は6月
30日(木曜日)も運転され、"「1
日延長」という名のサプライ

記念撮影用のパネル。

ズ"で定期運行を終了し、有終の美を飾った。レールファンや地元の人々に愛された顔だからこそ、1日延長したのだろう。

2011年11月には森林公園駅にクハ8111の模型が寄贈され、展示された。

東上線池袋―小川町間の T－DATC化と8000系

東武顔の定期運行終了後も、東上線池袋口では8000系の活躍が続いた。

　東上線8000系東武顔の定期運行終了後も、池袋口では8000系フェイスチェンジ車の10両編成列車が引き続き運行されていた。

　しかし、池袋―小川町間の保安装置をTSP-ATSからT－DATC(東武型デジタルATC)に切り替えるため、2015年1月17日(土曜日)をもって池袋口での営業運転が終了し、森林公園検修区所属の8000系は4両ワンマン車のみとなった。

　その後、1月31日(土曜日)に川越市―小川町間、6月13日(土曜日)に和光市―川越市間、9月26日(土曜日)に池袋―和光市間がT－DATCに切り替えられた。

　なお、同区所属の8000系4両ワンマン車はT－DATC区間で回送運転を行なうため、ATC搭載改造が実施された。

コラム
column

定期運行終了後の8111編成

「東武東上線森林公園ファミリーイベント」は、2014年11月16日（日曜日）を最後に開催されていない。

　定期運行終了後、去就が注目された8111編成は、2012年3月22日（木曜日）付で東武博物館保有となり、併せて南栗橋車両管区春日部支所へ転属（2020年、南栗橋車両管区に"住まい"を変えた模様）。再修繕の末、2012年8月29日（水曜日）から東武博物館の動態保存車両として、新たなスタートを切った。

　当初は古巣東上線に"里帰り"することもあったが、池袋―小川町間のＴ－ＤＡＴＣ化に伴い、「東武東上線森林公園ファミリーイベント2014」が最後のお披露目となった。

浅草発着の快速、区間快速 フォーエヴァー

6050系の後継車が開発されることはなく、浅草発着の快速、区間快速は歴史に幕を閉じた。

　浅草発着の快速が設定された当時は、座席指定も設定されていたが、乗車券のみで気軽に日光・鬼怒川方面へ行けた功績は大きい。

　しかし、特急の充実に伴い、後年設定された区間快速ともども、歴史に幕を閉じることになった。

　ダイヤ改正を1週間後に控え、浅草から春まだ浅い会津路へ向かった。

わかりにくい方向幕

　2017年4月14日(金曜日)8時50分頃、伊勢崎線浅草へ。5番線の車止め付近は、外国人が多い。一方、北千住寄りは日本人ばかり。レールファン数人がお目当ての列車を待つ。

　8時58分、定刻通り、区間快速が4・5番線に到着。それを見届けたかの如く、9時00分、3番線の特急スペーシア〈きぬ105号〉鬼怒川温泉行き(日光詣スペーシアで運転)が発車した。

ダイヤ改正後、左側の5番線が閉鎖された。

　4・5番線は車内の整備、点検が終わると、5番線の乗降用ドアのみ開き、9時10分発の快速東武日光・鬼怒川温泉方面会津田島行きとして折り返す。快速としては"終電"で、10時以降は2時間おきの区間快速となる。

　浅草発着最後の快速に乗るのだから、距離の長い鬼怒川温泉方面会津田島行きを選択。東武日光へは1800系臨時快速で乗り慣れているし、鬼怒川線は2010年以来ゴブサタ。"野岩鉄道や会津鉄道にも足をのばしたい"と思い、迷いはなかった。

　列車は6両編成で、前2両は鬼怒川温泉・会津高原尾瀬口方面会津田島行き、中間2両は鬼怒川温泉方面新藤原止まり、後ろ2両は東武日光行きで、下今市で分割する。

乗車区間	号車	車両番号	禁煙	備考
会津田島	なし	クハ6175	○	鬼怒川温泉方面会津田島行き
	なし	モハ6275	○	鬼怒川温泉方面会津田島行き
	なし	クハ6156	○	鬼怒川温泉方面新藤原止まり
	なし	モハ6256	○	鬼怒川温泉方面新藤原止まり
	なし	クハ6270	○	東武日光行き
浅　草	なし	モハ6170	○	東武日光行き

快速東武日光・鬼怒川温泉方面会津田島行き　編成表

下今市で前4両、後ろ2両に分割

6050系の方向幕とJR西日本223系2000番代のデジタル方向幕。

誤乗防止用に設けられた6050系の車内方向幕。

　方向幕のカッコは「方面」を表している。駅員や車掌が「方面」を口にしているとはいえ、不慣れな人にとってはわかりにくい。JR西日本などでは、「方面」を明確に表示しており、このようにわかりやすく案内できないものだろうか。

　乗客全員がボックスシート、もしくはロングシートに坐り、定刻通り9時10分に発車。春爛漫の隅田川を渡り、とうきょうスカイツリーへ。9時13分に発車すると、曳舟で東急8500系の急行久喜行きを抜く。以前は急行が格上だったが、2006年3月18日(土曜日)のダイヤ改正の列車種別再編により、逆転。列車種別の定義は各鉄道事業者の自由とはいえ、違和感がある。とはいえ、ブレないところが東武らしい。

当時の曳舟は特急、快速などがすべて通過していた。

ダイヤ改正の車内放送に快速廃止を盛り込まず

　9時21分、定刻より1分遅れで北千住1番線に到着。いつもと変わらず多くの乗客が乗り、ほとんどのボックスシートは相席となる。客層を見ると、観光客は少ない。

　左隣の常磐線3番線は特急〈ひたち4号〉品川行きが通過。北千住は4社5線が集う交通の要衝なのだから、JR東日本は特急〈ひたち〉〈ときわ〉を北千住に停めて利便性向上に努めてほしい。

　一方、右隣の4番線は特急スペーシア〈きぬ108号〉浅草行きが到着。東武の優等列車は長らく日比谷線乗り換えの便宜を図るため、上りのみ停車していたが、大改良工事の完成により、1997年3月25日(火曜日)から下りも停車した。

　定刻通り、9時21分に北千住を発車すると、北越谷まで複々線。小菅、五反野では撮影者の姿を見たが、近隣住民の苦情で撮影禁止になった梅島はなし。

　西新井を通過すると、車掌がダイヤ改正についての案内放送を流す。新設の特急〈アーバンパークライナー〉を強調し、快速廃止にはまったく触れていないのはさびしい。

　以前はこのあたりで車内放送が終わると、車掌が車内を巡回し、車内精算

業務が行なわれていたが、交通系ICカードの普及でとりやめた模様だ。

　草加で10030系の区間準急館林行き、越谷で東急8500系の急行南栗橋行きを抜く。複線に戻り、せんげん台を通過すると、付近の短い鉄橋が更新工事中のため、警笛を鳴らす。短いとはいえ、線路切り替えを行なわない形で鉄橋を更新するのだから、かなりの難工事であろう。

　野田線と交差し、左へ曲がり、レールと車輪の摩擦音が車内に響く。定刻より1分遅れの9時43分、春日部3番線に到着。乗客の半分が入れ替わる格好となる。乗客の身なりを見ていると、観光地へ向かうようだ。

　定刻通り9時43分に発車すると、左手に『クレヨンしんちゃん』御用達のサトーココノカドー(イトーヨーカドー春日部店の期間限定イベント)がチラリ。ほどなく500系リバティの回送とすれ違う。結果的に300系、快速、区間快速を置き換える展開となり、世代交代を告げるかのよう。

　9時49分、定刻より1分遅れで東武動物公園に到着。私が乗車する先頭車に目立った乗降はなく、1分遅れのまま9時50分に発車。警笛を鳴らしたあと、日光線へ入る。

　「また、座席は譲り合ってお掛けくださるよう、お客様の御協力をお願いいたします」

　車掌は車内放送で座席のひとり占めなどが起こらないよう、お願いをする。

JR西日本221系の転換クロスシート。

しかし、空席があるにもかかわらず、先頭車は浅草寄りに立客が4人いる。どうやらボックスシートの相席、特に逆向きに坐ることを嫌っているのだろう。快適性に関しては、JR西日本221系などに用いられている転換クロスシートが上。全国的にボックスシートは、平成、21世紀の時代に合わない。

開業当初から快速停車駅

日光線栗橋—新古河間の絶景車窓。

快速東武日光・鬼怒川温泉方面会津田島行きは、栗橋を通過。利根川の堤防に菜の花が咲き誇り、臨時特急〈スカイツリートレイン〉のペアスイートで、桜の花といっしょに楽しみたいところ。相手がいればの話だが。

群馬県へ入り、10時09分、板倉東洋大前3番線に到着。日光線では唯一の群馬県駅で、1997年3月25日(火曜日)に開業。隣の柳生駅は埼玉県、藤岡駅は栃木県に所在する。板倉ニュータウンの玄関口ということもあってか、当初から快速が停車。また、2面4線が幸いしたのか、2013年3月16日(土曜日)のダイヤ改正で一部の特急が停車している。

定刻通り、10時10分に発車。利根川から分岐した渡良瀬川を渡ると、左手に菜の花と桜が咲き誇る。日光線は水田が多く、ゴールデンウィーク前に苗が植えられており、風光明媚な車窓が汽車旅を彩る。

特急では眺められない車窓が新鮮

2面4線の新大平下を発車すると、高架を登り、栃木へ。定刻通り、10時26分の到着ながら、隣の両毛線は普通電車高崎行きが発車し、東武快速との接続をとらない。

栃木で降りる乗客が多く、北千住から相席となった女性もそのひとり。日光・鬼怒川温泉方面へ向かう乗客は、私が予想していた以上に少ない。平日ということもあると思うが、浅草を10分早く発車した特急スペーシア〈きぬ105号〉鬼怒川温泉行きを選択する乗客が多いのだろう。

10時29分、新栃木1番線に到着し、乗務員を交代。10030系の各駅停車南栗橋行きが3番線に入線した姿を見届けたかの如く、定刻より1分遅れの10時32分に発車。東武金崎付近から日光の山々が見え始めた。特に先頭車

浅草発着の快速、区間快速フォーエヴァー—快速編—

十石坂トンネル。

は立ち見ながら前面展望を楽しむことができるので、634型スカイツリートレインを除く特急形電車では眺められない車窓が新鮮だ。

定刻より1分遅れの10時46分に新鹿沼を発車すると、登り勾配が続く。

明神を通過すると、東武唯一の山岳トンネル、全長約40メートルの十石坂トンネルを通る。かつて、JR東日本吾妻線に存在した樽沢トンネル(7.2メートル)のように、注意深く目をこらさないと、存在すら気づかない乗客が多いと思う。

下今市で分割し、鬼怒川線へ

特急〈きぬがわ4号〉新宿行きとすれ違ったあと、定刻通り11時03分、下今市3番線に到着。ここまで128.4キロを1時間53分で駆け抜け、表定速度は68.2km/h。土休運転の臨時特急〈きりふり275号〉東武日光行きに比べ1分早い(表定速度67.6 km/h)。その理由は、第6章「ありがとう300型引退

下今市で前4両と後ろ2両を分割。

記念運転　臨時特急〈きりふり275号〉東武日光行き」を御覧いただければ、おわかりになると思う。

ここで前から4両目と5両目で分割作業を行なう。車両の方向幕も別のコマに変更されたほか、前4両の鬼怒川温泉方面編成から、後ろ2両の東武日光行き編成に乗り移る乗客も多く、立客が発生した。

ちなみに、2014年から2016年まで、ゴールデンウィークと紅葉シーズンに下今市一東武日光間の"サプライズ臨時快速"(1800系で運転。東武からのプレスリリースはなし)が設定され、混雑緩和を図ってい

た。

　私が乗車する快速鬼怒川温泉方面会津田島行きは、鬼怒川線上りの各駅停車新栃木行き(ここで東武日光始発と併合)の到着が遅れた影響で、定刻より2分遅れの11時13分に発車。一方、快速東武日光行きは11時14分に発車し、終点には11時21分の到着予定である。

　快速鬼怒川温泉方面会津田島行きは、ここから単線の鬼怒川線へ入り、終点まで各駅に停車。列車種別は快速のままなので、車掌は「各駅に停まります、鬼怒川・川治・湯西川温泉方面、会津田島行きです」と案内する。「各駅に停まります」というフレーズは、区間急行や準急などの各駅停車区間にも用いられる。

　大谷川と日光の山々に乗客の多くは見惚れている。大谷向を発車すると、両サイドの杉並木が"みどりのトンネル"と化しており、SL〈大樹〉にふさわしいシーンになりそう。

　新高徳で特急スペーシア〈きぬ105号〉鬼怒川温泉行きの折り返し列車、特急スペーシア〈きぬ118号〉浅草行きと行き違い。鬼怒川温泉での折り返し時間はわずか13分で、車内の整備点検をするには、タイトである。

他社線内は2両で運転

　小佐越を発車すると、東武ワールドスクウェア駅の建設現場を通過。ホームは曲線上に設けられ、前方を見る限り、見通しが悪そう。ホームは鬼怒川線唯一の1面1線となり、行き違い設備がない。

前方の東武ワールドスクウェア駅は、このルポの3か月後に開業。

　定刻通り11時31分、鬼怒川温泉3番線に到着し、3分停車。ほとんどが下車し、車内は一気にガラガラ。

　「どこまで行くんですか？」
　「湯西川温泉」

　1番後ろの車両に女性1人が坐っており、車掌が声をかける。野岩鉄道の駅へ向かうため、車掌は前2両への移動

を促し、女性は腰を上げた。これで当該車両の乗客はいなくなった。

　隣の車両はおばさん３人で談笑。もはや貸切状態と化している。

　次の鬼怒川公園は11時38分、２番線に到着し、２分停車。区間快速浅草行きと行き違う。４両編成のうち、前２両は野岩鉄道保有車で、５ケタ車番と東武のグループロゴが貼付されていないのが特徴だ。

新藤原から第３セクター鉄道へ。

　険しい道をゆっくり進み、11時45分、新藤原２番線に到着。ここで乗務員を東武から野岩鉄道に交代。併せて、後ろ２両を切り離す。１番線は鬼怒川温泉、鬼怒川公園に引き続き、車止めが設置されたほか、意外にも構内踏切がある。

　列車種別は快速のままながら、野岩鉄道の車掌は「各駅停車会津田島行きです」とストレートな表現で放送する。東武日光―下今市―新藤原間には快速〈AIZUマウントエクスプレス〉が走行し、東武線内は各駅に停車するが、野岩鉄道では男鹿高原を通過するため、列車種別を明確に案内する必要があるのだ。

　11時48分に発車。ここから野岩鉄道に入り、トンネルへ突入する。先頭車はおばさんたちの話し声がにぎやかに響く。

　車内では車掌が改札を行なう。新藤原から先の野岩鉄道、会津鉄道は交通系ICカードエリア外なので、現金精算となる。それを最小限にするには、駅の券売機で交通系ICカードを挿入し、乗車券を購入すればよい。そうす

ることで現金精算の負担が大いに軽減される。

　車掌が車内改札中のため、龍王峡、川治温泉、川治湯元に到着すると、運転士が乗降用ドアを扱い、到着時のみ車内放送も行なう。

　川治湯元停車中、私は車内改札を受ける。乗車券は新藤原までで、新藤原—会津田島間の乗車券1,690円(内訳：野岩鉄道新藤原—会津高原尾瀬口間1,070円、会津鉄道会津高原尾瀬口—会津田島間620円)を購入する。6050系にワンマン機器が取りつけられていないが、かえってそれがいいように思う。ワンマン列車の運賃箱とは異なり、2,000円札以上の紙幣に対応できるのだから。車掌の存在は本当に心強い。

　車内改札が終わると、車掌は先頭車の乗務員室に入る。おそらく、運転士に業務が終わったことを暗に知らせるためなのだろう。そして、先頭車にて湯西川温泉到着時の乗降用ドア開閉と車内放送を行なう。発車すると、後ろの車両に戻っていく。次の中三依温泉で各駅停車新栃木行きと行き違った。

東武本線快速電車の歴史

　東武本線快速電車の歴史を紐解いてみると、1964年2月に快速用車両として6000系が登場した。2ドアのセミクロスシート(ボックスシート＆ロングシート)で、顔立ちは前年登場の8000系をベースにした。

　3月23日(月曜日)に団体専用列車としてデビュー。1か月後の4月18日(土曜日)から臨時快速に起用される。また、5月31日(日曜日)から快速としての定期運行も始まる。6000系4・6両編成の快速については、1両を有料の座席指定(当時70円)に設定した。

　その後、6000系の増備により、1965年4月1日(木曜日)から快速の車種統一を図った。座席指定も一部列車で継続されたが、1973年7月23日(月曜日)をもって廃止され、全車自由席に統一された。

　快速に大きな転機が訪れたのは、野岩鉄道の開業が決まったことだ。日本鉄道建設公団の建設線を引き継いだ第3セクター鉄道で、鬼怒川線新藤原—国鉄会津線(現・会津鉄道)会津滝ノ原(のちの会津高原、現在の会津高原尾瀬口)間を結び、東京から会津方面の新ルートが開拓されたのである。

　野岩鉄道の列車は東武快速の直通運転がメインとなり、6000系が引き続き活躍するものと思われた。しかし、非冷房であること、更新時期を迎え

ていたことから、車体を新製し、制御装置や台車などの機器類を載せ替える東武お得意の車体更新という方式が採られ、1985年10月に6050系が登場。わずか1年で6000系全車が6050系に生まれ変わったほか、仕様が若干異なる完全新製車も登場した。

野岩鉄道が1986年10月9日(木曜日)に開業すると、会津方面の新ルートとして注目を集め、予想以上の盛況ぶり。特に会津線は、廃線確定を示す特定地方交通線に指定されていたが、野岩鉄道の開業で利用客が急増し、第3セクター鉄道として再出発する要因にもなった。

1987年7月16日(木曜日)、会津線を引き継ぐ形で会津鉄道が開業。さらに会津高原―会津田島間が1990年10月12日(金曜日)に直流電化開業し、快速の運転区間も延びた。

快速は安くてそれなりに早い。特急を補完する役割もあったが、2003年3月19日(水曜日)のダイヤ改正で、日光線特急全列車が栃木、新鹿沼に停車し、快速との差が大幅に縮まってしまう。

そして、沿線から快速の栗橋や藤岡停車の要望が出されていたこともあり、2006年3月18日(土曜日)のダイヤ改正で大半を新設の区間快速に置き換え。特に上りの快速は始発駅―新大平下間の各駅に停まる列車に変更された。

区間快速の詳細はあらためて述べるとしよう。

南会津の春はまだ先

快速会津田島行きは男鹿高原を発車し、トンネルを抜けると東北地方の福島県へ。少々雪が積もっており、東北を感じさせる。東武車両で福島県に顔を出すのは、6050系のほか、8000系、300系、350系、634型スカイツリートレインなどがあり、もうすぐ500系リバティが加わる。

12時26分、ポイント通過後、右側通行で会津高原尾瀬口2番線に到着。もともと進行方向左側の1番線は旧国鉄会津線、右側の2番線は野岩鉄道が使われており、その名残なのだろうか。

ここから会津鉄道へ。同社の乗務員は電車を運転するための甲種電気車免許を取得していないため、引き続き野岩鉄道の乗務員が務める。

12時27分に発車すると、よく揺れる。同じ第3セクター鉄道でも野岩鉄

道は新線に対し、会津鉄道は引き継ぎ。会津高原尾瀬口—会津田島間を電化しても、軌道改良まで手が回らなかったようだ。ダイヤ改正後、特急〈リバティ会津129号〉会津田島行きに乗った際、会津鉄道に入った途端、かなり揺れた。台車に装備されたフルアクティブサスペンションの効果もない。

会津荒海駅舎の時計は、8時35分で電池が切れた模様。

　メルヘンチックな駅舎を構える会津荒海で、区間快速浅草行きと行き違う。ラストコースはゆっくり進み、12時49分、浅草から190.7キロ、3時間39分かけて、終点会津田島1番線に到着した(表定速度52.2km/h)。

　改札を抜けると、待合室はストーブが使われており、ぽっかぽか。南会津の春が本格的になるのは、まだ先である。

会津田島到着後、各駅停車新栃木行きとして折り返す。終点まで101.8キロの長距離鈍行だ。

浅草発着の快速、区間快速 フォーエヴァー

－区間快速編－

区間快速は、わずか11年で姿を消した。

　区間快速は2006年3月18日(土曜日)のダイヤ改正で登場。快速の大半及び、日光線新栃木─東武日光間の各駅停車を置き換えた。停車駅が増えた特急との格差を再び広げることや、車両運用の効率化を図ったことなどが考えられる。その後、見直しを経て、廃止が決まった。

新藤原始発列車に乗車

　浅草から会津田島まで快速を乗り通したあと、復路の区間快速浅草行きを調べてみる。すると、新藤原始発が2本続き、会津田島始発は16時00分までないことがわかった。周辺の田島郵便局、田島西町郵便局で旅行貯金をしても、時間が余る。

快速〈AIZUマウントエクスプレス6号〉鬼怒川温泉行き　編成表				
乗車区間	号車	車両番号	禁煙	備考
会津高原尾瀬口	なし	AT－601	○	なし
会津田島	なし	AT－651	○	なし

各駅停車新藤原行き　編成表				
乗車区間	号車	車両番号	禁煙	備考
新藤原	なし	モハ6174	○	なし
会津高原尾瀬口	なし	クハ6274	○	なし

　会津田島駅で長時間待つほど意固地になれず、14時02分発の快速〈AIZUマウントエクスプレス6号〉鬼怒川温泉行きに乗り、会津高原尾瀬口で下車。滝原簡易郵便局で通算1222局目の旅行貯金後、野岩鉄道15時21分発の各駅停車新藤原行きに乗り、終点で始発、鬼怒川線の区間快速浅草行きに乗り換える。車内はガラガラで、労せずボックスシートを確保した。

当初は藤原駅として開業したが、移転により新藤原に改称。また、野岩鉄道の開業で同社管理駅になった。

浅草発着の快速、区間快速フォーエヴァー｜区間快速編｜

乗り換え時間3分で、定刻通り16時02分に発車。険しい道をゆっくり進み、16時10分、鬼怒川温泉2番線に到着し、7分停車。向かいの1番線から日光詣スペーシアの特急スペーシア〈きぬ132号〉浅草行きが先に発車する。終点到着は18時15分で、私が乗車する区間快速浅草行きとは50分差をつける。

　鬼怒川温泉駅は工事の真っ只中で、ホームから駅前を眺めるとJR西日本三次駅で使われた転車台が置かれ、SL〈大樹〉用の機回し線が敷設されていた。この4か月後、レールパークと化し、転車台も"裏方"からSLを引き立てる"ヒノキ舞台"に昇華したのである。

下今市で併合

東武日光からの区間快速浅草行きも4番線に進入。

　16時37分、こちらも工事の真っ只中の下今市4番線に到着し、15分停車。この頃、東武日光始発の区間快速浅草行き2両が上今市を発車した。そして、4番線に姿を現し、慎重に進み新藤原始発列車に併合。東武日光始発列車は立客が出るほどの盛況ぶりで、乗降用ドアが開くとガラガラの前4両へ流れてゆく。車内は下校の高校生も多く、生活列車の感がある。

　向かいの3番線に特急〈日光8号〉新宿行きが到着。無論、先に通す。ほどなく隣の2番線に浅草14時40分発の区間快速東武日光・新藤原方面会津田島行きが到着した。

　区間快速浅草行きは16時52分に発車。車掌は東武日光始発列車担当が引き続き乗務した模様。一方、運転士は確認していないことを御容赦いただきたい。

いつかは乗ってみたいJR東日本253系1000番代。

新大平下から快速運転

<table>
<tr><th colspan="5">区間快速浅草行き 編成表</th></tr>
<tr><th>乗車区間</th><th>号車</th><th>車両番号</th><th>禁煙</th><th>備考</th></tr>
<tr><td rowspan="2">浅 草</td><td>なし</td><td>モハ6168</td><td>○</td><td>なし</td></tr>
<tr><td>なし</td><td>クハ6268</td><td>○</td><td>なし</td></tr>
<tr><td rowspan="4">新藤原</td><td>なし</td><td>モハ6172</td><td>○</td><td>なし</td></tr>
<tr><td>なし</td><td>クハ6272</td><td>○</td><td>なし</td></tr>
<tr><td>なし</td><td>モハ6166</td><td>○</td><td>下今市で併合</td></tr>
<tr><td>なし</td><td>クハ6266</td><td>○</td><td>下今市で併合</td></tr>
</table>

　新鹿沼で小団体なのか、先頭車に流れ込む。男性7人組は左右のボックスシートに陣取り、打ち上げ。騒がしいだけではなく、アルコールやおつまみのニオイが充満し、気分が悪い。

　17時26分、東武金崎に到着し、7分停車。本来は特急スペーシア〈きぬ134号〉浅草行きの通過待ちを行なうが、毎年4月21日から5月31日まで、7月20日から8月31日まで、9月21日から11月23日まで季節運転のため、

運休。また、2017年4月21日（金曜日）のダイヤ改正で、特急の季節運転がなくなり、『東武時刻表』掲載列車は毎日運転、平日運転、土休運転に集約された。

　停車中、運転士は乗務員室と客室の仕切りドアにカーテンを下ろす。夕焼けがまぶしく輝き、日の入りが近づく。

　無人駅の家中でビジネスマン集団が大量乗車。しんみりした旅路になるかと思っていたら、意外と盛況という展開である。

　17時42分、新栃木2番線に到着し、2分停車。ここで乗務員を交代。向かいの3番線は宇都宮線各駅停車が終点に到着しており、乗り換え客が多い模様。次の栃木で下校の高校生がほとんど降りた。

　新大平下からいよいよ快速運転で、胸のすく走りを披露。先頭車はモーターを搭載しており、大きなうねりをあげる。それとともに車内の話し声もヒートアップしてゆく。

　18時を過ぎると、夕日が沈み、室内灯がひときわ明るくなってきた。利根川を渡ると曲線が多くなり、一時スピードが落ちるものの、栗橋を通過すると、再び快走してゆく。

草加で特急形電車を追い抜く

　伊勢崎線に合流し、18時24分、東武動物公園2番線に到着。ここでも多く乗り、18時25分に発車。北春日部で東京メトロ03系の各駅停車中目黒行きを抜く。

　定刻より1分遅れの18時30分、春日部1番線に到着。男性7人組の一部が降りてゆき、少し静かになる。ここから観光やビジネスに当てはまらなさそうな乗客が入る。伊勢崎線春日部―北千住間は、快速、区間快速にとって"ドル箱区間"である。

　定刻より1分遅れの18時31分に発車すると、車掌はダイヤ改正を案内し、浅草18時発以降の日光線特急が杉戸高野台に停車することをPR。浅草―杉戸高野台間44.2キロの特急料金も初乗りに相当する「40キロまで」が適用される。特急はほぼ全時間帯運転に対し、快速、区間快速は伊勢崎線浅草―東武動物公園間のラッシュ時には極力入れないようにされており、実は不便な点もある。

　空も暗くなり、越谷で東急2代目5000系の急行中央林間行きを抜く。10両編成であるが、座席定員は6050系6両運転時と大差がない。また、快速、区間快速にとって、越谷で急行を追い抜くのは1番の見せ場である。

回送とはいえ、特急形電車が"格下"に抜かれるのは全国的に珍しい光景だ。

　草加でなんと300系を抜く。ネグラの南栗橋車両管区春日部支所を出庫し、浅草まで回送運転なのだ。300系も4月20日(木曜日)をもって引退。500系リバティに置き換えられる車両同士による一瞬の顔合わせである。

静寂な車内へ戻り終点へ

　力走しても定刻より1分遅れのまま、18時53分、北千住4番線へ。いつも通りの大量降車で一気にすく。小団体もすべて降り、再び静かな雰囲気に包まれる。
　カーブが多いながら、夜の下町を淡々と走り、とうきょうスカイツリーへ。男性が先頭車の進行方向右側最前列のロングシートに陣取り、夜の前面展望撮影。おそらく、区間快速の"お名残乗車"も兼ねているのだろう。
　隅田川をゆっくり、かみしめるかの如く渡り、定刻通り19時05分、終点浅草3番線に到着。新藤原から3時間03分にわたる長旅が終わった。表定速度は47.4km/h。

浅草発着の快速、区間快速フォーエヴァー─区間快速編─

回送として折り返し、19時18分に発車。ほどなく草加で道を譲った終焉迫る300系が姿を現し、特急〈きりふり283号〉春日部行きとして営業運転に就く。

6050系は、2017年ゴールデンウィークの臨時電車を最後に浅草から姿を消した。

浅草発着の快速、区間快速を廃止したのは正解なのか？

　区間快速は2006年3月18日(土曜日)のダイヤ改正で登場し、快速の大半を置き換えた。東武動物公園以北を各駅停車にすることで、新栃木発着の各駅停車を統合し、運行の合理化を図っていた。しかし、観光客などにとっては、不便この上ない列車となってしまう。

　2013年3月16日(土曜日)のダイヤ改正で、快速も含め、とうきょうスカイツリーを停車駅に加えるとともに、各駅停車区間を新大平下以北に見直した。これにより、上りの快速が区間快速に統合された。しかし、運転本数が減ってしまい、日中の新栃木—下今市間の一般列車は、区間快速と各駅停車の交互運転となった。

　その後、500系リバティの投入で、浅草発着の快速、区間快速は事実上の特急に格上げとなり、2017年4月20日(木曜日)をもってピリオドを打つ。

おそらく、観光客の着席ニーズが年々高まっていたのだろう。

　栃木市民は快速、区間快速の廃止に疑問を持っており、栃木市に特急料金の軽減などを東武へ陳情するよう要望が出され、栃木市ホームページでも公開されていた。栃木―北千住・浅草間を乗り換えなしで行ける列車が特急のみとなり、片道の特急料金だけでも相当な負担になるのだ。

　東武は2017年4月21日（金曜日）のダイヤ改正で、下り南栗橋―東武日光間の午前に急行を4本、上り東武日光・新藤原―南栗橋間に区間急行を午前3本、午後3本設定した。従来の快速、区間快速停車駅に東北本線乗換駅の栗橋を加えるだけなら、列車種別を変える必要はなかったと思う。せめて南栗橋―新栃木間に毎時1往復の快速を設定することで、沿線利用客の負担が最小限で済んだのではないか。

　ダイヤ改正から2年後の2019年、ゴールデンウィーク10連休のさなかに栃木駅へ行ってみると、上り1番線の特急券売機で直近列車の満席表示に不快感をつのらす乗客が少なからずいた。定期、臨時含め特急が増発されても、全車座席指定では乗客の急用に対応できないこともあるのだ。ピーク時は遅くとも数日前までに特急券を買わなければならないのだから、不便さは理解できる。

　沿線の人々にとって、6050系の快速系列車は今も"体にしみついている"と言えそうだ。

コラム / column
野岩鉄道と会津鉄道の6050系

野岩鉄道（上）と会津鉄道（下）も6050系を保有。

　6050系は野岩鉄道と会津鉄道にも存在する。いずれも完全新製車で、100番代は前者、200番代は後者が保有する。いずれも東武と同仕様で、運用上の区別はない。

　前者は3編成保有しており、第1・2編成（1985・1986年製）は東武の車両として入籍後、譲渡。第3編成（1988年製）は自社発注車である。

　後者は1編成（1990年製）保有しており、東武の車両として入籍後、譲渡。いずれも南栗橋車両管区栃木出張所に配属されている。

　なお、前者は車両基地がなく、後者は会津田島駅に隣接する車両基地が非電化のため、電車が入線できない。

コラム
column

2017年4月21日（金曜日）以降の 東武快速

快速〈AIZUマウントエクスプレス〉は、東武日光・鬼怒川温泉—会津若松間を運転。

　東武本線の快速は2017年4月21日（金曜日）のダイヤ改正後も運転されている。会津鉄道の気動車による快速〈AIZUマウントエクスプレス〉で、リクライニングシートのAT－700・750形、転換クロスシートのAT－600・650形が充当される。列車種別こそ「快速」であるが、東武線内は各駅に停まる。

　もうひとつ、東上線も2013年3月16日（土曜日）のダイヤ改正で、池袋—小川町間の日中時間帯に快速を設定した。池袋—川越市間の急行停車駅、若葉、坂戸、東松山から先の各駅に停まり、川越市以遠の速達性を向上している。

東上線の快速も急行より格上。

特急
〈しもつけ283号〉

≫ 東武宇都宮行き

大手私鉄の特急形電車では珍しい、幕式の絵入りヘッドマーク。

乗ってみたい私鉄有料特急TOP5 関東編ランキング			
順位	鉄道事業者	特急列車名	得票率
第1位	小田急電鉄	はこね スーパーはこね	21.1%
第2位	東武鉄道	しもつけ	20.1%
第3位		ゆのさと	11.0%
第4位		きりふり	10.6%
第5位		けごん	6.5%
出典:マイナビニュース(マイナビ)			

　2012年11月30日(金曜日)のマイナビニュース(マイナビ)「乗ってみたい私鉄有料特急TOP5・関東編 — 2位以下は全て東武特急」で、特急〈しもつけ〉が第2位に輝いた。第1位の列車とは僅差、第3位以下の列車とは大差をつけた、特急〈しもつけ〉に乗ってみよう。

新型券売機で理想通りの席を選択

2018年6月15日(金曜日)16時50分頃、伊勢崎線浅草へ。この日は6月とは思えぬほどひんやりしていた。

特急〈しもつけ〉の下り列車は、1日1本でも281号として、浅草を18時30分に発車していたが、2017年4月21日(金曜日)のダイヤ改正で、283号、18時20分発に変更された。

その要因は、土休運転に固定された特急〈きりふり〉に281号をふったこと、平日の17〜21時台は毎時30分発の特急〈スカイツリーライナー〉〈アーバンパークライナー〉が設定されたため。ほかの特急も含め、乗客の着席ニーズに応えたのだ。

乗車する特急〈しもつけ283号〉東武宇都宮行きの特急券は、2018年2月21日(水曜日)より順次導入された、日本語、英語、中国語の繁体字と簡体字、韓国語、フランス語、スペイン語、タイ語の8言語に対応した新型券売機で購入。シートマップ(座席表)も表示され、乗客自身が座席を指定できるようになったのだ。

私が理想とする席は、進行方向右側、窓側の車窓が眺めやすい席だ。長方形の側窓は、座席が2列配置され、後列のほうが眺望に有利だ。

特急〈しもつけ〉〈きりふり〉に充当される350系は、先頭車の"眺望有利席"を把握、中間車は自信がないので、先頭1号車、乗り心地がよい中ほどの席を選択した(台車上や付近の席は、揺れを感じやすい)。

なお、『東武時刻表』2019年3月16日号の「特急列車座席番号案内図」から、窓位置が追加され、わかりやすくなったが、なぜか350系は引き続き掲載されていない。

昭和の薫り

18時07分、3番線に特急〈しもつけ283号〉東武宇都宮行きが入線。車内の整備、点検は、とうきょうスカイツリーの電留線で済ませており、乗客はゆとりをもって乗車できる。

浅草18時台の特急は00〜40分まで、10分間隔で発車。浅草での折り返し時間は約15分なので、特急〈しもつけ283号〉東武宇都宮行きを除き、

〈しもつけ〉という列車
愛称は、国鉄が上野―
黒磯間の準急として運
行した実績がある。

350系の回転式クロスシート（300系も同様）。

和式トイレの向かい側に自販機を
設置。

イマドキの鉄道車両では珍しい和式
トイレ。

車内の整備、点検が仮に10分だと、かなり
あわただしい。

　350系は、前身の1800系急行形電車時代
を含めると、関東の大手私鉄では最年長の
特急形電車。351・353編成は1969年製で、
49年も稼動している。台車が異なる352編
成も1979年製で、どちらも老体に鞭を打ち
ながら、活躍が続く。

　引退した300系ともども、座席はリクラ
イニング機構のない回転式クロスシート、ト
イレは和式、洗面所なしで、昭和の薫りが強

く、今の時代の特急形電車としては物足りない。その分、ほかの特急より安い料金でカバーしている。

　300系では後年撤去された自販機の営業を続けており、"水分補給"という点に関しては、非常に重宝する。

下り列車のみ杉戸高野台停車

特急〈しもつけ283号〉東武宇都宮行き 編成表				
乗 車 区 間	号車	車両番号	禁煙	備考
東武宇都宮	1	クハ353−4	○	座席指定
	2	モハ353−3	○	座席指定
	3	モハ353−2	○	座席指定
浅　　草	4	クハ353−1	○	座席指定

　「大変お待たせしました。東武鉄道を御利用いただきまして、ありがとうございます。この電車は、特急、東武宇都宮行き、〈しもつけ283号〉でございまーす。次は、とうきょうスカイツリー、とうきょうスカイツリーに停まりまーす」

　定刻通り18時20分に発車。350系は自動放送装置が搭載されておらず、車内放送はすべて車掌の肉声で行なう。

　"初夏のウララの隅田川"を渡り、とうきょうスカイツリーを発車すると、カーブが多いながら、それなりに快走する。

　やがて半蔵門線の混雑により、直通列車が遅れたため、ノロノロ運転に。定刻より2分遅れの18時33分、北千住特急専用ホームに到着。4両編成なので、ほぼ満席という状況だ。

　北千住─春日部間は通勤客の乗車が多い。急行時代、浅草・北千住─春日部間の急行料金は大人800円だったが、その後、特急スペーシアの春日部停車などで料金が値下げされ、通勤客からの需要を得た。

　この原稿を執筆した2019年5月7日(火曜日)時点、伊勢崎線浅草─春日部間の特急停車各駅から、日光線杉戸高野台までの特急料金は310円(100系スペーシアと500系リバティは510円)。この安さなら、特急の回転式クロスシートで充分過ごせる。

　定刻より3分遅れの18時57分、春日部3番線に到着。2号車の東武宇都

杉戸高野台は、浅草発18時以降の下り特急のみ停車。

宮寄りと3号車の浅草寄りの乗降用ドアが開く。

以前のダイヤなら、ここから先はガラガラで、回送列車も同然の光景だった。2017年4月21日(金曜日)のダイヤ改正で、下り列車の停車駅に杉戸高野台を加えた効果なのか、1号車の乗客は約20人。利便性が向上したことを表す光景といえよう。

東武動物公園通過後、日光線へ。遅れは7分に増し、19時10分、杉戸高野台3番線に到着。向かいの4番線には、東京メトロ13000系の各駅停車南栗橋行きが停車しており、杉戸高野台だけではなく、幸手、南栗橋の利便性も向上した。しかし、それでも課題はある。

南栗橋の接続に疑問

19時11分に杉戸高野台を発車し、南栗橋で6050系始発の各駅停車東武日光行きを抜く。

通過後、杉戸高野台で接続した各駅停車南栗橋行きの到着を待ってから発車するものと思い、『東武時刻表』平成30年4月1日号をめくってみると、唖然。接続しないのだ。

表を御覧いただきたい。特急〈しもつけ283号〉東武宇都宮行き→各駅停車南栗橋行き→各駅停車東武日光行きに乗り換えれば、栗橋—新大平下間の各駅には10分以上早く着けるのだから、特急の速達性を活かした乗り継ぎダイヤを構成していた

日光線杉戸高野台—東武日光間のダイヤ
(特急、急行停車駅のみ記載)

列車名 / 駅名	特急〈しもつけ283号〉東武宇都宮行き	各駅停車東武日光行き	各駅停車南栗橋行き	各駅停車新栃木行き	特急スペーシア〈きぬ143号〉鬼怒川温泉行き
杉戸高野台 発	1905	··	1908	··	1943
幸手 発	↓	··	1910	··	↓
南栗橋 着	↓	··	1915	··	↓
南栗橋 発	↓	1912	··	1926	↓
栗橋 発	↓	1916	··	1929	↓
板倉東洋大前 発	↓	1928	··	1942	↓
新大平下 発	↓	1942	··	1955	↓
栃木 着	1936	1946	··	2000	2011
栃木 発	1936	1947	··	2000	2012
新栃木 着	1939	1950	··	2003	↓
新栃木 発	1944	1953	··	··	↓
新鹿沼 発	‖	2015	··	··	2027
下今市 着	‖	2038	··	··	2043
下今市 発	‖	2048	··	··	2045
東武日光 着	‖	2057	··	··	‖

『東武時刻表』(平成30年4月1日号)を基に作成

だきたいものだ。

　なお、新栃木から日光線新鹿沼・下今市方面へは、南栗橋で抜いた各駅停車東武日光行きに乗り換える。

快速急行から2階級昇格した〈しもつけ〉

ビジネスライナー運転時は、専用のヘッドマーク（6050系は種別幕）が用意された。

　東北本線乗換駅の栗橋を通過すると、特急〈しもつけ283号〉東武宇都宮行きは闇夜を切り裂くかの如く、駆け抜ける。

　浅草―東武宇都宮間の優等列車は、列車愛称なしの有料急行として1953年8月1日（土曜日）に営業運転を開始。1日1往復設定され、デハ10系、5310系が充当された。

　1956年に〈しもつけ〉と命名。この頃より車両も5700系にバトンタッチされ、新たなスタートを切ったが、1959年11月をもって浅草―東武宇都宮間の急行が廃止された。〈しもつけ〉は鬼怒川線発着の急行にコンバートされたが、のちに東武の鉄路から一旦姿を消す。

　〈しもつけ〉及び浅草―東武宇都宮間の優等列車が長い眠りから覚めたのは、1988年8月9日（火曜日）。6050系の快速急行として新たなスタートを切る。快速急行は「急行より上位の列車」とする私鉄が多い中、東武は「急行より下位の列車」と位置づけた。6050系はJRグループでいう近郊形電車に相当する車両なので、"全車座席指定の急行風列車"という位置づけなのだろう。

　1990年9月25日（火曜日）のダイヤ改正で、急行〈りょうもう37・2号〉とともに、定期券でも乗車できる「ビジネスライナー」に指定された。この制度は1997年3月25日（火曜日）のダイヤ改正で、特急、急行全列車（夜行列

車、東上線、越生線を除く)に適用されており、発展的解消を遂げた。

1991年7月21日(日曜日)のダイヤ改正で、1800系の一部を日光線急行用に改造された300系、350系がデビュー。〈しもつけ〉は、350系の急行に格上げされた。

その後、大きな変化は先述した急行料金の見直しのみで、地味な存在に変わりなかった。

2006年3月18日(土曜日)のダイヤ改正で、東武本線の列車種別再編により特急に格上げ。車両、料金とも踏襲された。

なお、〈しもつけ〉の列車愛称は国鉄でも使用され、1958年4月14日(月曜日)に上野―黒磯・日光間の客車準急としてデビュー。翌1959年9月22日(火曜日)に電車化され、運転区間も上野―黒磯間に統一された。

さらに1966年3月5日(土曜日)より急行に格上げされたが、1968年10月1日(火曜日)のダイヤ改正で急行〈なすの〉に統合され、10年の歴史に幕を閉じた。

宇都宮線へ

新栃木では、宇都宮線で営業運転の実績を持つ車両が並んだ。

車掌が栃木到着の放送を告げると、1号車の乗客の多くは、折り畳み式のテーブルを元に戻すなど、降りる支度があわただしくなる。

19時40分、定刻より4分遅れで栃木3番線に到着。隣の両毛線普通電車は、19時43分に小山行き、19時44分に高崎行きが相次いで発車するので、乗り換え客は相当あわてているのではないだろうか。

定刻より5分遅れの19時44分、新栃木1番線に到着。ここで乗務員を交代し、定刻より2分遅れの19時46分に発車。右へ曲がり、宇都宮線に入

壬生では停車時間が長めなので、運転士はヘッドライトを消灯。

る。車内はガラガラ。毎日この状態が続くと、廃止や運転区間が短縮されて
もおかしくない。それでも走り続けていることが奇跡に思えてくる。

　宇都宮線は全線単線で、全駅で行き違いができる。残念ながら、一線ス
ルー化された駅がないので、通過時は減速をしいられる。

　壬生で2分停車。ここで上り列車と行き違うと思っていたが、なし。定刻
通り19時56分に発車し、北千住から続いた遅延が解消された。杉戸高野台
発車後、運転士が回復運転に努めたことや、新栃木で停車時間を5分から2
分に切り詰めたことが要因だろう。運転本数が多い伊勢崎線浅草—東武動物
公園間は、北千住—北越谷間の複々線でも、回復運転が困難なのかもしれな
い。

　国谷で一旦停止し、8000系の各駅停車新栃木行きワンマン列車と行き違
い。ホームは相対式で、下り列車用と上り列車用の位置が離れている。

　おもちゃのまちを発車し、宇都宮市へ入ると、住宅が増え、灯りの数も多
くなった。終点が近づいていることを実感する。特急〈しもつけ〉は東武特
急では唯一と言っていい、都市と都市のあいだを結ぶ列車だが、残念ながら
都内—宇都宮市内間は、直線ルートの東北新幹線と東北本線に分がある。

　江曽島で8000系の各駅停車新栃木行きワンマン列車と行き違い、発車す
ると、JR東日本日光線をまたぐ。ちょうど205系600番代の普通電車宇都

特急〈しもつけ283号〉東武宇都宮行き

宮行きが駆け抜けていった。交差地点に駅があると利便性の向上につながるのだが。

　20時20分、終点東武宇都宮2番線に到着。始発から終点まで乗り通したのは、私と熟年女性の2人のみのようだ。JR東日本の宇都宮駅は広大なターミナルに対し、東武宇都宮駅は1面3線というコンパクトな駅ながら、東武宇都宮百貨店に直結する。

東武宇都宮のホーム1面は2・3番線に割り振られており、1番線は右隣の側線を表す。

　特急〈しもつけ283号〉は折り返し回送となり、20時25分に発車。19年ぶりに下車すると、周辺は意外と庶民的な町並みで、"昭和の薫り"が漂っていた。

　このルポから2年後の2020年2月25日(火曜日)、東武は6月6日(土曜日)のダイヤ改正で、特急〈しもつけ〉の廃止を発表。6月5日(金曜日)にフィナーレを迎えるはずだった。

　しかし、新型コロナウイルスの感染拡大防止、直近の乗車率を勘案し、4月25日(土曜日)から一部特急列車の運休を発表。その中に特急〈しもつけ〉が含まれていた。

　残念ながら4月24日(金曜日)の運転を最後に事実上の廃止となり、東武としては2度目の歴史に幕を閉じた。350系も同日をもって定期運用から外れ、ダイヤ改正後は特急〈きりふり〉、団体専用列車としての奮闘が続く。

　特急〈しもつけ〉最後の運転から8か月後の12月6日(日曜日)、東武トップツアーズが「ありがとう白い特急350型〈しもつけ〉臨時列車ツアー」を催行した。東武宇都宮—南栗橋車両管区(特設ブースで鉄道コレクションの先行販売会を開催)—北千住間で運転され、有終の美を飾った。

臨時電車
〈ありがとう50090型
ブルーバード号〉

≫≫ 森林公園行き

リバイバルカラー期間中に改称が発生したのは、全国的にも珍しい。

　東武は東上線全線開通90周年を記念して、2015年11月28日（土曜日）より、〈フライング東上号〉リバイバルカラー車両がデビュー。2014年も東上線開業100周年を記念して、8000系の81107編成と81111編成がリバイバルカラーに塗装変更されており、東上線、越生線からますます目が離せない。
　〈フライング東上号〉リバイバルカラーは、のちにブルーバード号に改称されたが、2019年で終了した。

伝説の行楽列車、特急〈フライング東上号〉

　特急〈フライング東上号〉は、1949年4月3日（日曜日）に登場した行楽シーズン向けの臨時特急で、当時は池袋—長瀞間を約2時間で結んでいた。ハイカラな列車愛称の由来は、イギリスの特急〈フライング・スコッツマン号〉にあやかったといわれている。また、特急料金は設定せず、乗車券のみで利用できる列車だった。

　この列車は日曜日と団体客が入った場合のみ運転されていたが、秋からは季節限定運転となり、のちに定期列車化された。

　運転開始当初は32系という深紅の車両を使い、1950年4月頃から早くも54系に交代。12月頃から車体塗装を「深紅のボディーと黄色い帯」から、「濃い青のボディーと黄色い帯」に変更されている。

森林公園駅に飾られていた53系〈フライング東上号〉の紙模型。

　1952年3月頃から日光・鬼怒川方面の特急車両として活躍した53系に交代。塗装も「濃い青のボディーと黄色い帯」を受け継ぎ、さらに歴代車両では最長の10年間務め、〈フライング東上号〉のイメージを決定づけた。座席はロングシートからクロスシートにグレードアップされた半面、運転区間を池袋—寄居間に短縮されている。

　また、1954年から特急料金を設定していたが、利用客の伸び悩みにより、わずか2年で乗車券のみで利用できる"お気軽列車"に戻る。

　1962年12月頃から通勤形電車の78系、1963年11月頃からルーキーの8000系にバトンが渡された。車両の格が落ちたとはいえ、東上線の看板列車として運行が続けられていたが、1967年12月16日（土曜日）で廃止。28年の歴史に幕を閉じた。

　最盛期は放送設備にレコードプレーヤーを接続して、車内に流麗な音楽を流すサービスのほか、アナウンサーによる沿線の見どころ、香水の香りを楽しむなど、"ゆとり"重視の列車だったという。

臨時電車〈ありがとう50090型ブルーバード号〉森林公園行き

青空に映える〈フライング東上号〉リバイバルカラー車両。

　あれから48年、50090系の50092編成と、8000系の8198編成が〈フライング東上号〉リバイバルカラー車両として、もうひとつの"昭和"がよみがえる。

東武初のフルラッピング車両となった50092編成

特別仕様の車内広告。

　50090系はアルミの無塗装車体なので、2015年11月21日(土曜日)から23日(月曜日・勤労感謝の日)にかけて、森林公園検修区でフルラッピングが施された。この手法は東京メトロ銀座線用1000系などで用いられており、塗装に比べ費用を節約できるほか、環境負荷低減のメリットがある。

50092編成のフルラッピングで、もっとも目立つのは、フロントガラスの一部も対象にしたこと。黒から濃い青に変えたことで、後述する8198編成よりも強烈なインパクトを放つ。

客室内は、東上線の往年の姿や車両の画像をふんだんに使用した「おかげさまで東武東上線全線開通90周年」のマルチ広告を掲出する。

"4色目"の8000系

先述した通り、8000系は〈フライング東上号〉に充当されていたが、当時の塗装はツートンカラーだった。今回の〈フライング東上号〉リバイバルカラーは、8000系にとって"新色(4色目)"となる。

〈フライング東上号〉リバイバルカラーに抜擢された8000系は8198編成で、2015年11月9日(月曜日)から12日(木曜日)にかけて、南栗橋車両管区で塗装変更を受けた。既存のリバイバルカラーと同様、ヘッドマークを交換できるよう、先頭車の貫通扉にサボ受けが設置されている。

11月14日(土曜日・埼玉県民の日)に日光線南栗橋―新栃木間1往復で試運転をしたのち、森林公園検修区へ。客室は特段の変更もなく、広告も従来通り営利中心となる。

車体側面にもこだわり

東武の社紋は創業時に制定された。

臨時電車〈ありがとう50090型ブルーバード号〉森林公園行き

〈フライング東上号〉リバイバルカラーの車体側面には、東武の社紋が各車両の片端に貼付されている。現在は東武グループのロゴ制定に伴い、社紋つき車両が見られなくなったので、懐かしさを覚える。特に50090系は車両番号の位置を片端付近の戸袋から車体中央に変更されており、徹底的なこだわりようだ。

翼を広げた側面マークも、〈フライング東上号〉から〈ブルーバード号〉へ。

デジタル方向幕の周囲に両翼のマークを貼付。〈フライング東上号〉にも掲出されたマークで、今回のリバイバルカラーでは、一部アレンジしている。

〈フライング東上号〉リバイバルカラーは、冒頭で述べたとおり、2015年11月28日(土曜日)より営業運転を開始。両車とも同日の「東武東上線全線開通90周年記念ツアー」のほか、定期列車の運用にも就く。

そして、2017年1月21日(土曜日)から、かつて運転されていた臨時特急にちなみ、ブルーバード号として、ヘッドマークと両翼のデザインが変更され、装いを新たにした。

名称変更されても鮮烈な輝きを放ち続けたが、50090系についてはフルラッピングの"衣替え"に伴い、2019年2月7日(木曜日)で幕を閉じることになった。そこで東武は2月2日(土曜日)に謝恩の臨時電車〈ありがとう50090型ブルーバード号〉を池袋―森林公園間で運転される。ひと味違うミニトリップを楽しんでみることにしよう。

マルチシートはロングシートに設定

9時30分頃、東上線池袋へ。すでに4・5番線には、臨時電車〈ありがとう50090型ブルーバード号〉森林公園行きが入線していた。

乗車受付は南口駅前広場で、すでに長蛇の列。駅員の案内で乗客が動き出す。8時30分から9時30分まで、先着2,000名に森林公園駅北口駅前広場でもらえる「ありがとう50090型ブルーバード号記念乗車証」の引換券が

配布されており、私は“「時間切れ」という名の遅刻”でGETならず。

「先着2,000名」が気になったので調べたところ、50090系の定員はロングシート設定時1,330人（1両平均133人）、回転式クロスシート設定時1,272人（1両平均127.2人）。東武は乗車率150%以上を想定していたようだ。

50090系前面のデジタル方向幕の「臨時」「回送」などは、なぜか中央に表示。

一方、側面のデジタル方向幕は枠いっぱいに表示。

50090系ロングシート設定時。

自動改札を通り抜けると、〈TJライナー〉の乗車ホーム、5番線に案内される。車止め付近では撮影ラッシュと化しており、10号車の前面を撮影し終えると、乗客の多くは前へ進み、空席を探す。

客室は混雑を見込んでか、マルチシートはロングシートに設定。幸い思ったほど混み合っておらず、比較的空席が多そうに思える6号車へ。2人掛けを3つに区切っているので、空席が多いと1人で2人分を独占できる。隣の乗客と干渉することもなさそうだ。

臨時電車〈ありがとう50090型ブルーバード号〉森林公園行き

池袋―森林公園間、ノンストップ運転？

臨時電車〈ありがとう50090型ブルーバード号〉森林公園行き 編成表

乗車区間	号車	車両番号	禁煙	備考
森林公園	1	50092	○	ロングシート、女性専用車
	2	59092	○	ロングシート
	3	58092	○	ロングシート
	4	57092	○	ロングシート
	5	56092	○	ロングシート
	6	55092	○	ロングシート
	7	54092	○	ロングシート
	8	53092	○	ロングシート
	9	52092	○	ロングシート、弱冷房車
池　袋	10	51092	○	ロングシート

「まもなく発車いたします。閉まるドアに御注意ください。次は終点の森林公園です」

車掌のアナウンスの最中、コンサートホールで格調の高い演奏を聴くかの如く、優雅な発車メロディーがホームに響く。伊勢崎線浅草とは対照的で、特急ホームに響く発車メロディーは、下町や庶民的な雰囲気にマッチしている。

定刻通り10時02分に発車。埼京線と並走し、北池袋通過後で分かれる。下板橋留置線では、〈TJライナー〉10周年記念ヘッドマークの50096編成が休息をとっている。

車掌の車内放送が始まり、途中の成増、川越、川越市、坂戸で運転停車することを告げる。『東武時刻表』に掲載されていたら通過マークが果てしなく続くが、実際は途中駅で後続列車に抜かれる。

車掌の放送はブルーバード号の紹介、東上線の特急列伝、川越特急や川越観光の宣伝と続く。

「終点森林公園には、11時10分、到着予定でございます。本日、御案内しておりますのは、森林公園乗務管区、わたくし、車掌のxと申します。森林公園まで御一緒させていただきます。どうぞ、よろしくお願いいたします」

最後に車掌の自己紹介で締める。東武に長年乗って、乗務員の自己紹介を

聞いたのは初めてだ。

　臨時電車〈ありがとう50090型ブルーバード号〉森林公園行きは、中板橋を通過。先行の快速小川町行きは途中駅で各駅停車成増行きを抜くが、この列車が"便乗"することはなく、ノロノロ運転。せっかくの臨時電車なのだから、大いに堪能しよう。私事で恐縮だが、報道公開後、50090系のリバイバルカラーに乗るのは最初で最後なのだから。

成増で4分停車

　10時18分、成増1番線に到着。早くも10030系の急行小川町行きを先に通す。ホームの行先案内板には、「急行　10：20　小川町　10両→」の2段下に「←臨時　10：22　森林公園　10両」を表示。客扱いをしないのに「臨時」を表示するのは面白い。無論、ホームの乗客は戸惑わない。

　10時22分に発車すると、有楽町線と合流し、埼玉県へ。和光市で東京メトロ10000系、新木場始発の各駅停車川越市行きを抜く。これが唯一の追い抜きとなり、ノラリクラリとした感じで走行する。

　和光市─志木間の複々線は外側の急行線を走行。快走を期待したくなるが、先行の急行小川町行きは朝霞台、志木などに停まるほか、ふじみ野で先行列車が各駅停車川越市行きに変わるため、引き続きノロノロ。運転士は川越まで20分以上もワンハンドルマスコンを両手で握らなければならないのだから、大変だ。一瞬だけ離しても非常ブレーキがかかってしまうのだから。

送風

　「ただいま、この電車、志木駅を定刻通り、通過をしております。車内が一部暑くなってきましたので、送風機を使用させていただきます」

　10時32分、志木を通過すると、車掌の車内放送が入り、送風がかかる。暖房はかかっていないが、この日の東京都は晴れ、最高気温13度で、この時期としては暖かい。

　送風は心地よかったが、数分でやみ、その後は入り切りを繰り返す。もっとも側窓を開けて換気すれば問題ない。昔は冷房車でも車掌が「窓開け協力

臨時電車〈ありがとう50090型ブルーバード号〉森林公園行き

のお願い」放送を流していたが、今や空調設備の充実で非常用と化したようだ。

みずほ台を通過すると、スピードが上がり、ふじみ野を通過。9000系試作車の準急池袋行きとすれ違ったあと、スピードが落ち、上福岡通過後、停止信号で止まった。

客扱いが池袋と森林公園のみのせいか、車内は談笑、うたた寝、スマートフォン操作など、和やかな雰囲気。臨時電車〈ありがとう50090型ブルーバード号〉森林公園行きは、"プチ団体専用列車"のような感覚で進んでゆく。

踏切の転職

10時46分、川越2番線で運転停車後、すぐに発車。次の川越市は1番線に到着し、3分停車。向かいの2番線に10030系VVVFインバータ制御改造車の各駅停車が引上線へ向かう。

それを見届けたかの如く、10時51分に発車。川越市─小川町間の日中は各駅停車が運転されていないので、飛ばしてゆく。

「鉄橋を渡りまして、左手にございます、東武自動車霞ヶ関自動車教習所（正式名称は『東武かすみ自動車教習所』）、踏切がなつかしい電照式、ゴンク式の踏切がございます。もちろん、鉄道会社の自動車教習所ですので、ホンモノでございます。

動作するかどうかはわかりませんが、1度鳴らして動作させてみたいものでございます」

車掌の"トリビア放送"が流れ、一部の乗客は進行方向左側にチューモーク！入間川を渡ってしばらく進むと、東武かすみ自動車教習所の踏切が見えた。東武で役目を終えたあと、教習所に"転職"し、教習生を見つめている。

東武かすみ自動車教習所の踏切。

全国の教習所の踏切は、警報機のみ設置されてところが多く、日本の鉄道では非常に珍しい存在の第3種踏切である。遮断桿、非常ボタンを設けた第1種にして、なおかつ線路の敷設、警報音を鳴るようにすれば、より実践的な教習ができると思う。踏切事故をなくすためにも。

森林公園で撮影タイム

坂戸で1分運転停車し、10時59分に発車。臨時電車〈ありがとう50090型ブルーバード号〉森林公園行きのダイヤを作成した運転計画課がマイクを握り、終点森林公園到着後、約10分停車し、撮影タイムに充てるという。

先行列車に追いつくことがないので、悠々飛ばし、11時06分、すべての定期列車が停まる東松山を通過。11時10分、終点森林公園1番線に到着した。全区間の表定速度は46.4km/hながら、ノロノロ運転主体の池袋—川越市間は41.0km/hに対し、飛ばし主体の川越市—森林公園間は66.9km/hである。

乗客の降車確認後、乗降用ドアが閉まり、撮影タイム。停車中は黄色い線（点字ブロック）の外で撮影することが許され、乗客らは"あと数日の雄姿"（当時、最終運転日は公表されていない）を目に焼きつけていた。

11時20分に回送として発車し、森林公園検修区に入庫。しばらく建屋で"休憩"したのち、車庫へ向かった。そして、金網越しながら敷地外で撮影するレールファンの姿も見られた。

臨時電車〈ありがとう50090型ブルーバード号〉森林公園行き

「回送」の表示を出さず、森林公園検修区に引き上げ。

8000系ブルーバード号フォーエヴァー

　3か月後の5月17日(金曜日)12時01分、川越特急は終点小川町2番線に到着した(87ページ参照)。向かいの1番線は8000系ブルーバード号の各駅停車寄居行きワンマン列車が待っている。このときは乗り換える計画をたてていたが、思わぬ展開に見舞われ、乗り損ねてしまう。

仕切り直しで、ようやく8000系ブルーバード号に乗車。

各駅停車寄居行きワンマン列車　編成表				
乗車区間	号車	車両番号	禁煙	備考
寄　居	1	クハ8498	○	修繕車
	2	モハ8398	○	修繕車
	3	モハ8298	○	修繕車、弱冷房車
小川町	4	クハ8198	○	修繕車

　日中の小川町―寄居間は2編成でまわしており、13時12分発の各駅停車寄居行きワンマン列車に変更する。

　池袋からの10000系快速が2番線に到着し、乗り換え客がいるものの、4両の車内はガラガラ。定刻通りに発車すると、八高線と並行する。

　一旦分かれたあと、東武竹沢へ。ここで8000系通常色の各駅停車小川町行きワンマン列車と行き違う。

　自然豊かな道をほどよいスピードで走り、鉢形を発車すると荒川を渡る。

同じ荒川でも伊勢崎線北千住―小菅間とは別世界。東上線の荒川を見ていると、"清流"に映る。

　玉淀を発車すると、左へ曲がり、八高線と秩父鉄道に合流。13時28分、終点寄居2番線に到着した。3つの鉄道が集うので、広大なターミナルを築いているが、人気が少ない。かつては池袋から秩父へのメインルートを形成していた。

小川町と寄居は乗降用ドアの開く位置が異なるせいか、車体の傷みに気づくのが遅かった。

　列車を降りると、車体の傷みが散見され、応急処置が施されていた。老朽化が進んでいて悲しい。

　3日後の5月20日(月曜日)、東武は8000系ブルーバード号の運行終了を発表した。6月30日(日曜日)で人知れず営業運転を終えたあと、検査を受け、通常塗装という姿で森林公園検修区に帰還したのである。

臨時電車〈ありがとう50090型ブルーバード号〉森林公園行き

第4章

通勤形電車ルポ

ラインナップ

① 臨時電車〈三社祭号〉浅草行き

② 臨時電車〈隅田川花火号〉浅草行き 2007

③ 臨時電車〈アニマルトレイン〉

④ はじめての報道公開も一生けんめい。

⑤ 臨時電車〈アニ玉祭トレイン〉大宮行き

⑥ 8000系昭和30年代の通勤形電車標準色
　リバイバルカラー開幕戦

⑦ 8000系「緑亀」開幕戦

⑧ 臨時電車東武日光行き

⑨ 野田線の急行大宮行き

⑩ 急行(渋谷から特急)〈Fライナー〉
　元町・中華街行き

⑪ 臨時電車〈春の花めぐり号〉佐野行き 2019

⑫ 臨時電車東武動物公園行き

臨時電車 〈三社祭号〉

》浅草行き

臨時電車〈三社祭号〉のヘッドマーク。

　東武では浅草の三社祭開催に伴い、2007年5月20日（日曜日）に臨時電車〈三社祭号〉浅草行きを運転した。どの車両が起用されるのかは、"見てのお楽しみ"という状況だった。

1800系の登板を期待していたが……

　2007年5月20日(日曜日)11時過ぎ、雲がほとんどない伊勢崎線東武動物公園へ。2006年7月29日(土曜日)に運転された臨時電車〈隅田川花火号〉浅草行きに比べ、レールファンの数は大幅に少ない。ホームを見渡すと、2・3番線はセカンドライフ世代の熟年夫妻がおそろいのカメラでパシャパシャ撮影。また、4番線側の久喜・南栗橋寄りは臨時電車〈三社祭号〉浅草行きの入線を心待ちにするレールファンが撮影隊と化す。

　臨時電車〈隅田川花火号〉浅草行きは1800系1819編成の運行を予告していたため、ホームは想像以上に混んでいたが、今回の臨時電車〈三社祭号〉浅草行きは使用車両を予告しておらず、謎めいていた。軽々しく、「1800系」と予告すれば、混乱を招くだろうし、日光線臨時快速でも車両を予告していなかったのは、"1800系目当て"の利用を防ぎ、観光客にゆったり坐っていただいてもらおうという意図があったと推測する。

　ここ1年、特急料金を取らない臨時電車は、1800系の起用が圧倒的に多いため、確信して東武動物公園に乗り込むと、数分後、4番線に南栗橋車両管理区春日部支所からの回送が到着した。おそらく、引上線に入って、臨時電車〈三社祭号〉浅草行きになるのだろう。

のんびりダイヤの区間準急

　11時21分、3番線に久喜始発、8000系の区間準急浅草行きが到着。その直後、東急8500系の日光線南栗橋始発、急行(押上から各駅停車)中央林間行きが到着し、11時23分に発車する。

　一方、区間準急浅草行きは11時30分まで停車。あまりにも停車時間が長過ぎる。2006年3月18日(土曜日)のダイヤ改正で、日中の久喜―東武動物公園間の一般列車は20分間隔から10分間隔になり、大幅な増発を図ったことから、北越谷―久喜間は等間隔にしなければならないのだろう。

　11時30分にようやく発車。途中の北春日部で4分後に発車する50050系の久喜始発、急行(押上から各駅停車)中央林間行きと特急スペーシア〈きぬ112号〉浅草行きに抜かれる。その上、せんげん台と曳舟で急行中央林間行き(曳舟で待ち合わせる急行は押上から各駅停車)、北千住で区間快速浅草行きの待

ち合わせを行なうなど、のんびりしている。

「3番線には三社祭開催に伴います、臨時電車浅草行きがまいります」

と駅員が案内すると、臨時電車〈三社祭号〉浅草行きが入線。車両は通勤形電車の10000系。三社祭を盛り上げる意味でも1800系にしたほうがよかったのではと思うが、臨時電車〈隅田川花火号〉浅草行きのデータをもとに4ドアの10000系に白羽の矢を立てたのだろう。

10000系は、8000系の後継通勤形電車として、1983年に登場。

ゆっくり入線しているあいだ、2番線に特急スペーシア〈きぬ112号〉浅草行き、4番線に特急スペーシア〈きぬ113号〉鬼怒川温泉行きが通過。東武動物公園は日光線と分岐するため、スピードは速くない。

1800系は南栗橋車両管理区春日部支所でお休み

入線したものの、停車時間が思ったほどなく、あわただしく撮影したあと、さっさと乗り込んで11時38分に発車。各車両、空席が多いものの、先頭車の最前部はレールファン3人が前面展望。これはよくある光景だ。1800系は乗務員室のドアに窓がないため、満席以外は客室に入ることが必然的となる。

臨時電車〈三社祭号〉浅草行き 編成表				
乗車区間	号車	車両番号	禁煙	備考
浅　　草	なし	クハ11602	○	なし
	なし	モハ12602	○	なし
	なし	モハ13602	○	弱冷房車
	なし	サハ14602	○	なし
	なし	モハ15602	○	なし
東武動物公園	なし	クハ16602	○	なし

姫宮駅前の『ちゃんこ霧島』は、のちに閉店。

取材後、姫宮へ乗り込み1800系の御尊顔を拝す(敷地外で撮影)。

　姫宮通過時、進行方向右側に『ちゃんこ霧島』を発見!! 元大関霧島の陸奥親方のお店で、両国以外にもあるとは知らなかった。

　姫宮を通過すると、進行方向左側は南栗橋車両管理区春日部支所。奥のほうでは1800系が休んでいる。ゴールデンウイーク中の日光線臨時快速で疲れ果ててしまったのかと思いきや、そのようなことはなさそうだ。

　定期運用から外れた1800系は"昼行灯"と呼ばれた中村主水みたいで、臨時電車の運行が"必殺仕事人"と化している。平日のみ運行、浅草─南栗橋間の特急〈きりふり283号〉に使えそうな気がするものの、一度、特別料金不要にしてしまうと、元に戻れないようだ。

旧準急リターンズ

　北春日部で区間準急浅草行きを抜くが、東武動物公園─春日部間5.7キロの所要時間が10分以上!!　カンニング竹山のマジギレキャラを思い浮かべるような時間のかかりようである。

　北春日部を通過し、スピードが落ちる。その先の春日部では特急スペーシア〈きぬ112号〉浅草行きが停車中。春日部では2・5号車しかドアが開かず、これも不可解だ。なぜ、すべての乗降用ドアを開けないのだろう？

　途中で止まることなく、春日部に到着。発車時刻は11時44分だ。ちなみに区間準急浅草行きはこの日、2分遅れの11時46分発に変更されていた。

　臨時電車〈三社祭号〉浅草行きは旧準急時代を彷彿（ほうふつ）させる快走で、せんげん台に到着。東京メトロ03系5ドア車の各駅停車中目黒行きと接続する。

　"旧準急リターンズ"と言えそうな臨時電車〈三社祭号〉浅草行きは、冷房の効いた車内で快走。イエローハットでスーツ姿の東武社員が車内を巡回し、利用状況を見る。先行の急行(押上から各駅停車)中央林間行きは10両編成のため、混み合っておらず、立っているのはレールファンだけ。ほかの乗客は全員着席である。

　新越谷でついに立客が出始める。浅草の三社祭へ行くのか、急行(押上から各駅停車)中央林間行きに乗り遅れたのかのどちらかであろう。

　西新井で".com"。6両編成ということもあってか、かつての旧準急を思い出す光景となった。車内は、困ったことに熟年夫婦の奥さんが日傘を吊り手に引っ掛けている。日傘の柄を持って、立つことに耐えているが、あぶない行動だ。

　荒川を渡り、あっというまに北千住1番線へ。2番線では始発、10030系の各駅停車浅草行きが待っている。

終点浅草でサプライズ

　北千住で乗車率は若干下がったが、それでも盛況。多くは三社祭へ向かうのだろう。中には喪服姿のお気の毒な乗客もいる。

　旧準急時代、北千住から先は各駅に停まっていたが、臨時電車〈三社祭号〉浅草行きは終点までノンストップである。

　かつて、北千住―浅草間のノンストップは、快速以上の列車種別と回送以外、"タブー"という印象があったものの、半蔵門線との相互直通運転開始、つくばエクスプレス線開業など、情勢も変わってきた。

　さらに旧準急は通勤形電車の主役ではなくなり、半蔵門線直通列車に変わった。かつての8000系、10000系、10030系の代名詞運用だった旧準急は、朝晩のみ運行の区間急行に変わっている(停車駅は旧準急と同じ)。

　東向島を通過すると、スピードが落ち、タイフォンを鳴らして、12時19分、曳舟を通過。イーハー東武と分かれ、ここから先は本当のノロノロ運転となる。

　進行方向右側に留置線が見え、30000系、200系、10000系が休んでいる。そして、進行方向左側は業平橋発着跡地で、半蔵門線に相互直通運転する前は地平に10両編成対応のホームを構えていたが、半蔵門線及び田園都市線の相互直通運転により、役目を終えた。

　隅田川を渡り、鉄橋内のポイントを渡ると、12時23分、定刻より1分遅れて終点浅草4番線に到着した。ホームは左右どちらもドアが開けられる構造になっているが、進行方向右側は5番線のため、開かず、吊り手に日傘を引っ掛けていた熟年夫婦の奥さんは不満を持っていた。

終点浅草へ。

ホームで待ち構えているレールファンは1人もおらず、ゆとりの撮影。先頭車の方向幕は「臨時」から「回送」へ。側面の方向幕が種別と行先がセットになっているため、先頭車の種別幕に「臨時」、「試運転」、「回送」などはない。

　「はずしていいですか？」

　と東武社員は貫通扉を開けて、ヘッドマークを外そうとするものの、若干の時間が必要らしく、30秒ほど延長。私はすでに撮り終えたので充分だ。

　次に東武社員が貫通扉を開けたら、撮影隊は了承。磁気テープで貼りつけていたように思うが、ヘッドマークはあっさりはがれ、あわただしく回送が発車するのであった。

　この日、三社祭では禁止されている"神輿の人乗り"を無視するところが続出したため、大混乱だったという。浅草神社は2008年に向けて、対応を検討するそうだが、守れないのであれば"荒れる成人式"と同様、開催する必要はないだろう。

臨時電車
〈隅田川花火号〉

》》浅草行き2007

１年後、車両を変えて再登場。

　2006年7月29日(土曜日)に運転された臨時電車〈隅田川花火号〉浅草行きは、1800系の起用により大反響を呼んだ。そして、2007年7月28日(土曜日)は通勤形電車の30000系が起用された。

あれから1年

2007年7月28日(土曜日)15時35分頃、伊勢崎線東武動物公園へ。1時間前まで晴天だったが、少々雲ゆきがあやしくなってきた。

思えば2006年7月29日(土曜日)、特急〈りょうもう25号〉赤城行きで、ここに乗り込んだとき、2番線は長蛇の列だった。2007年7月28日(土曜日)の今回は、早々と先頭車最前部の乗車口にレールファン3人組が陣取っている。

前年は1800系を起用。9割がレールファンという、かつてない展開となり、停まればホームにいるお客が戸惑った。"レールファンはフィーバー、一般のお客は目がテン"という1日だった。この日をきっかけに1800系は脚光を浴び、人気者になった。そして、東武の看板車両の座を奪還したことになる。

16時を過ぎ、お天気は回復。2・3番線にはレールファン、浴衣姿のお姉ちゃんが続々現れ、"さぁー、盛り上がってきたぞ"と思ったら、3番線に東急8500系の急行(押上から各駅停車)中央林間行きが到着。多くの人が乗ってゆく。臨時電車〈隅田川花火号〉浅草行きに乗ったとしても、途中の曳舟で区間準急浅草行きに接続しているため、わざわざ電車を選ぶ必要はないのである。

ちなみに、この時間帯だと、特急〈りょうもう30号〉浅草行きに乗ったほうが早い。

4・5番線の浅草寄りで、"迎撃"しようとしていたレールファンの誤算

▶ 320　30000系に掲出されたヘッドマーク。

急行(押上から各駅停車)中央林間行きに若干遅れて発車したあと、南栗橋車両管理区から臨時電車〈隅田川花火号〉浅草行きが入線。4・5番線の浅草寄りでは、南栗橋車両管理区春日部支所からの回送を待っていたレールファンにとっては、"寝耳に水"の展開だ。

過去、臨時電車〈隅田川花火号〉〈三社祭号〉浅草行きでは、南栗橋車両管理区春日部支所から東武動物公園まで回送し、一旦、引上線に移動したあと、入線してくるパターンだったからだ。

今回の2007年バージョンは30000系を起用。デジタル方向幕は「臨時SPECIAL」のみ表示する。30000系の臨時電車といえば、長津田―太田間を3時間以上かけて運行する〈フラワーエクスプレス号〉が定番で、ほかにも日光線臨時快速で登板している。

赤いボディーは"火に油を注ぐ"ような展開になってしまった1800系をやめて、30000系を起用したのは、4ドア車によるスムーズな乗降ができるメリットを優先したのだろう。1800系は臨時電車〈隅田川花火号〉浅草行きのあと、北千住―南栗橋間の東武ファンフェスタによる臨時電車(下りのみ)を運行したが、2つとも満員御礼となったため、運用の見直しを図ったのかもしれない。

1800系は、南栗橋車両管理区春日部支所でお休み

先頭車は撮影会で、わりとスムーズに撮影することができた。2006年は大いにあせっていたから、"よく見る車両"の臨時電車はゆとりある撮影ができる。

旅客情報案内装置は、なにも表示せず。

車内に千鳥式に配置されているドア上のLEDによる情報案内装置は、まったく作動していない。せっかく、臨時電車〈隅田川花火号〉浅草行きに起用され、今後も臨時電車としての運行予定があるのならば、隅田川花火大会を盛り上げるような内容の情報を流したほうが喜ばれるだろう。

臨時電車〈隅田川花火号〉浅草行き 編成表				
乗車区間	号車	車両番号	禁煙	備考
浅草	なし	31607	○	なし
	なし	32607	○	なし
	なし	33607	○	弱冷房車
	なし	34607	○	なし
	なし	35607	○	なし
東武動物公園	なし	36607	○	なし

　3番線から特急〈りょうもう30号〉浅草行きが発車したあと、16時38分、臨時電車〈隅田川花火号〉浅草行きが発車。若干の空席があるものの、ほどよい乗車率。2006年のような"レールファン9割"という雰囲気はない。

　姫宮を通過すると、進行方向左側には南栗橋車両管理区春日部支所が見え、遠方に1800系の姿が見える。

　実は東武動物公園へ向かう前、姫宮で下車して、同区同所に向かった。臨時電車〈三社祭号〉浅草行きが運行していた日と同様、1800系は同じところに留置されていたため、"定位置"が与えられているようだ。ちなみに、この日はパンタグラフも上げておらず、完全休養日の模様。また、通勤形電車の一部は、係員が先頭車に"洗顔"していた。

　そして、1800系目当てなのか、それとも臨時電車〈三社祭号〉浅草行きの快走シーンを撮るのか、レールファン2人と遭遇した。

ホームの案内は「臨時」、もしくは「急行」

運転士に注意を促す標識。

　春日部のホーム手前には「準急停車」がある。これは2006年3月17日（金曜日）以前、準急が主力だったための名残であるが、現在は急行が主軸。準急は残ったが、運行形態と停車駅を改め、浅草発着列車は消滅した。

　臨時電車〈隅田川花火号〉浅草行きは、春日部に到着。ホームの行先案内板は、「急行浅草」を表示していた。

曳舟通過でも「急行」として成り立つのである。

　今回、ホームでの臨時電車〈隅田川花火号〉浅草行きの案内について、「臨時」表示は東武動物公園、越谷、西新井、北千住。「急行」表示は春日部、せんげん台、草加である。なお、新越谷は行先案内板が故障して、LEDが点灯しなかった。

　春日部で立客が発生し、高齢者の利用が多かったが、次のせんげん台では降りるお客が意外と多かった。立客の高齢者たちはペチャクチャと井戸端会議状態だったので、列車を降りると、車内は静かになる。

　北越谷から複々線に入り、新越谷は武蔵野線〔南越谷駅〕に乗り換えるお客がいるようで、浴衣姿の乗客が若干増えてゆく。

終日稼働となった北千住1階ホームの2・3番線

　西新井で多く乗り込み、日常的な光景に。大師線乗換駅や手前の竹ノ塚は利用客の多い駅ということもあり、西新井でたらふく乗り込むのである。

　臨時電車〈隅田川花火号〉浅草行きは、北千住4番線に到着。車掌は「次は終点浅草」であることを伝えると、各駅停車、区間急行、区間準急のどちらかであるとカン違いしている乗客は、実際にいた。向かいの3番線では、10000系の各駅停車浅草行きが発車を待っている。

　1階の2・3番線はもともと、日比谷線のホームだったが、混雑の激化により、1996年7月23日(火曜日)、新設の3階に移動。これにより、1階は東武専用のホームとなったが、2006年3月18日(土曜日)のダイヤ改正まで昼間はまったく使われないことが多く、ようやく終日稼動となった。

終点浅草到着後、もうひとつの"花火列車"を見る

　曳舟付近になると、スピードが落ち、牛歩状態に。曳舟では30000系の区間準急北春日部行きに遭遇。東急2代目5000系の急行南栗橋行きと特急〈りょうもう31号〉太田行きに道を譲る。

　進行方向右側は業平橋の留置線があり、左側は押上駅。終点浅草が近づくにつれ、電車が詰まりだしているようだ。

　隅田川を渡る直前、停止信号でついに止まる。高架下は花火見物で大いに

にぎわっている。レジャーシートを広げて、陣地を確保。熱心な花火ファンは朝から乗り込んでいるのだろう。

　10000系の各駅停車北千住行きとすれ違うと、運転が再開され、隅田川では屋形船が何隻も浮かんでいる。ここから見る花火はオツなもので、ゼータクかつ至福なひとときであろう。

墨田区の歩道は、人でいっぱい。まさに".com"。

1度でいいから、屋形船から花火を見たい。

　「本日は臨時電車〈隅田川花火号〉浅草行きを御利用いただきまして、ありがとうございました。終点浅草に到着です。気をつけて行ってらっしゃいませ」

　と車掌が締めくくり、終点浅草4番線に到着した。

　浅草でも撮影会状態で、2006年に比べると、撮りやすい。臨時電車〈三社祭号〉では到着後、貫通扉を開けて、ヘッドマークを外していたが、今回、そのようなことはなく、デジタル方向幕を臨時から回送に変えると、早々に発車した。

　その後、半蔵門線押上駅へ移動。18時07分、臨時電車(中央林間―渋谷間は臨時急行)〈SUMIDA HA・NA・BI号〉が2番線に到着した。

　この列車は消灯して、2番線に留置。21時16分、臨時電車(渋谷から臨時急行)〈SUMIDA HA・NA・BI号〉長津田行きとして、折り返す。

終点浅草に到着。

臨時電車（中央林間─渋谷間は臨時急行）〈SUMIDA HA・NA・BI
号〉は、東京メトロ08系を起用。

ヘッドマークは差し込み式。

　8000系のうち、前面デザインが唯一オリジナルの8111編成は、東武博物館所属の動態保存車として、おもに団体列車を中心に活躍する。動態保存車として新しいスタートを切った当初は、誰でも乗車できる臨時電車として運転されていた。

運転決定後にホワイトタイガーの赤ちゃんが生まれる

　2013年4月6日(土曜日)9時20分頃、伊勢崎線北千住へ。この夜から翌日にかけて、「急速に発達する温帯低気圧(季節の変わり目に発生しやすいという)」という意味の爆弾低気圧(気象庁が定めた用語ではない)が関東地方を襲う可能性が高いせいか、多くの人々は傘を持参している。

　東武では、3月23日(土曜日)から4月7日(日曜日)まで、下りは北千住―東武動物公園間、上りは東武動物公園―とうきょうスカイツリー間で、臨時電車〈アニマルトレイン〉を運転した。

　これは3月20日(水曜日・春分の日)より、ハイブリッド・レジャーランド東武動物公園(商号名。社名は東武レジャー企画株式会社。以下、TAP〔「Tobu Animal park」の略〕)の遊園地エリア「ハートフルファーム」に、新しい観覧車とキッズハウスがオープンすることを記念し、東武博物館が所有する8000系東武顔に白羽の矢を立て、臨時電車〈アニマルトレイン〉を運転することになったのである。

　この企画が決まったあと、3月16日(土曜日)14時50分頃にTAPでホワイトタイガーの赤ちゃん4頭が生まれ(当面のあいだは画像と動画による簡易公開)、臨時電車〈アニマルトレイン〉の運転に、もうひと花を添えた。

　臨時電車〈アニマルトレイン〉初日となる3月23日(土曜日)の往路は団体専用として運転。復路から普通乗車券等のみで乗れる列車となった。

臨時電車〈アニマルトレイン〉

2012年秋季に運転された臨時電車。方向幕は東上線時代のまま。

団体列車以外での営業運転は、2012年秋季の、とうきょうスカイツリー―大宮間以来となる。このときは北千住、春日部、野田線内の各駅に停まっており、「臨時区間快速」と称して差しさわりない。

1番線に入線

多くのレールファンは、「臨時電車〈アニマルトレイン〉東武動物公園行きは2番線に入線する」と思っていただろう。始発の臨時電車や団体専用の場合、南栗橋車両管区春日部支所を出庫し、北千住の引上線まで回送したのち、折り返すというのがセオリーだからである。

8000系は2013年で生誕50周年を迎えた。

ところが、今回は区間急行南栗橋行きが発車した直後の9時31分、1番線に入線した。始発列車が1番線に入線するのは珍しい。臨時電車〈アニマルトレイン〉は、効率を重視したのか、前夜にとうきょうスカイツリーの留置線で滞泊し、浅草経由で回送運転するダイヤとした。

停車駅は急行と同じ。ただし、ホームの行先案内表示器や8000系東武顔の方向幕は、「臨時」しか案内していないため、「x停まりますか？」、「停車駅は？」と車掌に尋ねる人が少なくなかった。このため、車掌は停車するとすぐに、「臨時電車の東武動物公園行きでございます。次はxに停まります」と案内していた。

車内でTAPの予習ができる?!

「お待たせいたしました。東武スカイツリーラインを御利用いただきまし

て、ありがとうございます。臨時電車の東武動物公園行きでございます。

　お客様に御案内いたします。これから先、西新井、草加、新越谷、越谷、せんげん台、春日部、終点東武動物公園に停まります」

　定刻通り9時32分に発車。車掌は停車駅、携帯電話のマナー協力のお願いなどを案内する。車内に優先席はあるが、携帯電話に関するステッカー（マナーモードと電源OFF）はない。臨時電車や団体専用といったイベント用車両のため、これらのステッカーをすべて撤去したのだ。

臨時電車〈アニマルトレイン〉東武動物公園行き 編成表				
乗車区間	号車	車両番号	禁煙	備考
東武動物公園	なし	クハ8411	○	修繕車
	なし	モハ8811	○	修繕車
	なし	サハ8711	○	修繕車
	なし	モハ8311	○	修繕車
	なし	モハ8211	○	修繕車
北千住	なし	クハ8111	○	修繕車

臨時電車〈アニマルトレイン〉の車内。

車内の広告やポスターはTAPに関するものばかり。来園者にとっては、"予習"ができる。動物の案内が上にあるため、小さい子供は、親御さんの力を借りなければならないが、荷棚や戸袋に掲示されている動物の写真に胸がときめくと思う。私が乗車しているクハ8111の乗客を見ると、"たまたまこの電車に乗った"という人が多いようで、家族連れは少ない。

　臨時電車〈アニマルトレイン〉東武動物公園行きは、西新井3番線に到着すると、向かいの4番線では、東京メトロ03系の各駅停車南栗橋行きが発車した。複々線のため、乗り換えのタイミングが合わなかったのだ。竹ノ塚、谷塚で下車する人にとっては、次の各駅停車まで待たなければならず、

東武初の相互直通運転開始により、沿線では住宅開発が進められた。

悔しい思いをしたかもしれない。

　竹ノ塚で各駅停車南栗橋行きを抜く。2013年3月16日(土曜日)のダイヤ改正で、日比谷線との相互直通運転を日光線南栗橋まで延長した。日比谷線との相互直通運転区間延長は、1981年3月16日(月曜日)の北春日部—東武動物公園以来32年ぶり。参考までに、日比谷線中目黒—日光線南栗橋間の所要時間は約2時間である。

　草加では、各駅停車南栗橋行きの到着を待たず発車。日中ダイヤでは、上下線とも定期の急行と各駅停車の緩急接続を行なう。

　「本日、(TAPに)入園の際、あらかじめキーワードを伝えていただくと、もれなく東武動物公園(TAP)のオリジナルクリアファイルを差し上げます。キーワードは『ホワイトタイガー』です」

　発車すると、車掌はTAPに関する放送を流す。臨時電車〈アニマルトレイン〉東武動物公園行きを利用した乗客のみ、TAPの受付でキーワードをいうと、オリジナルクリアファイルのプレゼントを受ける特典がある。この案内放送は春日部発車時でも行なわれた。

　天気は若干回復し、雲と雲のあいだの隙間から青空が見えた。

各駅停車との接続は1駅のみ

　武蔵野線〔南越谷駅〕乗換駅の新越谷で、乗車率が上がる。2つ先の北越谷では、20050系の各駅停車東武動物公園行きを抜いた。ここから複線となり、左へ曲がり終えると、せんげん台の副本線ホーム(1・4番線)に発着する列車を除き、野田線交差地点付近まで長い直線となる。車窓を眺めると、風が強く、サクラなどの花びらが舞い散ってゆく。

　せんげん台に到着し、乗降用ドアが開くと、"春の嵐"が車内を襲う。すでに爆弾低気圧の襲来が始まっていた。

　発車すると、快走から一転して、ノロノロ運転となる。先行列車に追いつきそうな気配だ。再び車窓を眺めると、強かった風は弱まっている。風というのは気まぐれだ。

　春日部で、20050系の各駅停車東武動物公園行きに接続。この列車では最初で最後の緩急接続となる。

　定刻より1分遅れの10時04分に発車。後ろには、東京メトロ8000系リニューアル車の急行久喜行きが見えており、半ば追いつかれていた。

　北春日部を通過すると、進行方向右側に南栗橋車両管区春日部支所が見える。車庫は埼玉県春日部市と南埼玉郡宮代町にまたがっているのが特徴だ。南埼玉郡宮代町の車止め付近には、03系2編成の姿が見えた。同区同所で東武以外の車両が留置するのは、先日のダイヤ改正が初めてではないかと思う。

南栗橋車両管区春日部支所に留置された03系(敷地外で撮影)。

　車掌は終点東武動物公園を告げる放送を始め、乗り換え案内などをしたのち、「本日も東武スカイツリーラインを御利用いただきまして、ありがとうございました」で締めくくった。

　定刻通り10時08分、終点東武動物公園4番線に到着。ほどなくして、向かい

終点に到着し、"午前の部"が終了。

の5番線に急行久喜行きも追いつく恰好となった。

東武動物公園の下り先頭車停止位置がホーム先端付近のため、上り北千住寄りが撮りやすい。ここでは8000系東武顔をバックに記念撮影する人が多く、早くも春休みの思い出を作っていた。

50050系の急行中央林間行きが3番線到着後、8000系東武顔の回送が発車。引上線に入ったのち、折り返し同区同所まで回送するのかと思っていたら、意外なことに日光線へ入った。どうやら南栗橋の同区まで回送し、休息と入念な点検をして、復路に臨むのだろう。

特急〈りょうもう〉ソラカラちゃんラッピング列車フォーエヴァー

半蔵門線との相互直通運転開始により、伊勢崎線からの都心直通ルートが2つに。

　15時50分頃、再び東武動物公園へ。15時過ぎから雨が降ってきた。風は「強い」というレベルではないが、いよいよ大荒れの天気が本格化してきたといっても過言ではない。

　16時01分、2番線に東京メトロ08系の急行(押上から各駅停車)長津田行きが到着した。ほどなくして、向かいの3番線に始発03系の各駅停車中目黒行きが入線した。03系と08系の顔合わせは、めったに見ることができないので、貴重なワンシーンである。

特急〈りょうもう〉ソラカラちゃんラッピング列車。

　特急〈りょうもう30・32号〉浅草行きは、いずれも「ソラカラちゃんラッピング列車」。2012年5月11日(金曜日)から200系3編成の車体側面にラッピングが施され、東京スカイツリータウン開業を盛り上げる役目を担っていたが、2013年3月27日(水曜日)より順次撤去されており、私がこの姿を見るのは最後になると思う。

ダイヤ改正で03系の滞泊運用が発生

　16時24分、2番線に臨時電車〈アニマルトレイン〉とうきょうスカイツリー行きが入線した。8000系東武顔の前面は、種別「快速急行」、行先「坂戸」を表示している。種別幕、方向幕は東上線時代のままで、「回送」、「試

運転」、「団体専用」、「臨時」が紺地なのが特徴だ（東武本線用の車両は赤地）。入線時に種別と行先を「快速急行坂戸」にしたのは、レールファンやTAP来園者へのサービスだと思う。入線後、種別白幕、行先「臨時」に改める。

方向幕はのちに東武本線仕様に交換された。

臨時電車〈アニマルトレイン〉とうきょうスカイツリー行き 編成表				
乗車区間	号車	車両番号	禁煙	備考
とうきょうスカイツリー	なし	クハ8111	○	修繕車
	なし	モハ8211	○	修繕車
	なし	モハ8311	○	修繕車
	なし	サハ8711	○	修繕車
	なし	モハ8811	○	修繕車
東武動物公園	なし	クハ8411	○	修繕車

　復路も入線から発車まで1分しかないあわただしさで、16時25分に発車。雨の中を快走する。車掌は一語一句丁寧に、少し時間をかけて案内する筋金入りのベテランだ。東武動物公園の駅員は、「臨時の〈アニマルトレイン〉号」と案内していたが、車掌は「臨時のとうきょうスカイツリー行き」で通す。

　南栗橋車両管区春日部支所では、往路で見た03系2編成がまったく動かない。

帰宅後に『東武時刻表』で調べたところ、平日ダイヤ北春日部6時10分発の各駅停車中目黒行きは、03系の運用だ。下り早朝の各駅停車北春日部行きがないので、同区同所で滞泊していたことがわかる。平日夜間は、北春日部で折り返さない03系の運用が見当たらないが、各駅停車南栗橋行き1946S(南栗橋21時11分着)、1966S(南栗橋21時34分着)のうち、どちらか1つが終点到着後、同区同所まで回送するものと考えられる。もう1つは、東京メトロ千住検車区か、同区竹ノ塚分室まで回送するだろう。

なお、この日の北春日部始発列車は、9時04分発の区間準急浅草行きをもって終了している。

温情の緩急接続

春日部で1分停車。先行列車に追いつかないよう、時間調整を兼ねていると思う。その後、隣の3番線に特急スペーシア〈きぬ125号〉鬼怒川温泉行きが到着した。東武はこの並びをさりげなく演出したのだろう。

東武動物公園(左)とせんげん台(右)の行先案内板。

せんげん台でも1分停車(各駅停車の接続なし)。ホームの行先案内表示器は、「急行 16:40 とうきょうスカイツリー 6両」と表示し、とてもわかりやすい。種別欄で「急行」と表示していたのは、せんげん台だけで、ほかの停車駅は、すべて「臨時」である。

複々線に入り、北越谷—越谷間で携帯電話の着信音が響く。

「今、電車の中。ちょっと待ってて」

電話に出たババアがキレそうな表情をする。私は車内でマナーモード未設定及び通話をするモラルのなさにあきれる。"社会の模範"となって当たり

前の50代以上がケータイをマナーモードにすら設定していないのだから。

越谷では、停車時間が1分未満で、車掌はリモコンチャイムを鳴らしたが、温情なのか20000系の各駅停車中目黒行き（越谷16時46分発）の到着を待った。すでに行先案内表示器は、「臨時　16：45　とうきょうスカイツリー　6両」が消えている。

各駅停車中目黒行きから、臨時電車〈アニマルトレイン〉とうきょうスカイツリー行きに乗り換える人が多く、草加、北千住方面への到着が早くなるので、トクした気分だろう。

回送電車でファンサービス連発?!

新越谷で買い物や行楽帰りなどの人々が多く乗り、ロングシートはほぼ埋まる。車内は静かで、"なつかしの電車"に気づいたとしても、感慨無量という意識がないようだ。

17時04分、北千住4番線に到着。向かいの3番線には10030系の各駅停車浅草行きが待っている。ここで大量降車が発生し、空席が目立つ。

17時05分に発車。再び複線となり、ここから先は8000系営業列車初の急行運転だ（2012年秋季は実質快速運転）。定期の急行よりもスイスイ走っている印象を受ける。

17時10分、曳舟4番線に到着。定期の急行は3番線に到着し、4番線の浅草行きに接続をとるので戸惑った。ここでは各駅停車浅草行きの接続はない。

17時11分に発車すると、次は終点とうきょうスカイツリーだ。

「本日は東武鉄道を御利用いただきまして、誠にありがとうございました」

復路の車掌は「東武スカイツリーライン」を一切使わなかった。自動放送でも、「東武鉄道を御利用い

「とうきょうスカイツリー行き」は、"臨時電車ならでは"の行先。

ただきまして……」なので、特に違和感はない。

17時13分、定刻より1分遅れて終点とうきょうスカイツリー1番線に到着した。浅草では安全柵を設置したホームがあることや、ダイヤの都合上などにより、1・2番線に到着することができない。浅草1番線も2番線と同様に北千住寄り2両分(6両編成の場合。8両編成は北千住寄り4両分)の乗降用ドアを終日締め切りにしたため、8000系にはドアカット機能がないこともある。

方向幕を「回送」にするかと思いきや、種別幕のみ「準急」にセットした。車掌は行先表示をどれにしようか迷っているのか、いろいろまわっているうちに8000系東武顔の回送が発車した。

回送ながら、浅草へ向かう準急が復活。

ルポから6年後、東上線に川越特急が登場。

臨時電車〈アニマルトレイン〉

浅草で折り返し、とうきょうスカイツリー2番線を通過したのち、留置線に入る。さすがに「回送」で通過してくるかと思っていたら、今度は「特急川越市」を表示して再び姿を現した。もちろん、伊勢崎線で8000系の「特

東上線の通勤急行は、2016年3月25日（金曜日）で29年にわたる運転に幕を閉じた。

急」営業運転は、ありえない。

　8000系東武顔が留置線に入庫後、スイッチバックをして、ホームから見える位置に移動し、"駐車"をする。ここでも種別幕と方向幕が「通勤急行上福岡」に変わり、1日の勤めを終えた。

はじめての報道公開も
一生けんめい。

2019年の大凧あげ祭りは、「令和」と「元年」が飛翔した（提供：春日部市）。

　私が初めて報道公開に参加したのは、2014年4月16日(水曜日)。奇しくも東武だった。この日は南栗橋車両管区七光台支所で、野田線用の8000系8159編成に大凧あげ祭りヘッドマーク掲出作業が行なわれた。

　そして、意外なものも"仮貼付"されていた。

2年連続2回目の大凧あげ祭りヘッドマーク掲出

　東武と春日部市では、2014年4月16日（水曜日）より、伊勢崎・日光線用の50050系、野田線用8000系の各1編成に、シール式の大凧あげ祭りヘッドマーク（以下、ヘッドマーク）を掲出した。

　50050系は南栗橋車両管区で貼付され、南栗橋14時21分発の急行（押上から各駅停車）中央林間行きより営業運転に就いた。

　一方、8000系は南栗橋車両管区七光台支所で報道公開が行なわれ、東武と春日部市職員立ち合いのもと、8000系1編成にヘッドマークの掲出作業を行なう。

ついに……

ついに8000系にも東武アーバンパークラインのロゴが仮貼付された。

　8000系ヘッドマーク掲出車には、東武アーバンパークラインのロゴも貼付。「東武アーバンパークライン」というのは野田線の路線愛称で、4月1日（火曜日）に導入された。すでに野田線用の10030系と60000系はロゴが貼付され、営業運転に就いている。

車体側面に仮貼付された東武アーバンパークラインのロゴ。

仮どめされたヘッドマーク。

職人の技にメディアらは固唾をのむ。

「8000系にもついたんですか?」

「あくまでも仮です」

私が東武広報に尋ねると、今回のために仮貼付したという。野田線用8000系の東武アーバンパークラインロゴは近いうちに"本貼付"を開始し、5月以降に完了する予定だ。

ヘッドマークはすでに掲出されていたように見えるが、貼付位置を決めるため、透明のカートンテープで仮どめ。メディアの撮影終了後、作業員2人が8000系の貫通扉付近に現れた。1人は脚立に乗る職人、もう1人は助手といったところ。

ヘッドマークの掲出作業は霧吹きを裏面にかけて、空気が入らないよう綺麗に貼る。貼り終えると、布巾でその周囲をふき、メジャーでタテ、ヨコの長さを確認し、問題がなければここで終了する。雨が降るとうまく掲出できないため、屋外で作業する場合は晴天に限られている。また、雨の日に作業しなければならない場合は、車両基地の建屋で行なう。

8000系ヘッドマーク掲出車は、東武アーバンパークラインのロゴを撤去し、七光台17時30分発の各駅停車柏行きより営業運転に就いた。

1人の提案により、方向幕の行先を「春日部」に変更。

なお、野田線車両のヘッドマークは、2016年より10030系が務めている。

2016年以降、一部の鉄道事業者から「報道関係者」と認定される

　報道公開は記者クラブを対象に開催されることが多く、そこに属さない私は“顔じゃない”（相撲用語で「分不相応」のこと）と言われても致し方ない。それでも2015年に日光詣スペーシアを東武広報に問い合わせると、報道公開の案内状をいただき、取材することができた。

　2016年に入ると、東京メトロ9000系リニューアル車の報道公開がきっかけで、同社からプレスリリースや報道公開案内の配信を受ける。すなわち、初めて「報道関係者」と認定されたのである。

　これが思わぬ新境地となり、以降、関東と関西の鉄道事業者数社から直接配信されているほか、『PR TIMES』に入会することもできた。

　報道公開は“勉強の場”と考えており、新しい世界を知ることで鉄道に対する理解を深めている。ただ、現状では媒体とのタイアップが必要不可欠なため、今後は“マイメディア”として独立するなど、新しい方向性も検討しなければならないだろう。

臨時電車
〈アニ玉祭トレイン〉

臨時電車〈アニ玉祭トレイン〉のヘッドマーク。電車の前面デザインは、30000系っぽく見える。

　東武鉄道では、「第2回アニ玉祭(アニメ・マンガまつりin埼玉)」の開催にあわせて、野田線用10030系を使用した臨時電車〈アニ玉祭トレイン〉大宮行きを運転した。約50キロの道中をレポートする。

野田線用10030系、古巣復帰!!

　2014年10月11日(土曜日)9時40分頃、伊勢崎線とうきょうスカイツリーへ。ホームのメインカラーは、スカイツリーホワイトという"優しい色"で、癒しの雰囲気を醸し出している。秋風が心地よく吹き、地平の留置線に設置されている風速計が軽やかに回る。

　レールファンの数がやや多く、警備員は少しピリピリしている。無論、黄色い線の内側で撮影しているが、鉄道に関心のない人の一部は、外側を歩いているのだから、あぶない。

とうきょうスカイツリーの留置線から出庫する野田線用10030系。

　9時56分、留置線から10030系野田線カラーが出陣。貫通扉にヘッドマークを掲出した姿で、1番線を通過。回送として浅草に向かう。久々の"古巣"なので、凱旋走行といったところ。実は留置線から直接北千住方面へ折り返せないため、とうきょうスカイツリー―浅草間は往復回送しなければならない。

　「なぜ浅草始発にしないの?」

　読者の中には、上記の疑問があると思う。浅草始発にできないのは、4ドア車対応のホームを1・2番線に限定しているためだ。北千住寄りは急カー

ブで、特に3～5番線は、ホームと電車のあいだが大きく空いているところがあるため、渡り板を敷かないと乗り降りができない。このため、1・2番線は各駅停車、区間急行、区間準急用、3～5番線は特急、快速、区間快速、6050系の区間急行新栃木行き用に分けているのだ。

　各駅停車のダイヤに支障を与えないため、10030系野田線カラーの回送は、4・5番線(左右両側の乗降用ドアが開けられる)に止まり、各駅停車北千住行き発車後、とうきょうスカイツリーへ折り返す。

入線からわずか1分後に発車

ついに入線。

　10時09分、2番線に臨時電車〈アニ玉祭トレイン〉大宮行きが入線した。発車時刻は1分後の10時10分なので、レールファンの撮影もあわただしい。

　定刻通り10時10分に発車。春日部までは快速運転(列車種別は急行より格上)、野田線内は各駅に停まる。乗車率は空席が目立つほど低いが、春日部までは自分の思い通りに過ごせる。先頭1号車の乗務員室寄りでは、レールファン数人がかぶりつきという"お約束"だ。

臨時電車〈アニ玉祭トレイン〉大宮行き　編成表				
乗車区間	号車	車両番号	禁煙	備考
大　宮	1	クハ16636	○	リニューアル車
	2	モハ15636	○	リニューアル車
	3	サハ14636	○	リニューアル車
	4	モハ13636	○	リニューアル車、弱冷房車
	5	モハ12636	○	リニューアル車
とうきょうスカイツリー	6	クハ11636	○	リニューアル車、女性専用車

女性専用車について
女性専用車は、野田線平日の初電から9時まで実施（8000系、60000系も同様）。

　各駅停車北千住行きのあとを走るので、スピードは控えめ。カーブも多いので、浅草―北千住間の特急、快速、区間快速は約10分かかる。

　10時20分、北千住1番線に到着。ホームは閑散としており、乗車率は予想以上にあがらない。2号車では、母親がベビーカーを折りたたみ、幼い兄弟に2人分のスペースを与えた（幼い兄弟の場合、2人で1人掛けに坐らせることが多い）。空席が目立つからこそできるゆとりだ。

竹ノ塚駅とその周辺の高架化完了と踏切除去は、2021年度を予定している。

　北千住で30秒程度停車したのち、北越谷まで複々線の外側（急行線）を快走する。定期の快速、区間快速と変わらぬ走りだ。10030系自体、久々の古巣走行なので、イキイキしている。
　西新井を通過すると、竹ノ塚周辺の高架化工事現場へ。2013年から工事が本格化し、バス停留所の移動、店舗の閉店及び建物の解体、上下線とも一部で仮線に切り替えなど、大掛かりである。

10030系の歴史

10030系は1988年2月に登場した。10000系のマイナーチェンジ版で、界磁チョッパ制御とロイヤルマルーンの帯は変わらないが、ステンレス構体の変更で、軽量化と見映（みば）えが向上。併せて前面デザインも見直され、精悍（せいかん）な顔立ちに仕上がった。

台車もSUミンデン式からボルスタレス式、客室や運転台も仕様がそれぞれ変更され、東武通勤形電車の"決定版"といえる存在となった。8000系、10000系に倣（なら）い、あらゆる状況に対応できるよう、2・4・6・10両車の4タイプ364両が1996年まで新製された。

2010年度から10030系のリニューアルを開始。客室、乗務員室の内装などは50000系グループに準じている。2013年度から一部を対象にVVVFインバータ制御の換装も行なわれた。

10030系の野田線進出は、2013年2月。新型車両60000系とともに、8000系を置き換える役割を与えられた。4月20日（土曜日）に営業運転を開始する際、車体の帯をロイヤルマルーンから、フューチャーブルー（東武グループロゴマークのカラー）と、視認性の高いブライトグリーンの2色に変更された。しかし、10030系のフューチャーブルーは、60000系に比べると薄い。

10030系リニューアル車の車内（写真は森林公園検修区所属車）。

当初はオリジナルの姿で、南栗橋車両管区七光台支所に転属。

東武は、フューチャーブルーとブライトグリーンの組み合わせについて、「沿線の自然環境をイメージした」とプレスリリースで述べており、この言葉が野田線の路線

愛称名「東武アーバンパークライン」(都心に向かう乗換駅が6つあること、沿線は身近に自然を感じられる公園などが多く点在し、憩いのある住みやすい路線などが命名の理由)の導入に至ったのかもしれない。

2014年3月に入ると、4月1日(火曜日)から使用される路線愛称名「東武アーバンパークライン」のロゴを貼付。10030系と60000系は同日まで完了したが、8000系は5月から6月にかけて実施された。夏発売の『東武時刻表』でも「野田線」から「東武アーバンパークライン」に変わり、路線愛称の定着を目指している。

春日部で東武のイキな演出？

臨時電車〈アニ玉祭トレイン〉大宮行きが松原団地を通過すると、車掌は念入りに「次は春日部……」のあと、野田線内各駅の到着時刻を乗客に伝える。車内放送を聴いていると、"特別な列車に乗った"気分になれる。

新越谷付近でスピードが落ち、越谷で50050系の急行南栗橋行きを抜く。その後、生き返るかのような走りを披露。北千住—春日部間の所要時間は、定期の快速と変わらないようだ。せんげん台で20050系の各駅停車南栗橋行きも抜くと、勢いは続く。野田線交差地点をくぐると、まもなく春日部だ。

北千住を発車して22分後の10時42分、春日部4番線に到着。北千住—春日部間の平均速度は76.9km/hで、特急(最速20分、平均速度84.6km/h)、快速、区間快速(21分、平均速度80.6 km/h)に比べると、若干落ちる。

旅客情報案内装置は始発から「臨時」のまま。野田線内は自動放送も作動しなかった。

　ここで10分停車。駅員は「この電車は、東武スカイツリーライン、伊勢崎線、日光線ではございません」と放送し、誤乗防止に努める。10030系の行先表示も「臨時」から「大宮」に変わったが、車内の旅客情報案内装置は始発から「臨時」のままだ。

　向かいの3番線に越谷で抜いた急行南栗橋行きに追いつかれる。4番線には、臨時電車〈アニ玉祭トレイン〉大宮行きが止まっており、乗り換えがラクで、しかも必ず坐れる。

　ところが、ほとんどの野田線大宮方面乗り換え客は、"「所定の位置」という名の8番線"に移動した。臨時電車〈アニ玉祭トレイン〉大宮行きは10時52分の発車に対し、8番線の各駅停車大宮行きは10時47分発なのだ。"坐れなくてもいいから、早く目的地へ"というのが本心なのだろうか。

現役野田線車両が駅でそろい踏み（左側の60000系は見づらいので、御容赦ください）。

　ほどなくして、60000系の各駅停車大宮行き、8000系の各駅停車柏行きが相次いで到着。4・7・8番線は、現役の野田線通勤形電車がそろい踏み（偶然なのか、東武のイキな演出なのかは不明）。なお、定期列車でこの光景が見られるのは、柏だけである。

キャスト7人が乗客を大歓迎

伊勢崎線から野田線へ。レールファン注目のシーンである。

　3番線に各駅停車南栗橋行きが到着しても、臨時電車〈アニ玉祭トレイン〉大宮行きに乗り換える乗客は少なく、拍子抜けという感じで10時52分に発車。ここから野田線に入る。

　伊勢崎線北千住方面から野田線大宮方面の直通運転に対応できるのは、4番線のみ。将来、定期列車の直通運転を行なうには、1番線にも進入できるよう、ポイントの改良工事が必要になる。

　東岩槻から乗客が増える。多くは"この電車狙い"ではなく、たまたま5分早い電車に乗れただけに過ぎない。2号車でベビーカーを折りたたんでいたお母さんは、幼い兄弟を1人掛けの席に坐り直させ、大人1人分を空けていた。すでに「臨時列車」ではなく、「定期列車」の雰囲気だ。

　大宮公園を過ぎると、東北本線に合流。進行方向右側では、上越新幹線〈Maxとき318号〉東京行きの姿が見えた。偶然とはいえ、2つの列車がほぼ同じ時刻に到着しようとしていた。

　定刻より1分遅れの11時14分、終点大宮2番線に到着。所要時間64分、表定速度46.3km/hのミニトリップが終わった。改札付近では、アニ玉祭のキャスト7人が乗客を歓迎。レールファンなどがシャッターを切っていた。テレビ埼玉のカメラマンも取材しており、夕方のニュースネタとして放送するのだろう。

埼玉県の中心駅、5本の指に入る巨大ターミナルとして、ゆるぎない地位を築いた大宮駅。

　改札を出ると、埼玉新聞第2部「サイタマニア」(埼玉新聞社)の無料配布を行ない、アニ玉祭をPR。前代未聞(同社が自信を持って記述)の袋とじつきである。

　「サイタマニア」は、臨時電車〈アニ玉祭トレイン〉の乗客を対象に無料配布する予定だったが、たっぷり用意していたせいか、後続の各駅停車が到着しても続けていた。

　この日、大宮駅構内で「大宮トレインフェスタ2014」、さいたま市記念総合体育館で「大相撲さいたま場所」(秋巡業)が行なわれ、さいたま市にとっては"アツイ1日"だった。

「サイタマニア」は、大人数分を用意していた。

8000系昭和30年代の通勤形電車
標準色リバイバルカラー開幕戦

東武本線にも8000系リバイバルカラーが登場!!

昭和30年代早見表

元号	西暦
昭和30年	1955年
昭和31年	1956年
昭和32年	1957年
昭和33年	1958年
昭和34年	1959年
昭和35年	1960年
昭和36年	1961年
昭和37年	1962年
昭和38年	1963年
昭和39年	1964年

　近年の東武は、特別塗装やリバイバルカラーが百花繚乱の如く、鉄路をにぎわせている。2016年は8000系が1度も身にまとったことがない「昭和30年代の通勤形電車標準色」(以下、標準色)のリバイバルカラーがよみがえり、亀戸線、大師線で運行されている。

短命だった標準色

　8000系で新たなリバイバルカラーを身にまとったのが8577編成(2両車)。インターナショナルオレンジの車体に、ミディアムイエローの帯を巻く。

　このカラーリングは、1958年10月に試験導入されたのち、20メートル級通勤形電車の標準色に決定した。しかし、1963年4月の社内会議で、2000系(18メートル級通勤形電車)と同じツートンカラー(インターナショナルオレンジとロイヤルベージュの組み合わせ)の統一を決定。7月以降、標準色車両の塗装変更が行なわれ、1964年頃に姿を消したという。

東あずま駅の駅舎。

　今回、約半世紀ぶりに標準色を復活させ、亀戸線で運行されるのは、「亀戸線各駅の駅舎の佇まい」、「2両編成で走る列車の姿」、「沿線の下町情緒たっぷりの町並み」が標準色の運行に合うからだという(楠元道明亀戸駅長談)。なお、車両運用の都合で、お休み、もしくは大師線で運行する日もある。

出発式の様子。

標準色は、「下町の魅力再発見ラリー」の開催に合わせ、2016年3月23日（水曜日）に団体専用列車〈たびじ〉として、営業運転を開始。あづま幼稚園の園児約20人とその保護者らが1号車に乗車（2号車は業務用）。このうち園児5人は東武の制服と帽子を着用し、出発式に参加した。

参加者は21分のミニトリップを満喫

団体専用列車に列車愛称が付与されているのは、東武ならでは。

団体専用列車〈たびじ〉編成表

乗車区間	号車	車両番号	禁煙	備考
曳　舟	1	クハ8677	○	修繕車
亀　戸	2	モハ8577	○	修繕車、業務用

　団体専用列車〈たびじ〉は、定刻通り13時58分に発車。ほかの園児たちも制服と帽子を着用し、記念撮影などで充実した1日を楽しんでいる様子。参加者はロングシートを"ボックスシート感覚"でくつろぐ。

　車内では、東武広報による東京スカイツリーのビューポイント案内や、業平橋乗務管区の方々による乗車記念カード（図柄はもちろん標準色）の配布が行なわれる。このカードは、入園前と思われる子供や、乗車取材を希望したメディアにも配られた（参加メディアの多くは、出発式のみ取材）。

　列車は各駅に一旦止まってから発車を繰り返す。駅付近及び駅構内の踏切は、列車の到着に合わせて作動しており、通過が困難なのだ。また、運転士は定期列車に接近しないよう、一部区間で徐行運転を行なう。

　地平から高架へ上がると伊勢崎線に合流し、曳舟5番線に到着。折り返

しのため2分停車する。発車直前、日光詣スペーシア(特急スペーシア〈きぬ122号〉浅草行き)が隣の4番線を通過。園児たちは"荘厳の金色車両"に無関心のようだが、大人にとっては"サプライズ"で、歓声をあげる。

車内放送体験では、園児たちが元気よくアナウンス。

後半は車内放送体験と亀戸線最高速度クイズで盛り上がり、14時19分に再び亀戸2番線へ。撮影など、多くの人々に楽しんでいただけるよう、15時31分まで留置した。

東武本線用8000系ワンマン車の運転台。

8000系「緑亀」開幕戦

亀戸駅2番線で執り行なわれた出発式では、あづま幼稚園の園児5人が"大役"を務めた。

2016年3月23日(水曜日)より、亀戸線で8000系8577編成「昭和30年代の通勤形電車標準色」リバイバルカラーの運行が開始し、乗客から好評を博している。

今回はその第2弾として、8568編成「昭和30年代の試験塗装車両」リバイバルカラーの運行を2017年2月16日(木曜日)より開始した。

1953年の登場から半世紀以上の歴史を持つ8000系にとっては、6つ目のカラーリングとなり、ますます存在感が増したといえよう。

約1年で姿を消したグリーン車体の電車が復活

　「昭和30年代の試験塗装車両」は、1958年に7860系が増備された際、茶系塗装に代わる車体長20メートル級通勤形電車の新しい標準色を決めるため、試験的に4種類のカラーリングが施された。そのひとつが今回リバイバルカラーとして再び陽の目を見た「グリーンの車体に、サブウェイクリームの帯」を巻いたものだった。

　約1年間にわたる営業運転の末、「インターナショナルオレンジの車体に、ミディアムイエローの帯」を標準色に決め、落選した3種類は早々に姿を消した。

渋い色調の緑亀。

8000系「緑亀」開幕戦

　あれから約60年の時を経て、グリーン車体の試験塗装車が8568編成にて復活(帯の色はサブウェイクリームから、ジャスミンホワイトに変更)。濃厚なグリーンの車体が"カメのような色に見える"こと、亀戸線に愛着を持ってもらうよう、「緑亀」の愛称を付与した(以下、緑亀と記す)。東武のリバイバルカラーで愛称がつけられたのは初めてである。

　「この車両(緑亀)を亀戸線で運行することとなりましたのは、どこか懐かしい雰囲気を感じる下町情緒の路線として、お住まいの方々、また沿線の皆

様に親しまれる当路線にマッチするものでございます」

　落合正士亀戸駅長は出発式で、緑亀導入の経緯を述べた。なお、車両運用の都合で、お休み、もしくは大師線で運行される日もある。

団体専用列車でデビュー

団体専用列車 編成表				
乗車区間	号車	車両番号	禁煙	備考
曳　舟	1	クハ8668	○	往路で乗車、修繕車
亀　戸	2	モハ8568	○	復路で乗車、修繕車

　緑亀最初の旅客列車は、あづま幼稚園の園児約30人と関係者を招待した団体専用列車で、亀戸—曳舟間を往復する。車両の行先表示器は「団体専用たびじ」ではなく、「臨時」。

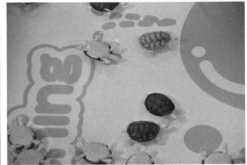

「かめすくい」は金魚すくいの要領で、おもちゃのミドリガメをすくう。

　1号車へ入ると、発車時刻まで後方では緑亀にちなみ、ビニールプールに水を張り、おもちゃのミドリガメを浮かべた「かめすくい」で、園児たちを夢中にさせている。一方、前方では幼児用の制服を着用した記念撮影会が行なわれていた。

　13時58分に発車すると、園児による車内放送体験が行なわれ、「この電車は曳舟行きです。次は東あずまです」など、元気よく声を発し、乗務員も「素晴らしい車内放送ですね」、「素晴らしい、車掌さん顔負けの車内放送ですね」とほめたたえていた。

　14時06分、曳舟5番線に到着。ここで折り返し、運転士、園児たちは2

約20分間のミニトリップは、車内放送体験で盛り上がった。

号車へ移動し、車内放送体験を再開。14時08分に発車すると、昭和30年代の通勤形電車標準色リバイバルカラーとすれ違う。往路でもすれ違ったはずだが、まったくと言っていいほど記憶にない。"取材に集中している"という表れか。

14時17分、亀戸2番線に戻った。

8000系カラーリングの歴史

1963年に登場した8000系は、〈フライング東上号〉リバイバルカラー、昭和30年代の通勤形電車標準色リバイバルカラー、緑亀を除くと6つのカラーリングを身にまとっている。

○ツートンカラー

8000系が登場した1963年は、当時"通勤形電車の新標準色"だった「インターナショナルオレンジとロイヤルベージュ」という渋い色調のツートンカラーで、ほかの車両も塗装変更が進められている最中だった。

1964年頃に通勤形電車の塗装変更が完了されたが、1974年から後述するセイジクリームに変更された。

なお、ツートンカラーは一度消滅したが、2004年10月から8か月間、東

上線の8108編成が「リバイバルカラー」として復活したほか、2012年に東武博物館保有の動態保存車となった8111編成(8000系最後の原型顔)が往年の姿を4年間身にまとった。そして、2014年に東上線開業100周年記念の一環として、前面デザインが変わっていた81107編成も塗装変更された。

○セイジクリーム

1974年から通勤形電車の新しい標準色として、セイジクリームに塗装変更された。ツートンカラーに比べ明るい色調となり、強烈なインパクトを与えた。しかし、セイジクリームも長く続かず、1985年から後述する現行カラーに変更された。

こちらも一度消滅したが、2014年に東上線開業100周年記念の一環として、81111編成で復活。2016年には東武博物館保有の8111編成も塗装変更され、もうひとつの往年の姿がよみがえった。

○現行カラー

1985年からジャスミンホワイトの車体に、ロイヤルブルー(群青色)とリフレッシュブルー(水色)の帯を巻くカラーリングに変更された。通勤形電車は1981年からロイヤルマルーンの帯を巻いたステンレス製が加わっており、塗装変更は8000系や5050系など、一部を除く鋼製車両に限られた。

8000系は1986年度から修繕工事が開始され、1987年度以降は前面デザインの変更で、現行カラーに映える顔立ちとなった。

○昭和30年代の通勤形電車試験塗装カラー第2弾

「緑亀」の運行開始から5か月後の2017年7月13日(木曜日)、昭和30年代の通勤形電車試験塗装カラー第2弾が営業運転を開始。ミディアムイエローをベースに、インターナショナルオレンジの帯を巻いた。8000系にとっては、7つ目のカラーリングである。

先述の昭和30年代の通勤形標準色、緑亀と異なり、報道公開や出発式は行なわれていない。

臨時電車
東武日光行き
－区間急行南栗橋行きが東武日光まで延長運転－

長い旅路の幕開け。

　東武では、例年ゴールデンウィークに臨時電車などを運転している。2018年の浅草―東武日光間直通電車は、1800系の引退発表に伴い、通勤形電車が充当された。果たして、"1800系の後継者" となれるのだろうか。実際に乗ってみよう。

急行形電車から通勤形電車へ

　2017年ゴールデンウィークは、浅草―東武日光間に臨時電車(乗車券のみで乗車できる列車)2往復が設定され、このうち浅草8時09分発の下り東武日光行きは、1800系が充当された。発車前から満席で、立客が発生。北千住で混雑が激しくなってしまった。また、上りの浅草行きも同様だった。東武はこの状況を重く見たのか、夏季と秋季は臨時急行南栗橋―東武日光間の運転に短縮された。

南栗橋まで定期列車だが、方向幕は「臨時」を表示。

　2018年ゴールデンウィークの浅草発東武日光行きの臨時電車は、下り1本のみ設定。それも定期の区間急行南栗橋行きを東武日光まで延長運転する。浅草―南栗橋間は区間急行運転、南栗橋―東武日光間は急行運転することから、「臨時電車」という扱いにしたのだ。

　4月28日(土曜日)、伊勢崎線浅草8時52分発の臨時電車東武日光行きは、通勤形電車の主力10030系で運転し、旅行客やレールファンなどが乗車。普段の区間急行南栗橋行きなら、もっとガラガラだろう。私が思ったほど、東武日光方面へ向かう乗客は少ない。

10030系オリジナル車の車内。

　若者のグループはロングシートを向かい合せに坐り、"簡易ボックスシート"にして会話が弾む。キャリーバッグを荷棚に載せる乗客は皆無。通路幅の広いロングシートなら、混雑時でもない限り、ほかの乗客に迷惑をかけることはなさそうだ。

越谷まで3本の列車に道を譲る

急行久喜行きが先に到着し、発車する。

　定刻通り浅草を8時52分に発車し、曳舟で4分停車。イーハー東武から
の東急2代目5000系の急行久喜行きに接続し、道を譲る。曳舟―北千住間
の急行はノンストップに対し、区間急行は各駅に停まる。

　鐘ケ淵で5分停車。臨時電車東武日光行きが5分以上停まる駅は、鐘ケ
淵、南栗橋(6分停車)、板倉東洋大前(9分停車)なので、一応トイレ休憩ができ
る。とはいえ、温水洗浄便座のない駅だと、"大"をするには厳しいかもし
れない。

　ここで早くも特急〈リバティけごん11号・リバティ会津111号〉東武日
光・会津田島行きの通過待ち。ホーム全体が急曲線のため、通過列車は低速
で走る。

　牛田で京成本線からの乗り換え客などが乗り、車内は少しにぎわう。次
の北千住に到着すると、予想するまでもなく多数乗車し、立客も発生した。
「臨時電車東武日光行き」というより、「区間急行南栗橋行き」に乗っている
感覚だ。車掌は車内放送で、「南栗橋までは区間急行停車、南栗橋から先は
急行停車となります」という案内を繰り返し、誤乗防止と"日常と非日常が
入り混じった列車"であることを暗に知らせる。

新鋭の500系リバティと、就役30周年の10030系。

臨時電車東武日光行き 編成表				
乗車区間	号車	車両番号	禁煙	備考
東武日光	なし	クハ16660	○	なし
	なし	モハ15660	○	なし
	なし	サハ14660	○	なし
	なし	モハ13660	○	弱冷房車
	なし	モハ12660	○	なし
浅 草	なし	クハ11660	○	なし

350系は大ベテランかつ、レトロチックな車両。

北千住から急行運転となり、最高速度100km/hで快走するが、越谷で臨時特急〈きりふり239号〉東武日光行きの通過待ち。早くも2本目の特急に追い抜かれてしまう。

南栗橋でサプライズ連発!!

野田線乗換駅の春日部で乗客が多く降り、東武動物公園で空席も発生。ここから日光線に入る。

ダイヤの関係で、各駅停車新栃木行きが先に発車。

10時02分、南栗橋4番線に到着。ここで6分停車し、向かいの3番線から、6050系の各駅停車新栃木行きが先に発車する。ダイヤ通りとはいえ、"列車種別上位の臨時電車"より、"格上車両の各駅停車"が先に発車する光景を初めて見た。しかも、新栃木まで各駅停車が先に到着する。

6050系はボックスシート&ロングシートのセミクロスシートで、なおかつトイレつき。通勤形電車はトイレがないので、居住性は歴然としている。坐れる保証がないことを承知で、6050系に乗り換えたくなりそうだ。取材でなければ、そうしていたかもしれない。

"東武の伝統"といえる行先板。

停車中、先頭車では駅員が「臨時急行東武日光」の手作り行先板を持参し、乗務員室に掲出。ささやかな心づかいかと思いきや、記念撮影用の"遊び"だったようで、30秒程度しか掲出されなかった。

ここから駅員や車掌は「臨時急行東武日光行き」と案内し、東武日光へ向かう。

板倉東洋大前で9分停車

南栗橋を10時08分に発車すると、進行方向右側には、南栗橋車両管区が見える。東急の新型車両2020系が留置されたほか、引退迫る1800系も"いつもと違う朝"を過ごす。2007年ゴールデンウィークから臨時快速の運用に就き、多くの人々に愛されていたが、2017年秋季の臨時急行が最後の日光線行楽輸送となった。

1800系の撤退が影響したのか、沿線で鉄道を撮影する人の数が大幅に減った。ローズレッドのボディーが、沿線の原風景や、自然が豊かな風景にもっとも映えるのだろう。

車内は9割が旅行客やレールファンで占めており、乗客全員が着席できる状況だ。それでも立つ人がおり、ロングシートに"抵抗"を表しているのだろうか。

旅行客の大半は、先述した通り、キャリーバッグを通路に置いたまま。仮に特急スペーシア、特急〈りょうもう〉、6050系の後継車を投入するのであれば、各車両に大型荷物置き場の設置が必須となるはずだ。

10時23分、板倉東洋大前4番線に到着。9分停車し、特急スペーシア〈けごん13号〉東武日光行きの通過待ち。ここまで追い抜かれた特急は3車種で、趣味的には面白い。だが、鉄道に関心のない人にとっては、"またかよ"と思っているかもしれない。

ロングシートは、クロスシートに比べると動きやすいので、ホームの自販

機で飲み物を買う、ストレッチをして身体をほぐすなど、気分転換するには、うってつけの9分停車だと思う。

東武特急では、"平成のフラッグシップ"にあたる100系スペーシア。

長距離ロングシートの過ごし方

　栃木に到着。隣の両毛線ホームに臨時普通電車桐生行きが到着し、4両編成の車内は混み合っている。それもそのはず、乗客の大半は、あしかがフラワーパークへ向かうのだ。この電車は2018年4月28日(土曜日)から5月6日(日曜日)まで運転。平日も運転されているのは、特筆に値する。

　臨時電車東武日光行きは、新栃木を発車。10030系にとって、この先の営業運転は、2010年以来8年ぶり。日光線の急勾配区間にも対応するため、新製当初から抑速ブレーキも備えられており、運転士にとっては、"運転しやすい車両"だ。

　しかし、乗客にとって、ロングシートの長距離乗車は、きついと思う。立客がいないときは、見知らぬ乗客と顔を目が合ってしまうことや、両隣にほかの乗客がいると、過ごしにくいこともある。また、短時間乗車でも、着座幅を広くとるマナーの悪い乗客もいる。両足を意図的に広げているのだから、すぐにわかる。

東武金崎で6050系の各駅停車東武日光行きを追い抜く。

　車内がすいているときは、時々立ち、例えば先頭車だと前方を眺めるなど、気分転換をすればいいだろう。これは同じロングシートのJR東日本701系で、長時間乗車の苦痛をやわらげる"コツ"をつかんだ。

旧跨線橋レトロギャラリー

春の日光路を彩る"ツツジのトンネル"。

臨時急行なのに、先を急がない。

　下小代―明神間は"ツツジのトンネル"、明神―下今市間は"ホンモノのトンネル"をそれぞれ通り抜け、11時26分、下今市に到着。ここで7分停車し、隣の4番線から、6050系の各駅停車東武日光行きが先に発車する。さすがにここで乗り換える乗客は少ない。

　東武は、SL〈大樹〉のデビューに合わせ、下今市駅舎の改築が行なわれた。その際、1929年の開業時から使われていた、鉄骨による下路式プラットトラス造で、屋根は切妻造スレート葺の旧跨線橋が閉鎖され、エレベーターつきの新跨線橋にあとを託した。

　その後、旧跨線橋のほか、鬼怒川線大谷向、大桑、新高徳、小佐越の玉石積盛土式プラットホーム、新高徳のプラットホーム上家、砥川橋梁が2017年7月21日(金曜日)付で、国の登録有形文化財(建造物)に登録された。

旧跨線橋は、乗務員用の通路も兼ねている。

　東武では、鬼怒川線の建造物を地域の財産として広く周知することなどを目的とした、「旧跨線橋レトロギャラリー」を2018年4月27日(金曜日)にオープン。登録有形文化財紹介パネルや、昭和レトロポスターのレプリカが

展示されている。

　中へ入ってみると、古き良き昭和の時代を感じさせる。特にポスターのレプリカを見ると、イラストが丁寧に描かれており、若い人には目新しく映るだろう。ただ、レプリカのせいか、一部は企業のURLを記載しているのが残念。昔を味わう空間なのだから、“今”を添える必要はないと思う。

　なお、開設時間は、初列車から20時00分まで。入場するには、入場券もしくは乗車券が必要だ。

2時間49分かけて終点へ

　11時33分に発車すると、最後の勾配を力強く登る。“いつもと見方が異なる車窓の旅”は、まもなく終わりを迎えようとしている。

　「大変、長らく、お待たせをいたしました。まもなく、終点の東武日光に到着でございます。終点、東武日光に、到着いたします」

　車掌の放送が車内に響き渡り、11時41分、終点東武日光4番線に到着。12時00分発の臨時急行南栗橋行きとして折り返す。

　乗客が降りると、清掃担当の女性が車内へ入り、美化に務めていた。たとえ、車両が通勤形でも、快適な空間を乗客に提供する姿勢は変わらない。

通勤形電車の東武日光入りは、8000系以来4年ぶり。

　通勤形電車による2時間49分(表定速度48.1km/h)の旅は、思ったほど、きつくなかった。もし、長時間のロングシート乗車に耐えられないときは、座席に坐れる保証がないことを承知のうえで、6050系の各駅停車に乗り換えればいい。

　なお、この臨時電車は2018年秋季も運転された。2019年ゴールデンウィーク以降は設定されておらず、"1800系の後継者"にはなれなかったようだ。

野田線の急行大宮行き

野田線のエース、60000系は18編成在籍。

　東武では2016年3月26日(土曜日)から、野田線に急行を新設した。大宮―春日部間を最速14分で結び、各駅停車の約21分に比べ、大幅なスピードアップを図った。課題はあるが、その分、のびしろも期待できる"アーバンパークエクスプレス"に乗ってみよう。

乗るなら60000系

　2018年8月19日(日曜日)、休日昼間の野田線柏は閑散としており、隣の常磐線は上野・東京方面へ向かう乗客でにぎわう。

　柏は以前、1〜4番線を常磐線、5〜8番線を野田線としていたが、2011年7月23日(土曜日)から、船橋方面の5・6番線を4・3番線に、大宮方面の7・8番線を2・1番線にそれぞれ変更された。

　また、JR東日本総武本線乗換駅の船橋でも、5・6番線を1・2番線に変更された。JR線ホームの続番にしても、改札外乗り換えなのだから、リセットしたほうがわかりやすいのだろう。

柏はスイッチバック構造の駅で、大宮─船橋間などの列車はここで進行方向が変わる。

野田線の急行大宮行き

急行大宮行き 編成表

乗車区間	号車	車両番号	禁煙	備考
大宮	1	66603	○	なし
	2	65603	○	なし
	3	64603	○	なし
	4	63603	○	弱冷房車
	5	62603	○	なし
柏	6	61603	○	女性専用車

野田線の女性専用車について
平日の初電から9時まで。

11時38分、急行大宮行きが2番線に入線。野田線のエース、60000系だ。急行は8000系、10030系も充当されており、ルポとして取り上げるなら60000系に決めていた。

　60000系は野田線初の新型車両として、2013年3月に登場。野田線の車両は、ほとんど転属でまかなわれていたため、当時は画期的な出来事として話題となった。その後、500系リバティも野田線に乗り入れているのだから、「野田線では2番目の新型車両」といえよう。

　車体は50000系グループと同じアルミで、カラーリングはフューチャーブルーとブライトグリーンという、アーバンパークカラーである。このカラーリングは10030系野田線車両にも用いられたが、青帯はメタリックブルーである。

60000系の車内。

　前照灯は東武初採用のLEDで、ロービームは下段、ハイビームはすべて点灯する。デジタル方向幕は、意外にも3色LED式にしている。

　インテリアは妻壁を木目調にして、暖かみを醸し出したほか、化粧板を白にすることで、明るく軽快な雰囲気に仕上げている。また、妻面のドアは21世紀流行のガラス張りで、沿線の花などのイラストを添え、ロングシートのシートモケットは一般席を青系、優先席を茶系としている。

　60000系以前の車両は、フリースペース(車椅子＆ベビーカー用)が1編成につき1・2か所設置されていたが、60000系はすべての中間車に設置。“交通弱者への優しさ、思いやり”が一歩前進した。すでに関西の一部の私鉄や地下鉄の通勤形電車は、各車両に設置されており、「関東は遅れている」と指摘する読者もいるだろう。

　各車両の乗降用ドア上にLCD式の旅客情報案内装置を設置。4か国語(日本語、英語、韓国語、中国語)表示や情報の充実を図っている。

　室内灯はLEDで、調光機能(100%、50%、25%)つき。今では当たり前の

VVVFインバータ制御も相まって、8000系に比べ電気使用量を約50％削減している。

60000系は2013年6月15日(土曜日)にデビュー。当初、デジタル方向幕は行先のみ表示だったが、2016年2月から列車種別も加わった。

急行は2本に1本の割合で、特急〈ときわ〉に接続

11時47分、隣の常磐線で特急〈ときわ70号〉品川行きが発車。"野田線の急行に接続するのか、これは便利だ"と思い、帰宅後に調べたところ、野田線急行の一部列車と常磐線の特急〈ときわ〉は、上下列車とも接続することがわかった。

野田線、常磐線とも下りの場合、柏の乗り換え時間は約10

特急〈ときわ〉は、大半の列車が柏に停まる。

分。特急〈ときわ〉の特急券を買うには、微妙といえる。早くても発券まで1分かかり、シートマップといった細かい操作をすると2分以上はかかりそう。東武沿線の東武トップツアーズなら、JRのきっぷが購入できるので、事前に用意したほうがよさそうだ。

上りは岩槻までなら、この乗り継ぎが有利だが、大宮へは上野で東北本線大宮方面の普通電車に乗り換えたほうが約12分早い。野田線急行の急行運転区間は、大宮―春日部間のみという短さが影響している。拮抗まで持ち込むには急行運転区間の拡大が必要不可欠だ。

春日部まで各駅に停車

2番線の発車ベルが鳴り終わると、ホームドア、車両の乗降用ドアの順に閉まり、11時53分に発車。春日部まで各駅に停まる。このため、日中の春日部―柏間は10分間隔のままだ。

複線を軽やかに走り、流山おおたかの森へ。つくばエクスプレス線の開業

野田線の急行大宮行き

と同時に営業を開始した駅で、今や千葉県流山市の玄関口、首都圏のベッドタウンに成長し、さらなる開発が進められている。

運河から単線へ。野田線は1957年から長年にわたり複線化が進められたが、春日部—運河間は一部を除き単線のまま。東武によると、後述する高架化区間も含め、複線化の計画はないという。

梅郷を発車すると、途中まで複線。最初は青信号なので威勢よく飛ばしていたが、黄信号に変わると40km/hまで落とし、60000系の各駅停車柏行きとすれ違う。

東武は2007年3月10日(日曜日)の野田線単独のダイヤ改正で、南桜井—川間間、野田市—梅郷間を部分複線化して、走行中にすれ違えるようにした。行き違いによる停車時間の見直しなども相まって、大宮—柏間の各駅停車は平均3〜4分短縮したという。

高架化工事区間を走る

梅郷—野田市間の高架化工事区間を走る。

急行大宮行きは、高架化工事区間(連続立体交差事業)へ入る。

野田線清水公園—梅郷間(2.905キロ)の高架化工事は、千葉県、野田市、東武鉄道の3者が取り組んでおり、2023年度の完成を目指す。完成すると、踏切11か所が除去されるほか、野田市は2面4線(以前は2面3線だったが、高架化工事に伴い1面2線へ)となり、特急〈アーバンパークライナー〉や急行の停車駅見直しが考えられる。東武によると、高架化後の運行計画についても未定だという。

次の愛宕は2018年3月18日(日曜日)から仮線に切り替えられ、高架化工事区間では唯一ホームが移設された。ここで60000系の急行柏行きと行き違う。

高架化工事区間を抜けると、清水公園へ。東武が力を入れている大規模分譲戸建「ソライエ清水公園アーバンパークタウン」(約9.1ヘクタール、全500区

画)の最寄り駅だ。ホームの2・3番線は、玄関口にふさわしくリニューアルされた。

一方、1番線は高架化工事に伴い使用休止されており、時が止まった状態だ。東武によると、高架化後は使用を再開する予定だという。

伊勢崎線下り急行から野田線急行大宮行きに乗り換えができる

七光台で乗務員を交代し、8000系の各駅停車柏行きと行き違う。野田線用(南栗橋車両管区七光台支所所属)の8000系は10030系、60000系の投入で廃車が進められたが、それでも全体の4割を占めており、活躍はまだまだ続きそうだ。

川間から乗客が多くなり、江戸川を渡り埼玉県へ。部分複線区間でノロノロ運転の60000系の各駅停車柏行きとすれ違い、藤の牛島で60000系の急行柏行きと行き違う。

野田線の急行大宮行き

表1 所要時間と運賃の比較

区間	鉄道事業者	距離	最速所要時間	大人運賃		備考
				きっぷ	IC	
北千住—大宮	東武鉄道	43.4キロ	41分	¥600	¥597	伊勢崎線特急と野田線急行の乗り継ぎ
			48分			伊勢崎線急行と野田線急行の乗り継ぎ
	JR東日本	34.1キロ	約42分	¥480	¥473	常磐線と東北本線の乗り継ぎ
新越谷—大宮	東武鉄道	27.6キロ	32分	¥420	¥419	伊勢崎線急行と野田線急行の乗り継ぎ
南越谷—大宮	JR東日本	19.6キロ	27分	¥310	¥308	武蔵野線と京浜東北線の乗り継ぎ

① 運賃、ダイヤは2019年10月1日(火曜日)時点。
② 東武特急北千住—春日部間の大人特急料金は、520円(列車によって320円)。
③ 新越谷と南越谷は乗換駅。
④ JR東日本のデータは、えきねっと調べ。平日の12時出発で検索。

伊勢崎線をまたぎ、合流すると、12時35分に春日部8番線へ滑り込む。なぜか定刻より1分遅れの到着となったが、息を整えるかの如く、3分停車。隣の伊勢崎線3番線では、東京メトロ08系の急行久喜行きが停車しており、急行大宮行きに乗り換えられる。

　野田線の急行は、伊勢崎線沿線にも好影響をもたらすかと思い調べたところ、日中の北千住―大宮間は東武急行乗り継ぎで48分、常磐線と東北本線の乗り継ぎで約42分。新越谷(南越谷)―大宮間は東武急行乗り継ぎで32分、武蔵野線と京浜東北線の乗り継ぎで27分。表1を御覧いただければおわかりの通り、運賃、所要時間とも、JR東日本が有利である。

いよいよ急行運転

　春日部の引上線では、10030系始発の各駅停車大宮行きが待機している。急行新設後、大宮―春日部間の各駅停車は、日中1時間あたり6本を維持したが、等間隔運転でなくなってしまったのが惜しまれる。

　12時38分に発車すると、複線に戻り急行運転を開始。岩槻までカーブが多いせいか、速くても80km/hが精いっぱいのようだ。

岩槻は2面3線のほか、留置線を構える。

　12時44分、岩槻1番線に到着。この駅は2面3線で、緩急接続が可能なのは上り側の2・3番線。土休下りは大宮17時発以降の急行が各駅停車との

接続をとっているが、上りは終日平行運転だ。2番線は双方向から発車できるので、上りの緩急接続も可能だが、乗り換え客を隣のホームへ向かわせたくないのだろう。

　惜しまれるのは、2面3線のまま橋上駅舎化されたこと。駅の大規模再開発をすれば、2面4線に改良できる可能性もあった。

　12時45分に発車すると、直線をMAX101km/hで走行していたが、カーブが多くなるとスピードが落ちる。それでも地上設備の改良により、可能な限りは飛ばし、大宮—春日部間は各駅停車に比べ約7分短縮させた。

大宮は埼玉県最大のターミナル。東武、JR東日本、埼玉新都市交通が集う。

　大宮公園を通過すると、東北本線に合流。E231系近郊形タイプの普通電車上野経由小田原行きに防戦一方の展開となり、定刻通り12時53分、終点大宮1番線に到着。折り返し各駅停車春日部行きとなり、13時01分に発車。ほどなく春日部始発10030系の各駅停車が2番線に滑り込み、急行柏行きとして折り返す。

野田線急行の発展と課題

　野田線の急行は"各駅に停まる区間が長い"という欠点があったが、2020

年3月14日（土曜日）のダイヤ改正で解消。急行は大宮―船橋間の運転が中心となるほか、岩槻、春日部以遠各駅に停まる急行は、「区間急行」に列車種別が変更される。

ダイヤ改正に先立ち、船橋側の逆井―高柳間は2019年11月17日（日曜日）、高柳―六実間は12月15日（日曜日）で複線化され、高柳駅の改築工事も相まって急行運転が設定できる環境が整った。急行の発展により、JR東日本からの野田線に転移することも期待できよう。

複線工事中の逆井―高柳間。一部にバラスト・ラダー軌道を敷設することで、走り心地と乗り心地の向上を図る。

区間	鉄道事業者	距離	最速所要時間	大人運賃 きっぷ	大人運賃 IC	備考
大宮―柏	東武鉄道	42.9キロ	54分	¥600	¥597	急行利用
	JR東日本	39.8キロ	54分	¥650	¥649	武蔵野線、京浜東北線、常磐線の乗り継ぎ
大宮―船橋	東武鉄道	62.7キロ	74分	¥820	¥817	急行利用
	JR東日本	50.3キロ	64分	¥940	¥935	東北本線、京浜東北線、総武本線の乗り継ぎ
柏―船橋	東武鉄道	19.8キロ	20分	¥320	¥314	急行利用
	JR東日本	23.1キロ	32分	¥400	¥396	常磐線、武蔵野線、総武本線の乗り継ぎ

表2　2020年3月14日（土曜日）ダイヤ改正後、所要時間と運賃の比較

野田線急行の所要時間は、2019年12月9日（月曜日）付の東武プレスリリースを参照。

10030系の方向幕には「急行運河」もセットされている。

日中の大宮発柏方面行きの発車時刻は毎時11・41分発から14・44分発、柏発大宮行きの発車時刻が毎時23・53分発から08・38分発に変更される。急行運転区間の拡大も相まって、特急〈ときわ〉の乗り換え時間が長くなるので、ゆとりをもってきっぷが買

えそうだ。

　ただ、課題は2つある。

　1つ目は春日部―運河間が単線のままなので、なんらかの進展がない限り、急行は各駅に停まること。先述の高架化によって、同区間に通過駅が発生する可能性はある。

　2つ目はダイヤ改正後も急行は30分間隔のまま。南栗橋車両管区七光台支所、高柳留置線の収容力に問題がなければ、車両の数を増やし、増発が可能であろう。

　野田線は幹線でありながら、伊勢崎線や日光線と比べ、各駅停車しか走らない地味な存在だったが、いつの間にか"都心へのパイプ役"という地位を築いていた。今や特急や急行も走り、"華やかでもなく、地味でもない"路線に成長し、今後も発展が期待される。ダイヤ改正後の"新生野田線"に乗って、ミニトリップを楽しむとしよう。

野田線の急行大宮行き

🄵 急行（渋谷から特急）
〈Ｆライナー〉

》》元町・中華街行き

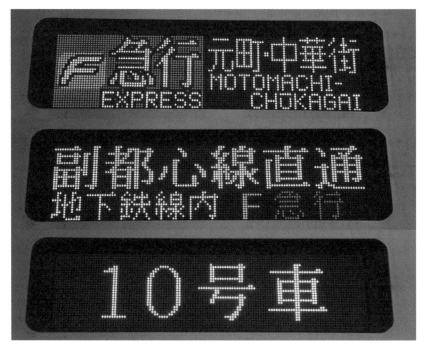

50070系のデジタル方向幕。〈Ｆライナー〉運転時は、種別と行先、経由地と他
社線の種別、号車の順に表示される（ロゴ提供：東京メトロ）。

　副都心線開業時、東上線直通列車の和光市以東はすべて各駅停車だった
が、2016年3月26日（土曜日）のダイヤ改正で一部列車が急行に格上げ。併
せて〈Ｆライナー〉の列車愛称も付与された。
　翔んで埼玉から、花の都、大東京を経て、港署管内まで乗り通してみよう。

50000系グループの派生車両、50070系

2018年11月9日(金曜日)10時過ぎ、東上線森林公園へ。この日はあいにくの曇り空だ。

50000系以降、東武の通勤形電車はアルミ車体に。

50000系量産車の快速池袋行きが発車すると、ほどなく50070系の急行 (渋谷から特急)〈Fライナー〉元町・中華街行きが入線。この列車に乗り遅れると、東武車両の上り〈Fライナー〉は13時09分発までない。

50070系は有楽町線及び、副都心線の直通対応車として2007年に登場。50000系、50050系では、一般席のシートモケットを淡い藤色としていたが、汚れが目立ちやすい欠点があった。そこで濃いキュービックブルーに変更し、のちに上記の既存車も更新された。優先席は従来通りコンフォートグリーンのまま。

先頭車は副都心線のホームドアと車体の位置関係により、先頭車の全長を130ミリ延長し、20,130ミリとした(この長さは50090系にも踏襲)。車体幅は当初2,876ミリとしていたが、51076編成及び50000系51003編成から50050系と同じ2,846ミリに変更された。

急行 (渋谷から特急)〈Fライナー〉元町・中華街行き

LCDは1画面で、広告用のデジタルサイネージは設けていない。

デジタル方向幕は東武の新型車両初のフルカラーLEDを採用し、他社線の列車種別色も表示できるようにした。車内の旅客情報案内装置は従来通りの3色LEDだったが、51076編成からLCDに変更された。また、51075編成から側窓のデザインも30000系に準じたタイプに変更され、以降、通勤形電車の標準となった。なお、既存車はJR東日本209系、E501系に準じた開閉式に改造された。

　50070系は2012年1月まで7編成投入され、他社線直通のほか、東上線内の列車にも運用されている。

〈Fライナー〉は乗車券のみで乗れる列車

急行（渋谷から特急）〈Fライナー〉元町・中華街行き 編成表				
乗車区間	号車	車両番号	禁煙	備考
元町・中華街	10	51076	○	なし
	9	52076	○	弱冷房車
	8	53076	○	なし
	7	54076	○	なし
	6	55076	○	なし
	5	56076	○	なし
	4	57076	○	なし
	3	58076	○	なし
	2	59076	○	なし
森林公園	1	50076	○	女性専用車
和光市―渋谷間はワンマン運転				
9000系量産車、9050系、50070系の女性専用車について ① 東上線内は平日朝ラッシュ時、池袋に7時20分から9時30分まで到着する上り急行、準急に設定。 ② 東京メトロなどの他社線直通列車は、和光市に始発から9時30分までに到着する各列車に設定。				

　これから乗車する〈Fライナー〉は、埼玉県西部―横浜方面間における速達性の高い直通列車の列車愛称で、速達性をイメージする「Fast」、相互直通運転5事業者を示す「Five」、副都心のローマ字「Fukutoshin」の頭文字「F」を用いた。

西武6000系の〈Fライナー〉。

　副都心線内は「急行」、東横線内とみなとみらい21線内は「特急」（通称、東横特急）として運転される。一方、西武の西武有楽町線内と池袋線内は「快速急行」、東上線内は「急行」として運転される。ライナーの列車愛称は有料列車が多い中、〈Fライナー〉は全区間運賃のみで乗車できる。

　東京メトロによると、列車愛称設定に至ったのは、「各鉄道事業者の列車種別が異なるため」だという。「どの列車が目的地まで早く到着できるのか複雑である」という乗客の意見が寄せられ、5社間で協議した。

　また、『東武時刻表』などでは、「列車種別＋〈Fライナー〉」と記載されているが、駅や車内の放送では〈Fライナー〉急行」などと案内するので、違和感を覚える。東京メトロによると、同一の列車であっても、「急行」や「特急」など、列車種別が変わってしまうこともあり、「列車種別＋〈Fライナー〉」の順だとわかりにくくなってしまうためとのこと。

　なにはともあれ、〈Fライナー〉を強調することで、"より利便性の高い列車"をアピールしていることに変わりない。できれば、東上線の〈Fライ

急行〈渋谷から特急〈Fライナー〉元町・中華街行き

ナー〉を快速急行にして速達性をより高めてほしいところだが、日中は池袋発着列車でも設定されていないこと。急行より早い快速にすると、新宿、渋谷へ客足が流れてしまう恐れがあるのだろう。

複々線は内側の緩行線を走行

「和光市から先、地下鉄線内は急行、東急線、みなとみらい線内は特急です」

急行(渋谷から特急)〈Fライナー〉元町・中華街行きは、定刻通り10時39分に発車。自動放送を聞いていると、“壮大な旅”という気分にさせてくれる。また、東上線池袋へ向かわないので、誤乗防止の観点からか、一部の駅では発車時に上記の自動放送を流す。

川越市で乗務員を交代。隣の下りホームは準急森林公園行きが停車しており、快速小川町行きとの待ち合わせ。いずれも30000系で東上線の主力車両に躍り出た感がある。

次の川越はホームドア設置駅のため、TASC(Train Automatic Stopping Controller:定位置停止支援装置)が作動。ホームドア自体も開口幅を広くとっており、運転士が停めやすい環境を整えている。

川越から急行運転が始まり、ふじみ野で森林公園10時30分発、10000系の準急池袋行きに追いつき、追い越す。先頭10号車のロングシートがほとんど埋まり、立客も発生した。

11時16分、志木3番線に到着。本来、東上線の上り急行は4番線に到着するが、〈Fライナー〉は地下鉄直通列車なので、3番線に針路をとるのだ。発車すると、複々線の内側、すなわち緩行線を走る。

境界駅の和光市付近で停止信号。

「東武東上線の成増、上板橋、池袋方面御利用のお客様は、お乗り換えください」

朝霞台を発車すると、自動放送は和光市での乗り換え案内を流す。和光市が近づくと、4番線は50090系ブルーバード号の準急池袋行きが先に到着。3番線は有

楽町線10000系の各駅停車新木場行きが停車しており、停止信号で止まってしまう。隣では東京メトロ和光検車区から出庫した7000系も姿を現す。

　各駅停車新木場行き発車後、進路が開通し、定刻より1分遅れの11時24分に到着。すぐに「この電車は、東京メトロ、副都心線」と東京メトロの自動放送がかかり、ここから先は東上線ではないことを知らせる。一部の乗客は準急池袋行きに乗り換え、あわただしく発車。

　一方、急行（渋谷から特急）〈Fライナー〉元町・中華街行きは停車時間3分のところ、2分に切り詰め、定刻通り11時26分に発車した。

副都心線内はワンマン運転

　副都心線は和光市—渋谷間と案内されているが、戸籍上は池袋—渋谷間のみ。和光市—池袋間は電車系統名称と考えればよい。2008年6月14日（土曜日）の開業時からATOによるワンマン運転が行なわれており、のちに有楽町線の列車も和光市—小竹向原間で実施されている。

　地下へもぐり、東上線と分かれる。11時36分、小竹向原2番線に到着。向かいの1番線では、先ほど"通せんぼ"された各駅停車新木場行きに追いつき、接続をとる。

　発車すると、次の池袋まで副都心線の前身となったルートを進む。この区間は有楽町線新線として、1994年12月7日（水曜日）に小竹向原—新線池袋（現・池袋）間が開業した。「新線」は案内上の名称で、有楽町線の複々線区間と位置づけられている。当時、途中駅の千川、要町は未開業で準備工事のみにとどめられていたが、副都心線の開業で陽の目を見た。

　有楽町線の共用区間に比べると速くなり、東新宿で東急5050系の各駅停車（渋谷から急行）元町・中華街行きを抜く。開業時、ホームと通過線は壁で仕切られていたが、のちに撤去されホームドアが設置された。それならば、急行を停車させ、各駅停車との緩急接続を図り、利便性を向上させるべきだろう。

　11時53分、渋谷3番線に到着。すぐさま「この電車は、みなとみらい線直通、〈Fライナー〉、特急、元町・中華街行きです」の自動放送が流れる。ここで乗務員を交代し、再び車掌が乗務。列車種別も特急に変わる。

　向かいの4番線に東京メトロ7000系の各駅停車元町・中華街行きが入線。

急行（渋谷から特急〈Fライナー〉元町・中華街行き

折り返し時間はわずか2分という、あわただしいダイヤを組んでいる。

中目黒で"夢の顔合わせ"も

「本日も東横特急を御利用くださいまして、ありがとうございます」

特急〈Fライナー〉元町・中華街行きは11時54分に発車し、ここから東急東横線へ。自動放送で流れる東横特急が誇らしげに聞こえてくる。

中目黒で華麗なるスリーショット。

地上へ上がり、代官山を通過すると、ほどなく中目黒へ。2013年3月16日（土曜日）から東横線と副都心線などの大規模相互直通運転が始まり、中目黒で東武本線と東上線の車両が顔を合わせることになった。自社線ではまず見られない光景なだけに、"世紀の顔合わせ"といえよう。残念ながら、引上線に東武車両は止まっておらず、日比谷線の03系と13000系が並ぶ。車体の長さが異なるせいか、13000系が控えめに映る。

9000系の特急(渋谷から急行)〈Fライナー〉森林公園行きとすれ違い、自由が丘へ。ここで東急5050系の各駅停車元町・中華街行きに接続。東横線の各駅停車は全列車8両編成で運転され、すべて10両編成の9000系、9050

系、50070系は東横線内急行以上の運用に就く。特に〈Fライナー〉はまさに花形列車といえよう。

大規模相互直通運転で唯一のチョッパ制御車、9000系。

東急・相鉄新横浜線への期待

　田園調布を通過すると、目黒線と合流し複々線へ。目黒線の戸籍は目黒—田園調布間で、東横線と並走する田園調布—日吉間は電車系統名称と考えればよい。日吉までの複々線は外側を東横線、内側を目黒線に充てている。目黒線は埼玉高速鉄道、都営地下鉄の車両も通っており、車両はバラエティーに富んでいる。

　多摩川を渡り、12時07分、武蔵小杉に到着。目黒線やJR東日本からの乗り換え客なのか、乗車率が上がる。発車すると、直線区間をMAX110km/hで快走!!　東上線の列車より速い。しかし、カーブになると減速をしいられる。

　日吉を通過すると、目黒線列車用の引上線の先で「都市鉄道等利便増進法」による相鉄・東急直通線の建設工事が行なわれ、2022年度下期の開業を目指している(相鉄・JR直通線については、第1章「6050系『往年の6000系リバイバル車両』開幕戦」で少し触れている)。

急行〈渋谷から特急〉〈Fライナー〉元町・中華街行き

相鉄・東急直通線への期待が大きい半面、アクシデントが発生すると広範囲にわたり、ダイヤ乱れが懸念される。

2018年12月13日（木曜日）、相模鉄道管轄の西谷―新横浜（仮称）間を「相鉄新横浜線」、東急管轄の新横浜―日吉間を「東急新横浜線」にすることを発表。前者の西谷―羽沢横浜国大間は2019年11月30日（土曜日）に開業した。

東急・相鉄新横浜線が全面開業すると、東武や西武などの車両が相模鉄道に直通する可能性もある。"東海道新幹線接続列車"と位置づけた座席指定列車の登場も期待したい。

ついに港署管内へ

　JR東海の東海道新幹線をくぐり、12時14分、菊名4番線に到着。ここで東急5050系の各駅停車元町・中華街行きに接続する。横浜線乗換駅のせいか、降車客が多い。

　東白楽を通過すると、再び地下へもぐり、定刻より1分遅れの12時22分、横浜1番線に到着。車内はガラガラとなってしまう。ここからみなとみらい21線に入り、東急の乗務員が引き続き務める。

　みなとみらい21線は2004年2月1日（日曜日）、"横浜DAYBREAK"の如く開業。横浜を起点に"真の横浜"へ向かう。この相互直通運転のため、東横線は前日の1月31日（土曜日）をもって横浜―桜木町間が廃止された。

　横浜では2分停車のところ1分に切り詰め、定刻通り12時23分に発車。みなとみらいから先は、不朽の名作『あぶない刑事』の舞台となった街をゆく。

　みなとみらいでもっとガラガラとなり、ラストコースを迎える。たとえ電車が地下を走っても、港署管内はいつみても心が躍る。

　12時30分、終点元町・中華街1番線に到着。ホーム2両分はOsaka Metro御堂筋線梅田を彷彿させるドーム天井が特徴だ。

　久しぶりに下車し、山下公園へ。冷たい太陽は雲の上。大勢の観光客をカモメやハトが歓迎する。ベンチでは昼食をとるオジサンが"エサ"をばらまくものだから、ハトが張り切っていた。普段からエサに飢えているのか、それとも純粋無垢な鳥なのか。

わずか4分で折り返し、森林公園へ向かう。

急行（渋谷から特急）〈Ｆライナー〉元町・中華街行きの所要時間と表定速度					
鉄道事業者	列車番号	区間	距離	所要時間	表定速度
東　武	1113T	森林公園―和光市	40.1キロ	45分	53.5km/h
東京メトロ	1013T	和光市―渋谷	20.2キロ	27分	44.9km/h
東　急	813111	渋谷―横浜	24.2キロ	28分	51.9km/h
横浜高速		横浜―元町・中華街	4.1キロ	7分	35.1km/h
合　計			88.6キロ	111分	47.9km/h

臨時電車 〈春の花めぐり号〉

≫ 佐野行き 2019

2019年版のヘッドマーク。

　2018年4月21日(土曜日)に1800系で運転された臨時電車〈春の花めぐり号〉は好評を博し、2019年も運転されることになった。車両は野田線のエース60000系が担うほか、運転日数の拡大、運転区間や停車駅の変更、復路が新設された。

交代

　2019年4月29日(月曜日・昭和の日)8時30分頃、野田線柏へ。天気予報は曇りだったが、行楽日和のP−KANである。

　東武は臨時電車〈春の花めぐり号〉を4月27日(土曜日)、29日(月曜日・昭和の日)、30日(火曜日・国民の休日)に運転。運転区間も運河—佐野間の往路のみから、往路は柏—佐野間、復路は佐野—東武動物公園間に設定された。

　停車駅の往路は2018年運転時と異なり、伊勢崎線内は東武動物公園に停車する代わりに、茂林寺前を通過する。一方、復路は佐野線佐野市、伊勢崎線羽生、加須にも停車する。

　車両は1800系の引退により、60000系に交代。野田線以外で営業運転に就くのは、2014年12月7日(日曜日)の団体専用列車〈2014 東武ファンフェスタ号〉(館林—南栗橋車両管区間運転)以来5年ぶり3回目。一般列車としては初めてで、東武としては1800系以上に話題性を高め、"ゴールデンウィークの風物詩として定着させたい"意気込みを感じる。

始発

往路は柏始発にすることで、利便性の向上を図った。

　9時26分、3番線に臨時電車〈春の花めぐり号〉佐野行きが入線。柏の1・2番線は大宮方面、3・4番線は船橋方面に充てているが、日中は3番線を空けており、臨時列車の発着を想定しているようだ。先頭車に掲出されたヘッドマークの書体を見ると、国鉄のエル特急〈あやめ〉を彷彿させる。

　乗客は行楽客が多く、先頭1号車の乗務員室寄りは、"お約束"の如くレールファンが

かぶりつく。野田線から伊勢崎線、伊勢崎線から佐野線へ渡るシーンを目に焼きつけたいのだろう。

臨時電車〈春の花めぐり号〉佐野行き 編成表				
乗車区間	号車	車両番号	禁煙	備考
佐　野	1	66617	○	なし
	2	65617	○	なし
	3	64617	○	なし
	4	63617	○	弱冷房車
	5	62617	○	なし
柏	6	61617	○	女性専用車

横断幕に見送られ、まもなく発車。

LCDの表示は御覧の通り。

ホームでは、駅員2人が横断幕を掲げ、ゆっくり歩く。シャレた演出で、乗客に気分を高揚させる。特急形電車によるツアー列車でもないのに、東武お得意の横断幕を用意したのは、話題性を高め、2020年以降につなげたいという気合の表れと推察する。

定刻通り9時37分に発車。LCD式の旅客情報案内装置は、「ご乗車ありがとうございます」のまま。車内放送は車掌の肉声で、臨時電車ならではの光景といえよう。

転線

流山おおたかの森から立客が出始め、運河から単線へ。利根運河を渡ると、進行方向左側の変電所はアーバンパークカラーをまとう。野田市では保

守用車両のモーターカーが黄色からアーバンパークカラーに塗り替えられていた。

ここで60000系の各駅停車船橋行き、川間で60000系の急行柏行き、南桜井で10030系の各駅停車柏行きとそれぞれ行き違う。車内はおしゃべりの花が満開だ。

アーバンパークカラーを身にまとう保守用車両。

「次の春日部には、4番線に到着いたします。この電車は、東岩槻、岩槻、大宮方面にはまいりませんので、御注意ください」

藤の牛島到着前、車掌は野田線八木崎から先へは、ここで乗り換えが便利と案内する。次の春日部はいつもの8番線ではなく、4番線に停まるためだ。しかし、下車客はパラパラいても、乗り換え客は皆無。

伊勢崎線をまたぐと、20050系の各駅停車中目黒行きと交差。ポイントを渡って伊勢崎線に転線すると、10時20分、春日部4番線に到着。降りる人と乗る人の数がほぼ同じで、乗車率に変化はない。ここで遅れている70000系の各駅停車南栗橋行き、東京メトロ03系の回送を先に通す。

停車中、駅員2人は横断幕を持ってホームを歩く。こちらもサプライズ

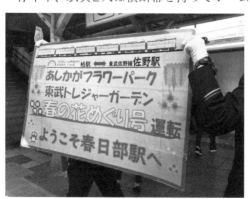

春日部でも横断幕の行進。

を仕掛けてきた。柏ともども、2018年運転時にはなかった。1800系1819編成は"お客(特にレールファン)を呼び込める目玉"に対し、60000系は"いつでも乗れる車両"である。色々と仕掛けることでSNSによる拡散を目論んでいるように思う。

　定刻より4分遅れの10時26分に発車し。ちょうど3番線に10030系の区間急行館林行きが定刻より1分遅れで滑り込んだ。

　ここから"60000系の見せ場"のひとつ、伊勢崎線へ。野田線以外の乗車は初めてなので、新鮮な気分である。

　10時33分、東武動物公園5番線に到着。ここで各駅停車南栗橋行きに追いつく。発車時間を2分過ぎているが、後続の区間急行館林行きが到着するまで待機という状況だ。

　定刻より6分遅れの10時34分に"雄たけび"をあげて発車。和戸を通過し、10時40分、久喜1番線に到着。東北本線からの乗り換え客なのか、多くの乗客が乗り、".com"。4ドア車なので、停車時間30秒でも乗降がスムーズ。駅員が高らかに笛を吹くと、車掌はリモコンを押し、発車メロディーが鳴動する。

　定刻より6分遅れのまま、10時41分に再び"雄たけび"をあげて発車。久喜—館林間、通勤形電車の営業運転では異例のノンストップ運転だ。かつてのA準急や臨時電車〈フラワーエクスプレス号〉でも、加須、羽生に停車している。

　「お客様にお願いいたします。座席はお互いに譲り合って、お掛けください。事故防止のため、急停車する場合がありますので、お立ちのお客様は、吊り革(吊り手)、手すりにおつかまりください」

　10時50分、加須を通過すると、この列車唯一の自動放送が作動し、注意喚起を流す。このエリアの日中で立客が現れることが珍しいので、用心に越したことはない。

　軽やかに飛ばし、川俣を通過するとスピードが落ち、茂林寺前を通過。東武トレジャーガーデンの最寄り駅であるが、館林も含まれるので、統合した恰好だ。

　LCDが消え、津覇車輌館林工場が見えると、11時03分、停止信号でストップ。伊勢崎線の下りホームが満線らしい。

　2分後、再び動き出し、11時07分、館林5番線に到着。久喜—館林間、日中の特急〈りょうもう〉は最速18分、平均速度89.7km/hに対し、臨時電車〈春の花めぐり号〉佐野行きは26分、平均速度62.1km/h。どうやら

60000系が東武群馬県駅最大のターミナル、館林へ。

MAX110km/hとはいかなかったようだ。

　当初は定刻通り11時09分の発車を予定していたが、向かいの3番線に先ほどの区間急行が定刻より少々遅れて到着。臨時電車〈春の花めぐり号〉佐野行きに接続するため、定刻より3分遅れの11時12分に発車した。

初物

　館林から佐野線へ。60000系が佐野線で営業運転をするのは初めて。実は、アルミ車体、ワンハンドルマスコンの車両、VVVFインバータ制御の通勤形電車が営業運転をするのも佐野線初。ホームの有効長が4両分の駅もあることから、6両編成の通勤形電車が営業運転で走行するのも異例である。

　東武社員が各車両に入り、乗客数をカウントする。6両編成の通勤形電車でも立客が発生するほど乗っているのだから、2020年以降も60000系で継続運転されるだろう(注:2020年は設定せず)。あとは運転日の拡大で、3日間、4月のみは短いと思う。

　渡瀬を通過すると、20000系、20050系の中間車、03系が廃車。20000系、20050系は長寿命に優れたステンレス車体なだけに廃車解体は惜しい。中小私鉄にとって、18メートル車体で状態の良い中古車は、のどから出るほど欲しいと思う。先頭車化改造も可能なのだから。

田島で8000系2両車の各駅停車館林行きワンマン列車と行き違い、のどかな道を軽快に進み、佐野市を通過。おそらく、"ここで停まると、誤って両毛線に乗り換える人が現れる"と予測しているのだろう。

60000系が栃木県にやってきた。

臨時電車〈春の花めぐり号〉佐野行き2019の所要時間と表定速度				
路線名	区間	距離	所要時間	※表定速度
野田線	柏―春日部	27.7キロ	43分	38.7km/h
伊勢崎線	春日部―館林	39.3キロ	41分	57.6km/h
佐野線	館林―佐野	11.5キロ	15分	46.0km/h
合　計		78.5キロ	110分	42.8km/h

※佐野線内は無停車のため、平均速度。

定刻より4分遅れの11時27分、終点佐野1番線に到着。あしかがフラワーパークへは、隣の両毛線に乗り換える。普通電車高崎行きは11時29分に発車するので、そこへ向かう乗客にとっては非常にあわただしい。車掌は到着前に11時57分発の臨時普通電車桐生行きも案内していたが、できれば30分も待ちたくない心境ではないだろうか。

ホームでは、佐野駅長とさのまる（佐野市のゆるキャラ）が横断幕を掲げてお出迎え。さらに向かいの2番線に臨時特急〈りょうもう71号〉の回送、両

佐野駅コンコースで、記念カードが配布された。

2番線はホーム有効長が4両分のため、5・6号車はホームからはみ出す。

毛線ホームにE257系500番代の臨時快速〈あしかが大藤まつり3号〉桐生行き、臨時普通電車小山行きが到着。なんと佐野駅のホームが満線に。しかもすべて臨時列車なのが面白い。

60000系が先に発車し、回送として葛生へ向かうと、残りの3列車も相次いで発車。束の間のカーニバルが終わった。

快挙

60000系が葛生へ行った以上、その姿を見逃すわけにはいかず、12時16分発の各駅停車葛生行きワンマン列車へ。12時34分、終点に到着すると、60000系が留置線で休息をとっていた。佐野―葛生間が回送とはいえ、6両編成の通勤形電車が佐野線を全線走破した姿に感慨深さを覚える。まさに快挙。

各駅停車葛生行きワンマン列車 編成表				
乗車区間	号車	車両番号	禁煙	備考
葛生	1	クハ8663	○	修繕車
佐野	2	モハ8563	○	修繕車

葛生で約4時間休息をとり、復路の運用に就く。

　折り返し、各駅停車館林行きワンマン列車の発車まで31分もあり、レールファンらはじっくり、念入りにシャッターを切っていた。いつかは営業列車として葛生まで乗ってみたいものである。

臨時電車
東武動物公園行き
−セイジクリームの青春−

東武顔にはセイジクリームがお似合いだと思う。

　東武では、2019年11月16日(土曜日)開催の宮代トウブコフェスティバルに合わせて、東武動物公園駅西口付近に「わらアート」を展示することになった。

　これに合わせ、8000系8111編成を使用した臨時電車を運転。"セイジクリームの東武顔"が一般列車として乗車券のみで乗れることから、車内はレールファンや家族連れなどでにぎわった。

感激

東武とJR東日本の改札が離れているため、隣接の京浜東北線ホームまで数分を要する。

"御年56歳"の8111編成がやってきた。

同日9時50分頃、野田線大宮へ。この日、隣の京浜東北線では、品川駅の線路切り替え工事のため、田町─品川間が終日運休に。したがって、大宮始発の列車は、すべて「各駅停車田町行き」である。

野田線ホームは混み合っており、駅員はホーム、コンコースで通行の妨げにならないよう、幾度も注意喚起を行なう。ホームは1面2線で、改札は1か所のみ。動線もワンルートに限られる。

ホームの春日部寄りはすでに混み合っており、8111編成をいち早く見たい想いが表れている。

10時19分、2番線に8111編成の臨時電車東武動物公園行きが入線。運転士と車掌が車内移動し、2分後に客扱いを開始する。車内はレールファンや家族連れが多い。8111編成が団体専用列車以外で起用されるのは珍しいこと、2016年8月にカラーリングをセイジクリームに衣替えしてから、一般列車に起用されるのは初めてなので、関心が高いようだ。

優先席の吊り手を一新。

私自身、リアルタイムで見た"セイジクリームの東武顔"に感慨深さを覚える。人によって好みが異なるのは承知しているが、派手でもなく、地味でもない。明るくもなく、暗くもない。かといって、渋くもない。"絶妙なバランス"を醸し出しており、この顔にもっとも映えるカラーリングといえよう。

　久々に乗ると、優先席の吊り手ベルトがオレンジからブラックに変わり、"巨人軍の吊り手"と化していた。団体専用列車以外の運用を想定していなければ、おそらくオレンジのまま"動態保存"をしていただろう。

臨時電車 東武動物公園行き—セイジクリームの青春—

連発

臨時電車東武動物公園行き 編成表				
乗車区間	号車	車両番号	禁煙	備考
春日部	なし	クハ8111	○	修繕車
	なし	モハ8211	○	修繕車
	なし	モハ8311	○	修繕車
	なし	サハ8711	○	修繕車
	なし	モハ8811	○	修繕車
大宮　東武動物公園	なし	クハ8411	○	修繕車

　テキトーに並んでいた私は前から4両目に乗車し、定刻通り10時23分に発車。隣のモハ8811からモーターが唸りを上げる。今回の臨時電車は全区間急行運転なので、張り切っているように聞こえてくる。

　10時31分、岩槻3番線に停車し、3分停車。すると、向かいの2番線に634型スカイツリートレインの団体専用列車「『北千住⇔久喜間　開業120周年記念』北千住発120.1kmミステリーツアー」が到着。時間としてはほんのわずかながら、この日の"目玉"が並んだ。

　この列車は伊勢崎線北千住—春日部間28.2キロ、野田線春日部—岩槻間

往復13.4キロ、伊勢崎線春日部―
加須間23.2キロ、加須―東向島間
55.3キロ、計120.1キロを走行し
た。東向島を除き折り返し設備がな
ければ成立しない企画で、開業120
周年にちなんだ奇跡的なルートだ。

　10時34分に発車。春日部付近で
野田線を離れ、伊勢崎線にワープす
ると、今度は絶妙なタイミングで特
急スペーシア〈きぬ116号〉浅草行
きが姿を現す。東武プレスリリース
では発車時刻のみ記載なので、まさ
にサプライズ。

　10時42分、春日部4番線に到着。
5分停車のあいだに乗務員が変わ
り、ここから進行方向を変える。野
田線ホームの8番線では、8000系
の各駅停車大宮行きが到着。東武顔
とフェイスチェンジ車が集う。これ
もサプライズ。

　あとで『東武時刻表』2019年3
月16日号をめくると、特急スペー
シア〈きぬ116号〉浅草行きは定刻

岩槻2番線は、上下列車の発車や折り返し運転に
対応している。

春日部でもサプライズ。

より1分遅れていた模様。とはいえ、岩槻に続くサプライズ連発となったの
だから、この偶然は誰もが驚いたのではないだろうか。

余韻

　東急8500系の急行南栗橋行き発車後、臨時電車東武動物公園行きは定刻
通り10時47分に発車。動態保存前の8111編成は東上線で活躍していたの
で、かつての特急を彷彿させる走りを魅せる。これからの伊勢崎線を支える
70000系や東急2020系とすれ違い、姫宮を通過すると急行南栗橋行きに接

近するからか、ノロノロ運転となる。

　10時56分、定刻より3分遅れで終点東武動物公園4番線に到着。余韻に浸る間もなく、わずか2分で発車し、引上線へ向かう。すなわち、折り返し8111編成のネグラである南栗橋車両管区春日部支所に戻るのだ。

老いても青春を謳歌。

　11時06分、3番線に8111編成の回送が入線。しばらく撮影会のような様相となり、レールファンらは目に焼きつけるかの如く、カメラのシャッターを切って余韻に浸る。4番線に特急〈きりふり281号〉東武日光行き通過後、11時12分に発車した。

東武動物公園駅西口付近に展示された、わらアートのドラゴンとホワイトタイガー。

臨時電車 東武動物公園行き―セイジクリームの青春―

「♪あぁーつく燃ぉーえるぅ、季ぃー節がぁー、ぼくらのぉー、あーこぉー がぁーれぇー、運んでゆくぅーよぉー♪」(水谷豊の『カリフォルニア・コネクション』より)

　まだまだ8000系東武顔、俺たちにはまだまだ必要だ。

第5章 駅ルポ

ラインナップ

① 伊勢崎線大袋駅
② 急行〈南会津〉リターンズ
③ 伊勢崎線浅草駅2番線
④ 各駅停車〈2011フラワーリレー号〉太田行き
⑤ 東京スカイツリータウン初日
⑥ 春日部市と『クレヨンしんちゃん』と東武鉄道
⑦ 「〈TJライナー〉運行開始10周年記念ヘッドマーク」
　掲出列車出発式
⑧ 春日部市発展のカギを握る、春日部駅の高架化

伊勢崎線大袋駅

地平駅舎時代の大袋を通過する100系スペーシア。

　伊勢崎線大袋は、埼玉県越谷市の庶民的な町並みが広がるローカルチックな駅だ。かつて、折り返し設備や待避設備を備えていたが、21世紀に入ると大きく変貌した。

伊勢崎線北千住—北越谷の複々線完成が転機

　2008年7月13日(日曜日)、伊勢崎線大袋へ。準急、区間準急、各駅停車が停車する駅で、2面2線ホームの両サイドでは工事が行なわれている。元々2面4線の駅で、各駅停車の一部は旧準急などの通過待ちが行なわれていた。

　転機が訪れたのは2001年3月28日(水曜日)のダイヤ改正で、越谷—北越谷間の複々線が完成した。工事中は1994年夏より、北越谷の引上線が使用休止され、代替として大袋にシーサスクロッシング(分岐器)を新設。北越谷止まりの各駅停車はここで折り返した(北越谷—大袋間は回送扱い)。

　ダイヤ改正後、シーサスクロッシングを撤去。また、配線の変更も行なわれ、ホームの内側は待避線から、常時使用に昇格。外側はレールと架線が撤去された。これにより、北越谷の複々線を終えて、地平に下り、しばらく進んだあたりから、野田線交差付近まで、長い直線区間となったのである(せんげん台1・4番線に停車する列車を除く)。

"跡地"は保守車両用の側線に

　外側のレールと架線の撤去後、遮断機や架線支持工作物の位置変更、改札からダイレクトで上りホーム1番線へ行けるようになった。改札から1番線まで段差があるので、階段やスロープを整備した。1番線浅草寄りの跨線橋は撤去されておらず、当時の面影が残る。

　一方、下りホーム2番線は外側に車椅子対応なのか、スロープを設置。また、線路跡に駐輪場を設置して、利便性を向上させている。

　2番線の浅草寄り先端は跨線橋が設置されているため、見通しが悪い難点がある。最後部で列車を待つ際、用心し

地平駅舎時代の後年は、改札を通過したら直接上りホーム1番線へ行けるようになった。

大袋駅の西側は、のちに大きな変貌を遂げる。

2番線は跨線橋付近に最後部車両が停まるので、当該車両で下車する乗客が多かった。

ておかないと人身事故につながってしまう。また、大きな駅ではないせいか、日中時間帯はホームに駅員は配置されていない。実際、浅草寄りの先端で待っていると、突如姿を現す列車に恐怖を覚える。

　その後、1・2番線とも隣に1度撤去したレールが再び敷設されている。保守車両用の留置に対応した保守基地線を建設していたのだ。枕木はコンクリート製のほか、車止め付近は木製を使用している。伊 第95号踏切道付近にポイント(分岐器)を設け、ここから出入りする模様だ。

　特に上り線では、保守車両用が1番線に止まったあと、進行方向を変えて保守基地線へ進み、せんげん台寄りの終端で再び進行方向を変え、入庫するのだろう。

旅客線跡地の一部は、7年の時を経て保守基地線に転用された。

橋上駅舎化で西側が変貌

橋上駅舎化された大袋駅。

大きな変貌を遂げた大袋駅の西側。

　越谷市は2011年7月、大袋駅舎の老朽化による建て替え、駅東西の円滑な通行を目的に橋上駅舎を着工した。地平駅舎は東側の1か所しかなく、付近に東西を結ぶ地下道が2か所建設されたが、車椅子の通行を想定しておらず、利便性に欠けるのだろう。

　事業費20億円(越谷市は19億1,500万円、東武は8,500万円をそれぞれ負担)をかけ、2013年10月26日(土曜日)に供用を開始。改札を2階に設けることで東西への移動が容易になったほか、エレベーター、エスカレーター、多機能トイレなどを設置し、使いやすい駅に進化した。また、スロープは撤去された。

　橋上駅舎化で大きく変化したのは西口で、駅前広場を整備し、バスターミナルや店舗などを設置。完全に別世界へと変わった。

　一方、東口は大きな変化はなく、昔ながらの庶民的な町並みが残る。これが脳裏に焼きついていたせいか、再訪した2018年12月30日(日曜日)まで西側の変貌にまったく気づかず、情けない限りである。

急行
〈南会津〉リターンズ

急行〈南会津〉が浅草に帰ってきた。

　2005年2月28日(月曜日)、急行〈南会津〉が"人知れず"という感じで姿を消してから4年、東武トラベル(現・東武トップツアーズ)主催の「懐かしの南会津号ツアー」として復活した。その雄姿を目に焼きつけるべく、浅草へ向かった。

ヘッドマークはステッカーで対応

2009年8月29日(土曜日)20時過ぎ、伊勢崎線浅草へ。ホームは松屋デパートの2階にあり、昭和と20世紀の薫りは健在だ。

いつのまにか5番線に安全柵が設置されており、通勤形電車が発車することはない。ちなみに5番線の線路は4番線も兼ねており、こちらは安全柵が設置されていない。

3・4番線は特急ホームで、ここへ入るには特急券を提示しなければならないが、北千住に比べると、"警備"は若干ゆるい。ちなみに特急は、指定された席に坐っていない乗客のみ、車内改札を行なう。

3番線から特急〈りょうもう43号〉赤城行きが20時10分に発車。このあと、折り返し回送が到着する。ホームの先にいるレールファンが5人ほど、行き止まりのところでも2人ほどおり、"お目当ての列車"を待つ。

20時15分、350系353編成が到着。2005年2月28日(月曜日)以来となる急行〈南会津〉のヘッドマークを掲げているが、なぜかステッカーを貼付。

どうやら列車種別再編(後述)の影響で、列車種別が省略されており、「急行」が使えないようだ。

駅員の業務放送では、「特急」と言っているので、今回の復活運転は「特急〈南会津〉」と言いたかったのかもしれない。乗降用ドアが開くと、参加者が満足気に降りてゆく。

ヘッドマークは、ステッカーを貼付。

急行〈南会津〉14年間の歴史

急行〈南会津〉は、快速急行〈おじか〉を急行に格上げするカタチで、1991年7月21日(土曜日)にデビュー。1800系を改造した350系を充当させ、浅草―会津田島間、2往復を設定した。この日は、急行〈しもつけ〉〈きり

ふり〉〈ゆのさと〉もデビューしているが、特急スペーシア〈けごん〉〈き
ぬ〉に比べ、地味な存在であった。これは現在も変わらない。

　1999年3月16日(火曜日)から下り1本、上り2本、2003年3月19日(水曜
日)から1往復のみの運転にそれぞれ変更された。

　そして、JRのブルートレイン、寝台特急〈さくら〉〈あさかぜ〉の最終列
車が始発駅を出発した2005年2月28日(月曜日)、急行〈南会津〉がひっそ
りと姿を消した。翌日から浅草―新藤原間の急行〈ゆのさと〉に変わり、同
区間は急行〈南会津〉と同じダイヤで運行された。

急行〈南会津〉の"代替"ともいえる、快速〈AIZUマウントエクスプレス〉。

　また、同日から特急スペーシア〈きぬ〉と快速〈AIZUマウントエクスプ
レス〉の乗り継ぎが始まり、後者の居住性は急行〈南会津〉よりも大幅に
向上。のちに速達タイプで転換クロスシートを装備した快速〈AIZU尾瀬
エクスプレス〉が加わり、"快適乗り継ぎダイヤ"の強化を図った。現在は
〈AIZUマウントエクスプレス〉に統合されている。

　華々しいスタートを切ったように思える日光線系統の急行だが、2006年
3月18日(土曜日)のダイヤ改正で、列車種別再編に伴い、料金据え置きの特
急に格上げ(料金据え置きのため、「午後割」「夜割」の設定はない)。方向幕やヘッド
マークはコマ数に余裕があるため、交換されていない。運がよければ、幕回

し時に急行時代のヘッドマークや方向幕を眺めることができる。

現在の快速〈AIZUマウントエクスプレス〉は、リクライニングシート車と転換クロスシート車の"混結列車"も存在する。

懐かしの南会津号ツアー

　4年ぶりの復活運転は、日光線開業80周年、東武トラベル創業60周年の記念企画で、「懐かしの南会津号ツアー」と銘打つ(募集人数200名。大人12,000円、子供9,500円)。

　ツアーは8時39分に浅草を出発し、会津田島へは12時24分に到着。このあと、別料金(大人2,500円、子供2,000円)で「会津鉄道オプショナルツアー」があり、定員は60名限定。臨時〈トロッコ会津浪漫号〉で芦ノ牧温泉まで乗車し、鈍行で折り返す。

　浅草への復路は会津田島を15時42分に出発。ツアー料金12,000円の中に弁当が支給されるのは昼食のみで、夕食はない。おそらく、ツアー参加者は会津田島を一旦下車して、仕入れたのかもしれない。

　方向幕は東武トラベル主催の団体ツアー扱いという意味なのか、マッシロ。ヘッドマークの幕もマッシロで、4号車側ではビニール袋を持った係員が線路へ下りて、ステッカーをはがす。1号車へ行ってみると、ステッカー

"正真正銘"のヘッドマークは回送に変わる。

1号車のステッカーも職人技の如く、優しく丁寧にはがす。

役目を終えたステッカーの撮影会。

はまだ残っている。しかし、ヘッドマークは回送に変わっており、〈南会津〉は赤く染まった。まるで"夕焼けの南会津"を連想させる。季節としては冬だろうか。

　ついに、1号車のステッカーもはがされるときがやって来た。ビニール袋を持った係員が線路へ下りて、カッターナイフを使い、ていねいにはがす。これで"夢の1日"が幕を閉じた。そして、サプライズ。

　「売ることはありませんが」

　東武トラベルの添乗員なのか、若手の男性がステッカーをホームの柱に貼って、1分ほど撮影タイムの大サービス。これには小学生も大喜び。"いい思い出作り"を演出した東武トラベルに感謝。

350系、関東私鉄の現役最年長特急形車両に躍り出る

300系と350系は、先述したとおり、1991年に1800系の改造により誕生して、2009年で18年経過。1800系自体、生誕40年を迎えていることから、300系と350系の活躍が見られるのは、そう長くないものと思われた。

ところが活躍は思いのほか長く続き、2017年4月20日（木曜日）に300系、2018年5月20日（日曜日）に1800系が相次いで引退。350系は"関東私鉄の現役最年長特急形電車"（351・353編成は1969年製、352編成は1979年製）として、もうひと頑張りする。

20時29分、350系の回送が発車。

急行〈南会津〉リターンズ

各駅停車
〈2011 フラワーリレー号〉

>> 太田行き

各駅停車 〈2011 フラワーリレー号〉 のヘッドマーク。

　2011年3月11日(金曜日)14時46分、東北地方太平洋沖地震が発生。この影響で全国的に自粛が相次いだほか、関東・東北では、電力供給の影響で鉄道の運行に支障を及ぼすなど、深刻な事態に陥った。それでも定期列車に工夫を凝らし、楽しい雰囲気を演出した東武の姿勢に敬意を表したい。

節電の影響

　2011年4月30日（土曜日）13時過ぎ、伊勢崎線久喜へ。前日、東北新幹線が全線で運転を再開し、高架からパンタグラフの風切り音が聞こえてくる。那須塩原—盛岡間の一部で徐行運転が行なわれているため、暫定ダイヤで運行しており、"完全復旧"までは時間がかかる模様だ。

　関東地方は日常の光景が完全に戻るまで、もう少しといったところだろう。しかし、「もう少し」という言葉が消えるまでは、時間がかかる。

　東北地方太平洋沖地震の大津波が、東京電力福島第一原子力発電所を直撃。併せて事故が発生した。これが主原因で、電力供給が不足する事態とな

東北地方太平洋沖地震は物流にも影響し、スーパーマーケットやコンビニエンスストアでは、品薄状態が続いた。

り、完全復旧するまで節電をして、大規模停電を防がなければならなくなった。

　また、東京電力は半月ほど計画停電（「輪番停電」ともいう）を実施したが、節電の効果が上がったことや被害を受けた別の発電所が復旧したことから、4

節電のため、列車運転本数削減のほか、車内や駅構内で蛍光灯の一部撤去、エレベーターの使用休止などを実施。

各駅停車〈2011フラワーリレー号〉太田行き

月上旬に打ち切りを発表した。

　電気の力が絶対必要な鉄道にも影響が発生し、地震発生から2か月近くたっても、間引き運転や減車せざるを得ない鉄道事業者もある。また、節電のため、予定されていた臨時列車の多くは運行できない事態となり、2011年は大減収を覚悟しなければならない。そして、電力が完全復旧しない限り、ダイヤ改正の実施も難しいだろう。

　例年、東武のゴールデンウィークは、臨時特急、臨時快速、臨時電車〈フラワーエクスプレス号〉を運行しているが、2011年はすべて設定せず(臨時列車の運転発表は4月なので、安易に「取りやめ」「運休」とは書けない)。特急は〈きりふり〉〈しもつけ〉以外、すべての定期列車を運行している。

　JR東日本の車両で運行する、特急〈日光〉〈きぬがわ〉の253系1000番代置き換えは延期。本来ならば、4月16日(土曜日)にデビューし、東武路を駆け抜けるはずだった(140ページ参照)。

100系スペーシア、200系、250系に復興へのシンボルヘッドマークを掲出

　久喜は大半の区間準急、すべての急行、準急が折り返す駅で、ホームの増設、引上線の新設、特急〈りょうもう〉の一部列車が停車駅に加わり、急成長を遂げた。ホームの上屋を支える柱は、特急〈りょうもう〉と同じ塗装を施しており、列車の撮影には、いいアクセントになるだろう。

　急行、準急は一旦館林寄りの引上線へ移動し、隣の4番線に入線するのに対し、区間準急は2番線で直接折り返す。折り返し時間が10分もないからであろう。

　東武動物公園寄りの引上線では、30000系の各駅停車太田行きが入線を待っている。館林・太田方面の始発各駅停車は2番線に入るため、区間準急浅草行きが発車しない限り、動けない。

　各駅停車太田行きにはヘッドマークを掲出。2011年は休日ダイヤに限り、イーハー東武の急行に接続する久喜—館林・太田間の各駅停車3往復を〈2011フラワーリレー号〉と銘打つ。ほか、特急〈りょうもう7・9号〉赤城行きを茂林寺前に臨時停車している。

急行と各駅停車〈2011 フラワーリレー号〉の乗り継ぎダイヤ

伊勢崎線下り

急　　行	久喜行き		
北千住　発	847	1115	1235
久　喜　着	927	1157	1317
各駅停車	太田行き	館林行き	太田行き
久　喜　発	934	1159	1319
茂林寺前　発	1001	1225	1345
館　林　着	1003	1227	1347
足利市　発	1021	・・	1409
太　田　着	1030	・・	1418

伊勢崎線上り

各駅停車	久喜行き		
太　田　発	1043	・・	1424
足利市　発	1054	・・	1434
館　林　発	1115	1235	1456
茂林寺前　発	1118	1238	1459
久　喜　着	1143	1304	1525
急　　行	中央林間行き		
久　喜　発	1145	1306	1526
北千住　着	1228	1348	1608

主要駅のみ記載。

　臨時電車〈フラワーエクスプレス号〉をおさらいすると、長津田—太田間を結ぶ列車で、つつじが岡公園(館林下車)、あしかがフラワーパーク(足利市下車)といった花の名所へいざなうアクセストレインである。2010年は往路のみ茂林寺前に停まり、館林野鳥の森ガーデンに行きやすくした。

　4番線に200系の特急〈りょうもう24号〉浅草行きが通過。先頭車には、2011年4月29日(金曜日・昭和の日)から9月30日(金曜日)まで、「上を向いてがんばろう日本」のヘッドマークを掲出している。"被災地をはじめ、日本全体が元気になってほしい"という思いを込め、100系スペーシア6編成(JR線直通対応の3編成は未掲出)とともに、東武路を駆けめぐる。

　ヘッドマークは、東京スカイツリーをさりげなく描いており、"日本の新しい夜明け"または、"復興へのシンボル"を感じさせる。

「上を向いてがんばろう日本」
ヘッドマーク。

各駅停車〈2011フラワーリレー号〉太田行き

なかばあわただしく発車

急行の到着時刻を見計らうかの如く入線。

　13時14分、区間準急浅草行きが発車したあと、ほどなくして各駅停車〈2011フラワーリレー号〉太田行きが入線。背後には、東急8500系青帯車の急行久喜止まりが前照灯を輝かせて、猛追しているかのように見える。

　各駅停車〈2011フラワーリレー号〉のヘッドマークは、つつじが岡公園、あしかがフラワーパーク、館林野鳥の森ガーデンがそれぞれ咲き誇る花と、「上を向いてがんばろう日本」をプラスしたもの。"2012年ゴールデンウィークの臨時電車〈フラワーエクスプレス号〉にも使ってほしいな"と思わせる。

　この列車はただヘッドマークを掲出するだけではなく、久喜発車後、乗客にパンフレットと花の種を配布するという。ガーデニングを楽しんでいる人、これから始めたい人にとっては、嬉しいプレゼントになるだろう。

　13時19分、各駅停車〈2011フラワーリレー号〉太田行きが発車。ほどなくして、急行久喜止まりも引上線へゆっくりと動き出した。

イーハー東武の急行は、東急車の運転が多い。

各駅停車へ2011フラワーリレー号〉太田行き

2012年ゴールデンウィークも運転

区間急行〈2012フラワーリレー号〉太田行き。

〈2012フラワーリレー号〉とイーハー東武列車の乗り継ぎダイヤ				
列　車	区間急行 太田行き	準急 東武動物公園行き	急行 久喜行き	
浅　草　発	726	||	||	||
曳　舟　発	732	738	839	858
北千住　着	747	744	845	904
発	752	745	847	905
東武動物公園　着	827	834	920	941
久　喜　着	835	‥	927	948
列　車	↓	‥	各駅停車 太田行き	
久　喜　発	835	‥	934	956
茂林寺前　発	901	‥	1001	1022
館　林　着	904	‥	1003	1024
太　田　着	945	‥	1030	1056

　区間急行〈2012フラワーリレー号〉太田行きは、鐘ケ淵で準急東武動物公園行きに追い抜かれるが、せんげん台で追いつき追い越す。

　2012年ゴールデンウィークも土日祝の計6日間にわたり、〈2012フラワーリレー号〉を設定した。下り列車3本のみ運転で、内訳は区間急行浅草発太田行き1本（館林―太田間延長運転）、各駅停車久喜発太田行き2本（1本は館林―太田間延長運転）で、前年と同様にヘッドマークを掲出した。いずれもイーハー東武の列車に接続する。

〈2012フラワーリレー号〉のヘッドマーク。

　〈フラワーリレー号〉は2012年が最後となり、わずか2シーズンで幕を閉じた。

各駅停車〈2011フラワーリレー号〉太田行き

伊勢崎線浅草駅2番線

立入禁止前の2番線北千住寄り。

　伊勢崎線の始発駅、浅草は松屋デパートの建物内にあり、風情があるものの、先へ進むと徐々に狭くなる。そして、2番線は北千住寄り2両分が立入禁止になるというので、名残を惜しみ"歩き納め"てみた。

あえて後方の車両から降りる

2011年9月25日(日曜日)13時31分、伊勢崎線10000系リニューアル車の各駅停車浅草行きは、隅田川を渡り終え、終点浅草2番線に到着した。乗客の多くは銀座線、都営浅草線の乗り換えが近い前寄りの車両に乗っているが、私はあえて最後部車両を選んだ。

乗降用ドアが開き、降りてみる。北千住寄り先端は幅員が非常に狭い。乗務員室のドアと隣の乗降用ドアは、電車とホームのあいだがかなり空いており、渡り板がないと乗り降りができない。乗車口の一部はホーム下に回転灯を設置し、注意喚起をしている。

どのホームも北千住寄りは狭隘で、ここで列車を待つ乗客はほとんどいない。

1番線の北千住寄りは、曲線半径が2番線より小さい。

乗客の多くは、電車とホームのあいだが空いているところを敬遠して、ほかの乗降用ドア及び、前寄りの車両で降り、乗務員は客室経由でホームを歩く。また、8両編成対応の1番線には黄色い柵を設置しており、北千住寄り2両は乗降用ドアが開かない(ホームすべてに列車がかからず、その部分の乗降用ドアが開かないことを「ドアカット」という)。

1番線で30000系の区間準急久喜行きが発車。電車とホームのあいだが大きく空いており、ドアカットするのはやむを得ない。1・2番線のスピーカーからは、「足元に御注意ください」という案内放送が盛んに流れてくる。

伊勢崎線浅草駅2番線

427

ホームドアの設置が絶望的なホーム幅

2番線の2両目に大きな柱があり、非常停止ボタンを設置。

改札方面へ歩く。柱が立ち、その先は北改札口の階段などを設置している関係で、ホーム幅が狭まり、人1列しか歩けるスペースがない。また、北千住寄り1両目と2両目のあいだが大きく空いており、通行が困難なのが明らか。ホームドアの設置も絶望的だ。しかし、慣れている乗客は、北改札口付近の階段で電車に乗り込み、下り方先頭車を目指し、歩いている。

東武ホームページのプレスリリースにはないが、浅草2番線は9月29日(木曜日)初電より、安全確保のため、北千住寄り2両の乗降用ドアを終日締め切りにして、ホームの立ち入りを禁止する。これにより、2番線は4両分しか乗り降りができなくなる。

2番線ホーム上から東京スカイツリーを眺める。

2番線2両分立入禁止の背景については、歩くだけでも恐怖感を抱くほどの狭さもあるほか、今後行なわれると思われる耐震補強工事や、北千住寄り先端は東京スカイツリーを間近で眺めることができるため、人が多数集結す

ることを懸念したのではないかと思う。浅草での東京スカイツリー撮影は駅を下車してからでも充分できるせいか、この日はホームにヤジウマを見かけなかった。

後日、『鉄道ファン』誌(交友社)の記事執筆のため、編集部経由で東武に問い合わせたところ、「お客様のホーム下への転落防止などによる安全対策として実施した」という回答を得た。

浅草駅は次のステージへ

1番線の車止めは2〜5番線より前にあり、6両編成の列車はすべての乗降用ドアが開く。

1番線を眺めると、北千住寄り乗車口の先端がかなり窮屈な位置にあり、乗り降りする人は少なそう。また、3か所の乗車口は、電車とホームのあいだが少し空いており、前から2両目(8両編成の場合は前から4両目)以降に乗ったほうが無難といったところ。

隣の3番線は、特急スペーシア〈きぬ121号〉鬼怒川温泉行きが発車を待つ。2番線と3番線のあいだに給水所があり、"水分補給"をしてトイレや洗面所で水不足を起さないよう、万全磐石の態勢を整えている。そして、13時55分、特急〈りょうもう21号〉赤城行きが入線。東武のツートップが並ぶ。

浅草を下車すると、デパートの松屋浅草店を兼ねた駅ビルは、改良工事を実施している。ほとんどの外壁をカバーで覆い、改修している最中だ。2012年春にはネオ・ルネサンス様式に生まれ変わるという。また、駅施設のリニューアルや先述した耐震補強も併せて行なう。

伊勢崎線浅草駅2番線

改装工事中の伊勢崎線浅草駅。

浅草の駅ビルは築80年のため、ホームを眺めると、昭和の薫りが漂う部分があるものの、改築による移転ができず、輸送力増強ができない難点がある。日比谷線、半蔵門線との相互直通運転及び、北千住乗り換えの千代田線でカバーしている状況だ。

　私にとって、浅草の駅ビルは"聖地"で、数々の思い出が詰まっている場所なだけに、末永く続くことを願う。

東京スカイツリータウン初日

東京スカイツリータウン開業前のクリスマスライトアップ。

　東武が創業115周年を迎えた2012年5月22日（火曜日）、総事業費1,430億円、阪神甲子園球場なみの敷地面積（3.69ヘクタール）を持つ東京スカイツリータウン（東京スカイツリー、東京スカイツリーイーストタワー、東京ソラマチの総称）がグランドオープンした。

　東武は2010年4月24日（土曜日）から、350系"スカイツリートレイン"ならびに、東武ワールドスクウェアにおける東京スカイツリー25分の1スケールの展示を皮切りに、長い時間をかけて「東京スカイツリー＝東武沿線」のイメージ定着を図ってきた。

　それでは、東京スカイツリータウン界隈の様子をお伝えする。

駅名、停留所名、交差点名が変わる

2012年5月22日(火曜日)の前後日、東京都墨田区は歓喜にあふれていた。5月18日(金曜日)、東京ソラマチでは内覧会が行なわれ、その翌日から一部でプレオープンが実施され、多くの人でにぎわった。店舗は、高級品から庶民的なものまで、あらゆるものを取り揃えている。

そして、5月20日(日曜日)に両国国技館で行なわれた大相撲夏場所千秋楽は、西前頭7枚目の旭天鵬が37歳8か月で幕内最高優勝を達成。5月21日(月曜日)19時30分過ぎ、墨田区界隈でも金環日食が見られ、東京スカイツリータウンのグランドオープンに花を添えた。

5月22日(火曜日)はあいにくの雨で、肌寒い空模様だが、私は伊勢崎線で東京スカイツリータウン入りした。

東武は3月17日(土曜日)のダイヤ改正で、「業平橋」の駅名を「とうきょうスカイツリー」に変え、あわせて駅ナンバリング、伊勢崎線浅草・押上―東武動物公園間に「東武スカイツリーライン」と言う路線愛称をそれぞれ導入した。『東武時刻表』平成24年3月17日号の2ページと、『JR時刻表』2012年3月号(交通新聞社)の814ページをそれぞれめくると、東武スカイツリーラインは路線名改称扱いで掲載されている。

駅名板に配されているラインカラーについては、上段はサニーコーラルオレンジのままだが、下段がパープルルビーからフューチャーブルーに変更された。

業平橋の駅名標。

とうきょうスカイツリーの駅名標は、4か国語表示に。

駅前にある交差点の名称は、駅名改称後もしばらく「業平橋駅」が続いた。

駅名改称にともない、都営バス（東京都交通局）も東武のダイヤ改正の日から、「業平橋駅前」を「とうきょうスカイツリー駅前」、「業平橋」を「とうきょうスカイツリー駅入口（業平橋）」として、それぞれ停留所名を変更した。

一方、墨田区は駅名や停留所名の改称後も、伊勢崎線ガード下付近にある交差点名を「業平橋駅」のままにしていたが、5月17日（木曜日）、「とうきょうスカイツリー駅」に変更し、東京スカイツリータウンのグランドオープンに間に合わせた。

特急〈りょうもう〉とスペーシアは、東京スカイツリータウン開業のヘッドマークを掲出。

特急は上り全列車と下り4本（いずれも特急スペーシア〈きぬ〉）が停車。このうち下り列車の各乗降口では、係員が乗客の特急券をチェックしている。停車駅が増えてもダイヤは従来どおりであるため、乗降口を2か所に限定させるわけにはいかないからだ（春日部、東武動物公園、久喜の各駅で実施。ただし久喜以外は

特急スペーシアの乗車位置案内板。

6050系の区間急行は、2017年4月21日（金曜日）のダイヤ改正後も運転区間の変更により、継続されている。

リニューアル工事中の旧業平橋駅。

一部列車を除く）。

　ところが、とうきょうスカイツリーは特急停車駅であるにもかかわらず、6050系で運転される快速や区間快速はすべて通過する。2ドア車の6050系は普通乗車券だけで乗車できるため、混雑時は乗降に手間取ることを恐れたのだろうか。ただし、6050系自体は下り2本、上り1本の区間急行（浅草―新栃木間運転）で同駅に停車する。試しに浅草21時02分発の区間急行新栃木行きに乗ってみると、とうきょうスカイツリーは2ドア車の乗車口案内表示がないため、戸惑う乗客が多かった。

　さて、とうきょうスカイツリー駅は4月20日（金曜日）にリニューアルオープンし、駅全体が東京スカイツリーの塔体と同じスカイツリーホワイトを主体に、きれいで清潔感あふれる駅に生まれ変わった。ホームの上屋は、膜屋根に取り換えられ、ひときわ明るい雰囲気をかもし出している（ただし浅草寄りの1両分は、リニューアル工事前から上屋がない）。

　膜屋根は1番線の線路部分にも覆われており、ホーム上で

東京スカイツリーを撮らせないことが主目的のようだ(ホームに東京スカイツリー撮影禁止を知らせる案内板がある)。またホームの6両編成停止位置両端付近に門を兼ねた柵が設置され、その部分は8両編成の列車が浅草まで運転される時間帯のみ開放されているが、それ以外は原則立入禁止となっている。

とうきょうスカイツリー駅ホーム。当時、8両編成列車の停車時間帯に限り解放される個所だった。

9時43分、ついにグランドオープン

とうきょうスカイツリー駅の1番線から東京スカイツリータウンを眺めると、東京ソラマチのハナミ坂入口から押上(スカイツリー前)駅方面通路まで大行列ができている。傘の花は満開で、1秒でも早いグランドオープンを待ちわびている様子だ。

和太鼓が鳴り響くなか、グランドオープン時の東京スカイツリーや東京ソラマチをハナミ坂付近から眺めたときの光景。

正面口を下車すると、警視庁や警備会社の人たちが東京スカイツリータウンの内外で交通整理などにあたっていた。たいした距離ではないので、とうきょうスカイツリー駅交差点まで歩く。すると、東京ソラマチの3階2番地ハナミ坂からグランドオープンを祝う4台の和太鼓が高らかと鳴り響いた。

この力強い音が天に届いたのか、雨が次第に弱まる。通常、東京ソラマチは10時にオープンするが、それがこの日は9時43分に繰り上げられた。待ちわびていた人たちが続々とハナミ坂を登っていく(当日、とうきょうスカイツリー駅側の入口はハナミ坂に限定された)。

この熱気が天に通じたのか、雨は一時やんだ(11時30分以降は雨足が強くなり、雷鳴がとどろいた)が、グランドオープン時の東京スカイツリーは展望デッキから上が雲に覆われていた。

鉄道も撮影できる展望台

とうきょうスカイツリー電留線の脇に、放送事業車の中継車が駐車。

押上駅前自転車駐車場の屋上から曳舟方を見た際の光景。

東京スカイツリータウンがグランドオープンするまでは、東京スカイツリー撮影用のステージが2か所あった。まずは伊勢崎線の留置線沿いにある「見学広場」を再訪するが、こちらは健在だ。その先を歩くと、東武の敷地内で複数の放送事業者中継車が駐車しており、パラボラアンテナを立てていた。この日は全国的に、東京スカイツリータウンにクギづけである。

撮影禁止となっている伊勢崎線伊2号踏切道を渡る。以前はこの近くに「撮影広場」があり、真下で京成押上線の電車が通ると足元から震動が響いていたが、すでに撤去されていた。

少し歩くと、この代替という位置づけなのか、丘に見立てられた押上駅前自転車駐車場があり、東京スカイツリー撮影用の展望台

(この場所では「屋上」と案内されている)を兼ねている(通常は9時から19時まで開放。この日は若干延長された)。この高さならば伊勢崎線、京成押上線を撮影することも可能である。

どこの出口へ行けばいいのか悩みそうな押上駅

押上線、都営浅草線に掲げられている駅名標。

半蔵門線と伊勢崎線、押上線と都営浅草線の境界駅となる押上駅が、この日から「スカイツリー前」という副駅名の使用を開始(東武はダイヤ改正時から自社車両や駅の案内放送で、すでに使っていた)。それと同時に、東京スカイツリータウン方面出入口を新設した。この日は雨天のため、その出入口を利用する人が多く、壁面の巨大なフラッグが人々に衝撃を与えていた。

B3出入口からは、東京スカイツリーの"御尊顔"を拝することができ、この出入口の目前にはバスターミナルと伊勢崎線が見える。4月1日(日曜日)、押上駅前停留所はこの地に移転し、あわせて鉄道の副駅名も添えられた。ここでは都営バスと京成バス墨田区内循環バス(3ルート)が発着しているが、後者は運賃が大人100円、1日乗車券も大人300円と安いため、人気がある。

東京スカイツリーライトアップ

時刻は18時を過ぎ、東京スカイツリーのライトアップの開始時間が近づいてきた。私は再び押上駅前自転車駐車場の展望台へ。相変わらずの雨だが、現地には8人が集まってきた。東京スカイツリーのライトアップは、日没後から23時まで実施、「粋」と「雅」といった2つのコンセプトのものが1日ごとに灯される。当初、照明は高輝度放電灯という案があったが、省エネを理由にLEDに変更。1,995台の照明器具が、いたるところに設置された。

日没から14分後の18時58分、ついに「粋」が灯ったが、19時01分に早くも消灯されてしまう。1分後、今度は「雅」が輝いた。明るい「粋」とは対照的に、「雅」は品格を重んじた渋みがある色を出していた。東京スカイツリーイーストタワーの窓の明かり、東京スカイツリーの光が共演していて、都心の夜景と錯覚しそうである。この日は、両者が30分ごとに交替するかたちとなり、人々を魅了した。

その後、私は台東区の吾妻橋へ移動。ここでは、夜間のライトアップになると、十数人が集まった。

東京スカイツリーのライトアップは、「粋」と「雅」を交互に点灯。

貨物ターミナル跡地にある東京スカイツリータウン

　東京スカイツリータウンがある場所は、かつて伊勢崎線の貨物ターミナルがあった。ここでは、明治時代から貨物輸送が始まり旅客列車が浅草雷門に延伸されたあとも、貨物の玄関口として繁栄が続いていた。しかし、1961年度を境に衰退の道をたどる。

　その一方で、沿線の宅地開発で利用客が増えたことにより、東武は電車を増結や増発することで旅客輸送を強化した。そして、北千住で接続する日比谷線の混雑緩和策として、貨物ターミナルの一部を2面3線の旅客ホームに改造し、押上駅地下連絡通路を設けたうえで、1990年9月25日(火曜日)からこれらの使用を開始した。

　3年後の1993年3月24日(水曜日)、業平橋発の最終貨物列車が発車し、東武は9月30日(木曜日)に貨物事業から撤退した。その後、貨物ターミナルは朝夕ラッシュ時用の起終点駅として黙々と機能していた。しかし、2003年3月19日(水曜日)に半蔵門線と田園都市線との相互直通運転が始まると、当地に列車が入らなくなった。

　この年の12月17日(金曜日)、在京放送事業者6社(テレビ局)が、「在京6社新タワー推進プロジェクト」を発足した。なお、同年から始まっていた地上デジタル放送の良質な電波を安定して送信させるには、超高層ビルよりもはるかに高い600メートル級の自立式電波塔が必要だった。

　偶然にも、東武は2004年に入り、業平橋貨物ターミナルの解体作業が完了。その場所は広大な更地と化していた。そこに墨田区が注目したのか、12月15日(水曜日)、墨田区長らは東武に「新タワー誘致に関する要望書」を提出し、協力を要請。2005年2月7日(月曜日)、東武の事業として、新しい自立式電波塔に取り組むことが表明された。

　2006年3月31日(金曜日)、事業主体と建設用地の確保が明確になり、交通アクセスが良く、近辺に浅草や両国などの観光地があり、集客が見込めること、地元の受け入れ態勢が整っていることなどが決め手となり、東武が新タワー建設の事業者として選ばれる。5月1日(月曜日)、東武は100%出資の株式会社新東京タワー(現・東武タワースカイツリー)を設立した.

　2008年6月10日(火曜日)、新しい自立式電波塔の名称を「東京スカイツリー」に、2009年10月16日(金曜日)、最高点の高さを「武蔵」にちなみ634メートルにすることがそれぞれ決まった。構想当初は約610メートルだったが、「自立式電波塔世界一」とするため、東京タワー(333メートル)の倍にあたる666メートル、浅草寺が創建された年にちなんだ628メートルとする案もあったという。

　2021年現在、自立式電波塔としての東京スカイツリーは、タクシー無線(関東自動車無線協会)で本運用、在京テレビ局7社、NHK FM、J-WAVEのほか、TBSラジオ、文化放送、ニッポン放送で、ワイドFM(FM補完放送)の本放送を実施している。

　なお、東京タワーは「予備電波塔」として、東京スカイツリーを支える。

東京スカイツリータウンアクセス

　東京スカイツリータウンは、有料駐車場約1,000台、バイク置場60台、駐輪場約2,000台(後2者は最初の2時間まで無料)がそれぞれ用意されている。しかし、大都市東京では数が少ないのは明らかで、周辺が住宅地であることから、CMや鉄道の車内放送などで公共交通機関での来場を呼び掛けている。

鉄道の場合、広域ネットワークが充実している押上（スカイツリー前）駅の利用客が多いと思う。都営浅草線では、大門が東京タワー下車駅のひとつであるため，自立式電波塔の"ハシゴ"ができる。

　上野駅はバス路線が充実しており、公園口からは東武バスセントラルの「スカイツリーシャトル」上野・浅草線、同じく浅草口からは、都営バス上23系統が日中は1時間に各4本運転されている。京成本線京成上野駅近くには、都営バス上野公園山下停留所があり、上野松坂屋前始発の上23系統と観光路線バスＳ－１系統（土休日は東京駅丸の内北口始発となる）に乗ることができる。所要時間は鉄道利用乗継ぎ（東京メトロ銀座線、東武線）が早いものの、合計の大人運賃は、バスより100円高い300円となる。

　スカイツリーシャトルは上野・浅草線を除き、3路線ではリムジンバスが使用される。座席はリクライニングシートで、係員が大型荷物を腰掛下のトランクに収納するサービスがある。いずれも先着順による定員制で、一部車両に補助席が装備されている。運賃は東京駅線、東京ディズニーリゾート線は500円、羽田空港線は900円（いずれも大人）と高めに設定されているが、居住性の良さで納得がいく価格だ。

　東京ディズニーリゾート線は、JR東日本京葉線の舞浜―押上（スカイツリー前）間に相当する路線で、この区間は鉄道利用の場合最低2回の乗り換えが生じる。試しに検索サイトから「えきねっと」で検索すると、ルートは何通りもあるため、どこで乗り換えれば早く着く、もしくは安く行けるのかは、迷路に挑む感覚かもしれない。スカイツリーシャトルに乗れば、"道"に迷わない利点がある。

　首都圏の煩雑（はんざつ）な交通網により、東京スカイツリータウンに向かうルートは豊富である。「今回はこれ、次回はあれ」というふうに、毎回違った道を選択する楽しさがある。

　その後、スカイツリーシャトルは東武バスウエストの参入、和光・志木線、お台場線を新設（いずれもリムジンバス）した一方、東京駅線が廃止された。都営バスも上23系統は押上駅経由の便が廃止され、全便十間橋（じゅっけんばし）経由に統一された。

春日部市と
『クレヨンしんちゃん』と東武鉄道

東武鉄道クレヨンしんちゃんラッピングトレイン。

　クレヨンしんちゃん25周年記念プロジェクト実行委員会は、埼玉県、春日部市、東武と連携し、特別企画『クレヨンしんちゃん25周年記念企画 オラのマチ春日部にくれば〜』(以下、25周年記念企画)を2016年11月3日(木曜日・文化の日)からスタートした。

50050系、東武鉄道クレヨンしんちゃんラッピングトレイン登場!!

報道公開では、着ぐるみの野原しんのすけが駆けつけた。

　東武は2016年11月3日（木曜日・文化の日）から、東武鉄道クレヨンしんちゃんラッピングトレインの運行を開始。50050系が起用され、久喜・南栗橋—中央林間間を駆けめぐった。面白いことに『クレヨンしんちゃん』だけではなく、『菊次郎とさき』、『私鉄沿線97分署』の舞台をも駆け抜けていったのである。

50050系の車内。当初、一般席のシートモケットは藤色だった。

　当初は2017年5月下旬まで運行の予定だったが、好評により8月下旬まで延長されたほか、2016年11月25日（金曜日）から4編成が順次追加。5色のラッピングトレインが出そろった。

　しんちゃんデザインのラッピングは、黄色をベースカラーに用い、その中に野原一家ほか、かすかべ防衛隊が鼓笛隊となったオリ

ジナルデザインで、音符がアク
セントとなり、楽しさがあふれ
ている。先頭車の前面及び、一
部車両の側面に25周年記念の
ロゴが貼付された。

　車内の広告は『クレヨンしん
ちゃん』一色に染まり、荷棚上
は映画全24作品を紹介してい
る。

クレヨンしんちゃんラッピングバス「しんちゃんと友だ
ち号」。

　一方、春バス(春日部市コミュ
ニティバスの略称で、朝日バスが運行を委託)も車両3台をクレヨンしんちゃんラッ
ピングバスとして、運行を開始した。

1町4村の合併で春日部市が誕生

　『クレヨンしんちゃん』の舞台になった春日部市は、1954年7月1日(木曜
日)、南埼玉郡春日部町、武里村、豊春村、北葛飾郡幸松村、豊野村の合併
により誕生。当時から鉄道は東武のみで、6駅(一ノ割、春日部、武里、豊春、藤の牛
島、八木崎。五十音順)を有していた。

　1966年9月1日(木曜日)、車両基地の新設に伴い、伊勢崎線春日部―姫宮
間に北春日部駅が開業。同時に日比谷線との相互直通運転区間も北春日部ま
で延長された(現在、日比谷線との相互直通運転は日光線南栗橋まで延伸)。武里団地
の開設も相まって春日部市の人口が増加し、東京や大宮方面のベッドタウン

を担うようになったほか、機械
や食品などの工場建設も進めら
れた。

　時代が平成に変わり、1990
年8月から『漫画アクション』
誌(双葉社)にて『クレヨンしん
ちゃん』の連載を開始。わずか
2年後の1992年4月からテレ
ビ朝日系列でアニメ化された。

"春日部の顔"と化した野原しんのすけ。

当初、視聴率は4％と振るわなかったが、徐々に人気を得て、1993年1月に初めて“「20％」という名の大台”を突破した。同年春より劇場版(映画)が公開されてからは、年1作ペースで制作が続けられている。

一方、東武は日光線系統の有料急行(現・特急)を春日部に停車し、ほかの優等列車は通過していたが、1999年3月16日(火曜日)より特急スペーシアの春日部停車を下り9本、上り10本で実施。併せて特急料金も均一制から距離制に変更されたほか、急行料金の見直しも行なわれた。その後、東武は特急スペーシア全列車の春日部停車を決め、通勤通学客の需要に応えた。

特急スペーシアの春日部停車を宣伝する手書きのポスター。

2020年6月6日(土曜日)のダイヤ改正時点、春日部を通過する定期旅客列車は、特急〈りょうもう〉〈リバティりょうもう〉のみである。

野原一家、“現実の世界”で春日部市民になる

21世紀に入ると、東武は2003年3月19日(水曜日)のダイヤ改正で、半蔵門線、田園都市線との相互直通運転を開始。通勤準急と区間準急の2つを設定し、春日部―大手町・渋谷間などが乗り換えなしで結ばれた。当初は日中20分間隔というダイヤだったが、現在は10分間隔を基本としており、利便性が大幅に向上された。

2004年に入ると、春日部市は市制50周年事業の一環として、4月6日(火曜日)、『クレヨンしんちゃん』の野原一家に特別住民票を交付し、全国から問い合わせが殺到するほどの反響を呼んだ。埼玉県でアニメのキャラクターに特別住民票が公布されたのは、新座市の『鉄腕アトム』以来だという。

2005年10月1日(土曜日)、春日部市と北葛飾郡庄和町の合併により、「新・春日部市」が誕生。これに伴い、野田線南桜井駅が春日部市の駅となった。

また、庄和町との合併により、戦後は宝珠花村の時代から続き、1991年

には国の選択無形民俗文化財に指定された大凧あげ祭り(毎年5月3・5日に、宝珠花橋下流の江戸川河川敷で開催)を春日部市が引き継ぐことになった。

春日部市は大凧あげ祭りを広くPRするため、東武と連携し、2013年から50050系と野田線車両の各1編成に大凧揚げ祭りヘッドマークの掲出、主要駅に「ミニ大凧」の掲示をそれぞれ開始。今や春の風物詩として定着した感がある。

以前は北葛飾郡庄和町のイベントだった。

サトーココノカドー春日部店

クレヨンしんちゃん25周年記念プロジェクト実行委員会は2017年4月8日(土曜日)から5月まで、25周年記念企画のフィナーレを開始した。

サトーココノカドーの大看板は"名所"と化した。　イトーヨーカドー春日部店のミニ看板。

その目玉といえるのが、イトーヨーカドー春日部店だろう。4月9日(日曜日)から16日(日曜日)までの期間限定で、野原一家行きつけの「サトーココノカドー春日部店」に変身。店舗屋上の看板ロゴ4面のうち2面、ハッピなどをサトーココノカドー仕様にした。アニメの世界、それもパロディーを"実写化"して、なおかつ実際に営業するという、過去に例のなさそうな取り組みは、春日部市民のみならず、全国的な話題として注目された。

サトーココノカドー春日部店初日は、あいにくの雨の中、オープニングセ

1階に飾られたサトーココノカドーのハッピ。

レモニーが行なわれた。"着ぐるみ"の野原しんのすけと野原みさえが登場する直前に雨脚が急激に強くなってしまったが、放送開始当初のタイトルが『嵐を呼ぶ園児　クレヨンしんちゃん』なので、それにふさわしい(?!)"台本にないイキな演出"なのかもしれない。

店内は前日より開催の「みさえ ザ・バーゲン!!」も相まって大繁盛。BGMは『クレヨンしんちゃん』に関する楽曲が流れたほか、地下1階の食品売り場では、野原家の大好物(公式サイトより出典)を大々的に紹介しており、つかさずスマートフォンで撮影するお客が多い。

くまなくまわってみたところ、「しんちゃんの大好物!!」は28種類、「みさえの大好物!!」は6種類、「ひろしの大好物!!」は12種類あった。"大好物が多過ぎる"とツッコミを入れたくなるが、そこは御愛嬌。

せっかくなので商品を買うと、レシートの店名は「イトーヨーカドー春日部店」のまま。さすがに「サトーココノカドー」が使える部分は限られているようだ。

初日は野原しんのすけが
1日店長を務めた。

オラのかすかべ大作戦！

春日部駅西口の駅名板。

『クレヨンしんちゃん』ワールドと化した春日部駅。

1番線のかさ上げにより、列車の乗り降りがラクになった。

25周年記念企画終了後、今度はクレヨンしんちゃん春日部PRプロジェクト実行委員会が埼玉県、春日部市、東武、イトーヨーカドー春日部店が連携した特別企画『オラのかすべ大作戦！』を2017年12月15日（金曜日）から2018年1月中旬まで実施。サトーココノカドーが復活したほか、春日部駅西口の駅名板も『クレヨンしんちゃん』オリジナルデザインに変更した。

当初、オリジナルデザインは2018年1月21日（日曜日）までの予定だったが、好評につき掲出期間を延長。今や"春日部市の玄関口"の感がある。

また、サトーココノカドーは4月11日（水曜日）に"2回目の復活"というサプライズがあり、6月3日（日曜日）まで実施した。

そして、10月1日（月曜日）、春日部駅の発車メロディーを『クレヨンしんちゃん』の代表曲、『オラはにんきもの』をアレンジしたものに変更された（各ホームでメロディーが異なる）。また、駅名板やホーム上でも『クレヨンしんちゃん』のキャラクターが装飾され、明るい雰囲気を演出した。

2019年に入ると2月上旬から4月下旬にかけて、1番線のホームかさ上げ工事が実施されたほか、3月31日(日曜日)をもって長年営業したカフェと〜ぶ春日部店が閉店した。

カフェと〜ぶ春日部店。

『クレヨンしんちゃん』以外の春日部市

　ここからは、春日部市の見どころをいくつかあげておきたい。

　1つ目は、春日部駅周辺に個性ある22体(東口側19体、西口側3体)の彫刻がちりばめられている。「良好な都市景観の形成や、文化的なゆとりとうるおいを感じる街づくり」を目指すのが目的で、平成の世に入ってから設置された。

　2つ目は、首都圏外郭放水路。「地下神殿」と呼ばれる世界最大級の地下河川で、大雨で河川が増水した場合、その水を地下で貯水することにより、浸水被害の軽減を図る。

　ここは見学も可能で、基本的に火曜日から金曜日の平日、土曜日は月2回のみ実施されている。

春日部市役所に設置された彫刻「大空」。

コラム
column

埼玉県は"アニメの埼玉"を目指す

埼玉県内を舞台にしたアニメ一覧	
作品名(先頭以外は五十音順)	舞台
クレヨンしんちゃん	春日部市
あの日見た花の名前を僕達はまだ知らない。	秩父市
浦和の調ちゃん	さいたま市
神様はじめました	川越市
心が叫びたがってるんだ。	秩父市、秩父郡横瀬町
ばなにゃ　バナナにひそむにゃんこ	所沢市
ブルーサーマル	熊谷市
ヤマノススメ	飯能市
らき☆すた	久喜市
レーカン！	草加市

『あの日見た花の名前を僕達はまだ知らない。』のラッピングバス。

　『クレヨンしんちゃん』以降、埼玉県内を舞台にしたアニメが増え、埼玉県はアニメを軸とした観光政策を進めている。そのひとつとして、2013年からアニ玉祭(アニメ・マンガまつりin埼玉)をソニックシティ(大宮駅下車)で開催し、「アニメの聖地」としての地位確立、観光客の誘致、市町村のまちおこしなどを図っている。

大凧あげ祭り

国道16号線の金崎交差点近くに原寸大の"大凧看板"を設置。

　大凧あげ祭りは選択無形民俗文化財のひとつで、毎年5月3・5日に宝珠花橋下流の江戸川河川敷で開催されている。春日部市商工観光課によると、大凧あげに適した風は15時頃に吹くことが多いという。ちなみに、5月4日に開催されていないのは、春日部大凧マラソン大会を行なうためだ（いずれも2020年は中止）。

　大凧あげ祭りの歴史は江戸時代の1841年（天保12年）に、「浄信」という僧が巡礼でこの地を訪れた際、土地の人々を集め、養蚕の豊作占いとして凧あげを伝えたのが始まりらしい。翌年から土地の人々は収穫時期に凧をあげるようになったという。

　その後、人寄せのため、凧をあげる時期が繭の収穫前から端午の節句となり、男子出生を祝う形に変更されると、凧あげ祭りの実施、凧あげは各戸から共同に変化し始めたほか、凧自体も徐々に大きくなり、明治時代の中頃に現在のタテ15メートル、ヨコ11メートル、重さ800キロになったそうだ。

　このお祭りは2006年から春日部市の実施主催となり、野田線南桜井駅からシャトルバスの運行をはじめ、東武と連携し、先述した一部の車両に大凧あげ祭りヘッドマークの掲出、主要駅に「ミニ大凧」が掲示され、集客に努めている。

「〈 **TJライナー** 〉運行開始 10周年記念ヘッドマーク」 掲出列車出発式

10周年記念ヘッドマーク。

　東上線の看板列車〈TJライナー〉が、2018年6月14日（木曜日）で運行開始10周年を迎えた。それを記念し、同日の〈TJライナー1号〉小川町行きは、10周年記念ヘッドマークの掲出と出発式が行なわれた。

〈TJライナー〉のあゆみ

　〈TJライナー〉は東上線沿線住民の"着席ニーズ"に応えるべく、50090系を4編成用意し、2008年6月14日(土曜日)にデビュー。当時は下り夕方以降のみの運転で、平日6本、土休4本が設定された。池袋乗車時のみ、着席整理券300円が必要で、ふじみ野から先は乗車券のみで乗車できる。ただし、坐れる保証はない。

　着席整理券の購入で"必ず坐れる"ことから、好評を博し、2010年9・11月に2編成を増備。2011年3月5日(土曜日)のダイヤ改正で、下り平日3本を増発。さらに2013年3月16日(土曜日)のダイヤ改正で、下り平日1本、土休2本が増発された。

50095編成の甲種輸送。

　長らく下り列車のみ設定だったが、2016年3月26日(土曜日)のダイヤ改正で、ついに平日朝ラッシュ時に上り2本を新設。これにより下りは奇数号、上りは偶数号に変更された。また下り列車も増発され、平日は下り13本、上り2本。土休は下りのみ9本が設定され、現在に至る。

　なお、上り列車については、「着席保証区間が長くなる」ことから、ふじみ野乗車時を除き410円に設定された(下り列車と、上りふじみ野乗車時は310円)。

　2017年7月18日(火曜日)に乗客1,000万人を達成。2018年3月末時点、乗客は約1,100万人だという。

　このルポの取材時、〈TJライナー〉の下りは平日13本、土休9本、上りは平日のみ2本を設定。平日は通勤客、土休は買い物や行楽帰りなどの人々に愛用されている。

　〈TJライナー〉の成功により、2016年以降、西武40000系、京王電鉄2代目5000系は、50090系に追随するかの如く、"簡易優等車両"して登場。このほか、東急は6020系と2代目6000系の一部の3号車を上記車両と同様の構造に置き換えた。しなの鉄道もSR1系100番代を導入した。

改札外で開会式

開会式はなごやかな雰囲気で行なわれた。

イベントは南口改札付近で開会式が始まる。特設ステージには、司会の久野アナ、豊島区立池袋本町（ほんちょう）小学校の児童7人、同区立池袋第一小学校の児童2人、小林健池袋駅長が立つ。児童は2008年6月生まれの4年生で、女子はグレー、男子はブラックのブレザーをまとう。

まずは小林健池袋駅長のごあいさつ。

「ただいま御紹介にあずかりました、東武池袋駅長の小林でございます。

本日は、〈TJライナー〉運行開始、10周年、記念イベントに、お集まりいただきまして、ありがとうございます。

皆様のおかげで、〈TJライナー〉も、1,100万人のお客様に、御乗車いただいております。これからも、利用していただきたいと思っております。どうぞよろしくお願いいたします。

また、本日は今、御紹介ありました通り、こちら池袋本町小学校、それと、第一小学校のみなさんといっしょに、〈TJライナー〉と同じ10歳を迎えるということで、お祝いをしに、駆けつけてもらいました。

ぜひ、この機会に、"〈TJライナー〉をもっともっと、宣伝して、有名にしていきたいな"というふうに思っております。どうぞ、よろしくお願い

「〈TJライナー〉運行開始10周年記念ヘッドマーク」掲出列車出発式

たします。

　本日はお集まりいただきまして、ありがとうございます」

　その後、フォトセッションとなり、保護者は"我が子の晴れ姿"に胸を弾ませていた。

5番線で小学生が記念品を配布

中間改札が開くと、記念品のボディーシートを配布。

記念品のボディーシート。

　舞台を変え、〈TJライナー〉が入線する4・5番線へ。このホームに列車が入ると、両側の乗降用ドアが開閉できる。かつて、4番線は乗車専用ホーム、隣の5番線は降車専用ホームだった。現在は夕方を境に、4番線は「乗車ホーム」と「乗降兼用」、5番線は「降車ホーム」と「〈TJライナー〉乗車口」という役割が与えられている。

　4・5番線から17時37分発の各駅停車志木行きが発車すると、17時40分、いつもより5分早く、5番線の中間改札が開門。小学生は左右に整列し、乗客に記念品のボディーシートを配る。

　東武広報によると、「下りの〈TJライナー〉は、くつろいでおかえりいただく列車なので、車内で顔をふいていただいて、リラックスをしていただければ」という趣旨だという。

女子児童1人が "お子様駅長"

〈TJライナー〉10周年記念ヘッドマークは、50096編成に掲出。

　記念品の配布を駅員などに交代し、小学生と久野アナらは4番線に移動。17時49分、〈TJライナー1号〉小川町行きが入線。乗客全員の降車完了後、車内の整備を行なったのち、客扱いを開始する。

　5番線に戻り、いよいよ出発（たびだち）のときを迎える。事前の抽選により、女子児童1人が "お子様駅長" に選ばれ、小林駅長とともに、車掌に出発（しゅっぱつ）指示合図を送る。

　小林駅長が女子児童に合図の仕方をレクチャーしたあと、発車時刻が迫ってきた。

　「さぁー、今、扉が閉まりました。皆様、どうぞ気をつけて、いってらっしゃいませ。

　皆様、撮影しながらでお忙しいと思いますが、お見送り併せて御協力お願いいたします。

　いってらっしゃーい!!」

　2人の出発指示合図と、久野アナのアナウンスにより、〈TJライナー1号〉小川町行きが定刻通り18時00分に発車。見送り客などから拍手が起こり、10周年を祝した。

　〈TJライナー〉は次の10年、いや、未来永劫に向けて、今日も走り続ける。

「〈TJライナー〉運行開始10周年記念ヘッドマーク」掲出列車出発式

小林駅長と女子児童が、10 周年初列車に出発指示合図を送る。

コラム column 〈TJライナー〉は定員制から座席指定制へ

　2019年3月16日（土曜日）のダイヤ改正で、〈TJライナー〉は下りの平日1本、土休2本が増発されたほか、着席スタイルも定員制から座席指定制に変更された。

　座席指定制の変更により、チケットレスサービスや券売機において、シートマップが表示され、乗客みずから座席を指定できる。これに伴い、料金も着席整理券から座席指定料金に変更され、下りは大人360円、小児180円。上りは大人460円、小児230円（ふじみ野のみ大人360円、小児180円）に改訂された。また、消費税率の引き上げにより、10月1日（火曜日）から10円値上げされた。

　なお、上り列車は定員制時代と同様、停まる駅によって乗車位置が異なる。

　料金改定の理由について、東武に問い合わせたところ、「座席指定制導入に伴う、座席指定料金の設定」という位置づけの由。

　2021年春のダイヤ改正で、平日より2本が増発され、着席サービスの向上を図る。

　新たな時代を迎えた〈TJライナー〉は、今日も乗客に活力を与える。

「〈TJライナー〉運行開始10周年記念ヘッドマーク」掲出列車出発式

春日部市発展のカギを握る、春日部駅の高架化

特急スペーシアの停車により、"交通の要衝"として利便性が向上した春日部駅。

　東武の開業とともに、歴史を刻んだ春日部駅が大きく変わろうとしている。東武、埼玉県、春日部市の３者共同で、春日部駅とその付近の連続立体交差事業に取り組むのだ。これにより、伊勢崎線は約1.4キロ、野田線は約1.5キロにおいて高架化される。

伊勢崎線と野田線がまじわる伊 第124号踏切道

伊勢崎線と野田線の列車が通る伊 第124号踏切道。

伊勢崎線、野田線とも、内谷陸橋付近が高架工事の南端となる。

昭和の雰囲気が漂う富士見町地下道。

　資料によると、春日部駅の北側に設置された伊 第124号踏切道は、ピーク時の1時間あたり56分も遮断する「開かずの踏切」と化しているほか、自動車、歩行者、自転車が錯綜し、非常に危険な状況だという。交差する県道2号線さいたま春日部線は、国道4・16号線へアクセスするほか、大宮駅方面へ向かうことができる"重要なパイプ役"といえよう。

　一方、南側に架かる内谷陸橋は交通量が多く、慢性的な渋滞に悩まされているという。鉄道と自動車の立体交差が内谷陸橋のみでは、心許ないようだ。

　歩行者と自転車は春日部駅付近の富士見町地下道を使う人が多い。しかし、幅員が約3メートルと狭く、バリアフリー化されていないため、障害者やベビーカーを押す方に支障をきたしているという（車椅子の通行は難しい状況）。そして、除去予定踏切10か所のうち、7か所が通学路に指定されており、踏切付近では

キャッチコピーは「かわろう、すいすい、かいてき、べんりなまち」。

交通事故が度々発生したそうだ。

　上記の課題を解消し、利便性の向上を図るため、春日部市と春日部駅付近連続立体交差事業促進期成同盟会では、かねてより春日部駅及び付近の高架化を描いていた。駅や周辺の看板、市役所の横断幕などで市民などに協力や理解を求めてゆく。

　そして、2005年度に埼玉県の新規事業として採択され、一部道路の改良工事などを含めた都市計画決定に向け検討を進めたところ、2019年3月8日（金曜日）に決定し、上田清司埼玉県知事により告示された。

　東武によると、春日部駅の高架化を検討する際、線路両側まで住宅街が広がっているので、影響を極力小さくすることを心掛けたという。

仮線工法で建設

沿線の開発後に高架化工事を行なうため、仮線の用地取得に時間を要しそうだ。

2019年12月17日（火曜日）、国土交通省から事業認可が告示された。その後、2020年1月27日（月曜日）に埼玉県と東武が施行協定を締結し、2031年度の完成を目指す。全体事業費は約650億円（過年度分を除く）で、埼玉県が約510億円（国及び春日部市の負担を含む）、東武が約140億円を負担する。今後、土

地の評価、物件の調査を経て、用地を取得し、工事に着手する。

高架化工事は現在の線路の横に用地を取得し、仮線を敷設する。完成後、列車は仮線に移り、現行の線路を撤去。高架構造物の築造に入る。そして、高架が完成すると、列車は仮線から高架に移る仕組

野田線愛宕駅は高架化工事のため、仮線（右側）に切り替えた。

みだ。仮線撤去後、側道を整備し、有効に活用するという。

高架予定区間を歩く

伊 第124号踏切道が「開かずの踏切」となってしまった要因は、列車の運転本数の増加が大きい。伊勢崎線の急行と各駅停車は10分間隔、野田線も急行は30分間隔、各駅停車は約10分間隔のほか、〈りょうもう〉系統を除くすべての特急が停車するので、利便性が向上した。

また、特急の乗車口が一部の列車を除き、2か所に限定されている。多客や乗車直前の特急券購入で駅員が手間取ると、後続列車が停止信号で止まるので、踏切が遮断されている時間も長くなってしまう。

試しに2018年9月14日（金曜日）、10時01分から1時間のあいだ、伊 第124号踏切道に立ってみると、遮断機が18回下り、伊勢崎線33本、野田線16本の列車が通過した。計46分遮断され、上がるまでの最長時間は6分、平均時間は2.6分。遮断機が上がっても、30秒以内に再び鳴動することが多く、運が悪いと自動車が相当待たされてしまう。

特筆すべきことは、高齢者の一部が踏切を歩いている最中に鳴

先行列車の遅延も踏切の遮断時間を長くさせてしまう。

動し、遮断機が下りたあとに渡り終えていたこと。走る体力がないのなら、遠回りを承知のうえで伊 第125号踏切道と野 第89号踏切道を経由するか、75歳以上の人などを対象にした「春日部駅構内通行費用支援補助金交付制度」を申請したほうがよい。また、東武や春日部市も係員の終日配置を検討すべきだろう。事故防止のためにもお願いしたい。

　伊 第124号踏切道以外で、交通渋滞が発生している踏切は、伊 第126号踏切道と野 第87号踏切道。前者は"裏道"として通行する自動車があること、後者は春日部郵便局や春日部市役所への"「アクセス道路(武里内牧線)」という名の交通の要衝"だ。

伊勢崎線は伊 第128号踏切道付近が高架工事の東端となる。

野田線は野 第85号踏切道付近が高架工事の西端となる。

　高架化に伴い、踏切が10か所除去される。しかし、伊 第128号踏切道と野 第85号踏切道は踏切除去後、通行できなくなる。この付近から高架化されるためで、頭上空間が確保できないからだ。当該踏切に行ってみたところ、どちらも自動車の通行が禁止されている。

　しかしながら、歩行者などにとっては遠回りをしいられてしまう。特に野 第85号踏切道は八木崎小学校の通学路として使う児童が多く、高架化後は"高架下歩道"の整備も必要になるだろう。

高架対象外の踏切では、長蛇の列になることも

　高架化工事のカギを握りそうなのが内谷陸橋だ。伊 第124号踏切道が強調されているが、手前の伊 第120号踏切道も遮断時間が長いと歩行者などの列ができる。加えて付近に幼稚園や保育園があり、園児や保育士も渡る。

幅員も狭いので、周りの大人は園児の安全を最優先するだろう。

「春日部都市計画『都市高速鉄道』の決定の構想に関する公聴会における公述意見要旨及び検討結果」によると、伊勢崎線と野田線の交差付近から高架化すべきという意見があった。安全性の向上を図るためには、そのほうがベストだと思う。

伊 第120号踏切道は、自転車を除き車両の通行は禁止されている。

しかし、内谷陸橋は春日部駅付近で唯一の立体交差道路であり、東西市街地を結ぶ重要な役割を担っているため、難しいそうだ。撤去した場合、ほかの道路の渋滞、救急車などの緊急車両の搬送に支障が生じるなど、市民生活に大きな影響を及ぼすという。また、私が後日確認したところ、住宅が建ち並んでおり、用地を確保するのが困難である。

高架化工事は、内谷陸橋をくぐってすぐ急勾配となり、春日部高架駅に入線する予定だ。実際、下の道路から眺めると、現行ホームの上に高架ホームの建設ができることがわかった。

春日部高架駅の概要

再開発等のイメージ図

このイメージは、あくまで市が作成したものであり、鉄道事業者を含む地権者と調整したものではありません

春日部市が描いた未来予想図（提供：春日部市）。

① ホームの増加

北春日部で停車中の各駅停車は、いずれも特急〈りょうもう〉の通過を待っていた。

高架化後、伊勢崎線、野田線ホームとも各2面4線に拡大され、利便性がさらに向上するはずだ。

特に現行の伊勢崎線上りホームは1番線のみで、手前の北春日部で通過待ちをする列車がある。高架化後は上りホームが1線増えるので、北春日部で通過待ちをする列車が大幅に減少。春日部で接続する態勢に変わり、姫宮・北春日部―北千住間の所要時間が短縮されるものと考えられる。

春日部駅の高架化に伴い、側線が廃止される予定。

野田線も1面2線から2面4線に拡大(ホーム有効長は現行と同様の予定)。春日部市ホームページによると、特急、急行と各駅停車の緩急接続、春日部―野田市方面間の複線化にも対応できる形態にするという。しかし、東武によると春日部―運河間の複線化計画はないそうだ。

このほか、伊勢崎線―野田線間直通列車(回送も含む)の入線は、4番線か隣の側線に限られているが、高架化後はどのホームにも対応できるものにしてほしい。そうすることで、より柔軟なダイヤが組める。

② バリアフリーの整備

野田線ホームのラーメン屋は需要が高い。

高架化後、エスカレーター、エレベーター、ホームドアが整備され、利便性や安全性の向上を図る。

春日部駅名物といえるのは、ホームのラーメン屋、カフェと〜ぶ春日部店。東武によると、高架化後は売店も含め、店舗計画については未定だという。なお、カフェと〜ぶ春日部店は448ページで述べたとおり、2019年3月31日（日曜日）をもって閉店した。

このほかの立体交差事業

現在、伊勢崎線竹ノ塚駅とその周辺で、東京都足立区が施行する都市計画事業として連続立体交差化工事が行なわれ、すでに下り、上りの順に急行線が高架化された。2021年度の完成を目指している。

そして、とうきょうスカイツリー―曳舟間も2017年度に東京都墨田区が施行する都市計画事業として、連続立体交差化工事に着手。2024年度の完成を目指す。

ほかの路線では、野田線清水公園―梅郷間で、千葉県が施行する都市計画事業として連続立体交差化工事が行なわれ、2023年度の完成を目指している。東武によると単線で建設され、野田市駅は2面4線に拡大の予定だという（現在1面2線）。また、高架化後、清水公園駅は2面3線という"本来の姿"に戻す予定だ。

東上線でも、大山駅付近で連続立体交差事業を計画しているという。

立体交差化はメリットが多い。しかし、高架と地下は建て替えが困難であること、メンテナンスは地平より費用がかかるデメリットもある。地元の念願がかなった以上、鉄道を積極的に利用し、慣れ親しんでほしいことを切に願う。

第6章

300系フォーエヴァー

① 臨時特急〈尾瀬夜行23：55〉会津高原尾瀬口行き20周年記念スペシャル

② 特急〈きりふり283号〉南栗橋行き

③ 臨時特急〈きりふり267号〉運河行き

④ ありがとう300型記念運転　臨時特急〈きりふり275号〉東武日光行き

ラインナップ

① 臨時特急〈尾瀬夜行23：55〉会津高原尾瀬口行き20周年記念スペシャル

② 特急〈きりふり283号〉南栗橋行き

③ 臨時特急〈きりふり267号〉運河行き

④ ありがとう300型記念運転　臨時特急〈きりふり275号〉東武日光行き

臨時特急〈尾瀬夜行23：55〉
会津高原尾瀬口行き
20周年記念スペシャル

臨時特急〈尾瀬夜行23：55〉の通常ヘッドマーク。

臨時特急〈尾瀬夜行23：55〉会津高原尾瀬口行きは、片道のみ運転の夜行列車。運転開始20周年を迎えた2007年は2種類の特製ヘッドマークを掲出した。

なお、乗車はしておらず、浅草駅での"見送りルポ"であることを御了承いただきたい。

① 20周年記念号ヘッドマーク

発車30分以上前に入線

「都会の疲れに、尾瀬が効く。」

20世紀終盤、"癒し系"というものが流行したが、近年はその言葉を聞くことが少なくなった。そんな都会の喧騒をいっときだけリセットできる列車があるということで、2007年6月8日(金曜日)、伊勢崎線浅草へ。

300系は昼行車両でありながら、夜間の運行が多かった。

23時20分頃に着いたとき、5番線に臨時特急〈尾瀬夜行23：55〉会津高原尾瀬口行きがすでに入線していた。通常、特急は3・4番線の発車だが、中間改札がクローズしたため、快速と区間快速が発車する5番線から発車するのである。

臨時特急ではあるが、実は団体列車の扱いとなっている。この列車に乗るには東武トラベルでクーポン券を買わなければならないからで、駅では発売していないのだ。つまり、"乗るだけ"ではダメなのだ。終点会津高原尾瀬口から用意されたバスに乗って、尾瀬の大自然を満喫することが大条件となる。

列車愛称の〈尾瀬夜行23：55〉は"浅草23時55分発"と、わかりやすく、55は「Go！Go！」という語呂合わせにもなる。そして、1987年に運転を開始してから、2007年で20年を迎えた。

当初は6050系使用による臨時快速急行だったが、2001年から300系にチェンジして、臨時急行へ。2006年から臨時特急に格上げしたものの、所要時間や料金は据え置きとなっている。

老体に鞭打つ300系

20周年記念号のヘッドマーク。

ハトの休息。

臨時特急〈尾瀬夜行23：55〉会津高原尾瀬口行きの通常ヘッドマークは、金茶色をベースに白字というシンプルなものだが、今回は2007年の運行初日ということもあり、特製ヘッドマークで走る。ヘッドマークを白幕にして、シールを貼りつけたもので、5月に乗った臨時電車〈三社祭号〉よりもデザインはこっている。通常ヘッドマークよりも、こっちを使って欲しいようなデザインだ。

臨時特急〈尾瀬夜行23：55〉会津高原尾瀬口行きの運転を祝福するかの如く、6号車には鳩2羽がたたずんでいる。白い300系301編成がお気に入りのようだ。

5・6号車の一部はボディーが少々傷んでいる。1800系を改造して、16年が経過。あと5年ほどの活躍になるのではないだろうか。

6号車は女性専用車で、シートカバーは白から薄いピンクに変えており、ドアにはステッカーが貼ってある。ちなみに昼行特急で使うときは男性でも

6号車は夜行列車運転時のみ女性専用車に設定。

乗れる。

　各車両に共通していたのは、座席にブランケットを用意していること。また、東武トラベルでの購入時には空気枕をプレゼントして、安眠できるよう、配慮している。しかし、300系は回転式クロスシートや、シートピッチが100系スペーシアより狭いため、居住性がイイとは言えず、果たして心地よく眠れるかどうか。

　なお、各車両、回転式クロスシート４列分(前2列は進行方向左側、後ろ2列は進行方向右側)はシートカバーがかかっていない。緊急時に備えているか、眠れないときの簡易サロンなのだろうか。

　居住性のほかに難点があるのは、"トイレはあっても、洗面所がない"ということ。コンタクトレンズを装用している方は旅立つ前、ケアをして眼鏡に変えてから出かけたほうがいいだろう。トイレの向かい側は自販機で、急なノドのかわきに重宝する存在だ。ちなみに車内販売はない。

　浅草ではレールファンが15人ほどかけつけていたが、ほとんどは乗らず、撮影だけに没頭。発車時間の30分以上も前から入線していたので、思い通りに撮影できただろう(特製ヘッドマークだから、もっと駆けつけるのかと思っていた)。

車内は空席が多く、23時55分に発車。鳩はお気に入りの300系を離れ、ホームで見送っていた。この列車は北千住、新越谷、春日部に停まり、どのくらい入るのかが気になるところ。春日部発車後、前後の席に誰もいなければ、向かい合わせにすると快適な寝心地になるのかもしれない。

② 臨時特急〈尾瀬夜行23：55尾瀬国立公園誕生記念号〉　会津高原尾瀬口行き

発車39分前に入線

　2007年8月31日（金曜日）23時13分頃、冷房がガンガンに効く伊勢崎線浅草へ。酷暑が去り、扇風機を使う必要がないほど涼しくなったというのに寒い。適正な使用はできないものか。
　レールファンが15人ほど集結し、23時16分、5番線に臨時特急〈尾瀬夜行23:55尾瀬国立公園誕生記念号〉会津高原尾瀬口行きが入線。300系302編成である。すでに撮影隊が待ち構えているが、発車時刻までたっぷりあるので、あわてなくてもいい。
　臨時特急〈尾瀬夜行23:55〉会津高原尾瀬口行きは当初、8月の運転は設定されていなかったが、7月25日（水曜日）、環境省の中央環境審議会自然環境部会は、日光国立公園から尾瀬地域を分離、独立。合わせて、「尾瀬国立公園」の名称を決定し、8月30日（木曜日）に誕生した。
　ちなみに、新しい国立公園の誕生は1987年の釧路湿原国立公園以来、20年ぶり。また、国立公園の数は29となった。

2007年8月の東武夜行は、臨時特急〈尾瀬夜行23:55尾瀬国立公園誕生記念号〉会津高原尾瀬口行きのみ設定。

方向幕、ヘッドマークのコマ数に余裕あり

尾瀬国立公園誕生記念号のヘッドマーク。

ホーム上に信号機が設置されているのは、大変珍しい。

急きょ設定された臨時特急〈尾瀬夜行23：55尾瀬国立公園誕生記念号〉会津高原尾瀬口行きは、特製ヘッドマークが用意され、イラストはパンフレットの向きを逆にした。

側面の方向幕は回送のようで、コロコロ回している。急行時代の方向幕がインプットされており、コマ数はかなりの余裕があったようだ。そういえば、8000系、10000系、10030系は今も区間急行の前身である準急の方向幕をしのばせており、運よくまわって姿を見せると、過去の時代を思い出す。今や準急は浅草と業平橋には姿を見せなくなった。

ホームの北千住寄りは急曲線で、1・2号車は電車とホームのあいだがかなり空いている。通勤形電車は転落事故防止のために外幌をつけているものの、まったく役に立たない。また、5番線などには4両編成運行時に備えてか、信号機がホームに取りつけられている。

23時30分、乗客が集まり出すようになる。今回は尾瀬国立公園誕生ということもあり、関心は高いようだ。

「5番ホームに停車中の電車は団体専用列車です。一般のお客様は御乗車にはなれませんので、御注意ください」

駅員がハンドマイクを持ち、臨時特急〈尾瀬夜行23：55尾瀬国立公園誕生記念号〉会津高原尾瀬口行きの案内をする。先述の繰り返しとなるが、駅や券売機では売っておらず、東武トラベルで乗車当日の17時まで買わなけれ

2006年3月18日（土曜日）のダイヤ改正で、会津高原駅は会津高原尾瀬口に改称。

ばならない。また、きっぷは自動改札に対応していない。

　23時55分、魅惑の尾瀬、国立公園の尾瀬、残暑の尾瀬へGO!!

　個人的なことで恐縮だが、夜行列車は回転式クロスシートの300系より、リクライニングシートの100系スペーシアがいい。個室に寝台設備を付加した改造を行ない、かつて、寝台特急〈さくら〉〈みずほ〉などで活躍したB寝台個室カルテットにすれば、"家族連れやグループ利用にはもってこい"になるだろう。

コラム
column

300系引退後の東武夜行

　300系は臨時特急〈尾瀬夜行23:55〉〈スノーパル23:55〉のほか、2016年10月15・21・22日(土・金・土曜日)に臨時夜行列車〈日光夜行号〉(浅草—東武日光間、下りのみ運転)にも運用された。

　300系引退後、臨時特急〈尾瀬夜行23:55〉〈スノーパル23:55〉は350系、臨時夜行列車〈日光夜行号〉は100系スペーシアに引き継がれた。

　2018年度から臨時特急〈尾瀬夜行23:55〉〈スノーパル23:55〉は、500系リバティに変更。登場から31年たち、ついに待望のリクライニングシート車両が導入されたのである。

　しかし、300系の6両編成から、350系は4両編成、500系リバティは3両編成にそれぞれ"減車"された。

特急
〈きりふり283号〉

≫ 南栗橋行き

300系は通勤特急に起用されたことで、"遅咲き"の花が開く。

　後年の300系は"平日夜の顔"として再生され、通勤特急の役目を担った。しかも東武では初めて、料金券が必要な「有料区間」と不要な「無料区間」が設定された。この方式は〈TJライナー〉下りふじみ野以遠、伊勢崎線上りとうきょうスカイツリー─浅草間の特急、500系リバティ(一部を除く)、〈THライナー〉恵比寿行きの霞ケ関以遠にも波及した。

列車種別再編による特急格上げで息を吹き返す

LCDの導入により、見やすく、わかりやすくなった。

2008年6月13日(金曜日)、伊勢崎線浅草へ。デパートの松屋1階ではLCDがデカデカと特急〈きりふり283号〉南栗橋行きを案内しており、使用する300系の画像が映っている。これならば乗り間違ないというメリットがある。

昔の浅草は窓口で特急券、もしくは急行券を購入し、私の記憶が確かならば、2か所しかなかったような気がする。現在は券売機が多数設置され、窓口はカウンター方式にリニューアルされ健在だ。ちなみに、2006年3月18日(土曜日)のダイヤ改正で、有料急行の特急格上げにより、急行券が消滅した。

さて、21時30分に発車する特急〈きりふり283号〉南栗橋行きの特急券を券売機で購入するとしよう。タッチパネルに触れると、発売区間は浅草―北千住間及び、浅草―春日部間のみ。東武動物公園から先は表示されていない。この列車は春日部から先に限り、特急券なしで乗車できるのだ。

また、停車駅は区間快速と同一(当時)ながら、特急のプライドなのか、「東武動物公園から先は各駅に停まります」という案内はしていない。

特急〈きりふり283号〉南栗橋行き

特急格上げにより、〈きりふり〉の存在感が増した。

21時17分、3番線に特急〈きりふり283号〉南栗橋行きが入線。ヘッドマークは回送から特急〈きりふり〉へ変わっていく。急行時代のヘッドマークも残されており、元々は急行形電車であることを物語っている。

　300系、350系は1800系を改造して、1991年7月21日(土曜日)にデビュー。6050系の快速急行を置き換えたが、100系スペーシアの強烈なインパクト、存在感に太刀打ちできず、急行〈しもつけ〉以外は運用がコロコロ変わった。

　急行〈ゆのさと〉は臨時→定期→臨時→定期と浮き沈みの激しい列車と化し、2006年3月18日(土曜日)のダイヤ改正以降は、冬季運転中心の臨時特急として定着した。

　急行〈南会津〉は野岩鉄道と会津鉄道に直通する列車で、本数が削減されたのち、2005年2月28日(月曜日)をもって14年の歴史に幕を閉じた。翌日から特急スペーシア〈きぬ〉と快速〈AIZUマウントエクスプレス〉との乗り継ぎが始まり、快適性が向上された。

　急行〈きりふり〉については、次の「臨時特急〈きりふり267号〉運河行き」で述べるとしよう。

300系、350系特急の特急料金は旧急行料金のまま

　浅草のホームは先へ進むほどカーブがきつく、電車とホームのあいだが大幅に空いており、下にはランプがクルクル回っている。また、ホームの有効長は1番線のみ8両編成分、それ以外は6両編成分しかない。

　伊勢崎線は浅草と隣の業平橋が輸送上のネックである。仮に改良工事を実施することになって、10両編成対応になったとしても、浅草駅をどこかへ移転しなければならなくなるだろう。

　特急券購入後、3号車に入り、指定された席を見つけたら、通路側にはすでに50代のビジネスマンが坐っていた。"ガラガラなのに、それはないだろう"

一部の乗降用ドアに渡り板を設置し、乗客の転落事故を防ぐ。

と思いつつ、とりあえず坐る。

　300系、350系の座席は回転式クロスシートのせいか、特急料金は旧急行料金のまま。浅草―春日部間は、たった300円で確実に坐れる。

乗車率5割程度ながら、乗客の"着席志向"の高さを実感

特急〈きりふり283号〉南栗橋行き　編成表				
乗車区間	号車	車両番号	禁煙	備考
南　栗　橋	1	クハ302－6	○	春日部まで座席指定
	2	モハ302－5	○	春日部まで座席指定
	3	モハ302－4	○	春日部まで座席指定
	4	モハ302－3	○	春日部まで座席指定
	5	モハ302－2	○	春日部まで座席指定
浅　　　草	6	クハ302－1	○	春日部まで座席指定

300系の女性専用車について
臨時特急〈尾瀬夜行23：55〉〈スノーパル23：55〉会津高原尾瀬口行き運転時、6号車は女性専用車になる。

　定刻通り21時30分に発車し、"夏のウララの隅田川"を渡る。3号車はガラガラで、北千住でどのくらい乗るかに注目したい。

　意外なことに曳舟や鐘ケ淵で各駅停車や区間急行を抜くことはなく、21時41分に北千住の特急ホームに到着。特急以外が発着する1・2番線は人の数が多い。特急ホームもそれなりに集まっており、着席志向の高さを物語る。3号車に限っては窓側の席がすべて埋まり、通路側は若干の空席がある。

　定刻より2分遅れの21時44分に発車。ここから複々線に入り、モーター音はうねりをあげる。

　荒川は千代田線6000系の各駅停車綾瀬行きと共に渡り、交差地点では特急のカンロクを魅せつけるかの如く、先に通ってゆく。交差した各駅停車綾瀬行きのデジタル方向幕はもう「回送」に変わっており、"店じまい"を告げていた。

　草加で6050系の区間急行新栃木行きを抜き、新越谷を通過。特急〈きりふり〉は通過しても、臨時特急〈尾瀬夜行23：55〉〈スノーパル23：55〉会津高原尾瀬口行きが停まる駅で、武蔵野線〔南越谷駅〕からの乗り換え客を迎えるためのささやかなサービスだ。ならば、快速や区間快速もここに停

特急〈きりふり283号〉南栗橋行き

めて、"特急との格差をつけていいのでは"と思う。

　夕方から夜にかけてのラッシュがとりあえず一段落したせいか、ビュンビュン飛ばすものの、大袋が近づくとスピードは落ちてゆく。やがて持ち直し、せんげん台を通過。東急8500系の準急東武動物公園行きを抜き、そのあとも力いっぱい駆け抜けてゆく。

有料区間から無料区間へ

　満月ではない月が輝き、22時04分、春日部3番線に到着。300系の春日部停車時は、通常3号車と4号車浅草寄りの乗降用ドアしか開かないが、特急〈きりふり283号〉南栗橋行きは春日部から先は特急券が不要なので、すべて開く。

　降りる人が多く、空席が発生したものの、特急券なしで乗ることを目当てにした乗客も多い。しかし、なぜか坐らず、デッキで立っている人もいた。"特急券がないと坐れない"とカン違いしているのだろうか。

　特急券の必要がない区間になったため、私は席を移動。進行方向右側に坐る。すれ違う列車を間近で眺められるので落ち着く。

　北春日部を通過すると、南栗橋車両管理区春日部支所を通過。車庫では臨時特急〈尾瀬夜行23：55〉会津高原尾瀬口行きが準備万端!!　出庫に備えている。

　まもなく東武動物公園に到着する頃、車掌は特急〈りょうもう47号〉太田行きの乗り換え案内放送を流す。特急〈りょうもう〉は春日部を通過するので、そこから乗車したお客にとってはありがたい存在だろう。

日光線に入ると、車内はガラガラ。

　22時11分、東武動物公園4番線に到着。ここで多くの乗客が降りたため、ガラガラ。2分遅れの22時13分に発車すると、日光線に入り、伊勢崎線と分かれる。

　ここから先は各駅に停まるが、乗ってくる人はいない。周囲を見渡すと、どこの有料列車でもゴミをくずもの入れに投函しない無礼な乗客がおり、腹立たしい。特急券も車内に置いてあり、"なめられている"という気がしてならない。

ゴミの放置に腹立たしさを覚える。

300系の引退により、南栗橋停車の特急は廃止された。

一部の駅では、行先案内表示のLCD化が進んでいた。

　ラストスパートは特急らしい走りを魅せ、定刻より3分遅れの22時25分、終点南栗橋3番線に到着。ガラガラの車内を見る限り、東武動物公園を終点にしても差しさわりがないような気がした。

　南栗橋ホームの行先案内LCDを眺めると、白地から黒地に変化していた。これが東武の標準となり、現在に至る。

特急〈きりふり283号〉南栗橋行き

臨時特急
〈きりふり267号〉
≫ 運河行き

300系同士が駅で並ぶ光景は大変珍しい。

東武は2015年12月の金曜日に、臨時特急〈きりふり267号〉運河行きを設定し、野田線春日部以東に初めて特急が走った（2016年12月も金曜日に設定）。普段は地味な特急〈きりふり〉が脚光を浴び、もうひと花を咲かせた。

老朽化が著しい300系

2015年12月11日（金曜日）21時10分頃、伊勢崎線浅草へ。駅の周辺から望める東京スカイツリーのライティングは、すっかりクリスマスムードに包まれている。師走(しわす)なのに、この日の東京都は最高気温が20度を超えており、この時間は防寒着を羽織っても寒さを感じない。温かい飲み物を買わなくていいほど心地いい風が吹いていた。

2階ホームへあがると、3番線に21時30分発の特急〈きりふり285号〉南栗橋行きが入線していた。発車20分前から入線しているのはありがたい。しかし、300系302編成の車体はボロボロ。明らかに老朽化が進んでおり、見ていて哀れだ。

21時17分、隣の4・5番線に300系301編成の回送が到着した。300系は2編成しか在籍していないので、"そろい踏み"となる。駅で300系が並ぶこと自体非常に珍しいので、貴重なレアショットと言えよう。

301編成は4分後に発車。とうきょうスカイツリーの留置線で"休憩"したのち、浅草22時10分発の臨時特急〈きりふり267号〉運河行きとなる。

22時台の特急は10分間隔

3番線の浅草寄りは、次第にレールファンの数が増え、中間改札の係員は通路をふさがないよう、注意を呼び掛ける。同じクシ型ホームの梅田(阪急電鉄、阪神電気鉄道。現・大阪梅田)やなんば(南海電気鉄道)などとは異なり、スペースに余裕がない。

面白いことに22時台は、00分発は特急スペーシア〈けごん237号〉新栃木行き、10分発は臨時特急〈きりふり267号〉運河行き、20分発は特急〈りょうもう51号〉館林行き、30分発は特急スペーシア〈けごん39号〉春日部行きが続いており、特急が10分間隔で運転されている。東武は浅草—春日部・東武動物公園間の特急通勤を呼び掛けるリーフレットを駅に置いてあり、人々に「快適」を訴求しているのだ。一部の列車では割引料金(下り午後割、上り夜割)を設定しており、特急乗車を促進している。

かつて、特急は"高嶺の花"という存在だったが、今や全国的に"気軽に乗れる列車"に「変わった」、「変わってしまった」のどちらが適切なのか、

悩んでしまう。

ヘッドマークと方向幕は「臨時」

「臨時」は列車種別に関係なく表示されるので、わかりにくい難点がある。

特急スペーシア〈けごん237号〉新栃木行き、区間準急南栗橋行きが相次いで発車したあと、3番線に臨時特急〈きりふり267号〉運河行きが入線した。放送でも「東武アーバンパークライン直通、運河行き」と案内しており、定期列車化を想定した雰囲気を漂わせる。たかが「野田線に直通する」だけで、これほど注目を集めるとは思わなかった。

「特急〈きりふり〉 運河」の表示幕がないので、ヘッドマークと方向幕は「臨時」を掲出。東武の「臨時」は列車種別に関係なく使われるので、わかりにくいデメリットがある。今回は列車のPRを兼ねてなのか、スペシャル行先板を用意されており、しかも各運転日ごとに異なった行先板を掲示するので、"イベント列車"の感がある。

6号車側では、東武社員による行先板お披露目のあと、乗務員室に掲示。1800系時代は「浅草」、「赤城」など、ささやかな行先表示板を掲示されており、古き良き時代がよみがえった感じだ。

1号車と6号車に掲出されたスペシャル行先板。

臨時特急〈きりふり 267号〉運河行き 編成表				
乗 車 区 間	号車	車両番号	禁煙	備考
春 日 部	1	クハ301－6	○	春日部まで座席指定
↑	2	モハ301－5	○	春日部まで座席指定
	3	モハ301－4	○	春日部まで座席指定
	4	モハ301－3	○	春日部まで座席指定
↓	5	モハ301－2	○	春日部まで座席指定
浅草 運河	6	クハ301－1	○	春日部まで座席指定

　入線から発車までの時間が短いので、撮影に深入りせず、指定された2号車へ。"平日〈きりふり〉"の浅草発車時はガラガラで、北千住で座席が5割程度埋まるのに対し、今回の臨時特急〈きりふり267号〉運河行きは、始発からレールファンのほか、仕事や忘年会を終えたサラリーマンなどが多く、4割程度ではあるが、上々の乗車率である。

　「お待たせしました。御乗車ありがとうございます。アーバンパークライン直通の特急〈きりふり267号〉運河行きです。春日部のお乗換えなしで、清水公園、野田市方面、運河までまいります」

　定刻より2分遅れの22時12分に発車。車掌の車内放送でも野田線直通を強調している。伊勢崎線と野田線の直通運転は過去に、大宮から北千住方面、柏から東武動物公園方面などの列車が設定されていたが、浅草から野田市方面へは平成になってからは初めて。東武特急が千葉県へ直通するのも初めてである。

　隅田川を渡り、特急スペーシア〈けごん39号〉春日部行きの回送とすれ違う。この日は日光詣スペーシアが充当されており、荘厳の金がより引き締まった色調に映る。

　ほどなくして、とうきょうスカイツリーへ。2012年3月17日（土曜日）のダイヤ改正から特急停車駅に加わった当初は、すべての乗降用ドアを開閉していたが、2013年3月16日（土曜日）のダイヤ改正から、2か所に変更した（現在は元に戻した）。

　東武では、ほかに春日部、東武動物公園、久喜、大宮で乗車口を2か所に限定しているが、今や指定の座席に坐っていれば、車内改札を受けなくていいのだから、見直すべきだろう。まれに乗降に手間取り、後続列車が遅れるケースもあるのだから。

臨時特急〈きりふり267号〉運河行き

さて、とうきょうスカイツリーからの乗車は少なく、定刻より３分遅れの22時16分に発車。次の曳舟でイーハー東武からの急行南栗橋行きを抜く。車両は伊勢崎・日光線ではレアな存在となった30000系で、今や東上線の主力車両に転身した感がある。

　常磐線に合流すると、特急〈ときわ91号〉勝田行きが姿を現し、北千住へ。東武特急は全列車停車に対し、常磐線特急は全列車通過する。

　北千住からの乗客が多く、進行方向左側の前方に坐る男性が後ろを向き、乗客の動線が気になる様子。座席背面のテーブルには、タブレット端末やメモ用紙を置いていた。同業者なのだろうか。

春日部で進行方向が変わる

　運転士は回復運転に努めていたようで、北千住を定刻より１分遅れの22時24分に発車。私が乗車する２号車は５割程度の乗車率で、"平日〈きりふり〉"と変わらない。約10分前に春日部停車の特急スペーシア〈けごん237号〉新栃木行きが発車しているので、納得がいく。

　北千住―北越谷間18.9キロは私鉄最長の複々線で、ラッシュ時の輸送力増強やスピードアップに大きく貢献している。時間と快適性の両方が求められる有料特急にとっては、うってつけと言えよう。しかし、谷塚を過ぎると、新越谷までノロノロ運転。定期列車の隙間を縫って走る臨時列車なので、先行列車や野田線のダイヤに影響を与えてはならない。

　越谷で区間準急南栗橋行きを追い抜くと、武里まで飛ばす。一部の乗客は１号車へ移動し、春日部での撮影に意気込んでいるようだ。春日部も２か所しか乗降用ドアが開かないが、"平日〈きりふり〉"は金曜運転の269号を除き、すべての車両が開く。

　「本日は、特急〈きりふり267号〉を御利用いただきまして、ありがとうございました。まもなく春日部に到着いたします。

　アーバンパークライン直通の〈きりふり〉号、運河行きです。春日部より、終点運河まで各駅に停まります。これより、特急券をお持ちでないお客様にも御乗車いただきます。

　また、春日部より進行方向が変わり、座席が反対向きになります。春日部より進行方向が変わり、座席が反対向きになります。座席を回転して御利用

ください」

　車掌のキメ細かい放送で春日部到着を告げる。特に東武特急では異例の途中駅で進行方向が変わるため、座席の向きについての案内を繰り返した。

　春日部4番線に進入すると、入れ替わるかの如く、向かいの3番線から東京メトロ8000系の急行南栗橋行きが数分遅れで発車していく。

春日部では野田線の各駅停車柏行きが先に発車するので、それに乗り換えると約5分早く目的地の駅へ到着する。

　臨時特急〈きりふり267号〉運河行きが停まった4番線は、旅客列車が野田線に直通できる唯一のホームで、野田線から伊勢崎線に直通する旅客列車も同様だ。

　停車中、多くの乗客が座席の向きを変えており、野田線沿線の人々にとって、"待望の特急列車"とうかがえる。隣の7番線は60000系の各駅停車柏行きが停車しており、臨時特急〈きりふり267号〉運河行きより先に発車する。野田線春日部－運河間は一部を除き単線なので、定期列車を優先させないと、運行に支障をきたしてしまう。

　一旦列車を降りると、1・6号車寄りでは撮影会と化していた。行先板は1号車用と6号車用に分けられており、レールファンのココロをつかんでいる。

　3番線には、北越谷で抜かれた各駅停車北春日部行き、曳舟で抜かれた急

行南栗橋行きが続いて到着。当該列車の乗客は、まさか春日部で特急に追いつくとは想像すらしていなかっただろう。特急券なしで利用できるので、乗り換え客も見られた。

野田線へ

　定刻通り22時59分に発車し、野田線へ。先述した単線のほか、地上設備の関係もあり、終点運河まで各駅に停まる。

　東武は2014年4月1日(火曜日)から、野田線を「東武アーバンパークライン」という路線愛称で案内している。名の由来は、2005年以降、つくばエクスプレス線の開業、七光台駅前の住宅開発で、沿線人口が増加しており、"首都圏の新しいベッドタウン"として成長する一方、身近に自然を感じられる公園などが多く点在していること。また、北陸新幹線長野―金沢間延伸開業により、"北陸方面からの乗客を大宮で乗り換えていただき、東京スカイツリータウンへ直接呼び込みたい"という狙いもある。実際、東武社員が北陸新幹線延伸開業前の金沢駅へ出張し、東京スカイツリータウンと臨時特急〈スカイツリートレイン〉をアピールしていた。

　路線愛称導入後、清水公園駅前に「ソライエ清水公園アーバンパークタウン」という"「終の棲家」という名の住宅開発"が進められている。また、大宮発浅草行き(土曜日運転)の臨時特急〈スカイツリートレイン〉も特急料金を全区間510円に値下げし、一時は運転本数も2本に増やしていたが、2017年4月15日(土曜日)をもって、運転を打ち切った。

特急格上げ後の〈きりふり〉

　臨時特急〈きりふり267号〉運河行きは、"新生野田線に必要な列車なのか"を見極めるような役割を与えられたと思う。今後のダイヤ改正に向けた試験列車なのか、東武社員が各車両の乗客をカウントしている。

　ちなみに、〈きりふり〉の野田線入線は、急行時代に大宮―東武日光間で臨時運転された実績があり、臨時特急として43年ぶりに帰ってきた。針路は異なるが、いずれも春日部で進行方向が変わる。

　〈きりふり〉という列車は、昭和の時代から存在する列車で、特急、急行

の双方で使われていた。1991年7月21日（土曜日）より300系、350系が投入
されてからは、浅草—東武日光間の臨時急行として再出発し、のちに浅草—
新栃木間の定期列車も加わる。しかし、2001年3月16日（水曜日）のダイヤ
改正で定期運行を一旦終えた。これに伴い、300系は定期運用を失い、団体
列車や夜行列車に転用。野田線に入線する日もあった。

"土休〈きりふり〉"は、2017年4月21日（金曜日）のダイヤ改正以降も350系で継続。

　2006年3月18日（土曜日）のダイヤ改正で、東武本線の列車種別再編に伴
い、〈きりふり〉などの300系、350系使用列車は特急に格上げ。〈きりふり〉
については、平日は浅草—南栗橋間の通勤特急、土休は浅草—東武日光間の
観光特急という役割を担う。

　以降、この体制が定着し、2013年3月16日（土曜日）のダイヤ改正で"平日
〈きりふり〉"は下り1本（浅草—春日部間）増発、さらに2014年6月6日（金曜日）
から金曜日に限り、浅草—新栃木間を運転する臨時特急〈きりふり269号〉
を設定。浅草発を20時30分にすることで、18時00分から22時30分まで
の春日部停車特急を30分間隔とした。この列車の運行は一時休止があった
ものの、2017年1月27日（金曜日）まで続いた。

　このほか、2014年12月5日（金曜日）から2015年1月30日（金曜日）までの
毎週金曜日（2015年1月2日は設定なし）の夕方に、臨時特急〈きりふり267号〉

臨時特急〈きりふり267号〉運河行き

を浅草―春日部間で運転。浅草17時27分発、春日部18時02分着のダイヤとしたが、"帰宅ラッシュ前"のせいか、乗車率がきわめて低かった。

臨時特急〈きりふり269号〉新栃木行きは、特急〈しもつけ〉と同様に北千住―春日部間の乗車率が高い列車だった。

　特急格上げによって、〈きりふり〉が再生された。地味な列車ではあるが、500系リバティが登場するまで、東武特急の中では、"もっとも成長した特急"といえるのではないだろうか。

3週目以降は、乗客の要望で乗車記念証を配布

　野田線最初の停車駅、藤の牛島で8000系の各駅停車大宮行きと行き違う。この列車が遅れた模様で、臨時特急〈きりふり267号〉運河行きは定刻より2分遅れで発車した。

　南桜井を発車すると江戸川を渡り、東武特急では初めての千葉県入り。野田線内は乗車券のみで利用できるとはいえ、この時間に乗る人がほとんどいないせいか、"降車専用列車"と化している。停まるごとに乗客が減り、七光台停車中に隣の1号車を覗いてみると、ガラガラ。一方、私が乗車する2

号車は健闘している。沿線に居住している乗客は、下車駅の改札が近い車両
に乗っているのだろう。

　300系の足回りは、8000系とほぼ同じ仕様なので、定期の各駅停車に乗っ
ている感覚だ。異なるのは座席だけ。発車時はブレーキの解除、主幹制御器
(ノッチ)を切から力行にまわし、「シュー、ガッガッガッ」という音が客室に
漏れる。「古い車両」と言うより、「年季の入った車両」が適切な表現なのか
もしれない。

　「御乗車ありがとうございました。まもなく、終点運河、運河に到着をい
たします。車内、お忘れ物ございませんよう、御注意ください。お出口は左
側です。

　このあと柏方面へおいでのお客様、降りたホーム反対側から(23時)35分の
発車となります。

　本日も東武アーバンパークライン、御利用くださいましてありがとうござ
いました。お出口は左側です」

　車掌の車内放送が入り、乗客は降りる支度を始める。運河は特急の終点と
しては中途半端だが、柏はホームドアが設置されていることもあり、やむを
得ない。

　23時31分、定刻より3分遅れで終点運河2番線に到着。10分停車したの
ち、回送として折り返す。南栗橋車両管区七光台支所で滞泊したのち、同管
区春日部支所に戻る。

終点運河に到着。反対側の上り列車は「大宮行き」が終了しており、"1日の終わり"が近
づいている。

ホームではレールファンが心ゆくまで撮影を楽しむ。終電が刻一刻と近づく中で、これほど集まるとは思ってもみなかった。期待していなければ、"夜遊び"はしない。

　なお、翌週以降は乗客の要望で、北千住発車時に乗車証明書を配布したという。臨時特急〈きりふり267号〉運河行きは、"成功"した模様だ。

コラム
column

特急〈スカイツリーライナー〉 〈アーバンパークライナー〉

特急〈スカイツリーライナー〉

特急〈アーバンパークライナー〉

2017年4月21日（金曜日）の"白紙ダイヤ改正"では、"平日〈きりふり〉"の後任として、特急〈スカイツリーライナー〉が浅草一春日部間に下り3本（土休5本）、上り2本を設定。500系リバティと100系スペーシアが充当されている。

また、浅草一大宮・野田市間、大宮一運河間に特急〈アーバンパークライナー〉を新設。いずれも500系リバティ充当、片道のみ、平日のみ運転の通勤特急である。特に2号の大宮発運河行きは、東武特急では初めて東京都を通らない。

2020年6月6日（土曜日）のダイヤ改正で、特急〈スカイツリーライナー〉は下り列車がなくなり、上り2本のみに。一方、特急〈アーバンパークライナー〉は3月16日（月曜日）から浅草発を2本から1本に減らし、大宮・柏行き（春日部で分割）に。また、柏一春日部間の列車が1本新設された。

6月6日（土曜日）のダイヤ改正で、大宮一柏間2往復が新設された。これにより、伊勢崎線下り、野田線上下線を合わせ7本運転されている。

臨時特急〈きりふり267号〉運河行き

ありがとう300型引退記念運転
臨時特急〈きりふり275号〉

≫≫ 東武日光行き

引退発表前日の「SL撮影会」では、"なつかしの急行〈ゆのさと〉"を掲出。

1800系の改造車として生まれ変わってから26年。300系がその歴史に幕を閉じる。ラストランは2017年4月20日(木曜日)だが、それに先立ち、4月16日(日曜日)に「ありがとう300型引退記念運転　臨時特急〈きりふり275号〉東武日光行き」が運転され、最後の日光路へ向かった。

「SL撮影会」の翌日に引退発表

　2017年3月26日(日曜日)、南栗橋車両管区で「SL撮影会」が開催され、"電車の車両撮影会"では、300系がセンターの座に就いた。1973年(2・3号車は1979年)に産声をあげてから44年。しかも1800系時代より長く働き、老朽化が進んでいるのだから、350系共々、いつ引退してもおかしくない状況だ。

　翌日、東武ホームページ上で300系の引退を発表。さびしさはあるが、通算44年という長きにわたり十二分(じゅうにぶん)に活躍したのだから、「長いあいだ、お疲れ様でした」とねぎらいの声をかけてあげたい。

　引退記念運転となる臨時特急〈きりふり275号〉東武日光行きは、3月末時点で特急券が完売。ところが4月に入ると、キャンセルが発生。ある日、ダメモトで2度目の特急券を購入しに某駅へ行くと、春日部発は○(空席あり)なので、"もしや"と思い、浅草発にタッチしたところ、△(空席僅少)ながら乗れることがわかり、なんとか買えた。しかも希望通りの窓側席だ。

いつも通りの姿で入線

　2017年4月16日(日曜日)9時50分、伊勢崎線浅草へ。2階改札口を通ると、3〜5番線の車止め付近は、黒山の人だかり。改札を通る前、1階特急券売機付近のLCDを確認すると、臨時特急〈きりふり275号〉東武日光行きは×(満席)で、ほかの特急は一部列車の個室を除いて空席があり、すぐにでも買える状況だ。

300系の引退を知らせるポスター。

　5番線の壁面の窓には、快速、区間快速の廃止、300系の引退を告知するポスターが並べており、ダイヤ改正が近づいていることを表す。

　「さようなら300型」のポスターを眺めると、「4月21日より300型のお仕事は500系リバティに引き継がれ

"平日〈きりふり〉"の後釜となった
500系リバティ。

"大一番"が始まる。

列車愛称の〈きりふり〉は、栃木県日光市の霧降高原にちなむ。

ます」と記載している。6050系の"お仕事"の一部も500系リバティに引き継がれることになり、私の想像をはるかに超える世代交代劇となった。

　4・5番線から6050系の回送が発車したあと、10時19分、入れ替わりの如く、臨時特急〈きりふり275号〉東武日光行きが入線。

改造後も方向板を掲げる金具は撤去されなかった。

せっかくの引退記念運転なので、特急〈きりふり〉のヘッドマーク、方向幕を掲出した状態で入線するものと思っていたら、いつも通りの回送。こういうときでも"ブレない"のが、東武らしさと言えよう。

　入線後、ヘッドマーク、方向幕のセッティングのほか、先頭車に特製の行先板を掲出し、引退記念運転に花を添える。

300系最後の"明るい時間帯"での営業運転

　特急〈りょうもう16号〉が3番線に滑り込んだあと、臨時特急〈きりふり275号〉東武日光行きは、定刻より2分遅れの10時29分に発車。この日、天気予報は東京都の最高気温を「夏日」と予想していたせいか、車内の冷房が心地よい。

　「お待たせいたしました。御乗車ありがとうございます。この電車は、ありがとう300型、引退記念運転、臨時特急〈きりふり275号〉東武日光行きです」

　東武の名物車窓、隅田川で車掌の放送が始まり、ひと通りの案内を終えると、まもなく、とうきょうスカイツリー。乗降用ドアは、3号車の前と4号車の後ろのみ開く。この駅では2013年3月16日(土曜日)のダイヤ改正で、下りのみ乗車口を限定していたが、2017年4月21日(金曜日)のダイヤ改正で、すべての特急列車が停車することから、すべての車両で客扱いを行なう方式に戻る。

「ありがとう300型引退記念運転」の姿。

ありがとう300型記念運転 臨時特急〈きりふり275号〉東武日光行き　編成表				
乗車区間	号車	車両番号	禁煙	備考
東武日光	1	クハ301－6	○	座席指定
	2	モハ301－5	○	座席指定
	3	モハ301－4	○	座席指定
	4	モハ301－3	○	座席指定
	5	モハ301－2	○	座席指定
浅　　草	6	クハ301－1	○	座席指定

　定刻より2分遅れの10時33分に発車。今生（こんじょう）の別れを惜しむかの如く、ゆっくり走る。ホームや沿線では撮影者が多く、300系の雄姿にシャッター

を切る。明るい時間帯に営業運転すること自体が珍しく、この日が最後。明るい空の下で走ることができてよかった。

北千住発車後、記念乗車証を配布

定刻より1分遅れの10時41分、北千住特急ホームに到着。いつもなら、ここからの乗客が多いが、この日は少ない。すでに浅草からたくさん乗っており、北千住で満席となったのだ。

定刻より1分遅れのまま10時42分に発車すると、駅員らが手を振り、300系を快く送り出す。

車掌の放送が終わると、別の乗務員と思われる男性にバトンタッチ。

「本日は、特急〈きりふり275号〉を御利用いただきましてありがとうございます。

本日は300系車両が平成29年(2017年)4月21日のダイヤ改正に伴い、廃車となるため、"ありがとう300系"と銘を打ちまして、東武日光まで運転いたします。

なお、告知いたしました通り、北千住から春日部間において、記念乗車証をお配りいたします。配る際には、確認のため、特急券に記載された席にお坐りになり、お待ちください。

(中略)

来週の20日の木曜日の浅草21時30分発、(特急〈きりふり285号〉)南栗橋行きが最後の運転となります。300系は姿を消しますが、新型特急500系リバティが登場いたしますので、皆様の御利用を心よりお待ちしております」

梅島付近で20000系の各駅停車東武動物公園行きを抜くと、記念乗車証の配布案内があった。おそらく、"北千住―春日部間が満席になる"と読んだのだろう。私の隣には北千住から少年が坐っており、おそらく春日部までの乗車と読む。

西新井を通過すると、スピードアップ。東武動物公園まで、どの列車も最高速度は100km/h。300系にとっては、余裕シャクシャクの走りであろう。

「御乗車ありがとうございまーす」

10時53分、黄色の帽子をかぶった東武社員が6号車に入り、袋に封入した記念乗車証を配布。ウラには「300系記念グッズ初回購入特典券」があ

り、東武日光駅前の特設スペースで商品を購入すれば、記念乗車証の台紙がプレゼントされる。

台紙と記念乗車証。

サプライズ

越谷で東急2代目5000系の急行久喜行き、せんげん台で東京メトロ03系の各駅停車東武動物公園行きを抜き、一ノ割を通過すると徐々にスピードが落ち、定刻より1分遅れの11時03分、春日部3番線に到着。乗降用ドアは、とうきょうスカイツリーと同様、3号車の前と4号車の後ろのみ開く。

私の読み通り、隣席の少年が降車。入れ替わりに50代の男性と相席になる。

乗降に手間取ったのか、本来1分停車のところ、3分に延びてしまい、定刻より3分遅れの11時06分に発車。後続の急行久喜行きは、春日部付近で停止信号に遭っていたに違いない。

北春日部を通過すると、進行方向右側には南栗橋車両管区春日部支所が見え、300系302編成がお休み中。その後、ダイヤ改正を待たず、4月19日(水曜日)、資材管理センター北館林解体所に廃車回送された(廃車日は6月1日〔木曜日〕)。

11時10分、東武動物公園を通過し、ここから日光線へ。1800系臨時快速に乗り慣れたせいか、"乗車感覚"は同じ。異なるのは、特急料金(座席指定)と回転式クロスシートのシートカバーの有無ぐらい。1800系臨時快速では眺望のイイ席に坐っているが、今回は上着がひっかけやすい席で眺望は劣る。

引退記念カード。

栗橋から先はのどかな田園風景が広がり、撮影者の数は駅より沿線が多くなる。

新古河を通過すると、春日部乗務管区の乗務員から引退記念カードの配布というサプライズ。すると、私が乗車する6号車では、男性客が若い乗務員と談笑し、「(タレントの)山瀬まみと同い年なんですよ」と言い出す。気持ちはわかるが、後ろで待つ乗客がいるのだから気を配ってほしい。また、1800系は山瀬まみと同じ1969年生まれだが、300系の種車は先述通り。

引退記念カードは、東京スカイツリーをバックに300系が浅草に向かうシーン。先述したとおり、明るい時間帯に営業運転することが珍しいので、貴重なカットである。

まさかの出来事

新大平下を通過すると、濃厚なカラーリングのJR東日本253系1000番代(特急〈きぬがわ4号〉新宿行き)とすれ違う。改造当初は奇抜かつ派手に映ったが、すっかり見慣れた。

多くのレールファンに迎えられるカタチで栃木に到着。定刻通りの到着となったが、発車は1分遅れの11時42分。

「お出口は右側です。通過列車を待ちまーす」

車掌は新栃木到着を告げると、特急なのに通過待ちをするため、11時46分、定刻より1分遅れのまま2番線に到着。乗客の多くは車内を出て、記念撮影に充てる。

どういう列車が通過するのか気になっていたら、隣の1番線に日光詣スペーシアの特急〈スペーシアきぬがわ3号〉鬼怒川温泉行きが通過した。

そういえば、車掌は栃木で乗り換えの案内放送をしていなかった。改札を出ないで特急から特急に乗り継いだとしても、特急料金は別々。また、新鹿沼、下今市の到着に大差はつかない。ようは、性能が高い100系スペーシア

を先に通したほうが得策なのだろう。

まさか臨時特急が定期特急の通過待ちをするとは。

まるで団体専用列車のような雰囲気

　臨時特急〈きりふり275号〉東武日光行きは、定刻より1分遅れの11時50分に発車。車内放送では、東武日光駅での300系撮影会スケジュールを案内する。乗客の9割以上がレールファンで、まるで団体専用列車に乗っているような雰囲気だ。

　「皆様がよい写真をお持ち帰りできますよう、良識ある鉄道ファン(レールファン)として、ゆずりあいの精神でお願いをいたします。

　また、危険な行為、暴力行為、大声を出す行為等はおやめください。三脚や脚立を使用した撮影もおやめください。

　また、故意に係員を撮影する行為もおやめください。すべて、係員の指示に従っていただきますよう、併せてお願いいたします。

　指示に従っていただけない場合は、撮影会を中止する場合がございますので、あらかじめ御了承ください。

　本日も東武鉄道を御利用いただきましてありがとうございます」

　で締めた。その後、車内では係員が撮影会スケジュールやグッズ販売のチラシを配布する。

私の記憶にある限り、レールファンの撮影マナーの悪さは、2010年頃から社会問題と化している。これではいつまでたっても鉄道趣味はレッテルを張られたままだ。2007年頃から「ファン」と言わず、自虐的と受け取れるフレーズが火に油を注ぎ、案の定、新聞などでは揶揄表現として扱われるようになった。鉄道好き芸能人らの言動もかなり影響しているのだろう。

「ファン」と言われない趣味というものは、市民権を得られていない証だ。残念ながら鉄道趣味もそのひとつで、プロ野球ファン、大相撲ファン、『あぶない刑事』ファンなどのように、"大衆的な趣味"として世間から認定されない限り、常にレッテルがつきまとう。レールファン諸氏には、「ファン」という言葉の重要性をよく考えてほしい。

300系の26年

定刻より1分遅れのまま、12時05分に発車。車掌の車内放送のあと、別の男性にバトンタッチ。2分23秒にわたり、300系26年の歴史を語ったので、御紹介しよう。

「皆様、本日は、臨時の特急〈きりふり275号〉、東武日光行きを御利用いただきまして、ありがとうございます。ただいま、新鹿沼の駅を発車いたしました。

皆様が御乗車いただいております、6両編成300型は、4月20日をもちまして、引退することとなりました。本日はありがとう300型、引退を記念しまして、〈きりふり〉号、運転しております。

これから、この300型について、簡単に御紹介させていただきたいと思います。

300型は皆様が御乗車の301編成を含めまして、合計2編成が1800系からの更新により、それまでの６０５０型（ロクセンゴーマル）による快速急行を置き換える、急行列車用の車両として、今から26年前、平成3年(1991年)にデビューいたしました。

車体塗装は、6050型や当時の100系スペーシアに倣い（なら）、ジャスミンホワイトを基調とし、パープルルビーレッドとサニーコーラルオレンジの帯を巻いた日光線優等列車のイメージカラーを採用いたしました。

〈きりふり〉は日光市にちなんだ列車愛称なのに、東武日光へ向かわない列車が多かった。

その後、平成13年(2001年)冬(12月)からは、夜行列車〈スノーパル23：55〉、〈尾瀬夜行23：55〉に使用され、平成18年(2006年)3月18日のダイヤ改正からは特急列車になり、平日夜間に運転されております南栗橋行き、春日部行きの〈きりふり〉号、あるいは、繁忙期に運転されております、浅草―東武日光間の〈きりふり〉号として、運転されてまいりました。

最近では、平成27年、28年(2015・2016年)12月のアーバンパークライン直通、浅草発運河行き、特急〈きりふり〉号が運転されたことは、記憶に新しいことと思います。

300系の自動販売機は、2015年3月31日(火曜日)をもって営業終了。その後、撤去された。

300型は、今月、4月20日をもちまして、引退となりますが、いよいよ今週金曜日、4月21日からは、新型特急リバティ、8月10日からは鬼怒川線にSL〈大樹〉がデビューいたします。

この次に停まります下今市駅では、車窓右手に機関庫や転車台が御覧いただけます。

このあとも日光・鬼怒川へのお越しをお待ちしております。

本日はありがとう300型、〈きりふり275号〉に御乗車いただきまして、ありがとうございます」

300系、最後の東武日光

放送が終わると、臨時特急〈きりふり275号〉東武日光行きは、最後の日光線勾配を登る。一部の田んぼは水を張って田植えに備えているほか、300系の最後の雄姿を見届けるかの如く、こいのぼりを出す家もあった。

第1章の「500系Revatyオープン戦」では、軽快に勾配を登っていたが、300系は中間車をすべて電動客車化しても少々キツイようだ。新栃木で特急〈スペーシアきぬがわ3号〉鬼怒川温泉行きに道を譲るのも致し方のないところ。

長いあいだ、お疲れ様でした。

　勾配を一旦登り終え、定刻より1分遅れのまま、12時22分、下今市2番線に到着。停車時間を1分短縮し、定刻通り12時23分に発車。最後のひと山を越え、12時31分、終点東武日光5番線に到着した。浅草から2時間02分、表定速度66.9km/h。特急としては遅いほうだが、300系の力走を存分に味わうにはちょうどいい。

　5・6番線では駅員が横断幕を広げ、乗客を歓迎。また、駅前の特設スペースでは12時30分からグッズ販売が行なわれており、長蛇の列。所持金の都合で、安くて手頃なものを購入し、ホームに戻る。

　13時から撮影会が始まり、臨時特急〈スノーパル23：55〉、臨時特急〈尾瀬夜行23：55〉、特急〈しもつけ〉、臨時特急〈ゆのさと〉が各15分披露された。

ようこそ、春爛漫の日光へ。

13時から1時間、ほのぼのとした雰囲気で撮影会が開催された。

特に特急〈しもつけ〉は宇都宮線ホーム有効長の関係で、300系の運転はない。また、臨時特急〈ゆのさと〉は急行時代、浅草―鬼怒川温泉間の定期列車として起用された実績を持つ(特急格上げ後は350系で運転)。

日光は桜の花が満開で、春が到来。300系にとっては、いい時期、いいカタチでの引退記念運転となった。

そして、4月20日(木曜日)に千秋楽。301編成は10月23日(月曜日)付で廃車された。

第7章 1800系フォーエヴァー

ラインナップ

① 1800系通勤形改造車に乗る
② 臨時電車〈隅田川花火号〉浅草行き2006
③ 1800系臨時快速
④ 急行〈りょうもう〉リターンズ
⑤ 臨時電車〈春の花めぐり号〉佐野行き2018

1800系通勤形改造車に乗る

1800系初期車は3年にわたる休車ののち、通勤形改造車として余生を過ごすことになった。

　急行〈りょうもう〉として名をはせた1800系の一部は、運用離脱後、300系や350系に改造され、日光線系統の急行として新たな使命を与えられた。
　そして、"究極のサプライズ"は、通勤形改造だ。格下げにより1800系が普通運賃のみで乗れるようになったのは福音だが、"そこまでしなくても"という複雑な想いが交錯したまま、館林に乗り込んだ。

まさかの復帰

2002年4月25日(木曜日)9時過ぎ、伊勢崎線の準急は終点館林5番線に到着した。

4番線には小泉線の各駅停車西小泉行きが発車を待っているが、車両は1800系。それも通勤形改造車である。

館林に停車中の急行〈りょうもう〉。

1800系は1969年8月に登場し、9月20日(土曜日)に急行〈りょうもう〉でデビュー。伊勢崎線のビジネス急行として活躍していたが、200系が1991年2月1日(金曜日)にデビューしたことで、一部の編成が300系、350系に改造された。

残った5編成のうち、4編成は1998年2月から3月にかけて順次離脱。もう1編成は300系303編成に改造されるものと思われていたが、1994年に休車したのち、2000年8月22日(火曜日)に廃車された。

1987年11月に増備された1819編成は、急行〈りょうもう〉離脱後、団体専用として新たな活路を切り開いた。そして、残り3編成(1811・1812・1815編成)は5番線の隣にある留置線で"冬眠"に入った。

3年に渡る冬眠生活のあと、2001年に突如、1800系3編成は登場時の4両編成に戻され、今はなき杉戸工場で通勤形改造を受けた。東武は釣り掛け駆動車の廃車を進めており、その置き換えに冬眠中の1800系を選んだ。

このような格下げ改造は国鉄583系特急形電車の近郊形改造の再来と言える。再び活躍してくれるのは嬉しいが、急行〈りょうもう〉で"有終の美"を飾って欲しかったという想いが交錯する。

運用範囲は小泉線館林—西小泉間と佐野線。急行〈りょうもう〉時代、小泉線の運行実績はなく、新境地を切り開いた。佐野線は朝晩1往復のみの運行から、ほぼ終日に渡り運行される。

1800系通勤形改造車は、8000系のような修繕工事は受けておらず、急行〈りょうもう〉時代の面影が色濃く残っている。特にトイレの撤去、客室と

通勤形改造車の車内。

デッキの仕切りがないぶん、車内は広々としている。しかし、回転式クロスシートは向きが固定され、ボックスシートと化した。

また、乗降しやすいようにするためか、回転式クロスシートの半分は撤去され、座席定員は大幅に減り、その部分には吊り手を設置。座席を撤去した部分には暖房を横づけし、車椅子スペースの意味合いもあるのか、手すりもつけている（車椅子スペースのステッカーはない）。ちなみに、シートモケットは金茶色から一般席はグリーン、優先席はグレーに変わった。塗装もシートモケットも8000系に合わせたのだ。

車内窓上の赤いラインは、急行〈りょうもう〉時代、白字で座席番号を提示していたものである。必要最小限で改造したことの表れといえるだろう。また、カーテンは撤去され、一部の窓に日差しカット用のフィルムを貼りつけた。空席だらけのときは、まっさきにオリジナルガラスの座席を選びたくなる。

乗務員室後方のドアは窓が取りつけられ、前面展望ができるようになった。車掌が客室の目視を容易にできるようにしているのだろう。ちなみに運転台は当時のままで、1819編成とは構造が異なる。

ほか、妻面の一部とトイレ跡地に、窓が取りつけられた。

佐野線を選ぶ

各駅停車西小泉行き発車後、1番線にまわり、佐野線の各駅停車葛生行きへ。今回、1800系通勤形改造車の乗車は佐野線を選んだ。

乗車するのは1813編成で、以前は1815編成だった。車両番号の順序を

急行灯の撤去と塗装変更に戸惑う。

そろえるため、改番されたのだ。また、クハ1860形は、クハ1840形に戻されている。これは1819編成の増備に合わせ、1811～1818編成は、下2ケタ目だけの改番を実施されていたのだ。

各駅停車葛生行き 編成表				
乗車区間	号車	車両番号	禁煙	備考
葛　　生	なし	1843	○	通勤形改造車
	なし	1833	○	通勤形改造車、弱冷房車
	なし	1823	○	通勤形改造車
館　　林	なし	1813	○	通勤形改造車

　オリジナルガラスのボックスシートに陣取り、9時54分に発車。伊勢崎線、小泉線と分かれて、右へ進む。館林から先は3線とも単線である。
　かつての栄光は失ったものの、佐野線を走る機会がグーンと増えた。座席はボックスシートと化してしまったものの、坐り心地のよさは健在。急行〈りょうもう〉に乗車した頃をなつかしく思いながら、進んでゆく。渡瀬近くの北館林荷扱所では営団地下鉄5000系、京王6000系が解体されていた。
　車内は空席が多く、"いつワンマン化されてもおかしくないな"と思わせるほど。日中は2両編成でも問題ないほどの乗車率だ。

渡良瀬川を渡り、栃木県に入る。進行方向左側にある国道50号線と並行しながら、いつしか離れ、終点葛生に到着。この先、レールは延びているが、電車は進むことはない。かつては東武日光まで向かう計画もあったという。

終点葛生へ。

各駅停車館林行き 編成表				
乗車区間	号車	車両番号	禁煙	備考
佐　　野	なし	1811	○	通勤形改造車
	なし	1821	○	通勤形改造車
	なし	1831	○	通勤形改造車、弱冷房車
多　　田	なし	1841	○	通勤形改造車

　終点葛生で下車し、徒歩4分の葛生郵便局で通算643局目の旅行貯金後、国道293号線を歩く。葛生は"石灰の町"で、トラックの通行が多い。

　隣の多田駅まで歩き、1811編成の各駅停車館林行きに乗り、佐野で下車。昼食はやっぱり佐野ラーメン。"栃木県の食"は宇都宮市のギョーザが代名詞となっているが、佐野市の佐野ラーメンもお忘れなく。

小泉線にも乗ってみた

　2006年5月4日（木曜日・国民の休日）、250系の特急〈りょうもう17号〉赤城行きは館林に到着し、小泉線の各駅停車西小泉行きに乗り換え。〈りょうもう〉車両の"子から親"に乗り継ぐ。ボックスシートの逆向き相席を嫌う私は、仕方なく優先

小泉線にも乗ってみる。

席の前向きに坐る。

各駅停車西小泉行き 編成表				
乗車区間	号車	車両番号	禁煙	備考
東 小 泉	なし	1843	○	通勤形改造車
	なし	1833	○	通勤形改造車、弱冷房車
	なし	1823	○	通勤形改造車
館 林	なし	1813	○	通勤形改造車

1番線から佐野線850系の各駅停車葛生行きワンマン列車と3番線の特急〈りょうもう17号〉赤城行きが、同時に発車。続いて4番線の各駅停車西小泉行きが発車し、5番線の各駅停車太田行きが最後となる。昔に比べたら、特急〈りょうもう〉と各線各駅停車の接続が大幅に改善されたことを実感する。

1800系初期車、2度目の休車。

ゆっくり、コトコト走り、急行時代のなつかしさ思いを出しながら、乗り心地を楽しみ、東小泉に到着。ここで各駅停車赤城行きワンマン列車に乗り換え。但し、西小泉で折り返す各駅停車館林行きが到着しないと発車しない。

1800系通勤形改造車は、佐野線と小泉線のワンマン運転化に伴い、2006年7月3日(月曜日)で営業運転を終了。2度目の休車ののち、2017年1月18・19日(木・金曜日)に廃車された。

臨時電車 〈隅田川花火号〉

"眠れる獅子" が目を覚ました。

　1800系が急行〈りょうもう〉勇退後、1819編成は団体専用車として、新たな道に就いた。そして、大きな転機となったのが2006年7月29日（土曜日）に運転された、臨時電車〈隅田川花火号〉浅草行き。乗車券のみで乗車できる"波動用"としての役割も加わり、1800系が再び脚光を浴びたのである。

波瀾万丈の1800系

　2006年7月29日(土曜日)、伊勢崎線東武動物公園は騒々しい雰囲気に包まれていた。

　東武動物公園は日光線と分岐する駅で、いつもは静かなところだ。そして、東武は"特別な電車を運行しない"イメージがあるが、概念を打ち破るスゴイ臨時電車が登場する。

　それは臨時電車〈隅田川花火号〉浅草行きである。

　なにがスゴイのかと言うと、かつては急行〈りょうもう〉で活躍し、1998年3月31日(火曜日)で勇退してからは、団体輸送に活路の場を移した1800系1819編成(ラストナンバー車)で運転するからだ。しかし、団体以外は出番がないというウワサ話も聞く。

　1800系は1969年に登場。映画『男はつらいよ』、時代劇『水戸黄門』が始まった年で、"由緒ある名車"ということになる。

　当初は4両編成だったが、1979年に2両増結。台車が当時、大手私鉄で流行したS形ミンデン台車をはくという"足並み不ぞろい"という感じだったが、特に違和感はなかった。

　1819編成は1987年に登場。従来の1800系をマイナーチェンジし、内装を現代的に合わせ、より魅力的な車両になったが、私はその車両に乗ることは今までなかった。

　それから、わずか3年後の1990年、後継車となる200系が投入され、1800系の一部は300系・350系に改造。200系、250系の投入が完了すると、急行〈りょうもう〉は特急に格上げされた。

　勇退した1800系3編成は館林駅に留置されたあと、3年後の2001年に通勤車改造という突拍子もない展開が起こり、"奇跡の復活"を果たしたが、"こき使われている"ような悲しい印象もあった。

乗客の9割はレールファン

　急行灯と前照灯が点灯し、臨時電車〈隅田川花火号〉浅草行きが2番線に入線した。9割がレールファンという状態。1800系が久しぶりに団体輸送以外の運行をするとあって、関心は大いに高かったようだ。これはいろんな

ブログで掲載していたから、予想できることだった。

　赤いボディーのなつかしさ、ついに1819編成に乗れる喜びに血が騒ぐ。1800系でも1819編成だけしかついていない方向幕には「浅草」が表示され、急行〈りょうもう〉時代を彷彿させる。

　さて、いざ乗ると、デッキの内装が従来車と変わらないことに意表をつかれるも、客室に入れば明るく静かで綺麗な車内で、1号車クハ1869に陣取る。本当は先頭の6号車に乗りたかったのだけど、坐れないと予想できたため、最後部を選んだ。

特製ヘッドマークを掲出。

車体側面の方向幕は、久しぶりに「浅草」を掲出。

臨時電車〈隅田川花火号〉浅草行き 編成表				
乗 車 区 間	号車	車両番号	禁煙	備考
浅　　　　草	6	クハ1819	○	なし
	5	モハ1829	○	なし
	4	モハ1839	○	なし
	3	サハ1849	○	なし
	2	モハ1859	○	なし
東武動物公園	1	クハ1869	○	なし

　撮影終了後、男3人組に向かい合わせされる災難にあうが、レールファンでイヤミのない人物のようだから、気にはならなかった。座席指定だったらオカンムリだが、乗車券だけで乗れる"目玉企画"なのだからしょうがない。

車内はほとんどの座席が埋まった。

特急〈りょうもう30号〉浅草行きを先に通し、特急スペーシア〈きぬ127号〉鬼怒川温泉行きが通過。発車前の華麗なる豪華な顔合わせにレールファンの心をくすぐる。優等車両が3つも同じ駅で顔を合わせるシーンは東武鉄道史上初のシーンかもしれない。

車内で配布された特製うちわ。

16時38分、臨時電車〈隅田川花火号〉浅草行きが満員御礼で発車。軽やかな出だしである。

発車後、女性スタッフ2人は特製うちわを配布。硬い材質なので、長持ちしそう。

北春日部で8000系の区間準急浅草行きを抜く。蛇足ながら、東武動物公園の駅員は、何度も「区間急行浅草行き」と間違えていた(そのワリには、停車駅を間違えていなかった)。2006年3月18日(土曜日)のダイヤ改正で、区間急行、区間快速が登場したため、ややこしくなっているのかもしれない。

春日部では50050系の急行久喜行きとすれ違う。かつて、東武本線の急行は急行料金をとっていたが、同日のダイヤ改正で、特急料金に一本化。合わせて、急行〈しもつけ〉〈きりふり〉も特急に格上げ。急行はイーハー東武に"譲与"したが、快速、区間快速より遅いのがシャクである。

1800系はタイフォン、50050系は電子ホーンで"エール"を送りあう。"夢の顔合わせ"で、これもレールファンへのサービスだろう。

赤い電車に戸惑う乗客

せんげん台では"見慣れない車両"、もしくは"なつかしの電車"に戸惑うお客が多い。いつもは4ドアか3ドアの電車に乗るが、1800系は4号車のみ2ドア、ほかは1ドアなので、ホームの乗車口は案内されていないのだ。なお、ここから先は花火観覧客が乗ってくることになる。

せんげん台―大袋間は同日のダイヤ改正で、踏切1か所が廃止されてお

り、この日も黄色い柵で囲ったまま。なんとかならないものか(その後、完全に撤去され、跡形もなくなった)。

　東武動物公園では快晴も、せんげん台からは曇り空へ。

　北越谷から複々線に入り、女性スタッフ2人よるうちわ配布サービスは越谷到着前に終了した。

　越谷では駅員に"未確認赤い物体"を尋ねるお客がいたが、優等車両が複々線のホームに停まるのは臨時特急〈尾瀬夜行23：55〉〈スノーパル23：55〉会津高原尾瀬口行きの新越谷だけ。通過線のあるところに停車したのは初めてではないだろうか。なお、この電車は特急の通過待ちはなく、1800系急行形電車のプライドを尊重している恰好だ。

　越谷から先も車内はあふれるが、急行〈りょうもう〉時代は昔も今も全車座席指定だったため、座席に手すりはない。さいわい、揺れないので、苦情はなさそう。

　「この電車は、1つの車両にドアは2か所となっております」

　と車掌は案内しているが、先述した通り、1800系は4号車のみ2ドア、ほかは1ドアである。また、車掌は緊張していたのか、放送を噛んでいた。

　複々線の各駅停車しか停まらないホームにはたくさんのレールファンがシャッターに精神を集中していた。私が特急〈りょうもう25号〉赤城行きで東武動物公園入りしたときから、撮影隊がスタンバッており、気合いが入っている。

　草加、西新井では、4ドア車の乗車口に並んだお客が乗り、車内も"花火色"が濃くなってきた。沿線では赤い車両に唖然(あぜん)とする人が多く、1800系は"まだまだ世の中に通用する車両"であることを再認識する人も多かったに違いない。都内に入ると、曇り空でも少し明るくなった。

1800系は浅草がよく似合う

　西新井を発車すると、進行方向右側には東武西新井工場跡地がある。広大な空き地と化しており、将来は某大型スーパーが開業するというウワサ話があったが、のちにリライズガーデンという分譲マンションに落ち着いた。

　北千住では10000系の各駅停車浅草行きと待ち合わせ。臨時電車〈隅田川花火号〉浅草行きが先に発車するせいか、乗るお客の数が多く、乗り換え

ないお客は赤いボディーにもの珍しい様子。

　堀切を通過すると、下町の風情が漂い、東向島を通過すると、特急〈りょうもう31号〉太田行きとすれ違う。新旧〈りょうもう〉のすれ違いが久しぶりに復活した。

東武の聖地、浅草へ。

　業平橋を通過すると、いよいよ終点浅草が近くなり、停止信号で止まる。

　再び動き出すと、公園では隅田川花火大会見物客が坐り、隅田川では屋形船が何隻も川の上で停泊。どうやら"デラックス観客"らしい。

　キュークツそうに左へ曲がり、17時27分、定刻より2分遅れで終点浅草4番線に到着。3番線では特急〈りょうもう33号〉赤城行きが発車を待っているところだ。

　ドアの数が1〜2か所しかないため、落ち着いてから席を立つ。金茶色の座席は美しく、リクライニングはしない回転式クロスシートでも、座席の角度はちょうどよい。また乗ってみたいし、所要時間48分はちょっと物足りないような気もした。

　17時30分、あわただしく回送が発車。この日は東武動物公園で、『花火イリュージョンseane1.ふりかえる夏』という花火大会が行なわれていた。折り返し、回送ではなく、「臨時電車〈花火イリュージョン号〉東武動物公園行き」として、運転してもよかったのではないかと思った。

1800系臨時快速

1800系は2007年秋から「臨時」のヘッドマークを掲出。

　1800系でもっとも若い1819編成は、2006年に臨時電車として"再生"
されたあと、2007年から臨時快速の運用に就いた。乗車券のみで乗車で
きること、赤いボディーが沿線の人々に強烈なインパクトを与え、ゴール
デンウィークと秋の風物詩として定着した。

南栗橋で田園都市線新旧車両の顔合わせ

　2007年4月30日（月曜日・振替休日）、10時50分過ぎに東武動物公園へ。ここまで乗った電車は日光線に直通しないので、10時59分発の急行南栗橋行きを待つ。

　隣の3番線からは久喜始発50050系の急行（押上から各駅停車）中央林間行きが到着。ほどなくして、2番線には日光線からの区間快速浅草行きが到着すると、すでに乗降用ドアが閉まっており、接続をせず発車。越谷で区間快速浅草行きが追い抜くとはいえ、納得のいかないダイヤだ。ここはきちっと接続をとって利便性を向上させるべきだろう。

　そのあと、3番線には始発20000系の各駅停車中目黒行きが入線し、区間快速はその到着を待つことなく発車した。

日光線で10両編成に対応した中間駅は杉戸高野台、幸手、南栗橋のみ。

　東急2代目5000系の急行南栗橋行きに乗り、ここから日光線へ。11時10分、終点南栗橋3番線に到着した。それを見届けたかの如く、隣の2番線から同じ東急8500系の始発の急行（押上から各駅停車）中央林間行きがまもなく発車する。"他人の土俵"で新旧田園都市線車両の顔合わせとなる。

急行南栗橋行き 編成表

乗車区間	号車	車両番号	禁煙	備考
南 栗 橋	1	5104	○	女性専用車
	2	5204	○	弱冷房車
	3	5304	○	なし
	4	5404	○	なし
	5	5504	○	6ドア車
	6	5604	○	なし
	7	5704	○	なし
	8	5804	○	6ドア車
	9	5904	○	なし
東武動物公園	10	5004	○	女性専用車

女性専用車について
平日朝ラッシュ時に設定。1号車は田園都市線から渋谷方面、10号車
は東武線から渋谷方面にそれぞれ適用される。

　2代目5000系は種別幕を急行から黒、デジタル方向幕は行先表示を消し、
南栗橋車両管理区に向けて発車。これから"お昼寝"をする模様だ。

1800系臨時快速が入線

当時、南栗橋—新栃木間の各駅停車は、6両編成で運転されて
いた。

　4番線に350系の臨時特
急〈きりふり253号〉東武
日光行きが通過し、車内は
ガラガラ。

　通過後、4番線に始発
8000系の各駅停車新栃木
行きが入線。前2両はデジ
タル方向幕と高輝度放電灯
を搭載、後ろ4両は"「東
武顔」という名の原型顔"
のまま修繕された初期のタ
イプで、8000系のファン
なら、どれに乗ろうか迷う
かもしれない。

　11時13分に発車する直前、4番線の後方には真紅のスーパースターがヘッドライトを鬼の形相(?!)のような目つきで、入線を待ちわびていた。そう、1800系である。

　各駅停車新栃木行きが発車してほどなく、1800系が入線。

ヘッドマーク未掲出なので、回送と勘違いしそう。

始発の臨時快速東武日光行きとなる。発車時刻は11時39分なので、時間はたっぷりあり、ゆとりをもって撮影できる。まずは1号車21窓側に陣取ろう。

　乗客はレールファンや家族連れが中心ながら、日帰り観光を楽しむには厳しいダイヤのせいかガラガラ。あとは南栗橋止まりの急行からどのくらい乗り換えてくるかだろう。

　1800系は通勤形改造車が廃車後、残っているのは1819編成のみ。絶滅が危惧されることを意味しているように思われるが、2006年に検査を受け、色あせていた車体は真紅の輝きを取り戻した。さらに今回は初めて南栗橋以北への営業運転となる。実はこの情報を知ったのは乗車前日で、「1800系東武」とブログ検索ワードを入力したら、今回の電車に遭遇したワケである。

1800系臨時快速

臨時快速東武日光行き 編成表				
乗車区間	号車	車両番号	禁煙	備考
東武日光	1	クハ1869	○	なし
	2	モハ1859	○	なし
	3	サハ1849	○	なし
	4	モハ1839	○	なし
	5	モハ1829	○	なし
南 栗 橋	6	クハ1819	○	なし

急行と区間快速の乗り換え客も乗せて発車

デッキと客室の仕切りドアは手動式で、オレンジの着色ガラスを使用。

1800系は"トイレつき洗面所なし"の優等車両である。東武としては、"特急はリクライニングシート、トイレ、洗面所つき"で、"急行は回転式クロスシートとトイレで充分"というのが昭和時代の定義だったのだろう。JRグループの前身、国鉄の急行はボックスシート、特急の普通車は回転式クロスシート（のちに簡易リクライニングシートにグレードアップ）が標準で、東武のほうが上質な空間を提供していた。

撮影に時間をかけていたら、東京メトロ08系の急行南栗橋止まりが3番線に到着。臨時快速東武日光行きに乗り換える乗客はいたが、それでも空席が多いことに変わりない。

08系のデジタル方向幕は「急行中央林間」に変わり、引上線へ。その後、3番線に区間快速東武日光・鬼怒川温泉方面会津田島行きが到着した。臨時快速東武日光行きの運転を先ほど知った乗客もいたようで、あわてて乗り換える。

区間快速は2006年3月18日（土曜日）に登場し、快速の大半を置き換えている。伊勢崎線内は快速と同じ停車駅だが、日光線に入ると各駅に停まる（その後、停車駅を見直す）。これで会津鉄道の会津田島まで乗り通すのはきつく、特急スペーシア〈けごん〉〈きぬ〉の速さを際立てている。

また、区間快速は栃木—東武日光間の各駅停車を置き換えたため、日光線新栃木以北の運転本数は減少した。

次にダイヤ改正を行なうとしたら、快速と区間快速を30分おきに運転して、共存をはかるべきではないか。快速の停車駅に新越谷（区間快速も含む）、南栗橋、栗橋を加え、特急スペーシア〈けごん〉〈きぬ〉の格差を図りつつも、早く着けるというようなダイヤにしてはどうだろう。

また、区間快速は新大平下以北を各駅に停まらせ、南栗橋—新栃木間の各駅に停まる列車を通勤形電車に統一したほうがいい。

特急スペーシアに追い抜かれる

　冷房がガンガンに効いて、11時39分に発車。スタートダッシュはよかったが、栗橋を通過してからはトーンダウン。その後、スピードを持ち直し、安定した走りを魅せる。そして、利根川の鉄橋付近では撮影隊が待ち構えていた。

　柳生を過ぎると、JR東日本485系の特急〈きぬがわ4号〉新宿行きとすれ違い、板倉東洋大前で特急スペーシア〈きぬ113号〉鬼怒川温泉行きの通過を待つ。ホームの行先案内板には「通過　11：54」と表示していた。

　前回乗車した東武ファンフェスタの臨時電車南栗橋行きでは、越谷で快速東武日光・鬼怒川温泉方面会津田島行きに抜かれ、春日部では急行南栗橋行きに道を譲っていた。

　今回はついに特急スペーシアに追い抜かれてしまい、1800系はコケにされてしまったように映ってしまう。急行〈りょうもう〉を勇退してからは、栄光を失ってしまったのであろうか？　いや、そんなことはないはず。複雑な想いを抱えながら、板倉東洋大前を発車した。

ようやく1819編成の回転式クロスシートを存分に味わう

　1819編成は座席背面と側窓下にテーブルがあり、サイズは後者がデカい。食事をするときは背面、原稿を書くときは側窓下のテーブルを使ったほうがよさそうだ。

1800系1819編成の回転式クロスシート。

　栃木県に入り、車窓は田舎の雰囲気が漂う。

　1819編成の乗車は3回目で、じっくり坐れたのは今回が初めて。1回目は席を取った直後、目を離しているスキに相席どころか向かい合わせにされてしまい、2回目は坐れなかった。

　座席は先述の回転式クロスシートで、リクライニングはしない。

1811 〜 1818 編成は坐り心地や角度もよかったが、あらためて 1819 編成の座席に坐ってみると、背もたれの角度が高い印象を受ける。

また、以前の編成には装備されていなかったフットレストがある。シートピッチが 960 ミリなので、いらないと思うが、JR 東海 373 系みたいに跳ね上げられず、意固地な設計だ。

先述した機能的な面や、客室の内装は温かみがあり、21 世紀でも古さを感じさせない近代的なものに仕上がっている。ところが、デッキのインテリアは、従来通りサバースアイボリーの化粧板を使っており、違和感を持つ。坐り心地は 1811 〜 1818 編成、客室全体の居住性は 1819 編成に軍配をあげよう。

1819 編成をベースに 1800 系 1813・1816・1817・1818 編成は、300 系、350 系に改造された。こちらはデッキの化粧板も客室に合わせている。

日光線の勾配に挑む

弱冷房車がないため、新栃木を発車してからは寒気を感じる。そして、1800 系は軽やかに走るように映る。乗車車両が電動車ではないからだろう。電車といえば国鉄の顔、103 系のような「ウォーン」という、うねりをあげているイメージが強い。

進行方向左側は山々が見え、東武日光が近いことを物語る。空席が多いため、左右どちらの車窓も楽しめる。

東武金崎を通過してから、カーブが増えていたが、1800 系はペースアップして、快走を続ける。

新鹿沼を発車すると、冷房が弱まり、ここからは勾配へアタック!!　カーブも多くなり、1800 系は苦難をしいられるものの、ギアチェンジをして気合いを入れ直す。

「気合いだ、気合いだ、気合いだぁー!!」

とアニマル浜口にあと押しされるかのように。

沿線では大きな鯉のぼりが空を泳ぎ、そして舞う。踏切ではゴキブリのようなブラックオープンカーを運転する男性が "赤い物体" をもの珍しそうに見つめる。

勾配を一旦登り切ると、ヒートアップするも、板荷を通過してからはまた

試練。急行〈りょうもう〉時代でもきつい勾配を走ったことはなく、悪戦苦闘。「もうひと踏ん張り、ふた踏ん張り、み踏ん張り、よ踏ん張り、ご踏ん張り」と言えばキリがないけど、優等車両1800系の名にかけて、懸命に挑む。

日光線沿線の山々を眺める。

　下小代を通過し、杉並木の勾配をゆくと、ピンクに咲き誇るツツジがお出迎え。1800系に「アッパレ!!」「大歓迎!!」と言っているかのようである。

　"登る時は四苦八苦、登り切ると快走"が幾度も続き、十石坂トンネル(約40メートル)を通過。長さは吾妻線の樽沢トンネル(約7.2メートル。八ッ場ダム本体工事のため、2014年9月24日〔水曜日〕から新線に切り替えられ廃止)を5.6倍にしたようなものである。

ついに東武日光へ

（欄外縦書き）1800系臨時快速

　12時47分、下今市2番線に到着。奥日光の山はまだ残雪がある。

　発車すると、最後の勾配へアタック!!　雲がほとんどないP−KANに助けられるかの如く快走。意外と通過駅の上今市は近かった。

　JR東日本189系『彩野』(臨時特急〈日光83号〉の回送)とすれ違い、いよいよ最後の難関へ。スピードは落ちてゆくが、またギアを入れ直して、猪突猛進!!　1800系は抑速ブレーキ未装備の車両だが、ここまで来たらゴールの東武日光を目指すしかないっ!!

　最後の勾配を登り、JR東日本日光線に合流。スピードを大幅に落とし、12時55分、終点東武日光6番線に到着した。1800系が不可能と思われていた東武日光へついに上陸!!　アニマル浜口なら、こう代弁するだろう。

　「ワッハッハッハッハッハッハッ!!」(本人考案の笑いビクス)

　向かいの5番線には13時54分発、350系の臨時特急〈きりふり240号〉浅草行きと顔を合わせた。まさか東武日光で1800系と350系の"兄弟"が

顔を合わせるとは、誰が想像していただろうか。

抑速ブレーキ未装備のハンディキャップを乗り越え、1800系が新境地を開いた。

野岩鉄道6050系が東武日光で顔を合わせる。

　ちなみに１・２番線では、野岩鉄道所属車同士が顔を合わせた。このような光景も珍しい。

標高543メートルの東武日光で、Suicaを使い自動改札を出て、標高533メートルのJR東日本日光線日光駅へ。駅舎に入ってみると、自動改札がない!! 当然、自社のSuicaが使えず、プリペイドカードはオレンジカードのみ対応というのは、さびしい。

当時、JR東日本日光線日光駅は自動改札機が設置されていなかった。

隣接しておきながら、東武はPASMOやSuicaが使えて、JR東日本はICカードさえも使えないというのは、改善できないものだろうか（のちに東京近郊区間の拡大により、Suicaが使えるようになった）。

終点到着後、そのまま留置

15時20分過ぎに東武日光へ戻ると、5番線に15時27分発、300系の臨時特急〈きりふり262号〉浅草行きがまもなく発車しようとしている。東武社員が4番線に立っており、乗客の誘導を行なう。思ったより乗客が多く、ひと安心。"スペーシア志向"があるように思うからだ。向かいの6番線には、1800系がそのまま留置されていた。

5番線で発車ベルが鳴っている頃、1800系の6号車乗務員室に運転士が乗り込み、パンタグラフを上げていた。そして、車掌がホームとは反対側の進行方向左側のドアを何度も開閉し、点検を行なう。

臨時特急〈きりふり262号〉浅草行きが発車すると、ついに進行方向右側、すなわち、6番線側の乗降用ドアが開いた。

パンタグラフを上げて、通電を開始してから時間がたっていなかったため、車内は少々暑い。

復路の臨時快速北千住行きは6号車44窓側に陣取り、ホームで撮影して戻ると、快適な温度になっていた。

東武は2007年3月18日（日曜日）より、特急も全車禁煙車化され、1819編成も同様。急行〈りょうもう〉時代、1〜3号車は禁煙車に充てられており、

ステッカーや案内表示板を車内に提示していたが、1819編成は禁煙のピクトグラムを貼りつけ、灰皿も完全に撤去していた。こういう姿勢はいい。

復路も1800系。

客室に掲示された禁煙のピクトグラムと車番プレート。

渡り板は浅草駅にも用意されている。

　ホームには、渡り板が東武日光にも置いてある。電車とホームのあいだが広く空いているところはないものの、車椅子の乗客に対するサービスなのだろう。また、駅には通訳のできる女性係員が配置されている。臨時快速北千住行きには外国人観光客が乗っており、質問などに応対していた。日光は世界遺産であるだけに、常に万全磐石でなければならないのだろう。

　運転台は10000系に準じたつくりとなっており、1811 〜 1818編成とは異なる。1度、通勤形に改造された1800系の運転席を見ると、8000系オリジナル車に準じたつくりであった。

1819編成の運転台
（2016年5月、許可を得て撮影）。

下今市で1800系が先行

ロングシート臨時快速とセミクロスシート区間快速の顔合わせ。

1800系臨時快速

　臨時特急〈きりふり262号〉浅草行きが発車したあと、4番線に区間快速が到着。降車終了後、前方に止まっている6050系とドッキングし、区間快速浅草行き4両編成のできあがり。

　さらに5番線には16時44分発、10030系の臨時快速東武動物公園行きが入線した。行先が東武動物公園なのは、車内にトイレがないこと、終点で急

行押上方面行きに乗り換えられる、その先の北春日部に車両基地があるからなのだろう。

臨時快速北千住行きは、帰路につく観光客の乗車が多い。それでも空席はあるが、往路より多いことは確かである。

臨時快速北千住行き 編成表				
乗車区間	号車	車両番号	禁煙	備考
北 千 住	6	クハ1819	○	なし
	5	モハ1829	○	なし
	4	モハ1839	○	なし
	3	サハ1849	○	なし
	2	モハ1859	○	なし
東武日光	1	クハ1869	○	なし

特急連絡下今市行き、区間快速浅草行きが相次いで発車したあと、16時03分、臨時快速北千住行きは"満を持して"というような感じで出発進行!!

1800系は下り坂を軽快に走る。スピードの出し過ぎに注意している感じの走りだ。途中、特急〈日光8号〉新宿行きの回送とすれ違う。

16時11分、下今市3番線に到着。向かいの4番線では、鬼怒川線からの区間快速浅草行きも到着し、東武日光からの前4両とドッキング。当然のことながら、全区間快速運転の臨時快速北千住行きが先に発車する。

下今市を発車しても、下り坂は続いてゆく。沿線や通過駅では1800系を撮るレールファンのほか、女性の撮影者もいた。また、下小代ではJR東日本189系『彩野』の回送とすれ違う。おそらく、南栗橋車両管理区新栃木出張所で休息をとっていたのだろう。

往路より、復路のほうが撮影隊の数は多いような気がする。至るところにいて、ガケから撮っている人もいるほど。スゴ腕ナイスショットを狙っているのだろうが、一歩間違えれば死んでしまう恐れがあるだけに、安全第一、万

沿線では、1800系の雄姿を撮影するレールファンでにぎわう。

全磐石でお願いしたい。

　また、線路際で撮るレールファンもいたが、あぶない。ダイヤを調べた上でその位置にいるのだろうが、ヘタすると鉄道営業法に違反するだけに気をつけてもらいたい。

往年

　16時30分に新鹿沼を発車すると、日が西に傾き、少しまぶしくなる。横引きのカーテンを引く「シャーッ」という音は、なんか新鮮。

　下り坂から平坦な道となり、1800系の調子は上向き。急行〈りょうもう〉の走りっぷりを彷彿させる。

　宇都宮線に合流し、16時44分、新栃木2番線に到着。向かいの3番線には始発8000系の各駅停車南栗橋行き、1番線には30000系の各駅停車東武宇都宮行きが停まっている。イーハー東武運用離脱後、4両車の一部は宇都宮線に転用され、新境地を開いていた。

　16時47分、栃木に到着。ここでは30000系の各駅停車新栃木行きに遭遇。臨時快速北千住行きの車内は、停まるごとに乗客が増え、にぎわいつつある。

　「椅子がちがーう」

　と乗客の中には普段、見慣れない1800系をほめたたえた。特別料金なしで乗れるのだから、"できることなら、いつもこの電車に乗りたい"のが乗客の本音だろう。なので、6050系の後継車両は、JR西日本221系モデルであることを願う。首都圏や東武沿線にお住まいの方にも快適な転換クロスシートを味わっていただきたい。

　さて、16時52分に新大平下を発車すると、車内は満員御礼。過去2回の臨時電車運用では、本来の走りを披露できなかったが、スタコラサッサと飛ばす姿は全盛期を思い出させる。まさに気分爽快だ。

　このまま終点北千住までブッチ切りのノンストップで行って欲しいところだが、17時03分、板倉東洋大前へ。往路では特急スペーシア〈きぬ113号〉鬼怒川温泉行きに抜かれたが、復路では、1800系のメンツを保つ。

伊勢崎線に入り、終点北千住へ

　利根川を渡り、水田では田植えのシーズンが到来!!　栗橋付近で減速し、ゆっくり通過。その後、引上線に東急2代目5000系の急行長津田行きがスタンバっていると、往路では始発だった南栗橋を通過する。

　やがて、スピードも落ち、伊勢崎線に合流すると、17時25分、東武動物公園2番線に到着。向かいの3番線では8000系の各駅停車浅草行きが17時30分の発車を待っていた。

　ここから先は伊勢崎線へ。北春日部で20000系の各駅停車中目黒行きを抜き、17時30分、春日部1番線に到着。下りホームは1面2線なのに、上りホームは1面1線のみ。地元は駅の高架化を希望しているそうで、実現するならば北春日部で各駅停車を抜くことはなく、春日部接続に変わるだろう。そのほうが利便性の向上につながる。

　春日部を発車すると、次は終点北千住。早くもラストスパートをかける。春日部─浅草間の所要時間は、特急スペーシア〈けごん〉〈きぬ〉、快速、区間快速ともほぼ同じ。ようは100km/h運転に統一されているのだ。

　せんげん台で10030系の区間準急浅草行きを抜き、野田線と交差したあたりから続いた直線は大袋─北越谷間で終わる。

　夕焼けが西に沈みかけようとする頃、高架を登り、北越谷からの複々線は、急行線(外側)を走る。

　一旦、スピードが急速に落ちるものの、越谷で東京メトロ8000系の急行(押上から各駅停車)中央林間行きを抜き、新越谷ではタイフォンを鳴らして通過。クライマックスは複々線の走行で、緩行線(内側)を走行中の東京メトロ03系の各駅停車中目黒行きを抜くのは気分爽快。スピードが上がったり、下がったりと極端だが、臨時列車なのだから仕方ない。

　谷塚を通過してから、スピードもクライマックス!!　竹ノ塚の引上線で臨時特急〈きりふり262号〉の回送とすれ違い、地平へ。

　西新井付近で左に大きく、ゆるやかなカーブのため、スピードを落とし、再び高架になると、これが本当のラストスパート。五反野を通過すると、右への大きくてゆるやかなカーブを曲がり、つくばエクスプレス線、常磐線、千代田線をまたぎ、荒川を渡る。

　みるみるうちにスピードが落ち、17時53分、終点北千住4番線に到着し

終点北千住へ。

た。できることなら、浅草まで走ってもらいたかったが、ホームの容量と臨時電車〈隅田川花火号〉で大混雑していたことから、北千住止まりにしたのだろう。

その後、引上線へ向かい、南栗橋車両管理区春日部支所に戻るのであった。

1819編成は、車両基地の収容能力を理由に、2003年3月19日(水曜日)から館林検修区(現・南栗橋車両管区館林出張所)から春日部支所に"住まい"を変え、団体専用列車のほか、"「臨時電車」という名の波動用"という役割も加わった。東武自身やレールファンなども含め、"俺たちにはまだまだ1800系が必要だ"ということである。

今後も東武の看板車両、1800系から目が離せない!!

急行
〈りょうもう〉リターンズ

1800系は「急行〈りょうもう〉」のヘッドマークがよく似合う。

　1800系の代名詞は、なんといっても「急行〈りょうもう〉」。1998年3月31日(火曜日)の急行〈りょうもう27号〉赤城行きを最後に、29年間にわたる運用から退いていたが、"サプライズ"というカタチで10年ぶりに帰ってきた。感動と興奮の4時間16分にわたる長い旅路をトクと御覧あれ。

ミステリートレイン

　2008年11月30日(日曜日)7時38分、伊勢崎線北千住へ。南口を出て、つくばエクスプレス線と東武の券売機のあいだでは、団体専用列車〈東武ファンフェスタミステリー号〉南栗橋行きの受付が行なわれており、左側は東武トラベルの支店で予約申し込みをした方、右側はインターネット予約をした方の窓口に分かれている。

　東武ファンフェスタは2005年から南栗橋車両管理区で開催されている一大イベントである。

　2008年の目玉は、このイベントのエースといえる1800系が縦横無尽の大活躍‼　団体専用列車〈東武ファンフェスタミステリー号〉南栗橋行きを運転することになったのだ。但し、今回の東武ファンフェスタでは1800系は撮影会場に展示されず、"主役不在"なのが残念である。

　団体専用列車〈東武ファンフェスタミステリー号〉は北千住を8時41分に発車し、終点南栗橋には12時55分頃に到着する予定だ。

　東武では「ミステリートレイン」と大々的に宣伝しているが、これは2時間ドラマでおなじみの「列車内で事件が起こる」ことを予告しているのではない。

　水谷豊が歌う『カリフォルニア・コネクション』に例えると、こういう趣旨である。

　「♪ジィーグゥーザァーグゥー、気ぃー取ったぁー、都ぉーかぁーいーのぉー、まぁーちぃーなぁーみぃー♪」

　つまり、北千住から南栗橋までのあいだ、思いっきり遠回りをして、ジグザグに走る。もちろん、どこを通るのかは公表されていない。

　JR東日本ではこういった列車が何度か運転されたものの、大手私鉄はJRグループに比べ、ネットワークが限られているだけに、どこを通るかは推理しやすい。

　もし、知らぬあいだにJR東日本に直通できる機器類を搭載していたら、面白そうだが、昼間に試運転をすると、どこぞのブログが記事を公開しているだろうから、考えにくい。

　団体専用列車〈東武ファンフェスタミステリー号〉南栗橋行きのきっぷは東武トラベルの販売扱いとなり、2008年11月4日(火曜日)10時から11月7

日(金曜日)まではインターネットによる先行販売、11月10日(月曜日)から店頭による販売となった。

私は11月4日(火曜日)の12時30分過ぎにインターネット予約をしたが、会員登録していないと申し込むことができず、あわてて登録。JRグループの場合、人気列車、ネームドトレインや車両がラストランになると、発売開始から30秒以内に完売するケースが多いため、あわててしまうのだ。

インターネット予約には集合場所などのメールが送られ、ワードで書かれた案内図を添付。これを各自プリントアウトして、持参しなければならず、その上、予約番号も伝えなければならない。紙に書いておけばすみやかに済むものだと思うが、それについては本文の一部を携帯電話に転送しておいた。

支店予約とインターネット予約で共通しているのは、予約者の名前が確認されたあと、封筒を渡されることで、中身は連絡事項、座席案内図、東武トラベルのステッカーである。特に東武トラベルのステッカーは、誰が見てもわかる位置に貼る義務がある。

最初のミステリーはヘッドマーク

8時15分になり、自動改札機の右端にある団体用、もしくは従業員用の通用口を通る。東武トラベルから渡された封筒には団体専用列車〈東武ファンフェスタミステリー号〉南栗橋行きのきっぷが入っておらず、ステッカーが目印となる。

1・2番線に下りると、1番線には始発、10030系の区間急行南栗橋行きが発車を待っている。1番線に始発電車とは珍しく、ほどなくして、2番線に30000系の各駅停車北越谷行きが到着。乗り換える利用客も多い。

各駅停車北越谷行きは、快速東武日光・鬼怒川温泉方面新藤原行きを待ち、8時21分に同時発車する。

さて、まもなく入線する1800系は2006年7月29日(土曜日)、臨時電車〈隅田川花火号〉浅草行きの運行を境に人気が沸騰して大爆発!! 2007年から日光線の臨時快速に起用されるなど、圧倒的な存在感を示しているが、団体運用が基本であることに変わりはない。

「フラッシュをたきますと、運転士は一時的に見えなくなります。フラッ

シュの使用は絶対におやめください」

8時30分過ぎ、黄色い帽子をかぶった東武トラベルの男性社員が呼びか
ける。後方の男性らは普段、オートモードで撮影しているのか、確認に戸
惑っている。

私はよほどのことがない限り、フラッシュ機能をブロックしている。た
だ、フィルムカメラからデジタルカメラに買い替えた際、コンパクトタイプ
を選択したので、列車走行中のシーンを撮影すると、ブレてしまうことが多
い。

「2番線に、団体専用列車がまいります。あぶないですから、黄色い線の
内側に、お下がりください」

と自動放送のアナウンスが流れる。いったい、どんなヘッドマークなのか
が注目だ。過去には東武ファンフェスタ特製のヘッドマーク(ほとんどシール)
を装着しているだけに大いに注目だ。

往年の姿で運転されることに感動。

さぁー、いよいよ注目の1800系、団体専用列車〈東武ファンフェスタミ
ステリー号〉南栗橋行きが入線。すると、まったく予想もしていなかった
が、なっ、なっ、なんとぉー、急行〈りょうもう〉のヘッドマークをつけて

いるではないか!! まったく、想像すらしていなかった。

1998年3月31日(火曜日)以来、10年ぶりに1800系の急行〈りょうもう〉が帰ってきた!! 1800系は急行〈りょうもう〉の姿がよく似合う。聖地、浅草発ではないのは致し方ないものの、気分が高揚し、内心は大いに興奮している。"申し込んでよかった"と心の底から思う人が多いだろう。

方向幕は「臨時」。発車時刻がせまり、急いで3号車のドアから入り、指定された5号車13番窓側に坐ると、8時41分にプレイボール!!

「本日は〈東武ファンフェスタミステリートレイン号〉に御乗車いただき、ありがとうございます」

車掌の放送があり、個人的には急行〈りょうもう〉に乗った気分だが、東武はイキなことをしてくれる。嬉し涙が出そうになってくる。

始発の北千住は複々線からのスタートとなり、通過駅では撮影隊の姿が。きっと急行〈りょうもう〉の姿に「エーッ!!」と思っていることだろう。

2つ目のミステリーは東武動物公園

急行〈りょうもう〉時代を彷彿させる走りを魅せ、草加で20000系の各駅停車東武動物公園行きを追い抜く。

1800系の電動車に乗るのは2006年11月19日(日曜日)以来、2年ぶり。この日は第2回目の東武ファンフェスタが行なわれ、北千住―南栗橋間の片道のみのアクセス列車が運転された。

乗車券のみで利用できることから、ラッシュ時なみの混雑に見舞われた。私は先頭車に坐りたかったのだけれど、予想外の混雑に坐れそうな車両を選択したのだが、坐れなかった。

それ以来、モーターを装備していない先頭車に乗り、静かな乗り心地を楽しんでいた。電動車だと力走ぶりを味わうことができる。

新越谷で200系の特急〈りょうもう6号〉浅草行きとすれ違うと、快調なペースから一転、スピードが落ちる。

越谷で30000系の準急南栗橋行きを追い抜く。急行〈りょうもう〉時代でも準急は追い抜いていたが、現在は停車駅と運転区間が異なっている。

越谷―北越谷間は2001年3月28日(水曜日)に複々線化された。しかし、1800系の急行〈りょうもう〉が走る姿はなかった。団体専用列車〈東武

ファンフェスタミステリー号〉南栗橋行きは急行〈りょうもう〉のヘッド
マークをつけていることもあってか、感無量。

　北越谷から複線。地平に下りて、カーブを過ぎると、野田線交差付近まで
長い直線をゆくが、せんげん台からノロノロ運転。急行〈りょうもう〉時代
はせんげん台を通過すると、先行の各駅停車に接近するため、春日部付近ま
でノロノロ運転だったから、往年の姿を再現しているようだ。

　一ノ割を通過すると、少し持ち直したが、野田線を交差する部分をくぐる
と、止まりそうなほど勢いが落ちる。野田線8000系の各駅停車大宮行きに
抜かれてしまうほどだが、すぐに抜き返して春日部を通過。しかし、各駅停
車の姿はなかった。ならば、次の北春日部で抜くのだろう。

　ノロノロ運転は続き、北春日部を通過しても各駅停車の姿はない。どうや
ら、各駅停車の終点、東武動物公園まで先行するようだ。

　進行方向右側の南栗橋車両管理区春日部支所では300系に遭遇し、姫宮を
通過すると、特急〈しもつけ282号〉浅草行きとすれ違う。

　スピードは若干回復し、姫宮を通過。次は東武動物公園で、日光線と分岐
するので、針路をどちらに向けるかが注目される。まるで利用客にシンキン
グタイムをさせるかの如く、再びノロノロ運転。

　9時14分、東武動物公園5番線でついに止まる。2分間の運転停車のあと、
9時16分に発車。急行〈りょうもう〉のヘッドマークで確信していた通り、
そのまま伊勢崎線へ。再び、急行〈りょうもう〉時代の走りがよみがえる。

　そして、沿線での撮影隊の姿はしばらく見かけなくなる。どこへ向かうか
公表されていないのだから、当然のことではある。

3つ目のミステリーは館林

　車掌の放送が入り、団体専用列車〈東武ファンフェスタミステリー号〉南
栗橋行きは、なんと、伊勢崎へ向かうことを明らかにした。急行〈りょうも
う〉時代、伊勢崎発着列車がなかったので、これは面白い。

　あとは館林で針路を小泉線に寄り道するか、ストレートに伊勢崎線を通る
かのどちらかだろう。佐野線に入ることはなさそうだ。

　そのあと、「団体分乗券」という乗車券が配られる。北千住―伊勢崎間と
伊勢崎―南栗橋間の2枚が渡され、前者は記念品の引き換え券を兼ね、後者

記念にとっておきたくなるほどレアな2枚の団体分乗券。

は終点南栗橋の下車時に自動改札機へ投入するので、いずれも大事なきっぷである。

団体分乗券を見ると、どうやら団体専用列車〈東武ファンフェスタミステリー号〉南栗橋行きの代金、6,000円に特急料金は含まれていないようだ。もし、含まれていたら、回転式クロスシートにシートカバーをつけているだろう。

東武は特急形電車でも団体運用はできるが、シートカバーなしだと特急料金は免除されるという。1819編成はシートカバーを外すことにより、特別料金不要の団体運用に就いたのだ。

久喜通過と同時に、「待ってました」と言わんばかりに東京メトロ8000系の準急久喜止まりが発車し、引上線へ向かう。

かつて、久喜は1面2線だったが、イーハー東武の大増発により、半蔵門線と田園都市線の相互直通運転は、東武動物公園―久喜間を新たに加えたことで、2面4線に改築された。

これに伴い、区間準急の久喜発着列車の新設、一部の特急〈りょうもう〉も停まることにより、東北本線に対抗している。かつて、国鉄のエル特急〈新特急なすの〉は停車し、急行〈りょうもう〉は通過していたのだが……。

東北本線をまたぎ、進行方向右側はE231系近郊形タイプの普通電車宇都宮行きがすでに通過済み。ここから先の栗橋では東武日光線に合流する。日光線も日中の東武動物公園―新栃木間が20分おき（当時。一般列車）なので、東北本線のほか、両毛線にも対抗している。

花崎では上りホームの駅員が1800系の急行〈りょうもう〉に喜び、加須を通過すると、今度はティッシュペーパーの配布。2008年11月11日（火曜日）から東武は携帯ネット会員のサービスを開始。特急券のチケットレスサービス（携帯電話で特急券が購入できる）、運行情報メールの配信サービスがある。会費は永年無料なので、沿線在住者、出張や観光でよく利用する人にとっては使いやすい。

快調に飛ばしたのち、9時35分、羽生4番線に到着。ここで運転停車し、特急〈りょうもう5号〉赤城行きの通過待ちを行なう。しかも、15分停車し、乗降用ドアは開かない。運転停車中、乗客の多くは"トイレ休憩"と化す。

配布されたティッシュ。携帯電話のイラストは、ストレートタイプ。

トイレは1・3・6号車に設置されており、私は6号車へ向かうと、客室は業務用となっており、立ち入り禁止である。つまり、座席は1〜5号車までしか販売されていないのだ。

私はインターネット予約の際、希望欄に「進行方向右側」、「1・3・6号車のいずれか」を入力して送信したが、乗車車両は思惑通りにはいかなかった。そうならない理由がよくわかる。なんせ、東武トラベルの社員が数人添乗しているため、乗務員室に入りきらないのだ。

東武のツアートレインは、6号車を業務用に充てることが多い。

4番線の隣は秩父鉄道秩父本線のホームで、番線表示はなぜか4・5番線。1・2番線が重複するのはまだわかるが、4番線が2つあるのは不思議だ。ちなみに、秩父本線の電車は、元国鉄101系の1000系、元東京都交通局6000形の5000系が4番線に停まった。

3番線に200系の特急〈りょうもう5号〉赤城行き通過後、9時50分に発車し、利根川を渡る。かつて、利根川の鉄橋はなぜか単線だったが、現在は複線化されている。

巨人伝説の地、茂林寺前を通過すると、次は館林。1997年3月24日(月曜日)まで、急行〈りょうもう〉の大半の下り列車は浅草―館林間はノンストップだった(上り列車はすべて北千住に停車)。北千住の小菅寄りに優等列車用のホームを作ったことで、大半の下り列車のノンストップ区間は、北千住―

館林間に変更された。

　しかし、特急〈りょうもう〉の今はすべて、東武動物公園に停車。また、特急料金を値下げしたため、格調と言う点に関しては、急行時代のほうが高い。

　進行方向左側の津覇車両では、10000系11604編成のリニューアル工事が行なわれている。21年に渡る8000系の修繕工事を終え、副都心線と相互直通運転を行なうこともあり、9000系量産車と9050系に移行したのち、10000系の"出番"となった。

　10000系のリニューアル工事はすでに2編成が"再デビュー"をしており、ピッチをあげているように思える。今後は10030系や20000系にも施行されるのだろう。

　9時59分、館林3番線で運転停車。昔も今も〈りょうもう〉下り列車の"指定席"といえるところだが、余韻に浸る時間はなく、10時00分に発車。ここから単線を走る。

　気になる針路は、まず小泉線と分かれ、佐野線と並走し、8000系の各駅停車館林行きワンマン列車とすれ違う。これは複線ではなく、単線並列。やがて、佐野線と分かれ、伊勢崎線をひたすら走る。

　1998年2月11日（水曜日・建国記念の日）、1800系の急行〈りょうもう7号〉赤城行きに乗ったとき、館林から先は遅く、桐生線はもっと遅かったが、特急格上げによるスピードアップにより、若干、速くなったと感じられる。しかしながら、単線行き違い可能駅は1線スルー化されておらず、通過時は減速をしいられる。

4つ目のミステリーは太田

　10時07分、県で運転停車。ほどなくして800系の各駅停車館林行きと行き違う。10時08分、団体専用列車〈東武ファンフェスタミステリー号〉南栗橋行きが動き出すと、各駅停車館林行きも続いた。

　単線の関東平野を突っ走り、奥の山々は紅葉に色づいているものや雪化粧しているところもあり、秋から冬への移り変わりが垣間見える。

　10時12分、足利市を通過。昔も今も〈りょうもう〉の停車駅だから、衝撃を覚える。

伊勢崎線の館林―太田間は一旦、栃木県へ寄り道をし、群馬県に戻って、高架を登り、10時19分、太田2番線で運転停車。

向かいの1番線には始発、10030系の各駅停車久喜行きが発車を待っている。車内はガラガラ。ホームの行先案内では団体の英訳が「Charter」。ちなみに北千住では「Party」で、見解が異なる。

館林から先は単線となり、車窓ものどかに。

太田からは一旦、古巣の桐生線を往復してから伊勢崎へ入るのか、それともダイレクトで伊勢崎へ向かうのかが注目される。

このホームは変則的で、1・2番線の前方には7・8番線、3・4番線の前方にも9・10番線がある。これは2006年3月18日（土曜日）のダイヤ改正で、伊勢崎線は太田―伊勢崎間の各駅停車がワンマン運転に変更されたためである。7～10番線はワンマン運転専用のホームなのだ。

10時27分に発車。分岐して針路を左にとる。急行〈りょうもう〉のヘッドマークを掲出しながら、桐生線赤城には行かないのだから、これもミステリーの1つと言えるだろう。沿線の高校ではテニス部員の男子生徒が1800系にひと目ボレで、練習を一時中断。衝撃かつ刺激的な車両のようだ。

地平に下り、細谷を通過。10時33分、木崎で運転停車し、行き違いはなく、10時34分に発車する。太田を過ぎると、胸のすくような走りが難しい状況で、ホームの1線スルー化をする予定もなさそうだ。

10時38分、境町で運転停車。下りと上りはホームの位置が離れており、ここでは850系の各駅停車太田行きワンマン列車と行き違う。

10時41分に発車。関東平野をひた走るものの、駅が近づくと、減速をしいられる。

剛志を過ぎると、次は新伊勢崎。太田―伊勢崎間は実質ローカル線ながら、剛志―伊勢崎間の高架化が決定し、2008年10月28日（火曜日）、群馬県

急行〈りょうもう〉リターンズ

隣の両毛線を走行するJR東日本107系100番代は、2017年10月7日（土曜日）に引退。

と施工協定を結んだ。

　10時47分、新伊勢崎で運転停車し、1分後に発車。宅地が多くなり、進行方向右側から両毛線に合流。10時50分、伊勢崎5番線に到着した。両毛線側では、すでに高架化工事が行なわれていた。

伊勢崎を選択した理由を推理

　伊勢崎の発車時刻は11時17分で、ここでの27分間は撮影タイムである。急行〈りょうもう〉の伊勢崎発着列車がなかっただけに、乗客は心を込めて、シャッターを切る。

　6号車の乗務員室には、今回のために新調した「南栗橋」の行先板を掲げている。

　1811〜1818編成は側面に方向幕が設置されておらず、乗務員室に行先板を掲示していたのだ。これは方向幕が設置された1819編成にも継承されている。

　団体専用列車〈東武ファンフェスタミステリー号〉南栗橋行きが伊勢崎に踏み入れたのは、おそらく、ホーム事情によるものではないかと思う。佐野線葛生は1番線しかないし、桐生線赤城は特急〈りょうもう〉と各駅停車が

並ぶことがあるので、1面2
線ながら、ホームに余裕のあ
る伊勢崎を選んだのではない
だろうか。ちなみに、小泉線
の西小泉は1面2線で、日中
は1時間おきの運行であるた
め、ホームに余裕はある。

　1号車側の乗務員室で
は、「伊勢崎」の行先板を
掲示。どちらもよく似合っ
ている。行先の右下には
「2008.11.30」という日付が
入っており、この日しか運行
しないことを表している。記
念にもなるし、もし、オーク
ションの出品や『開運なんで
も鑑定団』に出場し、鑑定し
てもらったら、日付は高値の
源にもなる。急行〈りょうも
う〉はこの日、新たな伝説を
作った。

伊勢崎線浅草—伊勢崎間を走破した1800系。

　1800系の撮影を満喫し、車内へ。折り返すため、回転式クロスシートの
向きを変える。周囲の乗客に相談しながら、向きを変えていき、5号車に関
しては、発車時刻までに座席の方向転換を完了（意外にも5号車はグループの利用
客はいなかった）。私の坐る席は進行方向左側に変わり、11時17分、南栗橋
を目指す。

5つ目のミステリーは再び太田

　伊勢崎を発車すると、いよいよ両毛線へ。と言いたくなるけど、同じ狭軌
でも線路がつながっていない以上、直通することができず、引き続き伊勢崎
線をゆく（1800系はJR東日本直通対応車ではない）。

両毛線は東武の乗換駅が3つあり、伊勢崎は伊勢崎線、佐野は佐野線、栃木は日光線で、おまけに岩宿―桐生間は桐生線と交差する。残念ながら桐生線共々、交差地点に駅は設置されていない。もし、4つの東武路線が両毛線に直結していたら、夢のようなルートが想像できるが、実現する可能性はきわめて低い。

　11時19分、新伊勢崎で運転停車というよりも一旦停止。ほどなくして発車すると、弁当とお茶の配布が始まる。

　こういうときは窓側に設置されている大型のテーブルが役に立つが、隣の通路側に坐っている男性客に失礼なので、背面テーブルにとどめておく。最低限のエチケットである。

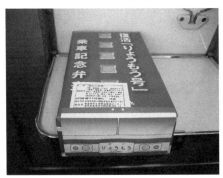 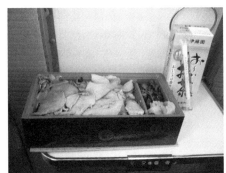

配布された昼食。

　剛志で850系の各駅停車伊勢崎行きワンマン列車と行き違ったあと、東武トラベル社員の手により、まず弁当を配布される。うわぁー、ビックリだぁー!!　なんと、1800系をデザインした『復活「りょうもう号」乗車記念弁当』なのである。フェイスはシールで貼られており、かなりコリにコッたつくりである。

　次にお茶が配布される。こちらは伊藤園のミニ紙パック。正午になっていないので、昼食をとるには早いが、乗客の多くは、おなかが相当すいているようだ。私も朝食は7時前にとっているので、空腹感があり、"早弁"するとしよう(「空気を読んだ」とも言える)。

　『復活「りょうもう号」乗車記念弁当』の正式名称は「鳥めし弁当」で、消費期限はこの日の14時まで。賞味期限と消費期限の意味に関係なく、14時までに食べ終えればよい。

この"プレミアム弁当"は包装紙を破くわけにはいかず、フェイスシールをはがし、慎重に取り出す。弁当の包装紙で神経質になったのは初めてだ。それだけ、見ただけで嬉しいものだから、包装紙だけはお持ち帰りしたい心境になるのだ。

鳥の焼肉がチャーシューのような薄切りで、たくさん入っており、ごはんは肉汁がしみ込んでいるので、うまい。

私はグルメリポーターではないし、B級グルメで充分なので、「うまい」、「おいしい」としか言えないが、彦摩呂なら、こう言うだろう。

「うーわぁー!!」

「見てぇー!!」

「味のIT革命やぁー!!」

「まるで宝石箱やぁー!!」

そして、料理記者歴50年の岸朝子なら、こう言うだろう。

「おいしゅうございます」

『復活「りょうもう号」乗車記念弁当』はほかに高菜、たくわん、梅干が入っており、ワリとシンプルな弁当である。

太田が近くなり、進行方向左側には先ほどの高校が見える。スポーツ部員の男子生徒はテニス部から野球部に変わっており、やっぱり1800系にひと目ボレで、練習を一時中断。衝撃かつ刺激的な車両のようだ。1800系に目がテンとなった高校生よ、"「りょうもう小町」、もしくは「ミスりょうもう」という名の彼女"はいるのかい?

桐生線に合流し、11時38分、太田5番線に到着。ほどなくして、隣の4番線に10000系＆10030系の各駅停車久喜行きが入線した。

乗客の心をくすぐらせた『復活「りょうもう号」乗車記念弁当』を食べ終えた頃、東武トラベル社員は各車両のデッキにダンボールを置いたので、そこへ捨てて欲しいという放送を流す。これはなかなかいいサービスだ。そのあと、思いもよらぬことがあった。

「いっしょに捨てておきます」

隣席の男性客が申し出たのである。私はエライ人でなければ、有名人でもない。また、隣席の男性客とは知り合いでもない。

「すいません、お願いします」

と丁重にお願いして、カラになった弁当箱を渡す。

この男性客は伊勢崎への道中、東武トラベルの封筒をあけて、連絡事項の紙を取って確認するところをチラッと見てしまったのだが、なんと遠路はるばる某県から参加。また、居住地が首都圏ではないところの参加者も多く、1800系の人気は全国区であることを物語る。東武ファンフェスタも国民全体が注目を集めるようになったようである。

　11時45分、各駅停車久喜行きが発車したあと、向かいの6番線に8000系の各駅停車赤城行きワンマン列車が到着。まるで行き違い停車をしたような感じで、11時47分に発車。太田を発った"赤い光"はなんと、ここから小泉線に入る。太田5・6番線は小泉線と桐生線のホームであるため、"そうなるのではないか"という予想をしていた。

　「♪なんてったって、コイゥーズミィー♪」

　総理大臣在任中に発したある政治家の鼻歌が聞こえてきそうだ。

乗車記念証明証を配布

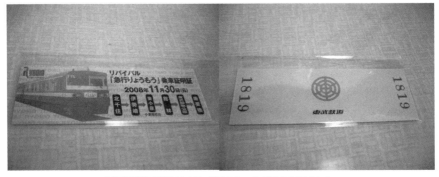

乗車証明証の配布により、今回のルートが明らかにされた。

　竜舞を通過すると、乗車記念証明証が配布される。これは多くのレールファンが喜ぶ硬券だ。その名は『リバイバル「急行りょうもう」乗車証明証』。ちなみに「証明証」は上から読んでも下から読んでも、左から読んでも右から読んでも「証明証」である。これは「山本山」もそうだよね。

　表向きは団体専用列車〈東武ファンフェスタミステリー号〉だが、ウラ向きは"急行〈りょうもう〉リターンズ"だったのだ。

　急行〈りょうもう〉のヘッドマークに鼓動が高まり、"ミステリートレ

インにせず、それにすればよかったのに"と思う。しかし、最初から急行
〈りょうもう〉リターンズにすると、沿線に撮影隊が集結して、東武ファン
フェスタに訪れてくれない可能性が高いことを恐れたのだろう。

　もし、再び急行〈りょうもう〉リターンズがあるならば、東武ファンフェ
スタのない日がよさそうだ。もしかすると、きっぷの発売開始から30秒で
売り切れちゃったりして。

団体専用列車〈東武ファンフェスタミステリートレイン号〉 南栗橋行き 編成表				
乗車区間	号車	車両番号	禁煙	備考
伊勢崎　　南栗橋	1	クハ1869	○	座席指定
	2	モハ1859	○	座席指定
	3	サハ1849	○	座席指定
	4	モハ1839	○	座席指定
	5	モハ1829	○	座席指定
北千住　東武動物公園	6	クハ1819	○	業務用

5つ目のミステリーは再び東武動物公園

　進行方向右側から小泉線西小泉方面に合流し、11時54分、東小泉1番線
に到着。東小泉の西小泉・館林方面は1番線、太田方面は2番線から発車す
るので、西小泉へ向かうことはなさそうだ。

　小泉線は館林―西小泉間を走る1800系通勤形改造車で2度乗っており、
急行〈りょうもう〉時代の居心地のよさを心ゆくまで味わったことを思い出
す。

　各駅停車西小泉行きワンマン列車の行き違いはなく、11時56分に発車。
ここから小泉線本線部に入る。

　小泉線はカーブが多く、スピードは出ないが、1800系通勤形改造車時代
のような心地よい走りで、西小泉以外はすべて通過。かつての所属先であっ
た南栗橋車両管理区館林支所を横切り、伊勢崎線、佐野線に合流する。

　佐野線の各駅停車館林行きワンマン列車のあとを追うかのように進み、
12時08分、館林5番線の外側にある留置線に到着。太田―館林間は伊勢崎
線経由だと19分、小泉線経由だと21分。西小泉の運転停車がなければ、さ

ほど変わらない。

　それもそのはず。館林―太田間の営業キロはどちらも20.1キロだが、実キロは伊勢崎線20.1キロに対し、小泉線は16.2キロで、3.9キロの開きがあるのだ。本来なら小泉線の運賃は大人300円、小児150円のところ、伊勢崎線と同じ大人350円、小児180円(当時。消費税5％時代)に設定されているのである。

　12時10分に発車。再び伊勢崎線に入り、複線を快調に走る。終点南栗橋到着まで、あと50分ほど。どこかでサプライズがありそうな予感がする。

　進行方向左側の車窓を眺めると、デジタルカメラで1800系の勇姿を撮影する人がいた。どこかで聞きつけたのか、見たのかはわからないが、待ち構えていたところを見ると、1800系が再びやって来ることを確信していたようだ。1800系は"ふるさとの車両"であり、ロマンスカーでもあるのだ。

　往路で特急〈りょうもう5号〉赤城行きに抜かれた羽生を通過し、快調なペースから若干ダウンするも、南羽生で回復。往年の走りが再びよみがえる。

　東北本線をまたぎ、東北新幹線〈はやて17号・こまち17号〉八戸・秋田行きに遭遇したあと、東武トラベルの社員が巡回。終点南栗橋で今回使用された方向板の下敷きを1枚500円で販売するという。しかも、片面には「伊勢崎」と「南栗橋」が表示されている"値打ちモノ"である。

　久喜を通過すると、少し勢いが落ち、東武動物公園に近づこうとしている。ホームに滑り込むのか、あるいは5番線の外側にある留置線に止まるのかが気になるところ。また、進行方向は再度、1号車が先頭になるので、回転式クロスシートの向きを変えるか、あるいはそのまま南栗橋へ向かうのかが注目される。

　日光線合流地点でブレーキがかかり、12時37分、東武動物公園は案の定、5番線の外側にある留置線に到着。5番線には10030系の区間準急久喜行き、4番線には特急スペーシア〈きぬ117号〉鬼怒川温泉行きが通過。車掌の放送により、再び回転式クロスシートの向きを変える。また、5番線ではやはり、撮影隊がいた。

大満喫の4時間16分

　座席の向きを変え終えると、東武動物公園4番線に東急8500系の急行南

栗橋行きが到着。同じ急行でも、"格下"のほうが先に発車する。

　続いて区間準急久喜行きが発車したあと、5番線に特急〈りょうもう17号〉赤城行きが到着。どうやら、新旧〈りょうもう〉の顔合わせが終わったあと、動き出すようだ。

　12時47分、4番線に20000系の各駅停車東武動物公園止まりが到着すると同時に、団体専用列車〈東武ファンフェスタミステリー号〉南栗橋行きが発車。5番線側では撮影隊が1800系を激写し、電車は次から次へとポイントを渡り、日光線へ。さぁー、いよいよ、終点南栗橋までラストスパートだ。

　杉戸高野台で6050系の区間快速浅草行きとすれ違い、これで250系を除く、東武の優等車両に遭遇、あるいはすれ違ったことになる。

　ついに幸手を通過し、いよいよ終点南栗橋が近づいてきた。ラストスパートは急行〈りょうもう〉の本領発揮で、速い!!　急行〈りょうもう〉のヘッドマークをつけて、日光線を走るのはおそらく、初めてではないだろうか。

　「皆様、〈東武ファンフェスタミステリー号〉はお楽しみいただけましたでしょうか?」

　車掌の放送が入る。もちろん、楽しんだよ、大満足だよ。もう5つ星だよね。1800系はリクライニングシートが装備されていないけど、まったく疲れない。背もたれの角度がちょうどいいので、快適なのだ。

　12時57分、終点南栗橋3番線に滑り込み、ゲームセット。8時41分に北千住を発車し、4時間16分という長丁場だった。この先の東武日光まで乗りたい気分だったけど、10年ぶりに急行〈りょうもう〉に乗ることができて、最高に嬉しい。もし、リターンズがもう1回あるならば、次も乗りたい。

　1800系の回送を見届け、下車。東口では北千住—伊勢崎間の団体分乗券を渡し、"「急行〈りょうもう〉のプレート」という名の記念品"をいただく。実際に1800系のサボとして使われた復刻版だ。

　そのあと、行先板の下敷きを購入。1枚500円は安いのか高いのかはまったく気にせず、ポーンと購入した。

　さて、水谷豊の『カリフォルニア・コネクション』に例えると、1800系はこういう車両だ。

　「♪あぁーつく燃ぉーえるぅ、季ぃー節がぁー、ぼくらのぉー、あー

こぉーがぁーれぇー、運んでゆくぅーよぉー♪」

　1800系、俺たちにはまだまだ必要だ。

終点南栗橋に到着。

記念品と販売の下敷き。

コラム
column

伊勢崎駅の高架化

高架化された伊勢崎駅。

　両毛線伊勢崎駅の高架化は2010年5月30日（日曜日）、伊勢崎線剛志
—伊勢崎間の高架化は2013年10月19日（土曜日）にそれぞれ実施され
た（伊勢崎線同区間は踏切13か所を除去）。

　伊勢崎市は2002年に「伊勢崎市中心市街地活性化基本計画」を策定
し、高架化後は約137ヘクタールを対象に、中心市街地の整備に取り
組んでいる。

伊勢崎大手町郵便局は、伊勢崎駅南口から徒歩5
分のところにあった。

　高架化により、駅前など
を整備して利用しやすい町
に発展した反面、伊勢崎駅
からもっとも近かった伊勢
崎大手町郵便局が区画整理
のため、2016年7月9日
（土曜日）付で廃止。不便な
面も表れている。

急行〈りょうもう〉リターンズ

臨時電車
〈春の花めぐり号〉
≫ 佐野行き 2018

営業運転前日の引退発表で、"春の締めくくり号"と化した。

　　2018年の東武は、ローカル線の佐野線にチューモーク！　両毛線にあしかがフラワーパーク駅が開業したことで、東武沿線から、あしかがフラワーパークへの"新ルート"という役割を担う。定期列車では、佐野線と両毛線の接続が良好ではないが、臨時電車ではそれを改善したのがポイントと言えよう。

臨時電車〈春の花めぐり号〉運転前日に1800系引退発表

東武は毎年春季に「春の花めぐりきっぷ」を発売しており、2018年からフリー乗車区間に佐野線館林—佐野間が追加された。これにより、あしかがフラワーパークへのルートが2通りに増えたほか、"無風のローカル線"が一躍脚光を浴びることになったと言えよう(注：両毛線佐野—あしかがフラワーパーク間と、足利市駅南口発着シャトルバスの有料運行時の運賃は別払い)。

"新生佐野線"の第1弾は、1800系を使用した臨時電車〈春の花めぐり号〉佐野行き。始発は野田線の運河で、春日部から伊勢崎線、館林から佐野線へ入る。東武の営業列車(団体列車を除く)で、「野田線⇒伊勢崎線⇒佐野線」及び、「千葉県⇒埼玉県⇒群馬県⇒栃木県」を経由するのは、おそらく初めてだろう。

1800系は、かつて急行〈りょうもう〉として関東平野を駆け抜けていたが、1998年3月31日(火曜日)で勇退。2007年2月以降は1819編成のみ在籍し、団体列車や臨時快速などで活躍していたが、2018年5月20日(日曜日)の「ありがとう1800系ラストラン記念ツアー」をもって、引退することになった。

残念なことに、2018年ゴールデンウィークの日光線臨時電車には起用されず、一般の旅客列車としては、臨時電車〈春の花めぐり号〉佐野行きが最後の運転になった。

一方、1800系改造車の350系は、"関東私鉄の現役最年長特急車"として、引き続き運転。ただ、老朽化が進んでおり、2020年6月6日(土曜日)のダイヤ改正で、不定期運用に変わった。

運河で1800系の撮影会

2018年4月21日(土曜日)8時30分過ぎ、運河に乗り込むと、すでに2番線では行楽地へ向かう乗客やレールファンでにぎわっていた。発車1時間前で、この状況なのだから、臨時電車〈春の花めぐり号〉や1800系に対する関心が高いのだろう。

野田線のダイヤが少々遅れており、臨時電車〈春の花めぐり号〉佐野行きは、予定より2分遅れの9時11分、2番線に入線。3分後に客扱いを始める。

入線から発車まで37分もあるため、1800系は"モデル"と化す。

　乗客の多くは、回転式クロスシートに荷物を置くと、撮影タイム。鉄道に関心がない乗客は、レールファンの"熱気"に誘われて1800系をスマートフォンやデジタルカメラで撮影したのではないだろうか。

　1800系が野田線に入線するのは、2014年12月6日(土曜日)の団体列車以来、4年ぶり3回目。団体列車以外の営業運転は、今回が最初で最後だ。東武によると、臨時電車〈春の花めぐり号〉の運転は、2018年3月初旬に計画。始発駅を運河にしたのは、大宮、柏、船橋は、定期列車の発着でホームに長時間停車させておくができないこと、運河は折り返し設備が整っており、乗客に余裕を持って乗車いただくことができるからだという。

臨時電車〈春の花めぐり号〉のヘッドマークと方向板。

　2・3番線の柏寄りでは、臨時電車〈春の花めぐり号〉佐野行きの発車まで「特急リバティ運行開始1周年記念入場券」(1セット1,000円)を臨時発売。運河はこの券の発売駅ではないので、駅員は"便乗商法"に打って出たといえる。購入者には、"「特急〈アーバンパークライナー2号〉運河行き(大宮22時43分発、平日のみ運転)の宣伝チラシ」という名のオマケ"もつくので、ほかの駅で買うよりプレミアム感がありそうだ。

　この日は500系リバティがデビュー1周年を迎え、浅草駅及び特急〈リバティけごん11号・リバティ111号〉東武日光・会津田島行きの車内で、イベントなどが行なわれた。

野田線内は各駅に停車

臨時電車〈春の花めぐり号〉佐野行き 編成表

乗車区間	号車	車両番号	禁煙	備考
佐　野	1	クハ1869	○	なし
	2	モハ1859	○	なし
	3	サハ1849	○	なし
	4	モハ1839	○	なし
	5	モハ1829	○	なし
運　河	6	クハ1819	○	なし

　車内は満席かつデッキに立客も発生する盛況ぶりで、定刻より2分遅れの9時50分に発車。運転士が「さぁー、行くぞ」と言いたげにペダルを踏み込み、"「警笛」という名の雄叫び"をあげる。

　臨時電車〈春の花めぐり号〉佐野行きは、春日部までの各駅、久喜、茂林寺前、館林に停まる。春日部まで各駅に停まるのは、野田線の地上設備の関係により、通過列車が設定できないからだ(大宮―春日部間を除く)。

　野田市で8000系の各駅停車柏行きと行き違いのため、少々停車。この日、野田線のダイヤが少々遅れており、臨時電車〈春の花めぐり号〉佐野行きは、定刻より3分遅れの10時00分に発車した。

　私の後ろの席では、梅郷で女性1人が乗り、空いていた席に坐り、相席の男性客にこの列車を問い合わせたあと、談笑。愛宕で回転式クロスシート1列分が空き、女性は「ありがとうございました」と礼を言い、移動した。

七光台で10030系の各駅停車柏行き、川間で8000系の急行柏行きと行き違い、江戸川を渡り埼玉県へ。各駅や沿線は撮影隊であふれており、特にスマートフォンで動画を撮影する人が多い。スマートフォンとICレコーダーの普及により、"記録力が永遠に残る時代"に変貌したと言えよう。たとえ人間の記憶力が薄れても、データが消失しない限り、記録力が絶大なものになるのだから。

　南桜井で8000系の各駅停車柏行きと行き違ったあと、車掌は後続の各駅停車大宮行きについて、次の藤の牛島で乗り換えるよう案内する。春日部の到着ホームが異なるためで、藤の牛島なら同一ホームで乗り換えられる。

　伊勢崎線をまたぎ、合流すると東京メトロ03系の回送と並走したのち、先を越される。どちらも先が短いだけに、「お互い最後まで頑張りましょう」とエールを交換しているように映る。

２分遅れが幸いし、東京メトロ03系の回送とタイミングよく合流。

　定刻より２分遅れのまま春日部４番線に到着。伊勢崎線と野田線の直通旅客列車は、このホームしか入れない制約がある。

久喜で大量乗車

春日部で乗務員を交代し、定刻より2分遅れのまま10時24分に発車。伊勢崎線に入ると、長年通い慣れた道を勢いよく走る。

北春日部で03系回送を抜いたあと、今や館林方面の列車では珍しくなった東武動物公園を通過。車窓は住宅地からのどかな田園へと変わる。

東北本線と合流し、10時34分、久喜へ。向かいの2番線には50050系の急行が終点に到着したこと、東北本線から、あしかがフラワーパークへは、久喜で東武に乗り換えたほうが早いことから乗客が多く、車内は".com"。立客は客室にあふれてしまった。

仮に東北本線久喜10時37分発の普通電車宇都宮行き(土休運転)に乗ると、小山には11時09分に到着。ここで両毛線12時02分発の普通電車高崎行きに乗り換えると、あしかがフラワーパークへは、12時36分に到着する。

一方、臨時電車〈春の花めぐり号〉佐野行き経由なら、終点佐野で11時29分発の両毛線普通電車高崎行きに乗り換えると、あしかがフラワーパークへは、11時36分に到着する。

定刻より1分遅れの10時35分に発車すると、1800系は「カタカタカタカタ」とダイナミックな走りを披露。リアルタイムで1800系の急行〈りょうもう〉に乗った者にとっては、往年の姿がよみがえる。

「♪行くぜっ!! GED UP! めぐるっ、ハッ。GED ON! いっつもぉー、オイエーッ!! TAKE UP! 風はっ、ンー。TAKE ON! とっきのゆくぅままぁー。オーライッ♪」(柴田恭兵の『RUNNING SHOT』より)

1800系が佐野線で営業運転をするのは12年ぶり

利根川を渡り、群馬県へ。1800系の持っている性能をいかんなく発揮し、東武トレジャーガーデンの最寄り駅、茂林寺前へは定刻通り10時53分に到着。隣のホームでは特急〈りょうもう20号〉浅草行きが通過し、一瞬だけ新旧〈りょうもう〉の顔合わせ。

10時56分に発車すると、3分で館林3番線に到着。ここでも若干の降車があり、立客は減ったが、それでも"満席"であることに変わりはない。

館林で2度目の乗務員交代後、11時04分に発車し、ここから佐野線へ。

館林駅東口の最高気温は30℃超を記録
（気象庁の公式発表は29.8℃）。

廃車された東京メトロ03系第9編成は、1・2・7・8号車
を5ドア車に変更された第1号編成。

1800系が佐野線で営業運転をするのは、通勤形改造車以来12年ぶり。さらに、原色塗装に関しては、急行〈りょうもう〉勇退後、初となった（団体列車を除く）。

佐野線内は、噛みしめるようにゆっくり走る。渡瀬を通過すると、進行方向右側に資材管理センター北館林解体所が見え、20070系の中間車4両と03系第9編成の解体作業が進められている。1800系1819編成もここが"終着駅"になるのだろうか。

渡良瀬川を渡り、栃木県へ。特急〈りょうもう〉が停車する佐野市を通過すると、終点佐野が近づいてきた。

「本日は、臨時列車、〈春の花めぐり号〉を御利用いただきまして、ありがとうございました。初夏のような陽気に包まれながら、この電車は、無事に、終点の佐野駅に到着をいたします。

花で彩られております、あしかがフラワーパークでは、ツツジと藤の花が見頃を迎えております。中でも、うすべに藤は、満開となっております。このあとのお出かけも楽しんでいただきますよう、お祈り申し上げます。

また、本日の御乗車は、皆様の"思い出の1ページ"になりましたら、幸いでございます」

車掌のイキな放送は、"行楽地への道先案内人"。乗務前に気象情報や、あしかがフラワーパークの状況を念入りに調べたようだ。おそらく、1800

系の乗務はこれが最後となるのだろう。万感の想いが詰まった放送に心を打つ乗客もいたはずだ。

両毛線をまたぎ、合流すると、11時21分、終点佐野1番線に到着した。隣の公道では、1800系の到着を待っていたかの如く、ツツジの花が咲き誇る。まるで、「1800系、長いあいだお疲れ様でした」とねぎらいの言葉をかけているようだ。

終点佐野に到着。

ホームでは、ほとんどのレールファンが1800系を撮影。停車時間を20分ほどとっており、引退迫るロマンスカーの雄姿を目に焼きつけていた。

11時41分、"雄叫び"をあげたあと、1800系の回送が発車。最後部の1号車はなぜかヘッドライトを点灯したまま、佐野をあとにした。ファンサービスなのか、それともただの切り忘れなのかは、定かではない。

さらば1800系

1か月後の5月20日(日曜日)、ついにラストランを迎えた。

2013年11月19日(火曜日)から"終の棲家"となった南栗橋車両管区を出庫したあと、春日部まで回送。折り返し、東武動物公園へ向かい、「ありがと

う1800系ラストラン記念ツアー」が始まる。針路は桐生線赤城、伊勢崎線伊勢崎に寄り、浅草へ向かうルートをとった。

多くの人々に愛された名車1800系、引退後も心の中で永遠に走り続けるだろう。

　9時56分の発車後、特急〈りょうもう7号〉赤城行きに乗り、終点へ。ここで1800系の到着を待ち、そして発車を見送る。迷った末、特急〈りょうもう26号〉浅草行きに乗り、終点で1800系を待つことにした。

　「本日、1800系車両、1819編成が引退となります。最後の最後まで、安全運行に努めてまいります。皆様の御協力、お願いいたします。安全運転に努めてまいります。皆様の御協力、お願いいたします」

　狭い構内は騒然に近い雰囲気となり、駅員は安全確保をお願いする放送を流したあと、3番線に安全と動線確保のため、規制線が張られる。そして、駅員から"1800系のあゆみ"を放送。喧騒の中、可能な限り聞き取れた放送をお伝えしよう。

　「1800系は昭和44年(1969年)に急行〈りょうもう〉号の車両として登場いたしました。現存している1819編成は、急行〈りょうもう〉号の増発に伴い、昭和62年(1987年)に登場いたしました。

　平成10年(1998年)に200型、250型の置き換えが完了し、一部は300型、350型、通勤形車両に改造されましたが、1819編成は唯一原型を保ったま

1998年2月11日（水曜日・建国記念の日）以来、20年ぶりに赤城で1800系を撮影。

ま、団体専用列車として残りました。

　このあとも、団体専用や臨時列車として運行されました。平成19年(2007年)より、臨時快速列車として日光線を走りました。

　通勤、通学や、行楽の足として、また団体列車として、乗られたお客様も多いかと思います。

　皆様の思い出とともに走り続けてきた1819編成が、5月20日をもちまして引退いたします。

　近年では運行回数が減ったなか、皆様にお迎え、お出迎えにいただき、従業員一同、感謝の気持ちでいっぱいでございます。約31年間の御愛顧をいただきまして、誠にありがとうございました」

　私は子供の頃から東武に愛着を持ち、1800系の急行〈りょうもう〉にあこがれていた。当時の東武の象徴と言えた1720系デラックスロマンスカーや8000系は、まったくと言っていいほど興味や関心がなかったが、通勤形電車のセイジクリームは脳裏に焼きついていた。

　1度、急行券の「うりきれ」（現在は×か満席を表示）で旧準急に乗らざるを得ない展開となり、館林までの道のりは果てしなく遠く長かった。当時、複々線は北千住─竹ノ塚間で、しかも夕ラッシュ時なのだから、速く走るだけで

も至難の業と言えただろう。

　急行〈りょうもう〉は1800系のイメージが強く、「200系、250系の急行
〈りょうもう〉」に強い違和感を持っていたが、「特急〈りょうもう〉」によっ
て一気に晴れた。

　1819編成が団体専用列車でしか乗れない時代、"著書を出したら1800系
を貸切りたい"という夢を抱く。初の著書『波瀾万丈の車両』の発売日が決
まったら、東武広報に問い合わせる予定でいたが、残念ながら叶わなかっ
た。すべて私の力不足である。

　15時35分、光の中から1800系が姿を現し、3番線に滑り込む。参加者は
撮りたい気持ちを抑え、係員の指示に従い、足早で改札へ向かう。

　「ありがとう」

　15時42分、1800系の回送が発車すると、ホームから歓声と万雷の拍手
が鳴り響き、浅草と隅田川を離れていった。

東京の聖地、浅草で最後の晴れ姿。

　私はO型という頑固かつ意固地な性格のせいか、特急〈りょうもう25号〉
赤城行きに乗り、東武動物公園へ。1800系の回送に追いついた。そして、
東急8500系の急行南栗橋行きに乗り換え、終点で1800系を待ち構える。

　数分後、1800系の回送が4番線に到着。ほどなく南栗橋車両管区へ引き上げ、ゲームセット。

　1か月後の2018年6月18日(月曜日)、1800系は南栗橋車両管区から資材管理センター北館林解体所に向けて廃車回送された。偉大なる日本一の急行形電車は、49年にわたる波瀾万丈の歴史に幕を閉じたのである。私にとっては、心の支えの1つを失った。

　各地で静態保存された1720系デラックスロマンスカー、私鉄最多712両新製の8000系は「記録に残る車両」。1800系は「記憶に残る車両」といえよう。

　「♪たぁーいーよーうぉーにーっ、グッバァーイ、グッバァーアーイーッ♪」(舘ひろしの『冷たい太陽』より)

long good-bye.

東武ファンフェスタ
車両撮影会のあゆみ

　東武ファンフェスタは、2005年から南栗橋車両管区で開催されている
イベントで、目玉は車両撮影会。SL撮影会、SLファンフェスタも含め、
そのあゆみを御覧いただこう。

【展示車両一覧の見方】

　車両は左側から順に紹介する。カッコ内は展示回数。

　なお、1回のみの場合及び、SL撮影会とSLファンフェスタは省略。
8000系は"原型"の「東武顔」と"整形"の「フェイスチェンジ車」に分ける。

第1回

2005年10月2日（日曜日）

　記念すべき第1回は、東武ファンフェスタ唯一の10月開催。車両撮影会には、〈りょうもう〉にゆかりのある車両が集結した。

　なお、集結した5車種は2009年と並び最少。

【展示車両】1800系1819編成（初）、300系（初）、350系（初）、1800系通勤形改造車、200系（初）

【来場者数】約6,400人

第2回

2006年11月19日（日曜日）

　初の11月開催で、途中から雨に見舞われた。8000系と5050系の"東武顔"が並び、その隣には東急8500系。第2回にして、早くも他社車両が展示された。

【展示車両】100系（初）、200系（2回目）、1800系1819編成（2回目）、8000系東
　　　　　武顔（初）、5050系、東急8500系
【来場者数】約8,200人

 第3回

2007年11月25日（日曜日）

　この年は創立110周年で、全車種に記念のヘッドマークを掲出。通勤形電車は無塗装車体(ステンレス、アルミ)にそろえられ、東急2代目5000系が初めて展示された。

【展示車両】 東急2代目5000系(初)、50050系(初)、20070系、30000系(初)、
　　　　　　 10000系(初)、1800系1819編成(3回目)、200系(3回目)
【来場者数】 約10,000人

2008年11月30日(日曜日)

　第1回から展示が続いていた1800系1819編成、200系が外れたが、"〈りょうもう〉車両"は継続され、完全新製車の250系が参戦する恰好となった。

　また、この年から東武車両をデザインしたオリジナルティッシュケースが来場者に配布された。

【展示車両】50050系(2回目)、30000系(2回目)、20050系(初)、300系(2回目)、
　　　　　　250系(初)、100系(2回目)
【来場者数】約8,000人
【オリジナルティッシュケース】50050系

第5回

2009年11月8日(日曜日)

　日光の紅葉シーズンと重なった影響で、車両撮影会はすべて通勤形電車が集結した。日光線開業80周年記念ヘッドマークつき。

　南栗橋車両管区の所在地は埼玉県北葛飾郡栗橋町だったが、2010年3月23日(火曜日)に北葛飾郡鷲宮町と栗橋町、南埼玉郡菖蒲町が久喜市に合併。このため、栗橋町での開催は、第5回が最後となった。

【展示車両】8000系フェイスチェンジ車(初)、10000系(2回目)、20050系(2
　　　　　　回目)、30000系(3回目)、50050系(3回目)
【来場者数】約10,000人
【オリジナルティッシュケース】5700系

2010年12月5日（日曜日）

　初の12月開催。最多の8車種が集結した。掲出のヘッドマークが様々なのも面白い。

　新たな試みとして、11時00分から12時30分までは「遠くから」として、車両全景を撮影。12時30分から14時30分までは「近くから」として、車両単体を撮影。一部の車両ではヘッドマークの付け替え、方向幕の設定変更が行なわれた。

　この年から8000系東武顔は8111編成となり、以降、2017年まで毎年展示される。

【展示車両】200系（4回目）、100系（3回目）、300系（3回目）、1800系1819編成（4回目）、10080系、8000系フェイスチェンジ車（2回目）、8000系東武顔（2回目）、50050系（4回目）
【来場者数】約12,000人
【オリジナルティッシュケース】1800系

第7回　2011年12月4日（日曜日）

　1800系1819編成が団体専用列車〈野田線開通100周年記念号〉に充当
されたため、史上初の“途中参加”となった。これに伴い、開始時間を11時
00分から10時30分に繰り上げ、11時30分から12時30分まで休止とした。
　また、東京メトロの車両が初めて展示された。

【展示車両】1800系1819編成(5回目)、8000系東武顔(3回目)、100系(4回目)、
　　　　　　200系(5回目)、50050系(5回目)、東急2代目5000系(2回目)、東
　　　　　　京メトロ08系
【来場者数】約11,800人
【オリジナルティッシュケース】8000系東武顔＆フェイスチェンジ車

2012年12月2日（日曜日）

　この年から15分ごとの入れ替え制及び、〈東武ファンフェスタ号〉の乗客のみ、優先撮影権の特典をつける。

　撮影会は最初の5分間を「遠くから」、残り10分間を「近くから」にして現在に至る。なお、最後尾に並んでから撮影エリアにたどり着くまで、約1時間かかる。

【展示車両】8000系東武顔(4回目。同年より東武博物館保有)、8000系フェイスチェンジ車(3回目)、1800系1819編成(6回目)、100系(5回目)、250系(2回目)、10000系(3回目)、30000系(4回目)
【来場者数】約13,000人
【オリジナルティッシュケース】8000系8111編成

第9回

2013年12月1日(日曜日)

　野田線用の新型車両として"チューモーク！"を集めたルーキー60000系と、快速用のベテラン6050系が初登場。両端に通勤形電車を配しており、まるで太刀持ちと露払いのように映る。

【展示車両】 60000系(初)、300系(4回目)、1800系1819編成(7回目)、100系(6回目)、200系(6回目)、6050系(初)、8000系東武顔(5回目)

【来場者数】 約14,000人

【オリジナルティッシュケース】 60000系

第10回 2014年12月7日（日曜日）

　開催時間の30分短縮に伴い、車両撮影会の終了時間も14時30分から14時00分に変更された。

　展示車両は8000系東武顔を除き、10回記念ヘッドマークを掲出。100系は車両撮影会初、3年連続でセンターを務めた。

【展示車両】60000系（2回目）、1800系1819編成（8回目）、200系（7回目）、100系（7回目）、10030系、6050系（2回目）、8000系東武顔（6回目）
【来場者数】約13,400人
【オリジナルティッシュケース】634型

第11回 2015年12月6日（日曜日）

　8000系の異なる顔が3年ぶり3回目のそろい踏み。しかも2つのリバイバルカラーが並んだ。350系は2005年以来、10年ぶりの展示。

　この年から100系は日光詣スペーシアが展示されている。

【展示車両】8000系フェイスチェンジ車(4回目)、8000系東武顔(7回目)、60000系(3回目)、350系(2回目)、1800系1819編成(9回目)、200系(8回目)、100系(8回目)

【来場者数】約14,600人

【オリジナルティッシュケース】6050系

第12回

2016年12月4日(日曜日)

　南栗橋SL検修庫でC11 207の事前予約制撮影会を実施。また、"いつもの撮影会"では、JR東日本253系1000番代、8000系東武顔セイジクリームカラー、100系日光詣スペーシア、200系普悠瑪カラーなどが集う。まさに「東武ファンフェスタ史上最高の車両撮影会」といえるだろう。

　1800系1819編成の展示は、現時点"大台"の10回に達した。

【展示車両】JR東日本253系1000番代、8000系東武顔(8回目)、6050系(3回目)、1800系1819編成(10回目)、350系(3回目)、100系(9回目)、200系(9回目)

【来場者数】約16,100人

【オリジナルティッシュケース】300系

SL 撮影会

2017年3月26日（日曜日）

　「東武ファンフェスタ番外編」といえる、SL撮影会。あいにくの空模様の中、"電車の撮影会"も実施され、デビュー前の500系リバティと70000系、引退を1か月後に控えた300系がそれぞれ展示。「出会い」と「別れ」が交錯する撮影会となった。

【展示車両】8000系東武顔、20050系、70000系、300系、200系、100系、
　　　　　　500系
【来場者数】約6,000人

2017年11月19日（日曜日）

　8年ぶり5回目の11月開催は、新型車両が相次いで登場したこともあり、華やかさを増した。7車種中3車種が"2010年代生まれ"で、将来の新旧交代を予感させる。

【展示車両】500系（初）、100系（10回目）、250系（3回目）、1800系1819編成（11回目）、8000系東武顔（9回目）、60000系（4回目）、70000系（初）
【来場者数】約14,800人
【オリジナルティッシュケース】500系

付録

第**14**回

2018年12月2日（日曜日）

　平成最後の開催は、南栗橋SL検修庫で定期検査中のC11 207、C11復元予定機（C11形123号機）が事前応募制にてダブル公開されたほか、人気の8000系東武顔が休憩用車両に充てられ、気軽に撮影できる態勢をとった。

　車両撮影会では、"平成デビュー"の車両に統一。9月3日（月曜日）に営業運転を開始した20400型も早速展示された。20000系グループの展示は、2009年以来9年ぶり。

【展示車両】500系（2回目）、70000系（2回目）、60000系（5回目）、20400型、
　　　　　　350系（4回目）、200系（10回目）、100系（11回目）
【来場者数】約17,800人（平成合計：約17万100人来場）
【オリジナルティッシュケース】70000系

SL
ファンフェスタ

2019年4月30日（火曜日・国民の休日）、
5月1日（水曜日・新天皇即位日）

　平成千秋楽と令和初日に下今市駅転車台広場で開催。前者はSL〈大樹〉運転日なので、ショーや物販が中心。後者は車両が展示され、午後からSLヘッドマーク撮影会、機関庫見学ツアーを実施。14系の1・3号車はレプリカのヘッドマークが展示された。2号車はドリームカーが連結され、"極上の普通車"の坐り心地を味わう参加者が多かった。

【展示車両】C11形、DE10形、ヨ8000形、14系
【来場者数】約2,650人

付録

第15回　2019年12月1日（日曜日）

東武ファンフェスタ 車両撮影会のあゆみ

　令和最初の開催は、"ヤングチーム3車種"と"アダルトチーム4車種"に分かれる展開となった。100系が12回目の展示となり、単独トップに。また、634型と20000系は初の展示。これにより、現役特急形電車と20000系グループの全車種が展示された。

　200系グループは10年ぶりに展示車両から外れたが、500系は特急〈リバティりょうもう〉にも充当されており、"〈りょうもう〉車両"の展示が続いている。

【展示車両】 500系（3回目）、60000系（6回目）、70000系（3回目）、100系（12回目）、634型、30000系（5回目）、20000系

【来場者数】 約17,000人。（累計：約18万8,000人来場）

【オリジナルティッシュケース】 20400型

エピローグ

　拙著『東武鉄道大追跡』は当初2019年の発売を予定していたが、私の多忙、原稿を管理するUSBメモリーの不具合発生、新型コロナウイルスの影響も重なり、制作が大幅に遅れてしまった。版元ならびに、御協力いただいた各企業などに、多大な御迷惑をおかけしたことをあらためて深くお詫び申し上げます。

　さて、前著『波瀾万丈の車両』は、私の想像をはるかに上回る364ページ。今回の『東武鉄道大追跡』はカラー口絵も含め600ページを超えた。鉄道書でも辞書系を除き、超長大ページ数の最高は『北の無人駅から』（渡辺一史著、北海道新聞社。2011年10月発売）で、792ページらしい。

　拙著は制作の過程で、"「前後編」という名の分冊"という可能性もあったが、「鉄道ライターで600ページ超えの本を書いた人なんて、そんなにいないのでは？　人にやれないことをやりましょう」という春日社長のお言葉で腹をくくれた。

　東武鉄道はSL〈大樹「ふたら」〉のデビュー、東上線みなみ寄居駅の開業、SLの復元工事完成、東武線に直通する東京メトロの新型車両17000系、18000系のデビューなど、"旬"が続く。近い将来、これらをまとめた続編『またまた東武鉄道大追跡』をお茶の間にお届けできるよう、努めてゆく。また、別の大追跡も世に送り出せるよう邁進してゆく。

　新型コロナウイルスの影響で、読者の皆様も大変な暮らしをしいられていると思います。くれぐれもご自愛ください。

2021年2月吉日

岸田法眼

参考資料(順不同)

○ 紙媒体

『東武時刻表』各号(東武鉄道)

『東武東上線　時刻表』各号(東武鉄道)

『東武鉄道百年史』(東武鉄道)

『東武鉄道六十五年史』(東武鉄道)

『東武の車両　10年の歩み写真集』(東武鉄道、東武博物館共)

『SL MARCO』(東武鉄道)

『鉄道まるわかり004　東武鉄道のすべて』(天夢人)

『東武鉄道各駅停車』(杉﨑行恭著、洋泉社)

『国鉄準急列車物語』(岡田誠一著、JTBパブリッシング)

『日本鉄道史年表(国鉄・JR)』(三宅俊彦著、グランプリ出版)

『小田急時刻表』2019年版(交通新聞社)

『JR時刻表』各号(交通新聞社)

『鉄道のテクノロジー』各号(三栄書房)

『鉄道ジャーナル』各号(鉄道ジャーナル社→成美堂出版)

『鉄道ダイヤ情報』2006年4月号(交通新聞社)

『鉄道ピクトリアル』各号(電気車研究会)

『鉄道ファン』各号(交友社)

『電車運転台のすべて』(玄光社)

『東急線電車時刻表』各号(東急電鉄)

『年鑑日本の鉄道』1988年版(鉄道ジャーナル社)

『列車名鑑2000』(鉄道ジャーナル社)

○ Web媒体

RM News(ネコ・パブリッシング)

http://rail.hobidas.com/rmn/

鉄道ニュース(交友社)

https://railf.jp/news/

マイナビニュース(マイナビ)

https://news.mynavi.jp/

○ その他

東武鉄道ホームページ

http://www.tobu.co.jp/

東武トップツアーズホームページ
https://tobutoptours.jp/
東武ワールドスクウェアホームページ
http://www.tobuws.co.jp/
朝日自動車ホームページ
http://bit.ly/1eJvghq
足立区ホームページ
https://www.city.adachi.tokyo.jp/
伊勢崎市ホームページ
https://www.city.isesaki.lg.jp/
春日部観光協会ホームページ
http://bit.ly/2Hdw6F3
春日部市ホームページ
https://www.city.kasukabe.lg.jp/
佐野市ホームページ
https://www.city.sano.lg.jp/
しなの鉄道ホームページ
https://www.shinanorailway.co.jp/
『世界の車窓から』2018年5月8日(火曜日)、
7月2日(月曜日)放送分(テレビ朝日系列で放送)
2nd-train
https://2nd-train.net/
草加市ホームページ
http://www.city.soka.saitama.jp/
食べログ「ちゃんこ霧島　姫宮」
http://bit.ly/2z27YRj
千葉県ホームページ
https://www.pref.chiba.lg.jp/
Twitter　うっつん(@oyama115)
https://twitter.com/oyama115
Twitter　FD.(@f4s_c)
https://twitter.com/f4s_c

Twitter　904(くれよん)ハイヤー(@904hire)
https://twitter.com/904hire
Twitter　しか(@bansaiA3A4)
https://twitter.com/bansaiA3A4

Twitter　のだっこ (@tobu8106)
https://twitter.com/tobu8106
TOKYO SKY TREE ホームページ
http://www.tokyo-skytree.jp/
東京地下鉄ホームページ
https://www.tokyometro.jp/
栃木市ホームページ
https://www.city.tochigi.lg.jp/
栃木県子ども総合科学館
http://bit.ly/2LilKWw
NEXCO東日本ホームページ
https://www.e-nexco.co.jp/
YouTube
https://www.youtube.com/

協力

東武鉄道
春日部市
東急
東京地下鉄（東京メトロ）
西武鉄道
横浜高速鉄道
交友社
ザ・ハフィントン・ポスト・ジャパン
小学館
扶桑社

※西武鉄道、横浜高速鉄道は、東武鉄道、東急、東京地下鉄とともに〈F
　ライナー〉ロゴの使用を許諾。
※特記以外は著者撮影。

『またまた東武鉄道大追跡』
制作決定!! 乞うご期待!!

2020年12月2日(水曜日)、南栗橋SL検修庫で執り行なわれた、C11形325号機「火入れ式」で、根津嘉澄社長と女優の門脇麦さんによるフォトセッション(提供：東武鉄道)。

　東京スカイツリータウンの開業以降、発展や変化を遂げている東武鉄道。2020年代に入っても、その勢いが増すばかり。今作『東武鉄道大追跡』は書店からの発注が最大70冊、50冊発注も数店舗発生したことから、続編『またまた東武鉄道大追跡』の制作が決定した。

　『東武鉄道大追跡』は制作に2年も費やしたため、『またまた東武鉄道大追跡』も発売まで相当な時間を要する。新しいショータイムの幕開けまで、首をキリン、恐竜、ろくろ首以上に長ーくしてお待ちいただきたい。

【著者略歴】

岸田 法眼（きしだ ほうがん）

1976年栃木県生まれ。『Yahoo! セカンドライフ』（ヤフー）の選抜サポーターに抜擢され、2007年にライターデビュー。以降、フリーのレイルウェイ・ライターとして、『鉄道まるわかり』シリーズ（天夢人）、『AERA dot.』（朝日新聞出版）などに執筆。著書に『波瀾万丈の車両』（アルファベータブックス）がある。また、好角家の一面を持つ。引き続き旅や鉄道、小説などを中心に著作を続ける。

とうぶてつどうだいついせき
東武鉄道大追跡

発行日　2021年2月16日　初版第1刷発行

著　者　岸田法眼

発行人　春日俊一
発行所　株式会社 アルファベータブックス
　　　　〒102-0072 東京都千代田区飯田橋2-14-5 定谷ビル
　　　　Tel 03-3239-1850　Fax 03-3239-1851
　　　　website https://alphabetabooks.com
　　　　e-mail alpha-beta@ab-books.co.jp

印刷・製本　中央精版印刷株式会社
ブックデザイン　春日友美

©Hougan Kishida 2021, Printed in Japan
ISBN 978-4-86598-084-4　C0026

アルファベータブックスの鉄道書

波瀾万丈の車両
ISBN978-4-86598-059-2（18・09）

様々な運命をたどった鉄道車両列伝
岸田 法眼 著

情勢などに翻弄され、山あり谷ありの道を歩んでもなお、いつみても燦々と輝く鉄道車両たち……。それら鉄道車両の半生や生涯を10年間かけてまとめた渾身の1冊!! 新幹線から地下鉄まで22の車両をピックアップ!! 本書に登場する車両の選定については、様々な事情で主力になれなかったもの、想像を超えるほど思わぬ方向へ進んだもの、先輩車両より早く引退したものなどを中心に取り上げ、その波瀾万丈の半生や生涯を綴る!! 　四六判並製　定価2500円＋税

東武スカイツリーライン沿線アルバム
ISBN978-4-86598-863-5（20・09）

昭和～平成
牧野 和人 解説

東武スカイツリーライン全駅・伊勢崎線・日光線・亀戸線・大師線の沿線記録!【本書の収録駅】浅草、とうきょうスカイツリー、押上、曳舟、東向島、鐘ケ淵、堀切、牛田、北千住、小菅、五反野、梅島、西新井、竹ノ塚、谷塚、草加、獨協大学前、新田、蒲生、新越谷、越谷、北越谷、大袋、せんげん台、武里、一ノ割、春日部、北春日部、姫宮、東武動物公園、和戸、久喜、杉戸高野台、幸手、南栗橋。　B5判並製　定価2700円＋税

東武鉄道
伊勢崎線、日光線、亀戸線、大師線、野田線、佐野線、桐生線、小泉線、宇都宮線、鬼怒川線、東上線、越生線

ISBN978-4-86598-821-5（17・01）

1950 ～ 1980年代の記録
牧野 和人 解説

東京・埼玉・千葉・栃木・群馬の1都4県に路線網を有する東武鉄道の昭和の時代を中心とした懐古写真集が遂に刊行！　浅草起点の伊勢崎線をはじめ、日光線・野田線の本線系、及び池袋を起点とした東上線の懐かしい名車が続々登場！　廃止された矢板線・熊谷線・日光軌道・伊香保軌道など、貴重な情景も収録、往年の時代がよみがえります！ A4変判並製　定価1850円＋税

東武野田線・新京成電鉄
ISBN978-4-86598-805-5（15・10）

街と駅の1世紀
杉崎 行恭 著

大宮から岩槻・春日部を経て、柏・鎌ヶ谷・船橋へ至る東武野田線全線と、松戸から京成津田沼に至る新京成線全駅を古地図・古写真で巡ります。躍進が著しい「東武アーバンパークライン」と「新京成線」の斬新なジョイント企画！往年の懐かしの駅舎、車両、沿線風景が満載の一冊です。

B5判並製　定価1900円＋税

「Laview」「52席の至福」と西武鉄道の行楽客輸送
ISBN978-4-86598-083-7（20・12）

堀内 重人 著

秩父線を活性化させるため、「52席の至福」というレストラン電車を導入するだけでなく、自社の看板列車となるニューレッドアローの置き換えとして、新型特急「Laview」を導入するなど、行楽需要の取り込みを模索するようになった西武鉄道。本書では、首都圏という巨大な通勤・通学需要が見込める環境にはあるが、秩父観光や西武ドーム・西武園遊園地などへの行楽客の輸送にも取り組む西武鉄道の事例を取り上げ、今後の鉄道会社の経営の在り方を考える!! 　四六判並製　定価2000円＋税